우리 교육을 기반으로 프레이리의 페다고지를 새롭게 쓰다

프레이리의
사상과 실천

프레이리의
사상과 실천

초판 1쇄 발행 2017년 10월 31일
초판 2쇄 발행 2019년 1월 11일

엮은이 사람대사람
펴낸이 김승희
펴낸곳 도서출판 살림터

기획 정광일
편집 조현주
북디자인 꼬리별

인쇄·제본 (주)현문
종이 월드페이퍼(주)

주소 서울시 영등포구 양평로21가길 19 선유도 우림라이온스밸리 1차 B동 512호
전화 02-3141-6553
팩스 02-3141-6555
출판등록 2008년 3월 18일 제313-1990-12호
이메일 gwang80@hanmail.net
블로그 http://blog.naver.com/dkffk1020

ISBN 979-11-5930-048-6 93370

이 도서의 국립중앙도서관 출판예정도서목록(CIP)은 서지정보유통지원시스템 홈페이지(http://seoji.nl.go.kr)와 국가자료공동목록시스템(http://www.nl.go.kr/kolisnet)에서 이용하실 수 있습니다.
(CIP제어번호: CIP2017027365)

우리 교육을 기반으로 프레이리의 페다고지를 새롭게 쓰다

프레이리의
사상과 실천

김민남·김부태·손종현·이경숙
이훈도·조세형·조정봉·천성호
지음

살림터

다양한 관점에서 본 교직의 미래

프레이리는 인간다움의 출발을 학습능력으로서 문화의식과 배움에서 시작한다고 본다. 인간이 삶의 경험을 하면서 맨 처음 배우는 것은 말이다. 말하는 행위는 인간 그 자체와 함께하는 것이다. 그러나 억압적인 사회에서는 삶과 말의 행위마저 금지당하거나 왜곡될 수 있다. 프레이리는 말할 권리와 관련해, 브라질의 오랜 식민통치라는 사회역사적인 상황과 맥락에서 문제를 제기한다. 침묵문화라는 개념을 혁명적 교육의 출발점으로 삼고 있다. 그는 누구보다도 침묵하고 있는 사람들이 민중이라는 점에서 권위주의에 굴복해버린 침묵을 브라질의 가장 큰 병폐로 보았다. 프레이리의 교육사상과 실천은 그 목표가 민중을 침묵문화로부터 해방시키는 데 있다.

프레이리가 상정한 인간은 말과 글로 세계를 읽고 쓰는 문화적 존재이다. 이때 말과 글은 단순한 사물의 표상을 나타내는 상징에 그치지 않고, 사람들의 소망과 분노와 희망과 좌절을 담고 있다. 문해 과정에서 사람들은 단순히 글을 깨치는 것뿐만이 아니라 그것이 삶의 현상이나 이치를 터득해나가는 지적인 창조 행위이며, 삶이 살아 있는 생성력을 지닌 것임을 깨닫는다.

그에게 문해교육은 침묵을 깨기 위한 대화의 교육이며 저항과 분노의 교육이다. 프레이리가 실천한 교육은 인간 본연의 문화적·지적인 창조행위이자 자기 삶을 인간적으로 되찾는 해방행위이다.

우리는 특히 프레이리의 사상과 실천이라는 가르침이 오늘날에도 우리에게 영향을 주는 위기의 맥락 속에 살아 있다는 점에 유의해야 한다. 프레이리 교육론이 요청되는 시대적 위기는 다양한 형태로 계속 변모하고 있다. 후기에 프레이리는 종전의 피억압자라는 거대 이론적인 범주에서 다양성 존중으로 관심을 넓혀 여성, 이주민, 사회문화적 소수자 등의 문제로 논의를 확대한다. 그의 교육론과 철학은 진보적인 사회정치적 문제에 대한 대안적인 사상의 발달을 위한 준거를 제공하는 시대적 생명력을 지니고 있다. 이처럼 자유와 해방을 위한 교육과 사회정치적 변혁에 대한 그의 호소는 당면한 시대의 요구와 교육 목적으로서 엄숙하기 그지없다. 그래서 우리는 프레이리의 교육론을 접하면서 그때마다 시대적인 소명의식을 언뜻언뜻 느낀다.

이 책에 대한 구상은 프레이리의 한없는 인간사랑 정신과 방법적인 실천에서 엄중함이 보이는 교육론을 어떻게 하면 독자들에게 좀 더 포괄적으로 소개할 것인가를 고민한 데서 시작되었다.

이 책은 10장으로 되어 있다. 김민남은 「교육은 교육방법론의 실천이다」에서 프레이리의 교육방법론을 중심으로 프레이리의 존재론과 인식론을 포괄하는 프레이리 교육철학을 체계적으로 제시한다. 인간은 근본적 문화의식을 지닌 존재로서 존재론적으로 교육적이다. 인간은 타인과 더불어 완전한 인간이 되려는 존재론적 소명을 지니고 있다는 점에서 출발해, 해방교육을 실천함에서 역사적 당위성과 소임, 그리고 사회, 문화, 정치적 역할을 방법론적으로 밝혀주었다.

손종현은 「침묵문화는 사회역사적 실재이다」와 「침묵문화의 생성 메커니즘」에서 브라질 사회에 자리 잡고 있는 침묵문화에 존재론적으로 접근하여 안티테제로서 비판적 의식 형성 교육의 당위성을 보여준다. 또한 그는 침묵문화의 기원과 작동 방식, 그리고 기능을 지칭하는 메커니즘을 분석하고 침묵과 신화, 침묵과 의식화의 내적 관련성을 논의하였다.

이훈도는 「저항과 희망의 문제제기 교육」에서 문제제기 교육의 근간을 이루는 교육의 엄정성을 토대로 문제제기 교육의 외연과 지향점을 밝히고, 듀이의 반성적 사고와 프레이리의 비판적 의식을 비교해 그 특징을 드러내 보인다.

조세형은 「사회적 앎을 구성하는 대화교육」에서 대화는 인간화, 인간해방의 기본적 조건으로서 피억압자들의 목소리를 회복하는 교육 실천이

요, 세계를 매개로 한 만남임을 논의하고 있다. 그는 대화교육이 전통 교육자들이 말하는 하나의 전문적인 방법론에 그치는 것이 아니라, 프레이리의 교육사상과 교육 체계를 구성하는 원리임을 밝히고 있다.

김부태는 「교육은 정치다」에서 교육의 정치성에 대한 기존의 논의 방식들을 비판적으로 검토한 후, 교육의 정치적 성격에 대한 프레이리의 관점을 구성하는 근거로서 그 기원, 토대, 맥락, 전망을 제시한다. 그리고 그의 관점에 대한 논의로서 "교육은 정치이다"라는 명제의 의미와 그의 교육론이 지향하는 바를 논의하였다.

이경숙은 「배움과 가르침의 변증법」에서 프레이리가 근대 교육의 오랜 전통인 가르침과 배움의 이분법적 관계를 변증법적인 관계로 재구성한 것을 배움을 중심 주제로 논한다. 또한 프레이리가 가르침 중심에서 배움 중심이라는 코페르니쿠스적인 대전환을 통해 종전의 진보주의자들이 말하는 학습자나 학생 중심 혹은 학습자에게 권한 부여라는 개념을 더욱 넘어섬을 보여준다.

조정봉은 「문화서클: 새로운 형태의 교육 실천」에서 프레이리가 학교나 교실이라는 말 대신 자신의 교육모임을 '문화서클'이라 부른 이유를 탐구하면서, 문화서클의 설립 배경, 과정, 인적·물적 구성, 환경, 문해교육 활동을 밝히고 있다. 프레이리가 굳이 학교, 교실을 거부하고 문화서클이라고 한 것도 그가 말한 해방교육의 공간과 세계에 대한 이름 짓기요 문화정치의 실천으로, 그의 새로운 교육을 보여준다.

천성호는 「문해교육은 자유의 실천이다」에서 프레이리의 교육사상과 방법을 수용해 우리나라 문해교육 현장에 적용하고 실천하는 과정을 보여준다. 그는 문해교육과 문해 후 교육이 서로 분리된 과정이 아니라 단계별로 진행되는 연속적이고 통일적인 체계를 이룬다는 점과 함께 실천에서 사용된 교육과정과 방법론, 교재를 소개해준다.

마지막으로 김부태의 「신자유주의 교육 비판」은 프레이리의 사상과 교육론을 읽는 하나의 방법으로서, 신자유주의 교육에 대한 프레이리의 비판적인 입장과 그 근거를 살펴봄으로써 우리에게 현시대의 교육을 비판적 시각에서 성찰해보게 해준다.

프레이리의 비판적 의식화 교육론을 생각할 때마다, 독일 철학자 니체가 『차라투스트라는 이렇게 말했다』에서 말한 정신의 세 단계 변화가 떠오른다. 그는 정신은 낙타가 되고 낙타는 사자가 되며 드디어 사자는 아이가 된다고, 정신의 변화 단계를 노래하였다.

인간의 정신은 강하다. 우리는 삶의 고통 속에서 꿋꿋이 살아가는 낙타 같은 존재에서 출발한다. 어떤 때는 그 고통마저 모른다. 인간의 삶이 이렇지 않을까? 인간은 온갖 시련과 어려움을 뚫고 참으며 살아가는 존재이다. 인간은 모순된 한계상황과 현실 속에서도 관습화되고 신화화된 당위의 체계 안에서 살아간다. 그러다 인간은 현실의 숨은 실체를 파악하고 변혁을 위해 격렬한 투쟁을 한다. 최후에는 인간의 새 출발을 꿈꾸며 유토피아인 희망의 세계를 창조한다. 우리는 인간화된 세상을 창조한다. 인간사는 인간 정신의 발전이다. 프레이리의 교육은 민중을 사랑하는 해방과 저항의 교육이자 유토피아를 지닌 희망의 교육이다.

이 책을 통해 프레이리가 보여준 가르침이 현장 교육에 종사하는 이들의 교육관을 새롭게 확대하고 교육 실천에 참조 체제가 되기 바란다. 우리 함께 희망의 교육 실천을 향하여!

2017년 10월

이훈도(사람대사람 지역문화연구소장)

| 차례 |

1.

교육은
교육방법론의
실천이다

김민남

김민남

(현) 경북대학교 명예교수, 지식과세상 사회적협동조합 이사장

가르침과 배움이 삶의 족쇄가 되어서야… 해방이 아니고.

앎을 관리당하는 문화적 속박에서

앎을 만들어내는 삶의 주체가 되는 꿈

우리 사회와 교육의 문제를 들여다보고 그 속내를 읽어내도록 도와줄 참조 틀은 무엇일까? 우리 젊은 세대의 불안정한 미래를 근심하는 사람이라면 그들을 다시 붙잡아줄 그 무엇, '인간화'라고 대답하지 않을까? 인간화, 인간다움, 강건한 정신, '내 속의 수치심을 걷어낸다면야 쓰레기통을 뒤진들 그게 뭐 대수인가.' 사람을 분별하여 수치심을 심어주는 우리 교육과 사회체제에 반反하는 행동 없이는 이 중요한 문제에 대해 함께 토론할 수 없을 것이다.

'교육은 교육방법론의 실천'이라는 파울루 프레이리의 명제를 통해 교육과 사회를 바라보는 새로운 인식 지평을 열게 될 것이며, 또한 삶에 내재한 인간화라는 개혁의 기초 개념을 얻을 수 있을 것이다.[1]

근본적 학습능력이 교육의 대상이고 목표이다. 삶의 경험을 반추하여 얻은 앎에 의거하여 세상에 대해 말을 한다. '그 사람의 것이 된 앎'은 같이 살아가는 삶의 관계에서 소통의 정보가 되며, 서로 세상의 말을 섞으며 그의 앎은 그들 모두의 것으로 세련되어간다. 이 앎의 인간화가 삶을 이어가게 하는 바탕이 된다. 교육을 계획한다는 것은 '서로 의지하여 배우는 교실'을 형성하는 방법, 기술, 프로그램에 집중한다는 것이다. 삶은 방향감각과 현실감각에 터한 모색이다. 그 삶의 경험은 앎으로 갈무리되게 되어 있다. 삶은 학습이다. 지혜와 방편은 분리되지 않는다.

이 글은 프레이리의 교육사상과 실천을 나의 관점과 방식으로 해석한 것이다.

먼저 삶에 내재한 인간화 의미 맥락을 살피고, 그다음 삶의 교육론이 어떻게 형성되고 기능하는지에 대해 이야기하려고 한다.

핵심어는 근본적 학습능력, 문화의식과 행위, 대화관계(교육적 관계), 해방의 맛, 비판적 지식인의 현실참여 등이다.

삶에 내재한 인간화 의미 맥락

교육은 어떤 처지의 어떤 사람도 갖추고 있는 지식생산 능력을 확장하는 사회문화적 기획이다. 교육은 특정한 표적물과 같은 목적을 가지고 사람들을 관리, 통제하지 않는다.

1. 문제

사람은 생존을 넘어 삶을 영위한다. 또한 사람은 삶을 영위하기에 충분한, 자기 앞가림하기에 충분한 배움(앎)을 얻을 수 있는 근본적 능력을 갖

---

1. 후배 동료들과 함께 프레이리의 책 읽기와 번역에 참여하였다. 이 글을 쓰기 위해, 대담집 『인생이 학교다』(파울루 프레이리/프레이 베토, 김종민 옮김, 분도출판사, 1988)를 다시 읽었다. 거기서 '사람이 먼저'라는 글감을 얻었다. 대담집을 엮은 리카르도는 머리말에서 이렇게 말했다. "브라질 국민의 해방을 교육을 통하여 지원한다는 하나의 공통된 목적이 있었기 때문에 한자리에 모일 수 있었다. (중략) 정치와 교육은 이 두 분이 현실참여를 하는 객관적 목적을 달성하기 위한 소위 일란성 쌍둥이 같은 도구이다."

추고 있다. 그렇게 말하는 근거는 무엇인가? 인간다움의 힘, 즉 문화의식에 의거해 인간 삶을 이해한다면 능히 그렇게 말할 수 있을 것이다. 무지와 빈곤으로 비루한 일상을 살고 있을지언정, 그는 자식에게 자기 인생살이의 애환을 이야기할 그날을 기다린다. 길가에 핀 들꽃에 마음을 보내고 말을 건다. '사람 손을 거치지 않은 것이 세상 어디에 있느냐'고 자신도 그런 권능을 지닌 사람이라고 속으로 외친다. 써도 써도 남아도는 사람다움의 힘, 근본적 문화의식을 잃지 않고 있다. 일상의 삶의 경험을 갈무리하며 모두가 하나가 되는 꿈을 꾼다. 그 꿈이 있어 하나가 되는 것이지 가진 게 많아서 하나가 되는 것이 아니라고 굳게 믿고 있다. 이런 희망의 세계를 바라보는 눈을 가지고 있으며, 그 세계관에 기대어 힘겨운 현실을 이겨낸다. 그렇다. 사람은 꿈과 희망으로 산다. 밥만으로 살지는 않는다.

교육의 목적은 시대가 준다. 모든 이에게 희망이 되는 교육이기를 소망하는 밑으로부터의 요구, 말하자면 해방이 교육의 목적으로 진술된다. 권력이 된 국가, 권력이 된 교사, 권력이 된 학부모가 교육의 목적을 규정한다면, 교육은 지식을 전달하고 받아들이는 기술적 조작으로 축소되어 특수한 시설 같은 곳에 가두어질 수밖에 없다.

가르치는 자와 배우는 자가 '교육의 현장을 구성한다.' 그들이 교재 subject matter를 매개로 학습의 장인 교실을 만든다. 그 교실을 운영하는 일차적 책임은 가르치는 자에게 있다. 그는 자신의 교실에서 아이들과 함께 해방이라는 이상을 실현하는 교육적 방법matter and manner을 찾아내고 그 방법이 그 이상의 실현에 적절한 것인지를 내내 따져본다. 가르치는 자의 방법론적 숙고, 그것이 교육의 문제이다. 왜 그것이 그다지도 중요한가? 이상이 거기에 있다고 믿는 희망은 그 이상을 실현하는 방편에 의존하기 때문이다.

2. 문제의 문제성

인생에 반드시 필요한 과정인 직장과 결혼마저도 포기해야 하는 꿈을 상실한 청년세대에게, 교사인 내가 할 수 있는 것은 무엇일까? 직장과 결혼을 해결해줄 수는 없다. 그러나 난관을 이겨낼 힘을 기르도록 도와줄 방법을 찾을 수는 있지 않을까? 30년 전 동료 교사들이 고기를 잡아주지 않고 고기를 잡는 방법을 가르쳐야 한다고 소리 높여 외쳤듯이.

이겨내는 힘, 그것은 어떤 힘인가? 만약 살아가면서 내려야 할 선택과 결정에 버팀목이 되어줄 만한 레퍼런스reference(참조 틀, 참조 자료)를 갖고 있다면, 그것만으로도 살아갈 힘을 받을 수 있을 게다. 다시 이렇게 물어보자. 도대체 고기 잡는 방법을 통해 무슨 힘을 얻는다는 것인가? 고기 잡는 방법을 찾아내 익히면서 얻는 마지막 배움은 '행동한다. 여럿이 같이 행동한다'로 표명되는 근본적 문화의식일 것이다. 이 근본적 문화의식이 삶의 바탕을 이루고 있다면 그의 일상은 누가 봐도 아름답지 않을까. 이 아름다움의 힘은 잡아준 고기의 현금 같은 실용적 효과를 능가하지 않을까. 근본적 문화의식이 선택하고 결정할 때 자문을 구하는 참조 틀, 참조 자료가 된다면, 그때 그는 현실의 어려움을 이겨내는 힘을 지녔다고 봐도 될 것이다.

그 힘은 화려한 경력이나 학력 같은 실체가 아니라 해방의 맛으로 체험된다. 해방의 맛은 놀람으로 온다. 부대끼며 살면서도 놀람으로 맛본 해방은 행동하는 인간의 자의식과 다름이 없다. '내가 해방을 행동하고 그 맛을 즐기고 있기에 나는 지금 내 존재를 의식한다.' 역설적이지만, 삶의 현장을 구성하는 등골이 휘어지게 일하는 사람만이 해방을 행동하고 자유의 고귀함을 체험한다. 삶의 현장을 구성하지 않는 부유한 지배층은 단지 해방을 머릿속에 그릴 수는 있을 뿐 해방의 맛을 체감하지는 못한다. 행동이 없는 환상 속의 자유에 만족하는 사람은 끝내는 시대착오의

고지식한 정신에 머물게 된다.

내 존재의 의식은 세계 읽기, 즉 연관관계로 이루어진 세상살이에 대한 공부와 병행한다. 오며 가며 마주치는 동네 구멍가게와 온갖 것을 산더미같이 쌓아놓은 대형 마켓이 만들어내는 삶의 관계를 파악하는 것이 내 자유와 내 행동을 동일한 하나로 만든다. 마르크스를 읽어서 자유가 행동이 되는 것은 아니다.[2]

> 개념적으로 다시 적으면, 놀람은 일상의 아주 작은 선택에서 맛본 해방감이 인류 번영의 한 걸음이 된다는 문화의식에 대한 자기각성을, 즉 문화의식을 불러낸다. 문화의식은 주어진 현실 너머 희망(이념, 권리)이 세상을 만들어가는 근원적 힘이라는 믿음을 동반한다. 희망은 어떤 경우에도 현실의 문제로 환원되지 않는다. 행동, 참여하는 사람이 실재한다. 그들만이 '사람다움'을 공유하는(서로 비슷비슷해지는) '인류'로 발전한다. 그 하찮은 해방의 맛이 거대한 인류 번영의 지렛대라니.

해방은 행동이다. 행동한다. "자신을 해방시켜주는 길은 오로지 구체적인 어떤 사물이나 현상이나 제도를 극복하는 길밖에 없다는 것을 고통스럽지만 확인한다"(같은 책, 76쪽). 행동하여 현실적 억압의 족쇄에 아주 작은 흠집을 내며, 나는 해방의 맛을 본다. 사랑, 자유, 평등, 이런 가치를 행동이 아닌 단지 관념으로 받아들인 것이라면, 그렇다면 그 가치는 오히려 억압의 족쇄로 나를 옭아맬지도 모른다.

환상을 버린다. 다시 프레이리의 말을 빌려, '이상이나 이념, 이론적 논리를 통하여 자신을 해방시킬 수는 없다'는 것을 통쾌하게 인정한다. 애써 행동하여 고기를 잡는 방법을 버리고 환상 속에서 마음먹은 대로 고

---

2. "정치적 인간이란 자기의 생명을 단순한 생물학적 생명으로 보는 시각을 극복하고 자기의 생명을 개체 발전사적·역사적 및 집체적 발전 과정으로 이해하는 사람이다"(같은 책, 91쪽).

기를 통째로 잡아채는 사회정치적 성공의 꿈을 꾼다면, 어쩌다 그 꿈을 실현하여 출세의 가도를 달릴지는 몰라도, 그러나 그는 세상에 억압의 족쇄를 더욱 깊게 뿌리내리게 하는 비싼 대가를 지불해야 한다. 그는 더 큰 죄, 세상의 죄를 짓는 것이다.

권력이 된 국가, 권력이 된 교사, 권력이 된 부모는 배우는 사람들에게, 노동하는 사람들에게 체제가 만들어놓은 자리다툼에서 이기는 꿈을 꾸라고 한다. 강고한 목표를 세워 내일을 준비하는 오늘이어야 한다고 충고하고 또 그것을 유인한다. 그러나 그 꿈을 꿀수록, 목표를 세워 준비할수록 그들은 세상 현실에 대해 아무런 행동도 할 수 없으며 환상 속으로 도피하여 스스로 관념적 자유의 족쇄를 차게 된다. 권력은 그런 것이 세상의 이치, 진실이라고 집요하게 가르친다.

죽고살기식 경쟁사회의 냉혹함에 맞서 행동하지 않는 한, 그는 고기를 통째로 잡아채는 환상 속의 꿈에 빠져들게 되어 있다. 그는 세계 읽기의 문맹이 되어 관리당하는 삶을 당연시한다.

현실의 상징인 해방의 꿈이 살아가는 힘이 된다. 현실에서 꿈을 꾼다는 것은 환상에 젖어드는 유혹을 뿌리치고 황량한 들판일지언정 거기서 목마름을 적실 한 모금의 물을 찾아 나서는 뜻을 세운다는 것이며, 그때 믿는 것은 여럿이 함께하리라는 희망이다. 그 희망의 근거는 그들 모두는 세계 읽기의 문해, 독해를 통해 환상의 유혹에서 벗어나는 사회적 지성이다. 그러다면 고기 잡는 방법을 배운다는 것은 자신이 걸어갈 길을 만들어내는 꿈에 대한 믿음을 다지는 일과 다름이 없다.

삶의 현장을 구성한다. 거기에 고민하는 '내가 있다'. 그는 삶의 현장이 세상과 연관되어 있다는 것을 절감한다. '나의 그리고 여러 사람의 손을 거치지 않은 것은 세상 어디에도 없다.' '같은 처지의 다른 모든 사람들이 처한 난관을 풀지 않고는 내가 처한 난관도 온전하게 풀리지 않는다.' 이제 그는 여기저기 누구와도 대화할 수 있다. 그들과 그는 서로 꿈을 가진 동료 인간임을 체감한다. 그에게 그리고 그들에게 꿈은 같이 세상을 만들어간다는 뜻이 된다. 그 뜻은 길을 찾아 나섬, 곧 행동의 이유가 된다.

서로를 하나로 묶어주는 언어가 된 꿈이 있기에 인간해방이라는 인류구원의 궁극적 목적이 멀리 있는 이상적 관념이 아니라는 믿음, 그 목적실현에 흔적을 남길 수 있다는 문화의식에 신뢰를 보내는 사회적 배경을 짙게 하려는 노력이 오늘 이 땅의 천박한 '자본주의'의 구조적 폐해를 혁파하는 물꼬가 될 것이라는 믿음, 그 믿음이 지금의 어려움을 이겨내는 힘이 된다. 그 힘에 기대어 나는 안정적이고 지속적인, '내가 선택한' 문화적 삶을 산다. 내가 하고자 하는 바 나의 관심이 내 삶을 이끌고 있다. 각자의 관심이 세상을 만들어간다. 이상 더 목표를, 야망을 필요로 하지 않는다. 나는 행동하는 이상주의자이다.

'꿈이 밥 먹여주나, 경제야, 경제가 살아야 해.' 이런 현실지상주의에 해방의 맛이 깃들 여지는 없다. 길을 찾아 나선다는 뜻에 따르는 사람들은 '밥 먹여주나' 식의 문제해결을 기대하지 않는다. 그런 식의 문제해결을 약속하는 자에게 우리 자신을 맡기려 한다면, 우리는 그에게 우리의 세상 보는 눈을 맡기는 것 이외에 아무것도 아니다. 세계 읽기의 눈, 그 눈을 밝게 하며 맛보는 해방감, 서로를 하나로 묶어주는 꿈, 그때 그는 인간화의 길을 걷고 있는 것이다.

인간화라는 가늠자로 사회와 교육을 바라보며 나의 길을 어림잡아 나아간다. 인간화란 자신의 경험을 참고 자료로 삼아 더듬더듬 나의 길을 가고 있는 바로 그 '나'를 의식하는 자기 이야기로 체험된다.

내 속에 있는 수치심의 덫으로부터의 해방, 체제의 길들이기 덫으로부터의 해방, 그 해방의 맛을 보는 것이 인간화의 체감이고, 그것이 교육의 목적을 진술하는 방식이 된다. 일상을 살아가는 세상(때와 곳)에 의미를 부여하는 행동을 중심에 두고 교육의 목적을 진술한다.

지배사회는 환상 속에서 성공하는 꿈을 꾸도록 유혹한다. 환상 속에서 성공하는 꿈은 사람들을 자신의 계급성에 가두어두는 가장 효과적 방법이 된다. 현실에 직면한다. 행동한다. 그때 그는 꿈을 잃지 않을 만큼 지혜로우며 또한 그는 현장을 구성하는 방편을 만들어낼 만큼 책임감이 강하다.

3. 삶의 교육[3], 개혁의 기초 개념: 그 사람의 삶이 곧 소통의 정보이다

개혁의 기초 개념이라고 규정할 수 있는 단서가 있는가? 교육이란 어떤 필요를 충족시키려고 혹은 어떤 이상을 실현하려고 만든 도구적 장치라고 익숙하게 받아들이는 통념과 단절한다면, 그때 삶의 교육이라는 개념이 출현한다.

일상의 삶에는 교육을 끌어낼 만한 결정적으로 중요한 요소, 즉 근본적 문화의식이 작동하고 있다. 근본적 문화의식이 작동한다는 것은 삶에 질서를 부여하는, 궁극적으로 인간다움의 힘을 확대하는 규칙 규범이 만

---

3. 'Educação Popular, Volksbildung'이란 단어를 '삶의 교육'이라고 옮겼다. 대중교육 혹은 민중교육이라고 옮기지 않았다. 'Educação Popular, Volksbildung'은 안다는 것은 곧 행위라는 등식이 적용되고 있는 그야말로 대중 혹은 민중을 대상으로 하는 교육을 분명히 지칭한다. 그럼에도 삶의 교육이라고 옮긴 이유는 '삶의 경험을 반성하여 얻는 앎'의 개념에 주목했기 때문이다. 이 개념은 대중의 특수한 표현양식인 '안다는 것은 곧 행위라는 등식'을 좀 더 일반화하고 있으며 또한 지식과 개성의 시대 흐름을 반영하는 교육의 핵심 언어가 될 것이다. 삶의 교육은 이 시대 개혁의 기초 개념이 되기에 충분하다. 프레이리를 오역하고 있는지도 모른다. 오역이 창조를 낳을 수도 있다는 생각도 해본다.

들어지고 있다는 것이다. 그런 규칙 규범을 만들고 따르는 삶을 살고 있는 한, 어느 누구의 삶도 그 자체가 지식, 정보다. 사회적 삶이란 곧 지식, 정보의 교류가 이루어지고 있다는 것이다. 인간 삶을 풍요롭게 하는 앎은 사람들 간의 교류, 곧 지식, 정보를 나누는 관계에서 성립한다. 근본적 문화의식은 서로 의존하여 앎을 나누는 근본적 학습과 병행한다. 삶을 학습 상황으로 개념화할 수 있다.

교실은 이 학습 상황을 지속적이고 일관되게 유지하는 제도적 시스템이다. 교실은 모든 학습자원이 모이고 뭉쳐서 통합되는 체제이다. 지식을 얻는 특수한 곳이 아니라 지적 성장을 체험하는 곳이다.

오늘 우리 교실에서 아이들은 행동을 빼앗기고, 그 대가로 환상 속의 꿈, 홀로 꾸어야 하고 홀로 성취하는 꿈을 얻었다. 여럿이 함께 구성하는 '교육현장'이 사라졌다. 이 문제를 앞에 놓고, 비판적 지식인-교사가 나서서 함께 행동할 '학습 상황'을 만든다. 그 실천이 아이들을 살리고 사회의 문화적 배경을 짙게 하는 시대의 가치투쟁이 된다.

교육은 서로를 하나로 묶어주는 언어이다. 언제 어디서나 교육이 그런 언어로 사용될 그날을 꿈꾸는 것, 그 꿈은 인류적 관심사이다. 이 관심사에 동참하는 교사라면, 그는 이 땅의 젊은 세대를 가르치는 '위험부담을 짊어진' 교사일 수 있다. 인생이라는 학교에서 얻은 교훈은 "인생은 전체로서 나에게 위험부담 없이 산다는 것은 불가능하다는 것입니다"(같은 책, 144쪽).

개혁의 기초 개념 1. 인간개념:
그 개념에 의해 교육은 인류적 관심사가 되다
사람들의 생각의 다름, 다름 그 너머의 것, 즉 다름을 능가하는 같음을 볼 수 있는 눈, 세상을 진지하게 사는 사람이면 누구나 그 눈을 가지려 하고 또 가지고 있다. 그 눈은 그 사람의 생각의 기조를 이룬다. 기조가 있다는 것은 생각을 일관되게 이끌고 가는 힘이 있다는 것이다. 그 힘은 지위와 역할, 인종과 계층의 다름에도 불구하고 모든 생명은 동일하게 존귀하다는 굳은 믿음에서 나온다. 생명의 존엄은 다름을 이해하는 방식이다. 다름과 틀림을 구별하는 근거이다.

결국 그 눈은 어떤 난관에도 사람을 먼저 그리고 우위에 놓고 생각하는, 끝내는 생명의 존귀함에 이르게 되는 인간개념과 맞먹는다. 그 인간개념을 도구로 삼아 향유하게 되는 생각의 자유를 통해 그는 처지와 상황의 변수에도 굴복하지 않고 인간 존엄의 자세를 견지할 수 있다. 다시묻자. 현실 삶에서 우리는 생명의 존엄에 이르는 인간개념을 정립할 수 있을까? 완전한 개념 정립까지는 미치지 못할지언정 그렇다고 그 인간개념의 보편성을 부정하는 사람은 없다. 정상적 삶을 영위하는 사람이라면 모두 그렇다. 존엄하다고 선포하지 못한 채, 그들은 단지 인간개념에 대해고민한다. 그것이면 족하다. 교육은 바로 인간개념 회복을 위한 인류의 관심사이고 요구이다.

오늘 우리에게 인간개념이 너무 빈약하다. 그러니 세상에 대한 생각을 집중하여 이어가지 못한다. 인간의 근본 능력이 자리할 틈이 없다. 그게 문제이다. 인간 부재의 문화 현상이 오늘의 문제이다. 여기에 인간해방의 역사적 당위성으로서 교육의 시대적 목적이 자리 잡는다.

개혁의 기초 개념 2. 학습의 조건: 해방

해방은 어디에 있는가? 삶에 뿌리내림이다. 뿌리내림은 '내 문제는 같이 살고 있는 이웃들의 문제를 풀지 않고는 풀어지지 않는다'는 근본적 대화관계의 형성이다. 거기에 해방이 자리한다. 행동 없음이 체제의 안정이고 개인의 성공이라고 설득하는 가진 자들의 계급성에 문제를 제기하여, 민중은 비로소 해방의 소재지를 파악한다. 저들의 세상에 편입하여 성공하는 것 말고 다른 뭐가 있느냐고 숙명인 양 받아들이는 자신 속의 계급성을 문제제기하여, 그는 비로소 해방이 터하고 있는 장소(때와 곳)를 알아낸다. 해방의 맛은 내 속의 계급성 그리고 나에게 수치심을 심어주는 자들의 계급성을 문제제기하는 세상공부로부터 온다. 세상공부의 핵심은 여럿이 꾸는 꿈이 지닌 힘에 대한 자각이다. 그 꿈은 자신의 성공에 묶이지 않고 여럿이 함께 가는 길을 열어가고자 하는 열망, 뜻이다. 그 뜻으로 '현실 너머'의 길을 찾는 행동을 한다. '현실 너머'의 행동, 즉 해방의 추구가 천박한 자본주의의 구조적 폐해에 맞서는 힘이다. 현실이 고통이 아니라 행동 없음이 고통이다.

학습, 물음의 교류

배움의 과정에서, 참여자들 저마다 지금껏 만들어온 자신들의 세상이 노출되고 표현된다. 그들은 기후변화의 자연 현상을 문화 현상으로, 즉 삶으로 되치기 하여 이해한다. '식수난이 있다면 나는 물 항아리를 만들고 샘을 파서 식수 문제를 해결한다. 이 모든 행위는 분명히 나의 행위이며, 그것은 문화이다.' 참여한 사람들의 온 삶의 정보가 교류되는 문화적 관계에서 객관적 조건에 대응하는 주체적 역량이 나타난다. 말하자면 기후변화는 개념으로 이론으로 혹은 거대 담론으로 전달되지 않는다.

불순한 기후, 메마른 땅이 가난의 원인이 아니며 무능이 착취의 이유가 아니다. 문화의식이 원인이고 이유이다.

문화의식을 참고 체제로 하여, 그는 자신의 정신을 감금했던 특정한 사건에서 자신을 떼어낼 수 있다. 또한 그는 마땅히 그러해야 한다는 교훈적 가르침에서도 벗어날 수 있다. 그만큼 자유롭다.

근본적 문화의식의 관점에서, 거친 삶의 현장을 구성하는 사람들이 지닌 근본적 힘, 즉 인간화의 힘은 삶을 살리려는 저 밑으로부터의 요구를 표출한 것이기에 그 힘은 그들 억눌린 자들의 해방을 넘어 압박자들의 해방까지도 아우른다. 대지에 뿌리를 내리는 사람만이 인류 전체의 해방을 조망할 수 있다. 해방은 근본적 문화의식의 지속적 확장이다. 해방은 사람들의 생각의 자유와 표현으로 나타나며 그리고 생각의 자유와 표현을 존중하는 그 사회의 문화적 풍토, 배경으로 나타난다. 생각하고 표현하는 힘은 인간의 근본적 능력으로 해방의 주객관적 조건과 여건에 선행한다.

근본적 학습 경험 겪음에서 배움을 얻는다.

근본적 가치 가치를 산다. 삶이 된 음악, 삶이 된 집짓기, 그는 일다운 일을 하며 일상을 영위한다. 그 일상의 경험에 기초하여 서로 하나가 되는 언어를 만들어 세상을 표현한다.

근본적 문화 '나의 그리고 여럿의 손을 거치지 않은 것은 아무것도 없어.' 여럿이 하나가 되는 꿈이 나와 그들을 동료 인간으로 묶어준다. '인류'를 체험한다.

근본적 민주주의 지체 높은 자가 헐벗고 굶주린 사람을 자기와 같은 사람으로 인정할까. 같은 사고를 당해도 기간제 교사는 순직이 아니고 정규직 교사는 순직이다. 두 교사는 같은 동일한 사람일까? 사람이 먼저인 세상에 대한 향수는 저 밑바닥에서 돋아나는 요구, 요청이다.

근본적 교육 활동 삶이 정보다. 모든 사람들은 삶을 살고 있다. 그 사람들의 묻고 답하기, 즉 정보의 교류가 교육의 본모습이다.

일상의 삶의 경험을 반성하여 앎을 얻는다. 그 앎은 세상을 향해 말을 할 수 있는 참조 자료, 참조 틀이 된다. 어떤 처지의 어떤 사람도 자신의 일상의 삶을 앎으로 갈무리하여 말로 표현할 수 있는 '근본적' 능력을 지니고 있다. 이 근본적 능력은 인간을 이해하는 과학적 개념이다. 교육의 지향점은 바로 인간의 근본적 능력을 키우는 사업이며 사람들로 하여금 그 능력을 키우는 데 필수적인 해방의 관점을 가지도록 지도하는 일이다.

개혁의 기초 개념 3. 세상을 만드는 경험: 학습자원으로서의 문화의식

세상을 만드는 작업은 자신이 경험한 것에 한정되지 않는다. 세상을 만드는 힘은 내가 고통스러운 현실을 꿈으로 형상화하고 그 꿈을 현실로 옮기려고 고민하는 문화의식, 즉 '사람의 손을 거치지 않은 것은 어디에도 없다'에서 나온다. 해방의 맛은 언제나 오늘의 것이다. 세상을 만드는 경험과 해방의 맛은 오늘 현실에서 출발하여 현장에 실현하는 행동으로 그 단초를 연다. 그 경험과 해방은 여건이나 조건을 따지는 관념적 사고에서 벗어날 때 가능하다. 나는 나의 삶을 영위할 때와 곳을, 즉 나의 세상을 또렷이 의식한다. 나의 세상을 말로 표현할 수 있다. 말로 표현할 수 있다는 것은 내가 나의 세상을 만들어갈 수 있다는 것이다. 나의 세상은 사실을 넘어서 있는 희망, 꿈, 뜻을 함축하고 있다. 희망, 꿈, 뜻이 세상을 바라보고 세상을 만드는 중요한 요소가 된다. 그것은 인간 세상의 재발견이며, 놀람이다.

인간 삶의 어느 한 시기도 경과적이고 잠정적이지 않다. 어느 누구도 자신의 삶의 현장을 구성한다. 삶은 현장이고 현실이다. 삶은 따로 준비하는 것이 아니다. 다시 말해 삶을 준비하기 위해 따로 앎을 가져오지 않는다. 삶과 앎은 분리되지 않는다. 삶의 행위를 한다는 것은 거기에 앎을 내축하고 있다는 것이다. "역할놀이나 기타 배우는 사람의 존재 전체가 투입되는 교육과정에는 몸과 목소리와 감각기관과 움직임·꿈·음악 등 모두가 동원되는 학습과정이 대단히 중요하다. 그들이 생활의 모방을 통하여 진실을 체험한다"(같은 책, 120쪽). 그는 배움의 과정에서 삶의 경험이 지닌 의미를 이해한다.

뜻, 꿈을 가지며 길을 찾아낸다는 문화의식은 그 자신의 존재를 드러내는 자기의식이기도 하며, 또한 문화의식은 그 자신이 오늘 몸담고 살고 있는 역사사회에서 자신이 주체임을 확인하는 정치의식을 포함한다. 자기의식은 그로 하여금 공동체적 삶의 한계상황을 넘어 자아실현의 여정에 오르도록 자극한다. 또한 정치의식은 탈역사의 관념에서 벗어나 가파른 시대의 흐름 속으로 그를 끌고 들어온다.[4]

왜 정치의식인가? 세계는 힘의 관계로 움직인다. 세계를 제대로 읽는 것은 힘이 어디로 쏠려 있는 관계인지를 파악하는 것이다. 그것을 읽는 것은 단지 세계에 대한 지식, 이해를 얻는 것에 머물지 않는다. 그것은 아픔이 들어 있는 실천을 포함한다. 정치의식은 아픔이 배인 실천이다.

위로부터 만들어진 질서에 순응시키는 정치: 침묵문화

역사사회에서 권력은 인간의 근본적 학습능력을 부정하고 심지어 위험시했다. 권력은 교육과 정치를 매개로 대중의 일상의 삶에 개입하여 그들의 앎을 관리, 조작했다. 대중은 스스로의 힘으로는 세상을 읽을 수 없고 고쳐 쓸 수도 없다. 그들의 삶의 경험은 하찮은 것으로 무시되었다. 그들은 권력이 만든 세상에 편입해 들어가 성공적인 삶을 살아야 한다고 훈육되었고 또 유인되었다. 그들은 침묵문화에 젖어들었다. 침묵문화는 앎을 관리당하는 개인의 길들여진 정신의 결과물이고 또한 지배와 피지배 체제를 확대 강화하는 기제이다. 침묵문화, 단지 말 없음이 아니다. 피지배 민중은 지배층이 알아들을 수 없는 어법으로 세계를 표현한다. 그러하기에 피지배 민중을 길들이는 비인간화 교육에도 사회를 운영하는 자유

---

4. "지금 우리가 가지고 있는 교육의 본질에 대한 인식은 완전히 허상입니다. 교육에는 정치 이외에 다른 측면이 없습니다. 교육은 곧 정치입니다. 다시 말하자면 교육은 정치적 차원을 가지고 있으며, 정치는 교육이라는 차원을 가지고 있습니다"(같은 책, 27쪽).

와 자율의 원리가 스며들게 되어 있고, 그것을 부정하는 권력과 충돌하게 되어 있다. 교육은 정치적 차원을 가진다.

밑으로부터의 요구에 응하는 정치: 근본적 민주주의

인간의 근본적 학습 기회를 부정하는 폭력의 비인간화 사회에서, 개인은 공동체 가치의 의미와 가치를 발견할 수 있을까? 근본적 학습이 가능한 때와 곳에서, 개인은 비로소 그 의미와 가치를 찾아 나선다고 봐야 하지 않을까? 개인의 근본적 학습능력을 고무하는 현실 사회가 있기는 한가? 회의적이다. 그렇다면 교육은 이상적 공동체 사회를 설정하고(혹은 가정하고) 거기서 개인의 역량을 길러주는 하나의 상아탑 제도일 수밖에 없지 않은가? 교육은 아이들이 상아탑 제도의 틀에서 이상을 배우고 세상에 나가 그 이상을 실현하도록 훈련시키는 특수기관인가? 교육은 현실이다. '내 문제는 다른 모든 동료의 문제를 풀지 않고는 풀어지지 않는다'는 근본적 문화의식이 교육을 성립시키는 근거이다. 다시 말해 어떤 처지의 어떤 사람도 희망을 잃지 않고 있다는 가정하에 교육을 구상한다. 교육한다는 것은 모든 사람들로 하여금 희망을 품어도 좋다는 믿음이 바탕을 이루는 세상, 즉 근본적 민주주의 세상을 만든다는 것이다. 다 같이 참여하여 운영하는 사회(제도)를 탐구하고 실천하는 것이 교육의 문제이다. 이상적 공동체를 전제하고 그 공동체를 유지할 현실적 조건에 대한 관심에 교육을 묶어둘 수는 없다.

삶의 현장을 구성한다는 것은 이웃이 되어 함께 사는 삶의 제도를 숙고한다는 것이다. 이것은 모든 인간이 필연적으로 겪어야 하는 삶의 과정이다. 그들로 하여금 자신의 삶의 경험에 대해 긍지를 갖게 하는 것, 그것은 교육과 정치의 바탕이다. 침묵문화, 그것은 피지배 민중의 생존체계이다. 삶의 주인이고자 하는 민중의 밑으로부터의 요구는 비판적 지식인의 교육적 참여를 기다리고 있다. 비판적 참여 지식인이 그 시대의 교육을 구성한다.

개혁의 기초 개념 4. 윤리적 요청: 비판적 지식인, 가르치는 자의 현실참여

왜 세계 읽기에 문맹인가? 왜 정치질서에 직면하기를 주저하는가? 왜 일상에서 엄연히 근본적 능력을 발휘하고 있으면서 다른 한편에서 근본적 능력을 부정하는 범주적 착오를 범하는가? 삶에서 우려낸 앎을 무시하고 모욕하는 사회문화적 배경을 아무렇지 않게 받아들이는 침묵문화가 왜 이다지도 깊이 뿌리내려 있는가?

세상의 사회문화적 수준을 높이는 일에 헌신하는 비판적 지식인 집단의 현실참여, 그 윤리적 요청이 삶의 교육을 구성한다. 그는 민중 교사이다. 교육은 해방행위의 의미를 보여주는 민중 교사의 투신, 교육 활동에 의존한다. 민중 교사는 삶의 현실을 교재로 만들어 대화에 참여하도록 자극한다. 민중 교사의 교재 작업은 삶의 현실의 의미를 묻는 가치투쟁이다.

가르치는 자는 스스로의 세계(변화)를 이끌어가는 인간의 본래적 모습에 닻을 내리는 '근본적' 교육 활동가이어야 한다. 만약 가르치는 자가 불평등 현실을 해석하는 것에 머문다면, 비록 그 해석이 민중이라는 계층의 이해관계에 입각해 있다고 하더라도, 그의 교육 활동은 민중을 계도하려는 엘리트주의자로 처신하거나 민중을 은행저금식 교육체제에 방치해버리는 결과에 이르고 말 것이다. 가르치는 자는 그들을 대신하는 것이 아니라, 그들이 나서서 자신들의 삶의 경험을 '말로 표현하게', '앎을 만들게' 자극한다. 그때 말과 앎은 그의 세계 독해(문해), 다시 말해 그의 사상이다. 그것이면 족하다. 그들은 이제 자신들이 내딛는 아주 작은 걸음이, 너무 작아서 그게 걸음마인지도 분간 못할지언정, 해방의 세상살이 맛이라고 생각한다. 이 존재론적 해방의 맛은 저마다 누릴 수 있으며 무한정하다는 것을 그들은 감지한다. 결국 그들이 만들어가는 앎은 그들을 한

통속으로 묶어주는 '문화'가 된다. 그 문화의 힘이 세상을 바꾼다.

권력은 교실을 만들고 통제한다. 아이들은 저들이 편집한 앎을 단지 받아들인다. 그 교실에서는 근본적 교육 활동은 사라진다.

대체 교실을 만든다. 근본적 문화의식에 충실한 비판적 지식인만이 교실을 만들 수 있다. 그들은 자신들의 근본적 문화생활을 영위하며 이룬 전문적, 학문적 성취에 대해 누구와도 이야기할 수 있다. 그들은 이야기꾼이 되었다. 전문적, 학문적 성취에 국한되지 않는다. 산골 아낙네의 닭요리 지식이 단지 레시피가 아니라 가난에 지친 이들의 축제 한마당이라면 그 아낙네도 마찬가지로 훌륭한 전달자이다.

비판적 지식인은 모든 사람이 갖추고 있는 근본적 문화의식을 그 자신 특유의 자의식으로 무장하여, 자신의 전문적, 학문적 성취를 이룬 사람들이다. 그런 점에서 그들은 더 유능한 전달자, 삶의 이야기꾼일 수 있다.

학습의 장인 교실은 오로지 이 유능한 전달자들의 현실참여, 즉 '문화서클'에 의해 만들어지고 운영될 수 있다.

자본주의의 구조적 적폐를 철폐하는 일은 그 사회에 살고 있는 사람들의 문화적 수준을 높이는 것 이외에 다른 길이 없다. 이 지점에서 '비판적 지식인의 윤리적 요청' 개념이 정당성을 확보한다.

개혁의 기초 개념 5. 교재: '경악한' 현실(문화적 현실)의 기초 위에서
비판적 지식인은 힘겹게 사는 사람들의 의식(이해와 관심)을 해석하려는 태도를 버리고 그들의 표현양식 그 자체에 접근하고 그들의 언어를 배우는 데 익숙해야 한다. 그들의 행동을 관찰하거나 면담하는 방식으로는 그들의 의식을 드러낼 수 없다. 그들의 행과 앎은 하나로 묶여 있기 때문에 그렇다.

이제 그는 자신과는 전혀 다른 사고방식과 표현 방법이 있음을 그리고 대중의 것은 엘리트의 것과 단지 다를 뿐임을 인생 경험을 통해 확인한다. 권력은 대중의 삶의 뿌리를 흔들었고, 뿌리가 뽑힌 대중은 당연히 인간다운 일상의 삶을 영위할 수 없었다. 이 현실에 대한 이해에 기초하지 않고, 도대체 교육은 어디서 버팀목을 구할 수 있겠는가?

현실에 기초한다. "현실에 기초를 두고 생각한다는 것은 단순히 현실을 개선하고 더욱 인간적인 미래를 창출하기 위한 효과적인 방법일 뿐 아니라 올바른 사고방식을 배우기 위한 첩경임을 알게 되었습니다"(같은 책, 14쪽). 그것은 억눌린 계층에 속하는 사람들의 사고방식과 표현양식 및 어법을 이해할 때 가능한 것이다. 그 이해는 인생에 반전을 가져오는 '경악'이었다.[5]

기초로서의 현실이란 '경악한' 현실, 즉 문화적 현실이다. 대중은 이미 인간과 세계의 관계, 즉 사람이 관여하지 않은 것이 없는 '문화' 세계를 체감하고 있음을 스스로 깨닫고 경악한다. 또한 가르치는 자가 그 대중이 문화 세계를 체감하고 있다는 사실에 경악한다. 기초로서의 현실이란 대중이나 엘리트 모두 속에 감추어진 계급성에 대한 경악, 인간의 재발견에 대한 놀람, 경악이다.[6]

---

5. "내가 현실에 대하여 처음으로 경악할 수밖에 없었으며, 이때의 경험은 현실에 대한 나의 경악의 출발이자 원천이라고 말할 수 있겠습니다. (중략) 거기서 나는 두 가지 사실을 배웠습니다. 하나는 근로자들과 대화를 해야 한다는 것이었으며 또 하나는 근로자들의 사고방식을 이해하게 된 것입니다. (중략) 이것이 계기가 되어 자본주의 체제의 엄청난 비리를 절감하게 되었습니다"(같은 책, 13~14쪽).
6. "그 부인이 그런 분석을 하는 것을 듣고 내가 놀라워한 것은 그런 섬세한 분석은 엘리트들이나 하는 분석 방법이라고 생각했기 때문입니다. 그 근본적 원인은 내 자신의 계급귀속성에 있는 것이었습니다"(같은 책, 33쪽).

정상적인 조건하에서 모든 사람은 꿈을 갖는다. 그때 그들이 꾸는 꿈은 현실의 상징이다. 저 먼 곳 아프리카 사람들의 목마름의 현실을 떠올리며 오늘 내가 마시는 한 모금 물이 또한 얼마나 소중한 현실인지, 목마름은 모두의 것이고 나의 것이다. 이 꿈이 목마름을 넘어 내가 처한 모든 현실의 어려움을 견디는 힘이 된다. 다시 이렇게 물어보자. 현실의 어려움을 견디는 힘이 세상의 변화를 가져오는 이유가 되는가? 세상에 변화가 불가피한 경우, 예컨대 굶주림과 질병으로 죽어가는 아이들이 있다고 한다면, 이 경우 당신이 노동자로서 혹은 교사로서 할 수 있는 것은 무엇인가? 모금 행동인가? 정부가 나서라고 촉구하는 서명운동인가? 가진 자들의 사회적 무관심을 주제로 계기수업을 할 것인가? 이런 유의 분개심이 세상에 어떤 변화를 가져오리라 생각하는가? 당신은 당신의 역할이 어떤 유의 변화를 가져오리라고 상상하는가?' 당신은 현실의 난관을 이겨내는 힘을 어디서 얻는가? 작지만 여럿이 내딛는 한 걸음이 되는 꿈, 그 꿈에 기대어 내 안의 수치심을 몰아내는 자기각성, 그 꿈에 대해 사건이 되기에 충분할 만큼 끈질긴 대화의 장을 마련하는 것, 이 한판의 문화 놀이는 어떤가? 이런 과정이라면 참여한 모두의 관심은 분개심을 넘어 심각한 정치성을 띠게 되지 않을까? 아마도 권력은 모금 행동보다 당신들 토론의 위험성에 더 민감하게 반응할 것이다.[7] 느려서 답답하기는 하지만, 그들은 인류의 구원이라는 궁극적 목적에 비추어 볼 때 자신의 역할이 어떤 의미와 기능을 지니는지 고심할 것이다.

'여럿이 함께'
이 문화의식은 선택하고 결정하는 참조의 틀이다.

---

7. 자본주의는 개인들에게 시장에 내놓을 만한 상품과도 같은 성과, 결과로서 자신을 말하라고 다그치면서 세상을 만들어가는 인간 존재의 의미를 묻어버렸다. 자본주의 체제하 문화의식과 행위는 가치투쟁이다.

세상을 읽고 고쳐 쓰는 결정적으로 중요한 요소이다.
세상을 이해하고 분석하는 방법이다.

앎을 만든다. 수용하는 앎이 아니다. 앎은 삶의 경험을 반성하여 사물과 사태의 연관관계를 파악하는 것이다. 연관관계를 파악하는 것은 세계를 읽는 것, 세계를 고쳐 쓰는 것이다.

삶은 생존을 넘어 자신의 세상을 만들어가는 문화적 행위이다. 삶은 계속된다. 삶은 꿈을 가지고 길을 찾아가는 과정이다.

문화적 행위를 통해 해방의 맛을 본다. 그 맛이 삶의 동력이다. 역사적으로 온몸으로 사는 민중, 노동자, 억눌린 자들이 세상을 만들어내는 근본적 힘을 길렀다 문화를 이루었다. 문화적 행위를 통한 해방의 맛은 교육적이고 정치적이다.

현실에 기초하지 않은 교육과 정치는 논리적으로 개인들의 삶에 개입하여 그들의 앎을 조작할 수밖에 없게 되어 있었고, 실제로도 그럴 필요가 있었다.

삶의 교육이다. 삶의 교육의 대척점에, 눈앞에 보이는 것에서 만족을 구하는 반문화적 의식과 행위가 있다. 그 반문화적 의식과 행위는 체제 순응적, 은행저금식 교육을 동반한다. 삶의 교육은 예속적 자본주의에 의해 침식된 인간의 근본적 능력을 복원하여 그 폭력의 체제가 일상의 삶에 개입하지 못하도록, 끝내는 그 폭력의 체제를 해체해가는 버팀목이 될 것이다.

4. 삶의 궤적: 생각의 변화, 보편에 대한 고민

교육은 반드시 거쳐야 하는 삶의 과정을 거치며 살아가려고 욕망하는 사람들의 문제이다. 그는 일다운 일을 하며 일상을 살려고 애쓴다. 일다운 일은 자신의 뜻, 꿈이 새겨지는 문화 행위이다. 그의 문화 행위는 일이 노역으로 바뀐 자본주의 체제의 억압으로부터의 해방과 연관한다. 그러므로 그 해방은 개인의 문제에 한정되지 않는다. 해방은 사회 프로그램으로 완성된다.

문화의식, 문화 능력, 사람의 손을 거치지 않은 것은 어디에도 없다.

꿈, 뜻을 가지면 길을 만들 수 있다.

해방의 맛, 그게 삶의 동력이다.

고국 브라질을 다시 배우다

어떤 경우에도 경과적, 잠정적 삶은 없다. 감옥, 망명, 족쇄에 묶인 채, 그는 온전한 삶을 사는 방법, 행동하는 자유를 누리는 방법을 찾아 나선다. 환상 속에서 꾸는 꿈의 유혹을 뿌리친다. 침묵문화를 받아들이는 소박한 정신에 저항한다. 행동이 조건과 여건에 선행한다. 자기 속에 이미 자리 잡고 있는 근본적 문화의식을 되살린다. 거기로 돌아가 문화적 삶을 산다. 오늘을 산다. 어느 누구도 그러하다. 그것이 인간을 이해하는 과학적 개념임을 확인한다.

나는 학생들을 위한 교육학적 방법이나, 특히 학생들 위에 군림하는 교육학적 방법을 신뢰하지 않으며, 따라서 대중을 위한 것이라고 주장되는 혁명적 변화도 믿지 않습니다. 사회의 참된 변화는 대중들과 함께 더불어 진행되는 것입니다. 내가 말하고 싶은 것은 진정한 사회쇄신은 매일매일 경험하는 일상생활 환경과 그 체험에 대한 비판에서 출발되는 운동이지 흔히 대중들이 스스로를 믿고 과신한 끝에 일으키는 저항의 차원에서는 사회쇄신을 기대하기 어렵다는 점입니다(같은 책, 111쪽).

프레이리는 다음과 같이 선포한다. 대중을 존경하자. 대중들에 대하여 진정한 의미의 존경, 이런 존경이 없이는 어떤 혁명도 어떤 사회적 쇄신도 불가능하다.

첫째, 대중이 늘 해왔고 할 수 있는 것에서 시작한다. 어떤 비루한 일상을 살고 있어도 그는 사람이다. 사람은 자신의 세계를 만드는 문화 행위를 한다. 대중을 '위해서' 혹은 대중을 대변한다고 말하지 않는다. 대중사업은 이제 공개적이고 개방적이어야 한다. 결코 지하에서 이루어질 일이 아니다.

둘째, 교육의 현장성을 부각한다. 현장을 구성하는 것, 그것은 변화를 자극하고 만들어내는 것이 교육의 원리임을 함축한다. 문제제기를 하여 변화를 현실로 부각하라. 인간은 자신의 세계를 부단하게 변화시키면서 비로소 자기의 존재를 확인한다. 삶을 영위한다는 것은 세계를 만들고 그 속에서 자신의 존재를 체험한다는 것이다. 다변 다층의 세계가 성립한다. 그것이 곧 사회의 변화이다.

어떻게 할 것인가? 구체적 현실과 마주한다. 구체적 문제 토론이 먼저이고 우선한다. 개념은 구체적 현실을 이해하는 데 필요한 하나의 도구일 뿐이다. 문제의 문제성, 즉 토론 테마의 근원과 그 테마가 문제시되고 있는 현실적 상황을 밝히는 것이[8] 교육의 의무이다. 해법을 제시하는 것이 교육의 의무는 아닐 것이다. 교육은 체제 순응적 적응의 필요를 충족하

---

8. "자기와 가족의 생계를 안전하게 보장하기에는 훨씬 부족한 임금소득을 가지고 있는 가난한 근로자라는 구체적 조건 아래 아버지와 아들의 관계가 이루어지고 있는 것입니다. 그럼에도 불구하고 나는 아버지와 아들이라는 두 개의 개념 사이의 관계를 나의 특강에서 설명했던 것입니다"(같은 책, 16쪽).

는 기능으로 이해될 수 없다.

개인의 관점에서, 교육은 거쳐야 할 삶의 과정을 거치며 살아가는 능력을 기르고자 한다. 그 능력의 핵심은 스스로 일다운 일을 만들어내어 자기 일을 수행하는 문화 행위이다. 어떻게 일다운 일을 만들 수 있는가? 앎을 만들어간다는 것은 그가 일다운 일을 수행하고 있다는 것이다. 받아들이는 앎에 익숙한 개인과 사회라면, 그때 그 사회는 일자리를 배치하고, 개인은 그 일을 제공받아 수행한다.

사회의 관점에서, 교육은 그 사회의 문화적 수준을 높여 사회의 구조적 불합리를 고쳐나가는 과제를 수행한다. 그 문화적 수준은 밑으로부터의 힘, 즉 삶의 경험에서 얻는 배움의 힘을 기르는 일과 다름이 없다.

셋째, 배우는 자가 가르치는 자가 되고 가르치는 자가 배우는 자가 된다. 가르치는 자의 자리, 배우는 자의 자리는 따로 정해져 있지 않다. 언제나 가르치는 자리에 앉는 사람은 없으며 언제나 배우는 자리에 앉아야 할 사람은 없다. 그런데 왜 어떤 사람들은 단순히 피교육자로만 남아 있으려 하고 적극적인 참여자가 되기를 주저하는 것일까? 엘리트들이 말하는 정확한 지식이 거칠지만 지혜로운 지식보다 더 가치롭다는 이데올로기적 확신이, 가르치는 자의 자리와 배우는 자의 자리를 미리 정해버린 탓이리라. 그 결과 배우는 자의 길들여지는 의식이 합법화되었다.

'대중은 사물을 인식하는 지혜를 실생활에서 이미 얻고 있다. 부족한 것은 관계를 파악하는 종합적 인식력 부족이다.' 그가 소를 키우는 사람이면 소를 키우는 경험을 반성하여 얻은 앎을 가지고 자신의 세계를 말하게 하라. 삶의 경험에 기초한 말을 존중하는 문화라면 적극적 참여자는 여기저기서 나타난다. 어느 누구도 자신의 세상을 만들며 그 세상을 표현할 수 있다. 교육은 다변 다층의 세계에 대해 표현하도록 자극하는 학습 상황에 의존한다.

첫째, 민중의 희망은 가르치는 자의 이상에 우선한다. 자기가 살아갈 세상을 만들어간다는 문화의식을 명확하게 표명한다. "내가 그들의 세계와 그들의 꿈을 알고 그 기초 위에서 현실참여를 했어야 했으며, 특히 나의 이상을 버리고 그들의 희망에 접근했어야만 했던 것입니다"(같은 책, 77쪽).

둘째, 배우는 자들의 세계 읽기의 경험이 가르치는 자의 지식에 선행한다. 세상 고쳐 쓰기를 위한 참고 자료라는 개념은 무엇보다 자신을 평정하는 타인들의 시선으로부터 벗어나기 위해 고안되었다. 자신을 바라보는 타인들의 시선밖에 없는 학습 환경에서 배우는 자는 지식을 받아들이는 것 이외에 다른 학습 활동을 하지 못한다. 가르치는 자는 단지 개념과 이론을 해설한다. 그 관계에서는 결코 고기 잡는 방법을 가르치지 못한다. 고기 잡는 방법은 배우는 자가 스스로 '입을 여는' 학습 상황에서 가능하다. 경험의 생생한 자료를 기초로 삼을 때 비로소 개념은 '현실적 진상에 대한 인식을 심화하는 데에 도움이 되는 도구'가 된다. 교사 없이도 아이들이 움직일 수 있는 교실이 먼저이다. 이런 논점에서 아이들의 심리적 적성·소질·흥미가 교육적 가치가 된다.

셋째, 인간 삶의 콘텍스트에서 교육과 사회라는 텍스트의 의미를 묻는다. '인간은 역사나 세계체제와 정치적 존재이지', 고립된 개체가 아니다. 삶의 교육은 삶을 이끌어가는 앎, 즉 비판정신을 문제 삼는다. 거기에는 누가 정해준 도달점에 도달하려고 기를 쓰고 덤비는 원자화된 개인은 없다. 직면하는 삶의 문제의 근원을 파고드는 자아가 있다.

문화혁명의 이유

만리장성, 에펠탑, 마천루, 이런 것이 문화이고 거기에 몰려드는 구경꾼이 문화인文化人인가? 세계에서 제일 높은 빌딩을 짓겠다고 나서는 것이 문화의식인가? 세계 절반의 사람들이 굶주리고 있는데도 아랑곳하지 않아야 거대한 문화를 창조하고 문화인 행세를 한다는 것인가? 화려한 학력, 수능 만점이 문화의식의 결과물이고 교육의 목표인가? 그 문화와 교육에 사람이 들어가 살 틈이 없지 않은가? 문화와 교육은 인간화, 인간다움을 문제시하는 인류적 활동이라고 힘주어 말하자.

어른들의 욕망이 아이들의 교육의 목적과 과정을 덧칠하고 있다. 아이들에게 환상 속에서 '성공하는' 꿈을 꾸라고 한다. 행동에 괄호를 쳐버리고 환상 속에서 꿈을 꾸는 자유를 누리라고 설득한다. 그런 자유라면, 가르치는 일은 삶과 분리되고 아이들과 분리된다. 이 모순을 극복하기 위해 우리는 근본적 문화, 근본적 학습의 확장이 사회제도, 교육제도의 원리라고 말해야 한다.

이렇게 말하자; 프레이리의 문화혁명의 꿈이 유별난 것이 아니다. 위험 부담이 큰 삶을 사는 사람이라면 누구나 생각의 변화를 겪게 되어 있다. 그리고 그 변화는 보편을 향하여 있다. 왜 그런가? 누구나 자신의 세상, 세계를 형성하는 일상을 살고 있기 때문이다. 그는 그 일상을 반성하여 앎을 얻는 근본적 학습자이다. 근본적 학습은 일상을 규제하는 생활양식이다.

'교육은 교육방법론의 실천'이라는 명제는 오늘 우리 사회와 교육에서 인간 상실의 문제점을 적시하고 해결하려는 노력에 중요한 시사점을 준다.

5. 문화의식의 심화와 확장에 대한 교육방법론: 일관되게 지켜야 하는 것과 피해야 하는 것

학습 상황

최대의 교육자원을 끌어들이고 활용할 수 있는 학습 상황을 형성하고 유지한다. 그 학습 상황에서 사람들은 서로 배우고 서로 가르치는 동료가 된다. 그 학습 상황에서 사람들은 저마다 가지고 있는 앎을 교류한다. 그들은 저마다 겪은 다양한 경험을 교류, 즉 비교, 대조, 상충, 보충, 발견, 비판하며 끝내 타당한 인식에 이른다. 그들이 그럴 수 있는 것은 그들의 삶이 곧 누구와도 나눌 수 있는 정보(앎)이기 때문이다.

학습 상황에서 사람들은 지식은 만드는 것임을 체험한다. 그들은 지식을 만드는 활동(과정)을 통해 자신의 개인적 문제는 모두의 문제와 연관되어 있고 모두의 문제를 풀지 않고는 결코 자신의 문제도 풀지 못한다는 것을 알게 된다. 그들은 이제 자기 앞의 이해관계에서 한 걸음 물러나 '이론적' 조망으로 사물과 사태를 바라볼 수 있다. 그들은 눈앞에 있는 사태에 매몰되어 세상의 속내를 읽지 않는다. 그들은 그것 너머 멀리, 속에 있는, 보이지 않는 것을 현실로 읽어낸다.

어떻게 그 학습 상황을 구성하나? 가르치는 자가 없어도 스스로 나서는 참여자 아이들이 있다면, 그때 학습 상황을 구성하는 첫 단추를 꿰었다고 말할 수 있다. 어떻게 참여자 아이들이 되는가? 그들 누구나 입을 열고 말을 걸 수 있는 문제가 그들의 배움의 주제라면 그때 그들은 각자의 처지에서 학습의 과정에 참여자가 될 것이다. 프레이리의 학습 상황 구성을 빌려 말해본다면, '해고 노동자의 고공농성'이 학습을 이끌어가는 주제라면, 여기 이 땅에서 오늘을 살고 있는 모든 노동자들이 참여 학습자가 될 것이다. 그들은 자신의 처지에서 어떤 행동을 할 수 있는지 고민할 것이며, '문화적' 행동을 하고 있는 자신들을 발견할 것이다.

문화적 행동

논쟁을 몰고 오는 사건에 휩쓸려 들어가는 반응이 아니라 스스로 책임질 수 있는 행동을 한다. 말하자면 그는 일자리를 잃는 것은 가족을 잃는 것임을, 그것은 가진 것 없는 노동자들에게는 감당할 수 없는 재앙임을 호소하는 편지를 써서 여기저기 보낸다. 그는 자신의 작은 행동이 인간사회의 최소한의 조건에 대한 일깨움이라고 믿고 있다. 그는 누구나 인간사회의 조건에 동의하리라고 굳게 믿고 있다. 오로지 그 믿음에 근거한 희망이 그가 행동하는 이유이다. 그는 고공농성으로 표출된 행동에 담긴 이유는 '나의 문제이며 당대 그곳의 문제'라고 누구를 만나서도 말할 수 있다. 고공농성은 단지 그 사람의 행동일 뿐, 그 특수한 행동을 문제 삼지 말기를 어느 누구를 만나서도 말할 수 있다. 그의 문화적 행동은 정치의식을 포함하지만 그것보다 중요하게 인간화 과정의 의미와 가치를 실천하고 있다. 그의 문화적 행동은 정치적이고 교육적이다.

이 학습 상황을 형식적 교실에서 재현할 수 있는가? 다시 말해 제도적 시스템으로 만들 수 있는가? 오태희 교사의 교육 공간 만들기에서 그 가능성을 발견한다.[9]

"어떤 재료를 가지고 아이들을 활동하게 하고 그 활동을 말로 표현하게 할까? 자나 깨나 그 물음이 떠나지 않았습니다. 구체적 물음이 생기니까 내 일상이 아주 활동적이었습니다. 뭔가를 구해야 했고 쫓아다녀야 했고 자문을 구해야 했고 기록해야 했습니다. 기록이 발전을 낳는다는 것을 확인했습니다. 아이들은 꼭 내가 한 것만큼 저들도 활동하고 기록하더군요. 싹을 틔우고 옮겨 심고 물 주고 관찰하고 기록하는 과정이한 달 이상 지속되었습니다." "교사도 아이들도 함께 참여하는 수업활동

---

9. 오태희, 「과학교과수업의 학력평가」, 교사의 교육 기획력을 위한 전문가 워크숍(2006년 2월 22일, 대구 흥사단).

은 정답을 평가하는 시험에서 벗어나 내가 가르친 아이들의 학습 경험을 내 기준으로 평가하면서 가능했습니다."

일상의 삶을 영위하는 사람들이 가진 무한한 인간화 자산

인간 삶이란 그 사람이 자신의 삶의 현장을 구성하는 과정의 총체다. 삶의 경험을 반성하여 얻는 앎. 삶의 현장을 구성하는 경험은 반성을 수반한다. 스스로 하는 경험만이 반성의 대상이 된다. 그 경험의 반성은 정신의 회귀 운동이다. 반성에서 얻는 배움과 앎은 단지 지식 정보를 넘어 지적 성장의 체험이다.

자기 삶을 사는 사람들은 세계를 읽을 용의와 능력을 가지고 있다. 그것이 자산인 것은 '제 힘으로 스스로 하기'의 자발성이라는 것, 누구나 지식을 만든다는 것, 만드는 경험이 확대되어 경험 너머의 것을 바라보는 안목을 가진다는 것이다.

한편 그는 역사사회에서 오랜 세월 뿌리 깊게 내린 계급성으로 인해 그 자산을 포기할 수밖에 없었다. 앎을 만들어내는 반성의 힘, 즉 인간화 자산은 계급성을 드러내어 비판하여 마침내 해체해버리는 지난한 문화작업을 수행하지 않으면 안 된다. 그 문화작업은 대화관계 속에서 이루어진다. 대화는 저마다의 일상의 삶이 곧 누구에게나 필요하고 취할 가치가 있는 정보, 지식임을 인정하는 상호성 관계에서 성립한다. 그렇다면 대화는 계급성 벗어나기만으로는 충분하지 않다. 대화는 인격적 평등에서 완성된다.

교사가 교재를 매개로 학습 상황을 구성한다. 교사가 참여자가 되려는 아이들의 근본적 문화의식을 학습자원으로 활용하여 학습 상황을 구성한다. 그것이 교육의 문제이다.

6. 요약

교육은 시대의 진실을 추구하는 싸움이다. 기성세대의 욕망이 미래 세대의 교육의 목적을 덧칠할 수 없다.

교육방법론의 실천에 교육의 목적이 동반한다. 방법은 배우는 사람의 삶을 떠나서는, 즉 학습자의 언어와 표현 방식을 떠나서는 설계될 수 없다. 방법은 구체적 현실에 기초한다.

인간의 삶에 인간화의 욕망이 묻어 있다. 삶에 묻어 있는 인간화 욕망은 현실적 능력이 되기를 기다리는 형태로 존재한다.

비판적 지식인의 현실참여, 즉 문화적 가치투쟁은 대중의 앎을 관리하려는 권력과 맞먹는 정치이다.

평화와 공존은 그들 자신들의 행동에 의해서만이 이루어진다는 정치의식의 소산이다. 정치는 세상사를 연관하여 행동할 줄 아는 인간 능력을 나타내는 말이다.

정치적 공동체를 문화적 사실로 이해한다. 현실참여의 행동이 정치적 공동체를 이룬다.

해방의 맛(놀람)이 일상을 구성한다. 삶의 목적은 해방의 놀람, 경악으로 그 실체적 의미를 포착한다. 해방의 맛이 교육의 과정을 이끌어가는 동력이다.

인간화, 그것이 먼저이고 우선한다. 정치·경제·사회, 이 모든 것은 인간화 이전에 그리고 이후에 고려해야 할 필요한 조건들이다.

문화의 관점에서 인간 본성은 고정된 것이 아니라 역사의 진행과정에서 발전한다.

다변 다층의 앎을 형성하는 인간의 근본적 학습능력을 자극하는 교육 공간을 만든다. 그것이 지식, 문화, 개성의 시대의 요청이다. 일자리에 지배당하는 삶의 질곡에서 벗어나는 길이다.

이제, 프레이리의 삶의 교육론이 어떻게 형성되고 기능하는지 이야기하려고 한다.

교육은 교육방법론의 실천[10]이라는 명제는 인간화 개념의 기본적 의미를 적확하게 표현한다. 교육의 교육 목적은 시대가 준다. 권력이 된 정부, 권력이 된 교사, 권력이 된 학부모가 교육의 목적을 정하지 못한다. 당대 그곳의 가르치는 자들이 할 수 있는 것은 교육방법을 설계하는 것이며, 그 방법은 배우는 자들의 현실에 기초해야 하고 그 현실의 난관을 개선하는 것에 의해 정당화되어야 한다. 이런 의미에서 교육은 이상이 아니라 현실이다.

1] 개인의 해방을 넘어 체제의 억압으로부터 해방

역사사회에서 교육이 존재할 이유는 분명했다. 당대 교육은 이 이유를 명료하게 함으로써 교육의 목적을 정립한다. 목적을 정립하는 일은 앎을 관리하는 문화적 속박에서 앎을 만들어내는 삶의 주체일 수 있는 조건을 문제제기하는 문화적 싸움이다. 그 싸움은 사람의 손을 거치지 않고 만들어진 것은 어디에도 없다고 선포하는 문화의식으로 나타나고, 대중조작의 지배 정치를 대체하는 현실참여의 정치의식으로 나타난다.

2] 식민지적 신분제에 신음하는 브라질 민중 문맹과 문해

종속관계, 사람다움의 권력을 상실한 채 일상을 살고 있는 사람들, 글 읽을 기회조차 빼앗긴 채 살고 있는 사람들, 이 억눌린 사람들이 문자를 읽을 줄 아는 것이 하나의 기능인가? 인간다움의 조건인가?

문자를 읽는 것이 오히려 세상에 대해 더 심각한 문맹을 초래하는 것은

---

10. 방법론은 기술과 보조 수단과 구별된다. 방법론은 실제 경험에서 이론으로 다시 실제 경험으로 진행되는 살아 있는 사람들의 삶의 경험의 구조를 반영한다. "생각하는 것을 가르칠 수는 없다. 행동하며 무엇을 할 것인지를 찬찬히 생각하는 것을 가르친다. 변증법적 이해라고 해도 된다. 교육은 교육방법론을 응용하는 양식과 형태이다"(같은 책, 119쪽 참조).

아닌지. 지배자들에 의해 앎을 관리당하는 손쉬운 통로가 되는 것은 아닌지. 인간이 지닌 '근본적' 학습의 힘을 잃는 것은 아닌지. 온몸과 마음을 바쳐 자기 일을 하며 얻는 삶의 지식, 지혜의 힘을 잃는 것은 아닌지.

문자를 읽는 것은 그 사람의 삶에 도대체 무엇일까? 문자를 읽도록 도와주는 것을 두고 교육이라고 이름 붙여도 될까? 문해를 시대의 문제라고 봐도 될까? 문해교육이 전문성을 갖춘 인력양성론을 대체할 수 있을까?

교육은 시대의 문제다.
시대의 문제는 교육의 문제로 진술되어야 한다.

왜 문해의 교육인가?

무지와 굶주림의 고통마저도 외면하는 무자비한 폭력 앞에, 그들 브라질 민중은 꿈을 꾸는 것 말고 할 수 있는 것이 아무것도 없다. 꿈을 꾸게 하자. 그 꿈을 실현하는 방법을 배우게 하는 것, 꿈을 실현할 수 있는 길을 자기 안에서 찾아내도록 자극하는 것, 그것만이 그들 민중에게 다가갈 수 있는 유일한 통로이다. 무지의 고통을 치유하여 세계를 읽을 수 있다면 그들은 거기서 굶주림의 원인을 제거하는 길도 열 수 있을 것이다. 생각의 자유와 표현을 지향하는 교육은 지배권력의 상징조작, 대중조작과 대척점에 있다.

무지의 고통으로부터 해방

문해, 글을 읽을 줄 안다. 그게 그렇게 중요한가? 글은 권력이다. 글은 경험을 지식, 지성으로 갈무리하는 도구이다. 글은 정신작용의 도구이다. 글을 통해 문화의 수준을 높인다. 문해는 개인의 문자 습득 혹은 글 읽기에 한정되지 않는다. 문해의 교육은 앎을 관리하는 지배세력에 대해, 그리고 인간의 근본적 문화 능력, 즉 지식생산 능력에 대해 문제를 제기하며 쟁점화한다.

글 읽기, 세계를 읽는 것

어느 것 하나도 연관하지 않은 것이 없는 세계의 사물과 사태를 조망할 수 있는 것, 일상의 성가신 문제를 더 큰 인생의 문제로 읽는 것, 농사를 짓고도 배고픔을 면치 못한다면 그것은 나의 문제이면서 농사짓는 모든 이의 문제라고 읽는 것, 내 배고픔의 고통은 농사짓는 이들 모두의 배고픔을 해결하지 않고는 해소되지 않는다고 읽는 것, 나는 지금 여기 농사에 '속박해 있고 그래서 부대끼며' 또한 농사꾼 모두가 함께하는 희망을 나누지 않고는 그 속박을 벗어날 수 없다는 것을 읽는 것, 더 적극적으로 세계를 읽는 것은 세계에 이렇게 이름을 짓는 것naming이다.

'문화는 그 사회의 날개', '온 동네가 아이를 키우는 요람'… 이처럼 이름 짓기는 지혜의 옷을 입고 나타난다.

세계를 읽는 것은 삶을 엄중한 현실로 읽는 것이다. 세계를 읽는 것은 진실, 진리를 체험하는 것이다.

세계에 이름을 짓는 것은 그 세계를 내 마음과 손길이 닿는 곳에 두게 되는 것, 그 세계를 꿈꿀 수 있는 대상으로 만드는 것이다.

3] 삶, 앎 그리고 교육

앎은 만드는 것이며, 앎을 만드는 것은 삶을 읽는 정신이 된다는 것이다. 교육은 이 거대한 인간사에 관여하는 과정, 제도이다.

삶의 난관을 팔자소관이라고 환원하지 않고 사람이 만들어낸 문제라고 비판적으로 의식하면서, 그는 비로소 삶을 긍정한다.

그는 삶의 난관에 스스로를 노출시켜 자신이 무엇이며 무엇이 아닌지를 직시한다. 이 실존적 삶의 경험에서 그는 배움, 앎을 얻는다. 실존적 삶의 경험에서 앎을 얻는 '근본적 학습'이 인간 삶의 기층을 이루고 있다. 근본적 학습 상황에서 그는 생각의 자유를 체감하며 야스퍼스의 말을 빌려 '제정신'이 번쩍 드는 것을 자각한다.

늘 제정신으로 일상을 사는 사람은 없다. 언뜻 삶을 반성하며 제정신으로 돌아간다. 삶의 참여자가 되어 앎을 만들고 있는 자신을 발견하고 '놀란다'. 근본적 학습 상황은 저절로 무의식적으로 오지 않는다.

근본적 학습 삶은 현실이다. 현실을 응시한다. 어떻게? 삶을 속박하는 피할 수 없는 난관에 스스로 직면함으로써. 임금노동자라면 그는 파업 속에서 힘겨워하고 파업을 마주하여 찬찬히 뜯어보며, 파업과 연관한 삶(세계)을 '속이 떨리도록 겪는다.' 거기에 노동자의 삶을 이끌어가는 앎이 들어 있다.

앎은 만드는 것이지 수용되는 것이 아니다. 어떻게 만드는가?

삶의 현장을 구성하는 사람이 앎을 만든다. 조용기(『교육의 쓸모』, 2005)의 말을 빌려, "물리학이 삶이 된 아인슈타인이 물리학(앎)을 만든다. 사람 치유가 꿈인 허준이 한약재보감을 만든다." 매 끼니를 근심으로 때우는 어머니의 가난한 상차림은 그 자체가 세상살이의 앎, 지혜이다. 제각기 앎의 차원은 달라도 삶에 발휘하는 힘에는 우열이 없다. 그들은 저마다 다른 표현법으로 세계를 말하고 있는 것이다. 설사 주어진 삶이라고 할지라도 그 삶을 자신의 관심사로 취하여 완성해간다면, 그는 자신의 삶에 투여하는 정신, 의식을 되돌아볼 수 있다. 주어진 것과 취한 것 사이의 상충을 정돈하지 않고는 온전한 삶을 살 수 없기 때문에 그는 제정신으로 되돌아오는 것이다. 제정신, 즉 반성적 앎은 겉으로 도무지 하나가 될 것 같지 않은 대립하는 것들을 하나로 통일시키는 정신의 투쟁을 표상한다.

가난한 그러나 따뜻한 저녁상 앞에 둘러앉은 가족들 사이의 대화에 때로 원망이 끼어들곤 하지만 그렇다고 절망으로 끝나는 경우는 없다.

공분한다는 것, 그것은 세상이 조금 더 나은 쪽으로 진화해가는 모습을 그림 그릴 수 있는 여유로움이다.

앎은 계속된다.

'민중' 의사, '민중' 교사, '민중' 영양사, '민중' 촌부가 일과 앎을 하나로 뭉치는 삶을 산다. 그들이 만든 앎은 겪은 것의 반성에 의한 구성물이기에 그 앎은 거칠다. 더 진전된 더 큰 문제를 숙고하면서 세련되어간다. 왜 그런가? 그들의 앎은 삶을 인도하는 힘을 가지고 있기에 그렇다. 왜 그들의 앎은 삶에 힘을 가지는가?

민중, 그들의 일상의 삶은 자신들이 삶의 주인이고자 하는, 즉 자신의 삶에서 우려낸 말로 세상을 이야기하려는 욕망 때문에 그렇다. 그 욕망의 발로는 자연스러움이 아니라 투쟁이다.

그들은 자신이 아니라 주위를 탁월하게 만들어가는 비판적 지식인-교사이다.

앎은 정치의식을 매개로 힘으로 구현된다.

그들은 상대의 삶을 인정하는 정치적 관계를 맺는다. 소를 키우는 사람이 소에 대해 말하고, 작물을 재배하는 사람이 작물을 말하고, 영화를 만드는 사람이 영화를 말하고, 배를 만드는 사람이 배를 말하는 그런 세상을 긍정한다. 그 세상을 만들며 그 세상을 경영한다. 그 세상은 삶이 곧 지식, 정보가 되는 근본적 민주주의 관계이다. 차원이 다를 뿐 수준의 차이가 아닌 앎이 사회적 역할의 근거가 되는 관계이다. 누군가가 자신의 의견을 말한다는 것은 그의 교육수준과는 상관이 없다. 오히려 세상을 어떤 시각으로 살고 있느냐에 달려 있다. 사회 '속에' 살고 있고 또한 사회와 '더불어' 살고 있노라고 힘주어 말한다면 못할 말이 뭐가 있겠는가.

왜 정치의식인가? 주권의 주인은 우리들 민중 아닌가, 그렇다면 모든 권력 행사는 반드시 일상의 삶을 영위하며 얻은 민중의 앎의 틀 안에서 그 정당성을 구해야 하지 않겠는가. 주권자로서 그것을 당연히 요구할 수 있다는 믿음이 자신의 삶을 드러내 말하게 하는 힘을 준다.

앎과 권력 앎은 명확하다. 앎의 명확성이 삶을 수식한다. 속박된 삶을 돌아보며, 그는 앎이 관리되고 있다는 것을 알게 된다. 앎을 관리당하며 스스로 삶의 주체임을 부정했으며 그리고 생각하기를 주저했다는 것을 깨닫는다. 그는 자신의 삶과 앎에 드리운 권력의 그림자를 알아챈다. 현실 권력에 대한 비판의식 없이 삶의 주인이 될 수 없다는 것을 안다. 비판의식은 대중조작의 지배와 폭력정치와 싸워서 얻는 것임을 확인한다.

비판의식은 지성의 문제이고 체제의 문제임을 깨닫는다.

앎을 관리당하지 않는 자유, 그 자유에 문제를 제기한다. 그때 사람들은 앎을 관리 조작하는 체제의 무서운 비인간화 족쇄에서 풀려난다. 자유는 체제의 비인간화 족쇄와 싸움을 거는 근본적 비판의식 없이는 오지 않는다. 사회경제적 지위가 그 사람의 가치를 결정하지 않는다. 벤츠를 타는 사람과 자전거를 타는 사람 사이에 엄청난 격차가 있다는 것에 분노한다. 상품의 물신성과 이것이 창출해내는 사회관계의 물신성을 명확하게 이해한다. 자유란 꿈이 있기에 자신의 길을 찾는 사람들을 존중하는 사회의 문화적 배경과 수준이 마침내 폭력의 세상을 바꾼다는 신념의 다른 이름이다.

해방과 자유를 문제시하지 않는 체제의 변혁이 폭력으로 변질되는 것은 역사적 현실이며 또한 논리적 귀결이다.[11] 해방과 자유는 문화의식으로 나타난다. 문화의식은 꿈을 가진 사람의 특권이다.

교육의 토대: 삶에 내축된 인식론적 물음

삶이라는 콘텍스트에서 교육이라는 텍스트를 읽는다. 인간 삶의 경험에는 참을 향하는 인식론적 물음-'어떻게 살아야 하지?'-이 내재해 있으며, 그 물음이 앎을 만들어내는 근거이고 힘이다. 내 앎이 도대체 어떤 진실을 추구한 것인지, 제대로 진실을 추구한 것인지에 대해, 내심의 물음을 가지고 생각하고 행동한다. 내 생각을 정돈해줄 기준, 내 행동을 밀고 갈 버팀목을 찾아내려고 고심하며 오늘을 생각하고 행동한다. 교육은 이 인식론적 적절성 물음에 관여하며 관여할 틈을 넓힌다. 그 물음의 끝 지점인 자아의 발견과 확장을 교육 활동의 목적으로 진술한다.

역사사회에서 체제의 도구일 뿐인 교육을 가지고 인간의 온전한 삶을 읽으려고 하다니. 교육을 받는 동안, 그 사람은 삶의 현실을 접어두고 경과적 시간과 장소에 머물러야 한다는 것인가? 도대체 인생에 그런 경과적 시간과 공간이 있기나 한가? 어느 곳 어느 때이건 삶의 현장이다. 그 누구도 자신의 삶의 현장을 구성한다. 나중을 위해 참아야 할 오늘의 것은 어디에도 없다.

인식론적 물음이 박제된 특수한 '시설' 같은 곳에서 이루어지는 교육의 모습이 어떤 것인지를 상상할 수 있는가? 환상의 공간, 다시 말해 방

---

11. "명확한 이념 혹은 이념적 명확성과 국민의 가난이 결합되면 혁명은 필연적으로 터질 수밖에 없다는 생각을 가지고 있다. 그러나 역사는 이러한 생각이 옳다고 증명해주지는 않았다"(같은 책, 52쪽).

향감각과 현식감각이 파편화되어버린, 억압받는 삶에 인식론적 물음이 배어들 틈이 없지만, 그렇다고 그 물음을 빼고 억압받는 이의 삶을 온당하게 설명할 수는 없다. 거기에 비판적 지식인-교사의 현실참여의 역할이 있다. 현실참여, 그는 비루한 일상일지라도 거기에 스며 있는 희망을 찾아 드러낼 수 있는 비판정신을 발휘한다.

삶의 문맥　일다운 일을 하고 그 경험을 갈무리한 앎에 의거하여 할 말을 하며 일상을 영위한다. 삶은 멈추지 않는다. 경과적인 것은 없다.
　듀이는 '삶의 축소판'이라는 비유를 사용하여 교육을 다시 개념 형성할 수 없을까에 대해 숙고하고 있다.

이렇게 말하자. 삶의 경험을 앎으로 갈무리하는 근본적 학습능력을 얻기 위해 삶의 경험이 풍요로워야 한다. 그는 일다운 일을 할 수 있어야 하고, 계급성을 단절하는 비판적 의식이어야 한다. 그렇다면 그의 일상에는 '교육'이 배어 있다. 다시 말해 그는 때로 배우는 자이고 때로 가르치는 자가 된다. 그는 앎을 만들고 앎을 나누는 이상적 사회를 꿈꾸고 있다. 그는 정치·경제의 변혁이 평화와 공존으로 귀결되지 않는다고, 평화와 공존은 사회 전반의 문화적 수준과 궤를 같이한다고 단호하게 말한다. 같이 살고 있는 사람들이 함께 제도를 만들고 운영하며 거기서 빚어지는 문화의식이 평화와 공존의 행동을 이끌어낸다는 것을 알기 때문이다.
　교육은 근본적 문화의 힘, 사람의 손을 거치지 않은 것은 어디에도 없다는 정신적 확신의 힘에 기초하여 이루어진다. 인류 문화는 인간의 근본적 문화 능력을 고양시켜온 역사이다.

　교육은 스스로의 길을 걷는 인간개념을 기본적으로 가정한다.
　꿈, 뜻을 가지고 길을 걷는다. 걷는 그 길이 그대로 온전한 길이 된다.

꿈, 뜻을 가지라고, 어떻게? 고기를 잡는 방법을 가르치는 일에 온 힘을 다한다면 그들에게 꿈, 뜻을 자극할 수 있다.

4] 놀람, 계급성 벗어나기, 배우는 자와 가르치는 자의 출현

숙명론을 펴는 자들과 사람분별을 능사로 하는 자들은 교육적 관계를 맺지 못한다. 계급성에 젖어 사는 자들은 언제나 배우는 자로 머물거나 언제나 가르치는 자로 행세한다.

배우는 자 배움은 배우는 자가 자신의 삶과 앎에 뿌리내려 있는 계급성(숙명론)을 마주하여 거는 싸움, '놀람'을 거쳐 비로소 제 모습을 드러낸다. '왜 싸우고 경악하지?' 삶에 잉태되어 있는 인식론적 물음이 싸움을 붙이고 경악에 이르게 한다. '내가 하는 짓이 맞나.' 이런 물음과 회의는 따지고 보면 흔들리지 않는 행동의 기준, 판단의 준거를 세우려는 비판의식의 발로이다. 그 의식은 속박의 허물인 숙명론을 벗어던지고 실존의 길에 들어서는 자아로 발전한다. 그는 비로소 배우는 자의 자리에 선다.

가르치는 자 가르치는 자도 마찬가지로 자신의 삶과 앎에 붙박인 계급성(사람분별)을 마주 세우는 놀람을 거쳐 비로소 가르침의 행위를 수행할 수 있다. 그는 가르치는 것을 자신의 삶으로 구성한다. 교육이 진실을 추구하는 활동이라면 교육 그 자체도 진실이어야 하지 않는가. 자신의 교육 활동 자체를 진실이라고 주장할 근거, 즉 자신의 활동을 끝까지 밀고 나가게 해주는 버팀목을 찾고 만들어야 한다. 그는 비로소 가르치는 자의 자리에 선다.

놀람, 인간화의 맛인 해방감, 그것이 가르치는 자와 배우는 자의 대화관계를 지속시키는 기제이다.

> 배우는 자와 가르치는 자가 교육에 선행한다.
> 교육은 배우는 자와 가르치는 자의 삶 읽기를 매개한 사람 관계이다.
> 대화관계는 교육의 이유이고 교육을 가능케 하는 힘이다.

5] 대화관계, 근본적 학습의 힘에 대한 자각, 인간화의 길

삶을 구성하는 모든 것들은 문화의 소산물이다. 다시 말해 사람과 사람이 관계를 맺을 목적으로 혹은 관계의 매체로 만들어진 것들이다. 그럴진대 어찌 사람이 판정의 대상, 계도의 대상, 조작의 대상일 수가 있겠는가. 가진 자 못 가진 자 그 어느 누구의 삶도 소통의 정보일 뿐이다. 오늘 여기서 일상의 삶을 영위하고 있는 사람은 다른 사람을 판정하지 않는다. 다른 사람의 삶을 정보, 지식으로 받아들인다. 그 다른 사람들은 처지에 따라 다름을 만들어가는 삶을 살고 있다고 인정하며 실수하고 틀림을 만들 수 있음도 인정한다. 그들은 대화관계를 맺는다. 대화는 말과 생각의 교환을 구성한다. 말과 생각의 교환을 체험한 사람들은 자신의 일상의 삶의 경험을 반추하여 앎을 얻는 근본적 학습자가 된다. 근본적 학습의 앎에 기초한 말과 생각의 교환에는 존경과 우정의 정감이 스며든다. 어떤 엄혹한 세상사에도 그 사람의 정신이 살아서 그 사람의 일상을 이끌고 있다고, 다시 말해 인간화 욕망은 인간을 이해하는 기초 개념임을 인정한다.

인간화 능력은 가르치는 자와 배우는 자의 관계에서 온전한 형태를 갖춘다. 인간화는 다른 사회적 관계의 참조 체제가 된다.

> 대화는 평등한 관계에서 타인과 가치를 주고받는 행위이다. 평등한 관계는 서로 근본적 능력을 인정할 때 성립한다.

가르치는 자와 배우는 자는 삶의 현장을 구성하는, 허허벌판에 서 있다. 그들은 지금껏 그들이 기댈 언덕이 돼주었던 팔자타령과 단절하고 그리고 사람분별론과 단절했다. 그렇다면 이제 그가 기댈 언덕은 도대체 어디에 있는가? 그가 기댈 언덕은, 스스로 삶의 현실적 난관에 직면하여 겪는, 근본적 학습(앎)의 힘에 대한 자각뿐이다. 또한 그는 앎을 만들고 있는 사람들의 편에서, 그리고 판단의 진실에 기꺼이 동의하는 이웃 관계에서 기댈 언덕을 찾을 수밖에 없다.

어떻게 그 언덕을 찾아낼까? 계급성의 속박을 깨트린다면 누구나 자신이 누구이며 누가 아닌지를 구별할 수 있고, 그것을 구별할 수 있는 사람만이 대화관계 속에 자신의 자리가 있음을 깨닫는 실존이 된다. 대화관계가 실재한다. 누구도 홀로 있지 않다.

대화관계를 파손시키는 기제　세상사에 확신 같은 것은 없다. 그런데도 다른 사람을 확신시킬 수 있다고 자신만만하다면 그의 진실 주장은 권력관계를 드러내는 것과 다름이 없다. 그에게는 가르치는 사람 따로 있고 배우는 사람 따로 있다. 언제 어디서나 가르치는 사람이 되고, 언제 어디서나 배우는 사람이 되는 관계, 이 밑도 끝도 없는 '신분제 의식'이 대화관계를 파손시킨다. 파손시킨다는 것의 위험성은 파손이라는 말에 있는 것이 아니라 진실을 추구하는 인간 실존에 대한 부정에 있다. "실존, 모든 인간은 항상 구체적 상황 속에 처한 존재, 세계와 분리되지 않고, 분리될 수도 없는 존재이다. 인간은 사물이나 타인과 관계를 맺으며 비로소 자기존재의 근거를 얻는다. 이것이 자체의 존재근거를 내재한 사물과 다른 점이다"(남경태, 『개념어 사전』, 2006).

그로 하여금 세계를 향하여 있도록 하라. 세계에 이름을 짓도록 하라.

대화관계는 언제나 배우는 자로 머물지 않으며 어디서든 가르치는 자의 자리에 있지 않다는 것을 확신하는, 교육적 작업이 가능한 관계이다.

대화관계는 세계에 이름을 짓는 근본적 능력을 가진 실존 인간에 대한 확신에 의거한다. 오로지 그 확신만이 필요하다.

대화관계는 누가 누군가를 확신시키려는 정치적 조작과 대척점에 있다.

6] 대화 이어가기, 수치심 걷어내기, 비판의식

삶과 앎에 붙박여 있는 계급성에 문제를 제기한다.

누구나 그것과 단절하지 않고는 풀지 못하는 문제에 부닥친다. 왜 그런가? 그 문제는 당대 그곳의 삶을 규정하는 심각한(혹은 정치적) 문제성을 지니고 있기 때문이다. 근본적 학습이 배어든 삶을 살려고 한다면 어느 누구도 그 문제의 문제성, 즉 삶의 곳곳에 뿌리내려 있는 계급성을 직시해야 하고 그것과 단절해야 한다. 적당한 타협은 없다.

계급성은 수치심 혹은 자만심 같은 병리적 심리로 나타나고, 그로 인해 잘삶의 의욕을 스스로 내려놓는다.

삶은 계속된다. 계급성 문제제기도 계속된다. 왜 잘삶이 이다지도 힘이 드는가? 이 문제의 문제성, 즉 계급성을 문제제기하지 않으면 잘삶의 문제는 사라진다. 문제가 없는 곳에는 진실도 없다. 당연히 생각도 없다. 나의 의식에 붙박인 계급성이 내 속에 수치심을 혹은 자만심을 심어놓았고, 또한 나의 계급성이 대화의 관계를 파손했다고 문제시한다. 계급성을 아주 구체적으로 기술하지 않고는 그 누구도 계급성의 비인간화 족쇄를 풀어헤치지 못한다. 그런 한 그는 결코 앎의 재료를 만들어내는 실존의 삶을 살지 못한다. 무엇을 한들 그는 삶과 일을 고된 노역으로 받아들인다.

그 어떤 좋은 것도 그것을 삶으로 살지 않는 한 그것은 노역이다.

수치심의 인문학적 힘이 인간다운 삶의 버팀목이다.

7] 일다운 일, 자유의 결실

자기해방은 자기 속의 수치심, 부끄러움을 지우는 자기와의 싸움이다. 수치심, 부끄러움을 지운 실존만이 자신의 삶의 주역이 된다. 인간다움의 명예를 향한 열망은 일-노역의 고통으로부터의 해방으로 나타나며, 또한 그 열망은 자신의 일을 일다운 일로 만들어 살아가는 일상을 즐기는 자유로 완성된다. 그는 자연스럽게 인간으로서의 명예에 반하는 어떤 폭압에 대해서도 항거한다. 지글러(양영란 옮김, 『탐욕의 시대』, 2008)가 인용한 칸트의 말을 빌려 이렇게 적는다. "쓰레기통을 뒤지려면 우선 나 자신으로부터 수치심을 떨쳐내야 한다. 수치심은 불명예로부터 온다. 인간으로서의 명예에 반하여 비굴하게 만들거나 손상시키거나 치욕스럽게 만드는 태도나 상황, 행동이나 의도 앞에서는 분연히 일어나 항거해야 한다."

삶과 앎에 붙박여 있는 계급성을 문제제기하는 것만이 수치심을 걷어낸다. 그렇다면 '대화는 한판의 떠들썩한 사건이다.'
(대화가 되는) '말을 한다. 그래서 나는 존재한다.'
침묵문화와 단절 없이는 일-노역에서 해방되지 못한다.

8] 비판적 지식인의 현실참여

평화와 공존을 허락하지 않는 역사사회에 살고 있다. 그것을 문제의식하며 그는 제정신이 된다. 그는 '문제제기'식 프로그램을 가지고 민중의 정신에 관여한다.

그 일에 왜 뛰어드는가? 뛰어들며 나는 어떤 문제를 의식하는가? 인생을 걸 용의를 표명할 수 있을 만큼 그 일이 내게 명확한가? 경과적 삶의 일부일 뿐이라면 시작하지 말아야 한다. 목적을 정립할 수 있기에 뛰어들고, 나의 목적의 진실성에 동료들의 동의를 얻을 수 있기에 뛰어든다. 목적과 소통이 선택의 명분이다.

교육을 나의 목적으로 정립할 수 있고, 그리고 나의 목적은 다른 사람들의 동의를 이끌어낼 만큼 시대적 유효성을 지니고 있다. 문해는 내 삶이 되었다. 내 삶의 현장을 구성하는 생각과 결단에 의거하여 문해의 활동이 이루어진다. 나는 문해의 난제에 직면한다. 나는 문해를 '당대 그곳의' 현실이 되게 문제제기를 한다. '하늘에 머리를 둔 사람이면 다 그게 옳다고 생각하는데, 그 옳은 것을 말했다고 잡아가다니.' '제복을 입기만 하면 그 사람은 옳은 일을 하는 사람인가.' '세상 이치를 알아야 돼, 잘 알아야 돼.' 교육은 기능이 아니라 존재의 문제, 인간다움의 조건을 정비하는 문제이다. 교육의 문제는 일방적으로 앎을 수용하도록 짜 맞춘 프레임에 불과한 지배 교육체제와 맞서는 가치투쟁이다.

교육의 진실을 추구하는 일은 힘겨운 자기와의 싸움을 요청한다. 진실과 진리를 추구하는 교육은 '무엇을 어떻게 가르치는 것이 교육인가'라고 묻는 인식론적 물음에 의존한다. 왜 물음이 필요한가? 진실 추구이기에 필요하다. 필요하다기보다는 스스로 요청한다.

9] 문화적 일꾼이 된 지식인-교사의 교육 작업

교육 프로그램을 구성하는 교사가 있기 전에 교육은 어디에 존재하는가? 교사의 교육 프로그램이 교육을 구성한다. 교사가 교육 프로그램이라는 규칙을 제정하고 적용한다. 학생의 욕망과 관심사를 충족시키기 위해 교사의 '머릿속 싸움'은 필수적이다. 머릿속 싸움이란 문화의 관점으로 교육 활동을 이론으로 형성하려는 교사의 이상주의자적 열정의 다른 이름이다.

교육 활동은 교육 프로그램에 의한 구성이다. 교육 프로그램이라는 규칙을 제정하고 적용한다. 배우는 자의 욕망과 관심사를 만족시키기 위해,

가르치는 자의 머릿속 싸움, 즉 교육 활동 프로그램 구상[12]은 필수적이다.

세계를 읽는 근본 코드 근본적 문화의식이 그의 삶을 구성한다.
세계 읽기의 코드를 조이고 풀고를 되풀이하는 근본적 문화 행위는
모두의 것이고 그것으로 이웃과 인류를 체험한다.

사람의 마음과 손길이 닿지 않은 것은 아무것도 없다. '내 삶의 경험을
갈무리한 앎이면 이 세계에 진지한 이름을 지어 부를 수 있어.' '누구도
그럴 수 있어.' 직면하는 엄혹한 현실도 누군가 이름 지어 만든 것이다. 사
람이 만든 것이면 사람이 깨트릴 수 있다. 다시 만들 수 있다. 계급적 금
단이 없다. 문화의식은 인간사의 보편이다. 인간세상은 문화적 성취이다.
어느 문화도 우월하지 않다. 문화의 관점에서, 인간의 본성은 고정된 것
이 아니라 역사의 진행과정에서 발전한다.

문화의식은 세상을 만든다는 근원적 힘, 그것이 사람들을 하나로 묶는
소통의 끈이다. '문화의식'에 대한 자각은 자발적으로 발생하지 않는다.
세계 읽기의 코드를 조이고 풀고를 되풀이하는 연습을 필요로 한다. 대중
조작의 코드를 풀어 해독하고 인간정신의 되돌림을 편찬하는 건강한 코
드를 만들어내는 교육 작업을 필요로 한다.

누구든 현실을 응시한다면 억압받고 있는 민중의 삶의 고통에 대한 구
조적 이해에 이를 수 있다. 자유롭게 하라. 그것만으로 민중은 자신의 일
상의 삶을 꾸려갈 수 있는 능력을 그 자신의 삶에서 학습하여 터득한다.

---

12. 교육 활동 프로그램의 구상은 다음의 내용을 포함하고 있어야 한다.
    대상: 인간 능력이 되는, 세계를 사유하는 도구로서의 개념을 만드는 능력, 판단의 진실에 기꺼이
       동의하며 믿음에 기초한 이웃 관계를 만드는 능력.
    과정: 학습 상황을 조직한다. 세상을 만들어온 경험의 노출, 참여자들의 경험은 앎을 형성하는 데
       필요한 정보다.
    교재: 세계를 읽는 코드를 '조이고 풀고'를 연습하는 문화적 작업, codification and de-codification.
    기대하는 가치: 인간화의 맛, 해방감과 해방의 표현.
    교육 활동의 조건: 배우는 사람의 세상(만들기) 경험을 존중하는 문화적 배경.

민중을 가르치려 들지 말라. 민중의 '침묵문화'를 민중의 무능·무정견이라고 규정하지 말라. 그들의 언어를 조작하여 그들을 교육할 수 있다고 생각하는 것은 그들에게 침묵문화를 강고하게 하겠다는 것과 다름이 없다. 그들의 언어를 조작한다고 해서 그들의 언어에 감추어져 있는 고통스러운 현실을 없애지는 못한다. 베토 신부의 말을 빌려, "나는 억눌린 사람이 비록 잘못이 있다고 하더라도 억눌린 사람의 편에 서겠노라."

> "대중을 떠나게 되는 한이 있더라도 옳은 입장을 견지하려는 노력보다는 차라리 오류를 범할 가능성이 있더라도 대중과 함께하는 위험을 선택하겠다"(같은 책, 53쪽).

민중은 정신을 길들이는 대중조작의 코드들을 해체하고 세계를 있는 그대로 읽으며 동료 인간들과 교제한다. 그들의 교제는 대화관계의 세상을 만드는 실질적 힘이다. 한편 개천에서 용이 된 아이는 권력의 상징 도구가 되고, 피아노 천재를 키운 어머니도 권력의 상징 도구가 되고, 그런 상징 도구들이 대중의 정신을 길들이는 교재가 된다.

10] 대화의 말문을 여는 교육 작업

대화는 진리와 진실에 접근하는 방식이다. 소크라테스가 보여준 대화는 공격적 질문을 통해 주제에 몰입케 하여 모순된 것들을 하나로 통일시켜 인식하는 방식이었다.

지배층의 대응 방식은 앎과 삶을 분리하는 것이다. 그 틈새로 권력이 출현하고 권력이 행사된다. 권력의 폭압성은 민중의 앎을 관리하면서 강고해진다. 관리된 앎은 체제 유지의 코드로 작용한다. 교육은 그 앎을 배급하는 체제의 기구가 된다. 교육은 민중 지배의 정치적 공작이었다.

권력은 교육을 비인간화의 기제로 동원한다. 진실을 추구하는 교육이라는 명제를 부정하도록 교육을 대중조작 한다. 지배층에게 교육은 민중의 정신에 정답을 확신시켜 심어놓는 작업이었다. 정답이 된 지식을 저축하도록 장려하고 그 지식이 미래 성공의 무기가 된다는 선전은 민중의 의식을 길들이는 데 아주 적합한 코드가 되었다. 정답이 된 지식은 이후 사회정치적 성공에 필요한 도구로 사용된다. 교육은 삶의 현실과는 무관하게 도구를 장만하는 작업으로 추상화된다. 그의 말대로 은행저금식 교육체제가 뿌리를 내린다. 그 체제는 관리된 앎에 순응하는 삶의 방식을 체질이 되게 하는 데 아주 유효한 장치로 작동한다.

정답이 된 지식의 위험성은 근본적 학습능력의 상실로 이어지는 이데올로기적 사고, 혹은 길들여진 의식으로 귀결된다는 것이다.

민중은 앎을 관리하는 체제를 자신의 정신에 심어놓고 있기에 피압박민인 것이다. 민중은 침묵의 문화로 살아남기의 정치를 마다하지 않기에 피압박민인 것이다.

체제를 정신에 심어놓는 무서운 능력을 가지고 있는 지배권력과 마주하여 살고 있기에, 민중은 침묵의 문화로 소극적으로 저항할 수밖에 없다. 그 민중의 삶에 사라지지 않고 남아 있는 근본적 학습능력을 무시하고 모욕할수록, 권력은 인간 삶의 근본을 부정할 수 있다는 착각에 빠져든다. 저들의 착각은 무지에 대한 무지, 이중의 무지이다. 착각은 죄악이다. 인간성 부재이다. 착각은 교육의 대상이 될 수 없다. 결론을 미리 내려놓고 상대를 밀어붙이는 오만한 정신이 교육의 대상이 될 수는 없다.

어떻게 할 것인가? 침묵문화[13]를 깬다. 말문을 튼다. 일상의 삶을 반추한다. 내 삶은 나의 것, 나의 정신의 작용의 소산이다. '도대체 내 손을 거치지 않은 것이 있는가, 아무리 비루한 일상의 삶일지라도.' 내 힘을 빌리지 않은 것은 아무것도 없다. 모든 사람들의 삶이 그러하다. 문화이다. 문화의 관점에서 힘들게 사는 모든 사람들은 이웃이다.

민중은 대화의 말문을 열게 되어 있다. 침묵의 문화에 담긴 소극적 저항은 대화의 말문을 여는 적극적 저항을 예비하고 있다.

11] 문화의 관점

어느 누구도 그 사람 자신의 표현법과 언어를 가지고 있음을 인정한다. 그러므로 나는 어느 누구에게도 나의 것을 확신시킬 수 없다고 내 자신에게 다짐한다. 그것이 민주주의의 근본이다.[14]

문화의 근본 요소는 공감과 참여이다. 공감과 참여는 자유와 행동을 하나로 묶는 세계 읽기의 지성을 필요로 한다. 나의 문제의 해결은 전체의 문제의 해결과 연관하여 있다는 것에 대한 확신을 필요로 한다.

문화 인간다움의 능력과 정서를 나누며 서로 비슷비슷해지는 과정, '인류'가 되는 도정, 인류 문화의 진전이다. 문화가 없다는 것은 돌상놈 처신을 한다는 것이다.

문화작업 '내 일상의 삶을 내가 가꿀 수 있어.' '들풀 한 포기도 무엇과도 바꾸지 못하는 생명의 가치를 지니고 있어.' '들풀의 생명과 나의 생명이 저 우주의 눈으로 보면 뭐 그리 대단한 차이가 날까.' 아무튼 삶

---

13. 침묵문화는 (남미형) 예속 자본주의의 상부구조를 분석하는 개념 틀이다. 예속 자본주의하에서 엘리트나 민중은 모두 침묵문화를 체질화하고 있다. 침묵문화 분석을 정당화하는 가치 근거는 인간화, 인간해방이다. 인간화의 핵심은 앎을 만들어내는 정신작용이라는 불변 가치를 인정함이다. 자동화, 신화, 이데올로기 조작 같은 비인간화 기제를 드러내 부정한다. 앎을 만들어내는 정신작용이란 '인간의 것'을 만들어내는 과정을 거치며 서로가 소통할 수 있는 정서, 태도, 이해를 가진다는 것, 즉 문화의식과 행위를 하게 된다는 것이다. 문화적 수준을 높여 개인의 필요를 충족시킨다.

14. 이데올로기적 확신과 집착을 끊어라. 그것은 진리가 아니다. 진리는 너를 자유케 한다. 민주주의를 책갈피에 끼워두지 않고 민주주의를 오늘 산다. 자유로운가? 그렇다면 너의 삶은 진리에 다가가고 있다. 현재의 것은 과거의 결과물이지만 인간은 그 과거에 제한되지 않는다. 오늘 선택이 그 사람의 사람다운 모습이다. 인간화 교육론은 궁핍하기 그지없는 짓눌린 민중의 일상의 삶에 묻어 있는 인간다움의 가치를 명료하게 하고 확장하는 체계를 구축한다. 꿈이 있기에 나아갈 길을 찾아 나서는 인간의 힘에 대한 신뢰, 그것 말고 인간에게 다른 무엇이 더 필요한지, 세상을 다스린다고 자부하는 자들에게 묻고 있다.

을 사는 사람들은 단지 언어와 표현 방식이 다를 뿐 세계를 읽고 쓰기를 멈추지 않는다. 사람들의 삶에 다가가는 방식은 그 사람들의 세계 읽기의 언어와 표현 방식을 자세하게 알아내는 것이다. 교육 활동은 문화 작업을 중심에 놓는 교육과정에 의존한다.

왜 문화의 관점인가? 사회적 역할을 배분하는 역사적 경험이 전혀 없는, 단지 주어진 역할만을 수행해야 하는 신분제 모순을 파고들어야 한다면, 그때 문화의 관점을 취하는 것은 전략적 선택이 되기에 충분하다. 내내 배우는 사람의 자리만 지켜온 피압박민이 그 자리를 지키는 것이 만사를 형통하게 할 것이라고 여기는 것은 어쩌면 자연스러운 현상인지도 모른다. 그렇다면 비판의식이 변혁에 선행한다고 생각하는 것도 또한 자연스럽다고 봐야 한다.

다시 강조하여 말한다. 교육한다는 것은, 근본적 학습(앎)에 작동하고 있는 내면의 정신으로 회귀하여 삶을 되짚어보도록 자극한다는 것이다. 교육은 인간 능력을 공격할 대상으로 설정하고 방법을 강구하는 인간화 작업이다.

문화는 권력을 대체한다. 마음을 내고 손길을 뻗는 민중이 대하大河를 이루어 세상을 만든다. 권력은 폭력으로 세상을 미봉하지만 문화는 비폭력으로 세상을 근본에서 변화시킨다. 이것은 역사적이다. 인간교육의 재발견이다.

12] 목적과 방법: 인간 능력의 발달을 어떻게 '자극할 것인가?'

'문화적 행동'을 자극한다. 온 정신과 신체가 투입된 행동이 인간 능력의 발달을 매개한다. 인간은 이미 그 능력 발달에 사용할 자산, 즉 '스스로 행동하기'의 삶의 경험을 갖추고 있다. 기후변화가 인간 삶에 지대한 영향을 미친다고 '이론적으로' 설명하는 것으로는 그의 능력을 발달시키는 데 매우 제한적이다. 가뭄에 식수를 구하기 위해 샘을 파본 삶의 경험이 기후변화를 세계 읽기로 이해하고 행동하도록 이끈다. 그는 목마름의 성가심에 대해 개인적 자산을 동원하여 해결하려고 행동하면서 이제 목마름이 자신의 것에 머물지 않고 사회적 자산(제도)으로 해결되도록 행동한다. 그는 이제 목마름 '속에' 있지 않고 목마름과 '더불어' 행동하고 있다. 제도를 만들고 운영하는 전과 격이 아주 다른 생각과 행동을 할 수 있다. 먼저 '입을 여는 것이다.' 입을 열게 하기 위해 자기 삶의 경험을 노출하도록 자극하는 것이다.

목적은 어디서 오는가? 시대를 의식한다. 시대를 의식한다는 것은 오늘 무엇을 해야 하는지를 결단하는 것이다. 당대 그곳의 관심사가 해방이라면 그 해방을 교육의 목적으로 진술해야 한다. 문제는 방법이다. 무엇을 공격할 대상으로 설정하여 길을 나설 것인가?

공격할 대상은 인간 능력이다. 세계를 사유하는 도구로서의 개념을 만드는 능력, 그리고 판단의 진실에 기꺼이 동의하며 믿음에 기초한 이웃 관계를 만드는 능력. 그 능력은 밖에서 조형하여 넣어주는 것이 아니라 삶에 내축되어 있는 지식생산 능력의 드러남이다.

앎, 그게 왜 좋지? 앎이 교육의 종착점 가치인가? 앎의 힘을 빌리지 않고 그 자신의 생각을 표현할 수 없으며, 옳은 것을 옳다고 판단하는 앎에 의존하지 않고 공동체 관계를 이룰 수는 없다. 배려와 책임도 그 공동체 안에서 의미를 가진다. 앎이 개성과 사회성의 기초이다. 개성이 개인에 선행하고 사회성이 사회에 선행한다. 무엇을 어떻게 구성하든 그 사람의 삶은 앎, 지식으로 갈무리될 수 있다. 삶이 앎, 지식이다. 그때 모든 이의 삶은 능히 교환될 수 있는 가치를 지닌다. 앎은 목적이다. 앎은 다른 어떤 가치를 얻는 데 필요한 수단이 아니다.

13] 방법론의 문제

방법을 가진다는 것은 목적을 달성하는 효과적 수단을 가진다는 의미이기는 하지만, 진실·진리를 추구하는 데 적절한 방법인지를 묻는 물음을 포함한다. 다시 말해 그 방법으로 이르고자 하는 바의 것이 진실·진리이기 때문에 그 방법의 적절성, 타당성을 물을 수밖에 없다는 것이다. 진실·진리에 이르는 방법의 방법에 대한 숙고, 방법론에 대한 숙고이다.

합리의 문제 '방법에 따른다.' 예측 가능한 활동을 수행한다. 누구든 그렇게 하면 유사한 결과를 반복해서 만들어낼 수 있다. 어떤 일을 수행함에 있어 일정한 기준을 설정하고 그 기준에 따라 일관되게 그 일을 수행하는 것, 그럴 수 있다는 것은 그 사람의 합리적 정신의 표시이다.

윤리의 문제 그 방법이 과연 진실에 이르는 길이라고 믿어도 되는가? 효율에 치중하다가 '사람'을 놓치는 것은 아닌지. 무엇보다 가르치는 자는 자신의 가르치는 행위가 자의적 잠정적 임기응변 같은 것이 아니라고 말할 수 있는지 회의한다. 적절한 방법을 고안하고 따르는 것은 인간이 지닌 결정적으로 중요한 지적 능력에 속한다.

교육은 방법론적 물음을 고민하지 않을 수 없는 엄중한 가치이다. 혁명적 사회 변혁을 염원한다고 해서 그 명분을 앞세워 전술적으로 잠시 민중을 속이고 동원할 수 있다고 생각하는 것은 오만이다. "대중을 떠나게 되는 한이 있더라도 옳은 입장을 견지하려는 노력보다는 차라리 오류를 범할 가능성이 있더라도 민중과 함께하는 위험을 선택하겠다"(같은 책, 53쪽). 그들과 함께할 수 있는 교육 작업을 조직하는 것만이 풀어야 할 숙제인 셈이다. 거기에 엄연한 방법론적 규칙이 있을 것이다.

교육 프로그램의 관점에서, 합리적 정신은 일시적이고 잠정적 변화를 넘어 불가역의 변화를 이룰 수 있는 방법 탐색을 함축한다. 교육 활동은 변화를 의도하고, 변화를 교육 활동의 결과로 평가하려고 한다. 그 변화는 상황의 변수에 따라 다시 제자리로 환원되어버리는 그런 변화일 수는 없다. 불가역 변화를 이루는 방법을 찾아내려는 노력은 교육 활동 혹은 프로그램의 진실을 추구하는 정신의 다른 이름이다.

14] 교육 활동 자체의 진실성: 불가역 변화

불가역 변화이다. 임기응변도 아니고 일시적 미봉도 아닌 변화, 교육한다는 것은 이와 같은 불가역 변화를 이루어내려고 전심전력한다는 것이다. 이 교육 활동은 무엇보다 가르치는 자가 사람분별의 계급성을 걷어내고 배우는 자와의 대화에서, 즉 문제제기식 대화에서 성립한다.[15] 그는 대화의 규칙에 따른 교육 활동을 거쳐 이루어진 아이들의 변화는 불가역 변화일 것이라고 가정한다.

교육이 진실을 찾는 길이라면 '교육은 방법에 따른다'는 조건에 충실해야 한다. 그 방법이 무엇이든. 그러나 불가역의 변화를 추구한다면, 따라야 하는 방법적 규칙도 분명 인간의 내면의 진실을 반영하고 있어야 한다.

15] 방법만으로 충분한가: 주체의 조건

진리를 기술하는 주체의 조건에 대해 존재론적 고찰을 요구한다. 방법으로 진리에 도달할 수 있는 것이 아니라, 방법을 구사하는 그 자신이 자기단련, 고행을 거쳐 비로소 진리를 말할 수 있게 되는 것이 아닌가. 고행 없이 진리를 말하지 못한다. 역사적 불타, 예수, 소크라테스 같은 인류 교

---

15. 한편 문제제기의 대화는 현상질서 옹호론자에게는 위협이다. 저들의 앎의 관리는 문제제기의 대화에 대한 두려움의 표현이다. 저들은 앎을 만들어내는 과정에서 형성되는 인간 능력을 부정하고, 앎을 수용하는 교육체제를 강고하게 한다. 그 체제에서 교육은 외부에서 부과하는 목표(혹은 도달점)를 달성하는 과업 수행 같은 것이 된다. 민중에서는, 교육은 내면의 정신을 왜소하게 하는 고통스러운 작업이 된다.

사가 그러했듯이.

교육은 기본적으로 시대와 불화한다.
교육은 대화관계를 추구해온 인류 문화이다.

16] 교육은 오늘 직면해야 할 문제이다,
이상의 실현을 준비하는 과정이 아니다

저 산 너머에 장밋빛 미래, 이상이 있다? 그것을 위해 오늘 준비해야 한다고? 그게 인생이고, 준비 프로그램이 교육이라고? 아니다. 그것은 인생도 아니고 교육도 아니다.

오늘을 사는 것, 그 일상이 없다면 미래도 없다. 그 오늘의 일상이 모여 인생이 된다. 행동한다. 겪는다. 겪음을 반추한다. 그 오늘을 철학한다.

일이 노역과 같은 것이라면, 그래서 삶이 성가신 것이라면, 그때 그는 무엇을 해야 하는가? 기도하거나 원망하거나 그것 말고 무엇을 할 수 있는가? 그에게 오늘이 있다고 말할 수 있는가?

희망을 잃지 않는 것, 그것이 할 수 있는 마지막 것이다. 가진 것 없는 민중의 어쩔 수 없는 선택일 수도 있지만, 희망의 권력은 어떤 다른 권력보다도 더 강하다. 누가 봐도 희망을 가질 수 없다고 하더라도 그래도 그는 행동하고 겪고 겪음을 반추하는 인간 행동의 형식, 즉 프락시스를 벗어나지 않고 있음을 인정할 수 있다. 희망은 속에 감추어져 있는 인간화, 인간다움의 힘에 대한 자각을 먹고 자라는 것이다.

불의와 죽음이 득실거리는 세상에서 느리지만 그래도 품위 있게 진화해가는, 인간의 근본적 학습능력에 대해 신뢰하는 것, 그 학습능력에 관여하는 교육체제를 구축하는 것, 그것이 희망의 원천이고 현실이다. 그 희망이 비루한 일상에 스며든 계급성(숙명론)에 문득 놀라 스스로를 뒤돌아보는 자아를 일깨우고, 그리고 가진 자들의 오만한 일상에 숨어든 계급성(사람분별)에 소스라치게 놀라 제정신으로 돌아오는 자아를 일깨운다. 이 자아들 간의 대화관계, 즉 '교육적' 관계가 세상의 변화를 인도한다.

세상의 변화, 일다운 일을 스스로 만들어내려는 문화의식, 그리고 그 사람의 문화의식을 존중하고 기다리는 세상의 문화 수준이 실재한다.

교육의 목적은 모든 사람의 문화의식, 오늘 나의 일을 한다는 문화의식과 능력을 일깨우고 신장시키며 그 토대 위에 이루어지는 대화관계이다. 교육 관계 속에서 서로 이웃이 되고 인류가 되는 삶의 경험을 축적한다.

비판적 지식인이 견지해야 할 신념이 있다. 그것은 인간의 품격은 삶의 현장을 구성하는 난감한 일상을 사는 사람들 속에 생명을 이어가고 있다는 것이다.

현실참여의 그 객관적 목적은 교육을 통하여 억눌린 자들의 해방을 지원한다는 것이다. 이 목적을 달성하는 데 정치와 교육은 필수적인 쌍둥이 같은 도구이다. 그가 과연 도달하고자 하는 목적을 보다 잘 이해하고 그리고 그가 헌신한 대중교육의 경험에서 어떤 배움을 얻었는지 의식한다.

17] 교육과 정치

문화의식은 정치질서에 대한 의식을 동반한다.
동료의 해고를 모든 노동자의 구체적 삶의 문제로 받아들이는 문화의식은 그 자체 정치이다.

교육은 정치적 차원을 가진다.

근본적 학습능력은 단지 개인적 지식의 형성을 넘어선다. 삶의 현장을 구성하는 경험의 반성을 거쳐 형성되는 앎은 그 개인의 필요를 만족시키는 가치를 넘어서는 가치, 즉 삶 읽기, 세계 읽기의 가능자가 된다. 행을 통제하는 앎이 된다. 그는 살아남기의 생존에 머물지 않고, 서로 이웃이 되어 함께 영위하는 (공동체) 삶을 고민한다. 가진 것 없는, 오로지 삶의 현장을 구성해야 하는 민중이 빚어낸 앎, 세계 읽기에는 세상의 변화를 의식하는 정치적 차원의 목적, 가치가 축적되고 있다.

교육은 정치이다.

'한 송이 꽃을 옮겨 심는다.' '일을 끝내고 선걸음으로 달려가 아이들과 마주하여 저녁밥을 먹는다.' '정규직과 비정규직은 단지 고용 형태의 차이인데 왜 그 차이가 사람을 차별하는 이유가 되는지 생각하다가 잠을 설친다.' 누구나 자신의 일상을 영위할 때와 곳, 즉 세상을 만든다. 세상은 의미를 불어넣은 때와 곳, 시간과 공간이다. 누구든 자신의 문화적 세상(관), 세계(관)을 가진다.

그의 근본적 학습능력은 단지 개인적 지식의 형성에 머물지 않는다. 그것을 넘어서는 가치, 즉 문화의식으로 발전한다. 문화의식은 서로 이웃이 되어 함께 영위하는 공동체 삶을 조직하는 정치적 힘을 가진다. 이제 이렇게 물어보자. 폭력의 비인간화 사회에서도 개인은 함께 이웃이 되는 삶의 의미와 가치를 발견할 수 있는가? 그 의미와 가치를 발견하기 어렵다면 교육도 불가능한 것이 아닌가? 교육은 자유와 자율의 이상적 공동체 안에서 비로소 가능한 것이 아닌가?

교육은 자유와 자율을 살고 있는 사람들의 삶의 방식을 문제제기한다.

세상을 산다. 그 세상이 어떻게 돌아가는지를 안다. 안다는 것은 세상을 개념화하고 그리고 구성할 수 있는 실천의 능력을 가진다는 것이다. 세상은 엄중한 현실이기 때문이다. 살아가야 할 세상은 제도의 옷을 입고 있는 사회이다. '제도가 없는 사회는 없다. 규범을 형성하는 구조 속에서 조직되고 안정화된 인간적 행위가 존재하지 않는 사회는 없다.' 세상을 개념으로 구상하고 그리고 그 개념적 표준에 따라 세상을 구성하는 능력은 제도 운영의 참여에서 자아의 존재를 의식하는 반성적 경험을 통해 형성된다. 그는 모든 권위는 개인을 넘어서는 규칙, 규약에의 복종에서 성립한다는 것을 알게 되며 또한 그는 세상이 어떻게 돌아가는지를 알고 처신하며 비로소 주권을 갖게 된다는 것을 알게 된다.

인간 형성을 넘어 사회(세상) 만들기이다. 세상의 야만성, 계급성을 청산하지 않고 인간 형성은 없다.[16] 어떻게? 급진적 자세를 취한다. 체제의 변혁이 교육의 중심 문제라고 선언한다. 모든 인간의 근본적 학습능력을 해방하는, 밑으로부터의 요구를 관철하는 교육체제를 구축한다. 세상 만들기의 문화 능력은 교육과 정치의 바탕을 이룬다. 사람이 먼저인 세상 만들기, 이것은 교육의 문제이며 정치의 문제이다. 그 다양한 세상이 세상인 것은 '사람을 먼저 생각하는 밑으로부터의 요구'를 향하고 있기 때문이다.

인간의 그 능력은 인간 형성을 넘어 사회(세상) 만들기의 현실참여 경험이다. 따라서 그것은 인간의 근본적 학습능력으로 급진적 자세를 취한다. 이러한 인간의 근본적 학습능력을 인정하는, 즉 밑으로부터의 요구를 관철하는 교육체제의 구축이 해방, 자유의 완성이다. 밑으로부터의 해방의 요구가 교육을 구성한다. 교육은 정치이다.

---

16. 사상의 맥락 속에서 새롭게 해석된 현실인 것이다. 민중의 말을 가로막는 조작은 일시 효과를 발휘할 수는 있지만 민중의 현실이 바뀌지 않는 한 그것은 은폐되어 숨어 있을 뿐이다. 숨어 있는 민중의 현실을 다시 끄집어낸다. 그들의 언어, 맥락을 되살린다면 그들은 다시 살아난다.

18] 관점을 분명하게, 교육은 역사사회 속에서 발전한다

이 가늠자로 세상을 본다. 인간은 근본적 학습이 이끄는 삶을 산다. 그럼에도 역사사회에서 민중은 근본적 학습을 빼앗긴 삶을 강요받았다. 그들은 대화관계를 맺을 수 없는 비인간화된 삶을 살아왔다. 신분질서를 당연시하는 숙명론자가 되었다. 역설적이지만, 민중은 광야에서 자신의 삶을 이어가야 하는, 근본적 학습의 힘을 발휘해야 하는 '행복한' 사람들이었다. 그들은 자신과 싸워 삶과 앎을 만들 수 있는 자아를 상실하지는 않았다.

가르침은 명확하다. 가르치는 자는 대중의 앎을 관리해야 세상의 질서를 유지할 수 있다고 선전하는 지배 이데올로기에 알게 모르게 편승하는 짓에 대해 비판적 정신을 가져야 한다.

> 근본적 학습이 교육에 선행한다.
> 교육은 근본적 학습에 관여하는 제도, 방법이다.
> 교육체제는 시대를 거치며 발전하고 완성되어간다.

앎이 독립적 가치가 된다. 앎을 배우는 것은 다른 어떤 가치를 차지하기 위한 수단이 아니다. 앎을 배우는 것 그 자체가 목적이 된다.

이렇게 정리한다. '앎을 통한 자기해방, 어떤 앎을 어떻게 형성하는가?' 목적은 시대가 결정한다. 목적을 달성하는 방법이 문제이다. 그 방법이 진리를 담보하는가.

근본적 학습이 앎을 구성한다. 근본적 학습이란 '겪음을 반성하여 앎을 얻는' 방식을 일컫는다. 현실에 직면하여 더 크게 겪음이 더 큰 앎을 얻는 길이다.

삶의 현장을 구성하는 민중은 근본적 학습 상황에 처한다. 그 민중에 대해, 지배 억압자들은 한사코 민중의 앎을 관리하여 민중의 정신을 길들인다. 그들은 민중의 비판정신, 즉 근본적 학습 상황을 구성하는 문화의식을 부정한다. 민중은 억압자들에 저항하지만 그 저항을 통해 비판정신을 온전하게 얻는 것은 아니다. 차라리 그 저항은 민중의 자기해방의 계기일 뿐이다.

자기해방을 통해, 스스로를 옥죄는 자기 속의 수치심을 떨쳐버린다. 그리하여 일-노역의 고통으로부터 일다운 일을 만들어내는 자유를 누린다. 이 삶의 방식은 민중의 현실적 필요를 대변하는 것일 수도 있지만, 한편 이 삶의 방식은 인류의 미래 가치로 요청될 수도 있다.

마음과 손길이 닿지 않은 것은 아무것도 없다는 문화적 세계관은 민중의 정신을 길들이는 문화적 공작의 지배 정치에 맞서는 힘이다.

가르치는 자의 질문은 이러하다. '무엇을 어떻게 가르치면 교육이 되는가?' 그는 이 질문을 통해 교육의 진실을 추구하는 힘을 구한다. 교육을 이데올로기에 가두려 하지 않는다.

19] 더 진전된 논의를 위해: 특수성 너머, 보편성으로

삶에서 지식을 만든다. 그 지식은 그 사람의 것이다. 그 사람의 것이 된 지식이 모두가 공유하는 지식으로 발전한다. 그러나 그것은 절로 이루어지지 않는다. 교육이라는 과정을 거쳐 이루어진다. 교육의 과정은 주관을 죽여 객관, 보편을 얻는 필수적 경로이다.

그것이 가치인가? 투쟁하여 얻은 것인가? 공존이 가치가 되려면 내가 공존을 내 삶으로 살고 있어야 한다. 삶의 경험이 된 공존을 반성하여 공존의 맛을 보고 그 맛을 말로 표현하여 공존에 대한 인식의 깊이를 더해 간다. 그는 가치를 선포하는 실존적 삶의 길을 걷고 있는 것이다. 민주주의가 절실한 가치인가? 그렇다면 민주주의를 네가 살아라. 그 삶의 경험을 표현하라. 그때 다른 사람들과 대화의 장을 열며 그 대화의 장에서 그들 모두는 서로 이웃이 된다.

어떤 처지의 어떤 인간도 근본적 학습의 가치를 살고 있노라고 인정한다면, 다시 말해 근본적 학습능력이 삶과 앎을 설명하는 과학적 개념이라면, 그때 그 개념을 기초로 교육론을 건축하고 실천 프로그램을 만든다.[17] 그 교육론과 실천 프로그램이 왜 중요한가? 앎을 갈무리할 수 있는 삶의 방식을 추구하고 있기 때문이다. 그것이야말로 불가역의 변화를 추구하는 교육적 진실이기 때문이다. 교육론에서, 교육이 진실을 추구하는 활동이라고 가정한 것, 진실을 추구하는 교육이라면 교육 그 자체도 진실이어야 한다는 것을 가정하고 있다. 이 가정이 그의 교육이론과 실천에 관철되고 있는지는 더 넓고 깊은 연구가 필요하다. 일단 우리는 그의 교육론의 지향을 받아들이는 것만으로도 이전과 전혀 다른 교육론, 인간교육론을 구상할 수 있다.

교육이 관심을 가지고 있는 그 대상은 무엇인가? 정치·경제·경영, 이런 것이 가지는 관심의 대상과 구별해주는 종적 특성은 무엇인가? 프레이리에게 교육이 공격해야 할 대상은 인간화이다. 인간화는 '세계를 읽어내고 세계를 고쳐 쓰는 수고를 감내하는 문화 능력'으로 나타난다. 교육은 교사가 그의 문화 능력, 즉 그의 언어와 표현 방식을 교재로 만들어 그들과 더불어 문화작업을 수행하는 것과 동행한다.

프레이리는 브라질 농민의 문맹에 대한 관심을 세계 읽기라는 보편적인 '교육적' 관심으로 고양시켰다.

브라질의 좌파 세력을 포함한 모든 국민들이 공포와 주저와 거리낌 없이 이 나라 이 민족의 미래는 민주적이어야 한다고 말할 수 있는 그

---

17. 교육 개념의 변화도 필요하고 교육체제의 변화도 필요하다. 변화를 이끌어가는 주체세력도 그 모습을 드러내야 한다. 입시제도가 모든 문제를 빨아들이는 블랙홀이라고 말하거나, 판을 갈아엎는 체제변혁이라는 비타협적 강경론을 말하는 사람들은 결코 변화의 주체가 될 수 없다.

날을 꿈꿉니다. (중략) 나는 밑으로부터의 발전을 달성하고 모든 국민이 자기 권리를 누리며 지시만을 듣기 위하여 순종할 의무를 더 이상은 부담하지 않아도 되는 좋은 사회를 생각합니다(같은 책, 144~145쪽).

그 앎은 삶과 분리되지 않는다. 세계 속에 살고 있는 사람은 그 세계를 이미 읽고 있다. 삶에 앎이 들어 있다. 그 앎을 명확하게 표현한다. 그만큼 세계는 확장된다. 그 확장된 세계에 다시 삶을 산다. 그는 그것을 인간 행위의 실천성, 즉 성찰과 행동이라고 한다. 앎이 자아의 정신의 회귀 운동이면서 세계를 변혁하는 실천의 힘이 된다. 실천은 앎에 잉태되어 있다.

비루한 일상이라 할지라도 삶을 긍정한다. 거기에는 삶의 현장을 구성한다는 명제를 가지고 인간 삶을 기술하고 설명하고 해석할 수 있다는 인간 실존에 대한 인식이 자리하고 있다. 역사사회에서, 스스로 선택했건 강제된 것이건 민중은 삶의 현장을 구성하는 근본적 능력을 발휘한다. 교육은 역사사회의 민중의 삶의 방식을 조사하고 이론화한다. 교육은 민중의 삶의 방식을 자료화하며 성립한다. 그것은 진실이다.

교육에 대한 이론적 실천적 이해를 달리할 수 있다. 이해의 차이는 정치 이데올로기에서 기인한다. 교육은 결코 정치 중립적이지 않다. 교육이 정치적 측면을 가진다고 할 때 그때 교육은 정치적으로 동원되는 수단이 될 수밖에 없다는 것을 인정하는 것이다. 정치에 동원되는 수단이 되지 않기 위한 특단의 대책이 있는가? 아니다. 그런 대책이 있는 것이 아니라 교육 그 자체가 정치가 되는 것이다.

교육은 무엇이라고 단정할 필요가 없다. 해방의 요구 자체가 교육의 시대적 위상과 성격을 명확하게 규정하고 있기 때문이다. 교육은 역사사회에서 진실의 문제이며 또한 객관적 사실이다. 이 진실을 문제 삼는 교육이 그 자체 진실 추구의 작업이어야 한다. 교육은 교육 활동을 통해 그 진실 추구의 적절성을 묻고 있어야 한다. 끊임없이 그게 교육적인가에 대해 물어야 한다. 교육 활동을 이끌어가는 방법론적 체계가 바로 교육학이 되는 것이다.

가르치는 자가 인식론적 물음을 가지듯이, 아이들도 마찬가지로 인식론적 물음을 가지고 있다. 가르치는 자와 배우는 자는 둘 다 삶의 현장을 구성하는 경험을 반성하며 '제정신'을 (지혜를) 되찾는 근본적 학습자이다. 어느 누구도 가르치는 자로 행세할 수 없고, 어느 누구도 배우는 자로 머물지 않는다.

근본적인 것으로 돌아간다. 일상의 삶에 민주주의가 들어 있고 그 민주주의를 드러내어 말할 수 있는 개념(앎)이 형성되는 것, 그것이 근본적 민주주의이다. 근본적이란 일상의 삶을 영위하며 겪은 경험을 반성하여 얻은 배움(앎)이 너의 생각과 선택의 근거·참조점이 된다는 것이다. 자신의 일상에서 인간 삶(혹은 세상)을 설명하는 개념을 형성하며 그는 자아를 체험한다. 자아의 체험은 자기 인생의 반전이며 경악이다. 경악이 인간 삶의 뿌리이다. 자유는 이 뿌리에서 자란다.

사람들로 하여금 자신들의 삶의 주인이 되게 하라. 그들은 민주주의를 살 수 있다. 그들은 자신의 일상의 삶을 반성하여 배움을 얻을 수 있다. 민중을 조작·조정하려는 지배권력이 민중의 민주주의 능력과 배움 능력을 빼앗았다. 역사사회에서 교육이 존재할 이유는 분명했다. 당대 교육은 이 이유를 명료하게 함으로써 교육의 목적을 정립한다. 교육은 현실이다. 이상이 아니다. 교육은 진실을 추구하는 싸움이다. 앎을 관리하는 문화적 속박에서 앎을 만들어내는 삶의 주체일 수 있는 조건을 문제제기하는 문화적 싸움이다.

대중조작이 없는 세상, 교육은 대중조작의 정치를 대체한다. 교육은 앎의 해방을 직접 겨냥하는 정치이다.

20] 필요와 요청

필요를 충족한다. 그것 너머 희망, 이념을 요청한다. 필요와 요청이 인간 삶을 구성한다. 지치고 성가신 삶을 살고 있지 않는 사람은 희망도 새길 줄 모르며 이념도 새길 줄 모른다. 삶 속에서 희망, 이념의 세계를 그릴 줄 모른다면 생물학적 생명은 이어갈지 몰라도 사회적 생명은 죽은 것이나 진배없다.

요청의 소리에 귀를 기울이는 이상주의 열정과, 필요를 충족하려는 현실적 의지는 앎을 매개로 하여 힘으로 구현된다. 그 앎은 만들어진다. 만들 수 있는 능력은 삶에 잉태되어 있는 근본적 학습에 의존한다. 근본적 학습, 즉 앎은 명확하다. 명확하기에 더 진전된 앎의 기초가 될 수 있다.

근본적 학습 경험이 내재하는 일상의 삶을 영위하는 사람들이 역사를 이끌어왔다. 그런 의미에서 근본적 학습은 사회적이고 교육적이다. 근본적 학습이 사라지고 없는 삶의 방식, 즉 복종의 질서에 따르는 삶에서는 내면의 정신을 뚜렷이 의식하지 못한다. 내면의 정신은 앎을 만들며 겪는 인식론적 물음을 매개로 그 모습을 갖추기 때문이다. 그는 관계적 사고보다는 실체적 사고에 더 익숙하다. 그만큼 소통에 서툴다. 그는 앎을 밖에서 구한다.

인간 삶의 근원이고 교육의 기초인 근본적 학습으로 돌아간다. 이는 시대의 문제이다. 인간해방의 문제이다. 이 시대 이 해방의 문제를 풀어내는 방법론에 의해 삶과 교육의 구체적 모습을 드러낸다.

'도대체 가르치는 내용의 민주화 없이 내용의 선택을 민주화하는 것이 가능하겠는가. 아이들에게 돌아가는 것은 근본적 학습능력을 문제 삼는다는 것일 터인데, 그렇다면 지식의 인간화라는 개념에 집중하지 않을 수 있는가.' 프레이리의 탄식이다.

다시 묻는다. 프레이리의 교육론이 인간해방 교육체제의 본本이 되는가?

인간해방의 실천에 대해 참고 자료가 되기에 충분하다. 특정 시기 브라질의 민중교육 실천 사례에 한정되지 않고 인간해방 교육체제의 역사적 모델이 되기에 충분하다.

그의 인간해방 교육론은 빈한한 농민을 대상으로 수행한 문맹퇴치 사업에서 억눌린 자와 억누르는 자의 인간해방을 이루는 역사적 교육체제의 변혁으로 발전해간, 실천에 의해 그 진실성을 검증한 생애에 걸친 그의 투쟁의 결과물이다. 그의 교육론은 인간해방의 기본 요소들을 민중의 삶의 언어(사상)의 맥락 속에서 새롭게 해석한 현실인 것이다. 그는 근본을 체험했고, 그 근본은 밑으로부터 분출된 현실적 분노와 요청이었다. 권력의 대중조작에 의해 민중의 삶의 말을 영구히 침묵케 할 수는 없다. 민중의 현실이 바뀌지 않는 한, 그것은 단지 은폐되어 숨어 있을 뿐이다. 숨어 있는 민중의 현실을 다시 끄집어낸다. 그들의 언어와 맥락을 되살린다면, 그들은 다시 살아난다.

다시 적는다. '민주주의, 그거 좋지, 그런데 그게 밥 먹여주나, 문제는 경제야, 똑똑한 사람이 나서야지, 그래야 경제가 좋아져.' 사회와 교육을 바라보고 이해하는 참고 자료가 이런 것이라면 우리가 사는 세상은 한 걸음도 진전하지 못한다.

나의 실직은 나와 같은 세대가 겪고 있는 실직의 문제를 풀지 않고는 해결되지 않는다. 민주주의는 일다운 일을 할 권리의 문제를 풀어보려는 사상적 투쟁의 성과이다.

21] 맺음을 대신하여

삶의 자세를 바꾸는 문제

"무대 위에서 추는 춤을 거부합니다. 기득권 저들끼리 짜고 추는 춤에 끼어들어 춤추는 자유를 빼앗기고 싶지 않습니다. 어디나 기득권이 있겠지요. 스스로 택한 자유의 춤이지만 참 힘이 듭니다, 일반 시민들의 무관심은 그렇다 치고, 대구를 경영한다고 자부하는 사람들마저도 저희 몸부림을 아주 하찮게, 심지어 빨갱이 대하듯 하는 것에 대구를 떠나버릴까도 싶습니다. 그래도 그런 대구를 사랑해야지요. 사랑합니다. 사랑하지 않고는 자유의 춤을 출 수 없으니까요."(거리의 춤꾼이라고 자신을 소개하는 무용가 박정희)

그는 목표를 세우고 그 목표를 달성하기 위해 행동을 설계하지 않는다. 그는 자신의 내부에서 꿈틀거리는 춤추고 싶은 욕망, 관심을 표현하려고 한다. 그는 욕망, 관심과 일상의 삶이 같은 하나라고 생각한다. 그에게 자유와 행동은 같은 하나이다. 마르크스를 읽어서 자유와 행동을 하나로 뭉친 것이 아니라 자신의 춤사위와 거대한 무용계에 가로놓인 장벽을 고민하며 자유와 행동이 같은 하나가 되었다. 거리의 춤은 세상과 소통하는 그의 방식이고 시대의 방식이 되었다.

그는 주말이면 사람들이 많이 모이는 곳을 찾아가 80년대 여고생 교복 차림으로 춤을 추며 전통과자를 팔고 다닌다.

"먹고살려고 합니다. 그러면서 속으로 먹고사는 것도 즐거운 놀이일 수 있다고 생각했습니다. 먹고사는 것을 그렇게 심각하게 여길 필요가 없다는 것을 내 자신에게 보여주고 사람들한테도 보여주려고요. 자기 속의 수치심을 먼저 걷어내야 남이 내게 덧씌우는 수치심을 저들에게 다시 돌려줄 수 있다고, 어느 철학자가 일러준 말을 책에서 읽은 적이 있습니다. 뭘 해서라도 세상을 살아갈 자신이 붙습니다."

그는 결코 무슨 주의자가 아니다. 그는 오로지 자기 힘으로 살고 있는 건강한 정신일 뿐이다. 그의 삶의 경험은 오늘 우리가 놓칠 수 없는 소통의 정보다. 인간다움의 힘이 무엇인지를 보여주는 웅변, 희망, 꿈이다. 젊은이들에게 고생은 사서라도 하라는 식으로 말하려고 거리의 춤꾼 이야기를 꺼내지 않았다. 거리의 춤꾼의 일상을 '시대의 문제'로 받아들이며, 모든 이에게 희망이 되는 교육의 방법론을 성찰하고 있다. 부디 민중주의자라고 딱지 붙이지 않기를, 혹은 엘리트주의에 오염되었다고 의심하지 않기를 바란다.

2.
침묵문화는
사회역사적
실재이다[1]

손종현

손종현
(전) 참여정부 교육혁신위원회 상근전문위원
(현) 대구가톨릭대학교 사범대학 교육학과 교수
(주요 저서) 『입학사정관제, 최초의 교육개혁』(편저), 『한국교육론』(공저)

1. 문제

프레이리가 개념화한 '침묵문화culture of silence'의 실재성에 대해 분석하고자 한다. '침묵문화' 개념에 대한 분석을 통해, 이 개념이 내포하는 총체성을 이해하고 해석하는 지적 과정을 통해 프레이리의 교육사상을 조망하고자 한다.

프레이리에게 침묵문화는 역사적인 사회적 실재social reality이며, 동시에 현상적으로 명백히 실체를 가지고 있는 것이다. 그는 많은 저서를 통해 침묵문화의 실재와 실체를 고발하고 있다. 프레이리에게 근본적인 주제는 지배-억압-침묵(문화)에 대한 것이며, 그것의 대립물인 해방이 그의 이론이 겨냥하는 목표였다고 할 수 있다(Freire, 2007: 132).

프레이리의 침묵문화에 대한 개념화는 한국 사회, 지식기반 사회, 포스트모던 사회에도 적용할 수 있는 교육학적 통찰과 논리를 제공하고 있다. 따라서 한국 교육에 대한 패러다임 수준의 개혁론의 새로운 단초를 프레이리의 사상에서 찾을 수 있을 것이다.

---

1. 이 글의 내용은 한국사고와표현학회의 학술지 『사고와 표현』(2016), 제9집 3호, 231~282쪽에 게재된 논문에서 부분 발췌·수정한 것이다.

한국 사회도 도날도 마세도Donaldo Macedo가 말하는 '문화적 분열증', 즉 존재하지만 보이지 않고 보이지만 존재하지 않는 식민지적 삶의 문화를 노출하고 있다(Freire, 2007: 12). 우리 사회도 여전히 두 세계, 두 문화, 두 언어의 비대칭 속에서 강요된 문화적 이중성의 고통을 겪고 있다.[2] 사실 한국의 학교 교실과 사회정치적 공간에서도 프레이리가 말하는 침묵문화가 일상화되어 있다. 학교 교실 수업에서 학생들이 입을 다물고 있다. 도무지 질문이 없다. 사회정치적 공간에서 의사소통이 잘 이루어지지 않는다. '침묵이 정답이다'라는 관념이 이미 우리의 사회문화가 되어 있고, 그것은 심각한 병통이다. 이런 차제에 침묵문화란 무엇이며, 이것을 어떻게 해체할 것인가에 대한 해명이 긴급하게 필요해졌다.

이 장에서 프레이리가 쟁점화한 침묵문화의 의미와 그것의 실재성reality에 대해 분석한다. 이 논의에서 침묵문화와 신화, 침묵문화와 의식화의 내적 연관을 논의한다.

큰 틀에서 프레이리가 개념화한 '침묵문화'가 '길들이기domestication'를 지향하는 것이며, 그것에 대한 안티테제가 '비판적 의식의 형성'임을 분명히 한다. 또 침묵문화 해체와 연관하여 침묵문화가 정전正典의 코드화codification에서 기인하는 것이며 그것에 대한 안티테제가 탈코드화decodification임을 분명히 한다.

2. 침묵문화를 쟁점화하는 이유

프레이리에 따르면, 침묵 혹은 침묵문화는 실체가 있으면서 동시에 사

---

2. 한국 사회도 피식민지 피지배 경험이 있다. 이것이 식민지 모국의 이식 문화를 낳았고, 거기에 신비화를 추가했다. 해방이 되고 80년이 지난 오늘날에도 식민지 시대의 문화를 복원하려는 의지를 여기저기에서 보이고 있다.

회역사적으로 실재하는 것이다. 그가 왜 침묵문화를 쟁점화하는지 그 이유를 먼저 논의한다.

첫째, 프레이리는 '침묵문화'가 민중 삶의 질적 현실태라는 점에 착안하고 있다. 그는 민중의 비인간화된 삶의 고통을 표상하는 이론적 언어로서 침묵문화를 개념화한다.

프레이리 앞에 진정 리얼한 것은 여기저기서 부대끼면서 애환을 안고 사는 민중의 비인간화된 삶의 고통이다. 그는 그 삶의 고통을 '진지하게' 이론적으로 제기할 수 있다면 그때(시간) 그곳(공간)의 사회적 실재를 온전하게 이해하는 방식이 된다고 믿는다. 그래서 그는 민중의 고통의 삶의 현장성을 문제로 제기한다. 그 민중의 비인간화된 삶의 현장성은 한마디로 '침묵문화'로 표상되었다.

이런 점에서, 프레이리에게 침묵문화는 민중의 삶의 비인간화를 극명하게 드러내는 방법론적 개념이다. 그 극명한 대조란 민중의 살아 있는 삶·언어가 가진 지식산출 능력과 그것에 덧칠하는 지배층의 억압적 문화지배 욕구의 대비이다. 지식산출은 인간의 존재의 법칙에 따른 삶의 방식이다. 지배층의 입장에서는 이 삶의 방식을 방치하고서는 지배와 피지배의 관계를 유지할 수 없다. 그래서 지배층은 민중의 지식산출 능력과 실천을 차단하고자 한다. 언제나 지배층은 민중에게 지식은 은행에 있고 은행에 저금하듯이 차곡차곡 쌓아서 한몫 갖는 것이라고 말한다. 그렇게 하기 위해 단련하고 금욕하고 참고 기다리고 익히는 것이 필요하다고 힘주어 말한다. 그 지배층의 관념과 행태에 대한 반명제(안티테제)를 이론화하기 위해, 그것을 표상하는 보편적 언어로서 '침묵문화'를 개념화한다.

둘째, 종속사회의 성격을 '이론적으로' 설명하기 위해 '침묵문화' 개념을 발명하였다. 이런 점에서, 침묵문화는 세계체제의 연관관계에서 종속을 분석하기 위해 구성된 개념이다. 여기서 '종속'이란 연관 현상의 한 속성을 나타낸 것이며, '종속'이라는 다른 종류의 존재의 형식, 사고의 형식,

표현체계의 형식이 현상적으로 존재하고 있음을 말한다. 또 서로 다른 종류의 형식이란 크게 말해 '침묵문화'(억압문화)의 형식과 '자기 목소리를 가진 문화'(대화체적 문화)의 형식을 말한다.

이렇게 보면 '침묵문화'는 지배와 피지배가 극명한 그 시대와 그 장소에서의 분석과 실천을 위한 이론적 언어이다. 이론적 언어로서, 침묵문화는 중층적 모순을 표상한다. 침묵문화 속에서 민중은 이중적으로 수탈, 지배되고 있다. 침묵문화는 종주사회와 종속사회 간의 이해관계 충돌에서 파생되고, 동시에 종속사회 내의 지배·피지배 간의 갈등에서 파생한다. 그 갈등구조 속에 놓인 억압자와 피억압자, 지배와 피지배가 극명한 분열을 보이는 그 시간과 그 공간에서의 문화현상을 드러낸다. 지배와 피지배의 '극명한 분열'이란 자본주의 세계체제하에서 중심과 주변의 종속관계에 허덕이고, 국내적 차원의 자본(지배)과 노동(피지배) 간의 억압과 착취 관계에 허덕이는 그 시대와 그 장소의 모순(양상)을 지칭한다. 물론 이는 보다 직접적으로 종속사회 내부의 내적 식민주의의 관계 양상을 표상하는 개념이기도 하다.

셋째, '침묵문화'는 하부구조와 상부구조의 연관성을 드러내기 위한 개념적 언어이다.

프레이리는 상부구조를 하부구조와의 연관 속에서 이해하는 방법론을 수용한다. 프레이리는 침묵문화를 문화사적 실재를 분석하는 방법론적 언어로 삼는다. 이 방법론은 '관계방식' 개념에 따라 의식(문화현상)의 수준을 분석하는 것과 그 수준의 발전과정(역사)을 분석하는 것을 포함한다. 그 역사 시기의 의식 수준이 무엇이며, 그 수준이 어떻게 발전되었는가를 분석하기 위해, 하부구조의 반영으로서의 '침묵문화'를 '이론적'으로 가정한다.

관계방식의 개념에서 그 핵심적 매개물은 인간의 계급적 지위이며, 그것의 반영물이 바로 침묵문화인 것이다. 그는 토대상의 계급구조, 이를테면 대토지소유제적 노예노동적 생산-소유관계가 필연적으로 침묵문화를 산출한다는 연관관계를 승인한다. 침묵문화는 '관계' 연관에서 보면 상부 구조의 표현체계이다. 상부구조(문화, 사상, 관념, 이론)의 변혁을 통해 하부 구조의 변혁을 추동하려는 관점을 가지고 있기에, 프레이리는 불가피하게 상부구조로서의 문화를 문제 삼을 수밖에 없었다.[3]

3. 침묵문화의 의미와 기능

1] 침묵문화와 의식意識

인간은 사고와 의식을 가진 존재이며, 이를 자기 방식으로 표현하는 존재다. 그런 점에서, 인간은 존재론적으로 침묵할 수 없다. 인간 존재는 침묵 속에서 성장하는 것이 아니며 말과 일과 행동 속에서 성장하는 법 이다(Freire, 2007: 112).

참된 말을 하는 것은 세계를 변화시키는 것이지만, 그 말을 하는 것 은 일부 사람들의 특권이 아니라 모두의 권리다. 따라서 그 누구도 자기 혼자만 참된 말을 할 수는 없으며, 말을 다른 사람에게 강제할 수도 없 다. 이를테면 다른 사람의 말할 권리를 빼앗는 명령적 행동은 할 수 없 는 것이다(Freire, 2007: 112-113).

인간은 자기 사고를 하고 이를 발언(대화)하며, 한편에서는 사고를 죽여 침묵하기도 한다. 문제는 그 침묵이 강요된 것이며, 그 강요가 사회구조화

---

3. 프레이리에 따르면, 문화적 행동으로서의 해방교육을 통해 상부구조를 변혁할 수 있다. 또 그는 상 부구조의 문화적 행동을 통해 토대의 변화를 추동할 수 있다는 관점을 가지고 있다.

되어 있다는 것이다. 그리하여 그는 '길들여진 의식'을 가지고 침묵하면서 산다. 이것이 심층적인 사회문화가 되어 있는 것이다.

침묵은 의식의 한 양식이며 동시에 문화의 한 양식이다. 하나의 양식으로서 침묵문화는 특수한 형식을 취하는 의식을 만들어낸다. 여기서 '의식'이란 일반적으로 "역사적·사회적으로 규정되는 사상, 감정, 이론, 견해 등을 일컫는 말"이다(이희승, 1986: 2869). 여기서 '양식mode'이란 사회적 역사적 조건에 의해 조절·훼절되어 모양이 갖추어진다는 것을 함의한다. 길들여진 삶의 양식이 바로 그것이다.

침묵이 문화의 한 양식이라는 말은 그것이 하나의 일상적인 삶의 방식이 되었다는 것이다. 프레이리가 '침묵'이라는 말 뒤에 '문화'라 말을 굳이 붙이는 것은, 알지도 못하고 이야기하지만 그것이 그들의 고통을 반영하고 동시에 그것을 강제하는 것이 일상화되었다는 의미에서다. 그에게 '침묵문화'는 문화사적 실재cultural-historical reality이다.

2] 침묵문화의 의미

여기서 문화의 한 양식으로서 프레이리가 개념화하고 있는 침묵 혹은 침묵문화란 무엇인가? 그것의 의미를 분해해본다.

첫째, 침묵이란 '말없이 얌전히 있는 것'을 뜻한다. 말을 해야 할 때도 입을 다물고 있는 경우가 태반인데, 이 경우에 해당한다.

> 침묵의 문화 속에서 대중은 '벙어리'이다. 그들은 자신이 살고 있는 사회의 변혁에 창조적으로 참여하지도 못하고, 따라서 존재하지도 못하도록 금지되어 있다(Freire, 2003a: 115).

물론 '알지만 입을 닫고 있는', 이해관계 속에서 움츠리고 있는 '의식적인 침묵'은 침묵이 아니다. 침묵을 기술화하고 전략화하는 경우는 침묵이 아니다. 언제나 침묵은 한계상황의 압도적인 힘에 눌린 무언증無言症의 구조를 나타낸다(Freire, 2007: 136).

둘째, 침묵이란 길들여진 의식에 빠져 있어서, 자기 언어와 자기 조망이 없는 목소리를 말한다. 말은 하고 있지만 그 말이 사실은 남이 해준 말을 따라 흉내 내고 있는 경우 그것도 일종의 침묵이다.

자기 말인 듯이 착각하고 있지만 사실은 자기가 하는 목소리가 아니라 남 따라 하는 말이기 때문에 그렇다. 그럼에도 흉내인 줄 모르고 진짜 자기 말을 한다고 우긴다는 점에서 깊은 질병에 걸린 상태에 놓여 있다. 자기 언어가 없이 의식이 애매모호한 상태로 고착되어 있는 것, 정치적 문맹 현상, 이것이 '침묵문화'의 전형이다. 장홍재(1999)가 교사문화를 침묵문화로 규정할 때 이 정의 방식을 채택하고 있다(장홍재, 1999: 11).

> 농민은 종속적이죠. 자신이 원하는 바를 말하지 못합니다. (중략) 그 대신 농민은 집에서 아이들에게 호통을 치고, 아이들을 두들겨 패고, 낙담하면서 화를 풉니다. (중략) 지주는 우월한 존재라고 여기기 때문에 지주에게는 화를 내지 못합니다. 농민은 자주 술 마시는 걸로 슬픔을 달래려고 하죠(Freire, 2007: 82).

이런 의미의 침묵문화는 길들여진 '대중화된 사회'에서 일반적으로 나타나는 현상이다. '대중화된 사회'에서 대중매체의 선전·선동에 속아 자기 목소리를 상실한 채 자기 말인 것처럼 말하는 것이 일반화되어 있다. 자기 언어와 자기 조망이 없는 상태에서, 예컨대 시공간에 적절한 말을 하는 것이 아니라 아무렇게나 말하는 것, 뜬금없이 떠들어대는 것, 개념 없이 준거 없이 사고하고 말하는 것, 술집에서 불평과 불만을 늘어놓는 것도 일종의 침묵이라 할 수 있다. 그래서 이런 의식 상태에서 가치상대주의에 빠져들고 인식의 허무주의로 흐를 가능성이 많다는 점에서, 깊은 질병의 상태에 빠져 있다고 할 수 있다.

셋째, 침묵(문화)은 응전의 부재보다는 비판성이 결여된 응전을 뜻한다(Freire, 2003a: 42). 억압을 수용하는 의식, 비판의식이 결여된 응전은 침묵문화의 또 다른 한 형태이다. 순응과 무비판적 정신구조가 그것이다.

이 정신구조는 순전히 자기 목소리를 내놓는 것과는 정반대이다. 이는 현실을 객관적으로 반영하는 목소리와는 정반대이다. 이는 자신을 둘러싼 현실을 자기 방식으로 조망하지 못하는 상태로 전락한 채, 현실을 지배하는 억압적 이념을 그대로 받아들이면서 순응하는 삶을 꾸릴 수밖에 없는 인간의 존재 방식을 나타낸 것이다. 이는 사회역사적 저항과 분노를 탈가치화한다.

계급사회에서 피억압자는 억압자의 이미지를 내면화하고 그 지침을 채택하고 있다. 그래서 피억압자는 이미 지배구조에 파묻혀 적응한 채 체념하고 있다. 피억압자는 자율성과 책임감을 부담스러워하며 자유를 위한 투쟁에 나서는 것을 두려워한다. 이 경우 피억압자들은 억압의 현실 속에 침잠해 있으므로 피억압자로서 지니는 자기 인식이 불완전할 따름이며, 이 단계에서는 모순을 극복하기 위한 사회정치적 투쟁에 참여하지 못한다(Freire, 2007: 56).

넷째, 좀 더 적극적으로 이해해서, '구조적 인식'을 결여하고 인지적 조망 능력을 상실하고 그래서 자기중심적인 조망에 빠져든 것도 일종의 침묵문화이다(Freire, 2003a: 115).

구조적 인식이 결여된 상태에서 자기 삶의 문제를 파악할 수 있는 지적 전략(자기 인식)이 없는 것, 그래서 객관화의 기제로서 '마주 세워 봄 detachment'의 인지적 조망이 없는 것, 그 귀결로서 '강요된 망각'에 빠져든 상태도 일종의 침묵문화이다. 이 경우의 그의 말은 관계적 사고에 의한 것이 아니고, 그래서 발언이 대개 단문에 머문다.

마주 세워 봄의 인지적 조망이 없는 것, 그래서 '조망의 자기중심성에 빠져든다'는 의미에서, 이는 사회역사적 인식 능력이 없는 것을 말한다. 그 조망에서 포착되는 인식의 데이터는 그의 한정된 체험 내에서 취해진다. 인간의 인식은 체험을 넘어 완벽하게 존재하는 '이상적 상태'를 그리는 구조적 지각에 의해 이루어지는 것이라면, 그의 제한된 체험 내에 머무는 인식은 '강요된 망각'이라고 할 수 있다. 구조적 지각이 결여된 인식은 반드시 '객관적 실재'를 '있는 그대로의 세계'가 아닌 그것 바깥의 어떤 것으로 귀속시켜 해석하는 '환원논법'에 버금가며, 이는 쉽게 숙명론적 세계관을 낳는다. 침묵문화에 길들여진 관념은 쉽게 이런 세계관에 빠져든다는 것을 도처에서 확인한다.

다섯째, 광신화된 의식, 마술적 사고, 분파주의 의식에 빠져 있는 것도 일종의 침묵문화이다. 극좌이든 극우이든, 분파주의sectarianism에 빠져 있는 관념 혹은 조망 방식이 여기에 해당한다. 만약 사람들이 대중적 의식 수준에서 자칫 광신화된 의식, 마술적 사고, 이른바 분파주의 의식으로 빠져들면 그들은 훨씬 심하게 현실로부터 괴리되고 자기중심적인 조망에 빠져든다(Freire, 1985: 32). 분파주의자들의 사고가 이에 해당되는데, 이것도 일종의 침묵문화라고 할 수 있다.

프레이리가 보기에, 시대의 문제를 제대로 파악하지 못하는 엘리트주의자들이 쉽게 분파주의로 빠져든다. 그들은 이른바 '속에' 매몰되다가 '더불어'를 할 줄 모른다. 그들은 자기의 지적 회로에 갇혀서 창조적으로 사고할 줄 모르며, 스스로에 대해서도 의심이 부재한 삶을 산다. 그들은 타인의 선택권을 부정하려 하며 자신의 믿음을 확신하고 타인과 대화하지 않으며, 언제나 타인을 침묵시키려 한다.

3] 침묵문화에 따른 행동 특성

프레이리에 따르면, 침묵문화에 빠져든 자들은 (분파주의자들이 보이는 행태와 유사하게) 네 가지 반反대화적 행동 특성을 보인다. 네 가지 행동 특성이란 바로 온순함으로 위장된 숙명론, 억압자에 대한 내면화, 자기비하, 자신감 결여이다. 이것이 '식민화된 심성'을 잉태한다(Freire, 2007: 77-79).

'온순함으로 위장된 숙명론'은 민중의 고유한 행동적 특성이 아니라 역사적·사회학적 상황의 산물일 뿐이다. 그것은 거의 예외 없이 운명, 숙명, 천명의 힘 또는 왜곡된 신의 개념과 관련이 있다. 마법과 신화의 지배를 받는 피억압자는 자신의 고통, 착취의 결과를 신의 뜻으로 여긴다. 즉 신이 이 '잘 짜인 무질서'를 창조했다고 보는 것이다(Freire, 2007: 77-78).

'억압자에 대한 내면화'는 피억압자가 자신의 내면에 억압자의 상을 내장하고 이를 동경한다는 것이다. 현실 속에 침잠해 있는 피억압자는 억압자의 이미지를 내면화하고 있기 때문에 억압자의 이익에 봉사하는 '질서'를 명확하게 인식할 수 없다. 피지배자들이 '지배자들의 문화모형'(Freire, 2003a: 119)을 모방·내면화하고 있는 것도 침묵문화 상태이다. 이것이 피억압자의 이중성이다. "피억압자는 억압자와 그들의 생활방식에 대해 매력을 느끼게 된다. 그 생활방식을 공유하고 싶은 생각은 뿌리칠 수 없는 유혹이다. 소외 상태에 있는 피억압자는 어떻게 해서든 억압자를 닮고자 하며 모방하고 추종하고자 한다"(Freire, 2007: 78-79). 알베르 멤미는 이것을 '식민화된 심성'이라고 분석한다. 이는 곧 피억압자의 자기비하로 연결된다. 억압자의 견해를 내면화하는 데서 비롯되는 자기비하는 침묵문화로 귀결된다. 이것은 의식의 각성과 변혁을 차단한다.

'자기비하'는 침묵문화의 또 하나의 행동 특성이다. 자기비하는 억압자가 지닌 견해를 내면화하는 데서 비롯되며, 그것이 침묵문화를 온존시킨다. "그들은 아무짝에도 쓸데없다는 말을 워낙 자주 들었기에 아무것도 모르고 아무것도 배울 수 없으며, 결국에는 자신이 무용한 존재라는 믿음을 가지기에 이른다"(Freire, 2007: 79).

죄송합니다. 저희가 말하는 게 아니라 선생님이 말씀하셔야 하는 건데. 선생님께선 아는 게 많으시지만 저흰 아는 게 없잖아요(Freire, 2007: 80).

'자신감 결여'는 침묵문화의 전형적인 행동 특성이다. 침묵문화에 빠진 자들은 언제나 자신감이 결여되어 있다(Freire, 2007: 81). '그 무엇'을 스스로 결정해서 추구하지 못한다.

4] 침묵문화의 기능: 길들이기

침묵문화는 어떻게 기능하는가? 전체적인 맥락으로 말하면 '길들이기 의식'을 문화화하는 데 기능한다.

첫째, 침묵문화는 사고하는 것을 어렵게 만들고, 자신의 이야기를 하는 것을 금지한다. 침묵문화는 불신, 현실 세계에 대한 두려움, 자신감 결여 등을 강제한다. 침묵문화는 결국 길들이기를 강제한다. 이는 인간다운 존재 방식의 부정을 낳는다.

둘째, 침묵문화는 지배의 도구로서 억압을 수용하는 의식을 낳고 억압을 합리화한다. 이는 참여와 공동체의식을 차단하고 민주적 경험의 결여를 가져온다.

브라질인들은 지주, 지사, 지휘관, 총독들의 권력에 의해 찌들었다. 그리고 사람들은 이러한 외적인 권위를 받아들이면서 참된, 민주체제에 없어서는 안 될 자유롭고 창조적인 의식보다는 억압을 '수용하는' 의식을 발전시켰다. 브라질은, 민중의 의식 속에 스며들어 민주주의에 대한 지식을 생성시키는, 공동 문제 해결에의 참여와 참된 공동체의식을 경험한 적이 없었다(Freire, 1985: 42).

침묵문화는 명령을 즐기며, 수동성을 반기며, 저항을 싫어하며, 소통을 두려워한다. 침묵문화는 대화를 거부하며, 민주적 경험의 결여를 초래하고, 민주주의 발전을 훼손한다. 때때로 폭력을 수용하며, 그 폭력을 즐기기도 한다. 그 귀결로서 민주주의를 훼절한다.

셋째, 침묵문화는 그 사회의 하부구조를 역규정하여 침묵문화를 재생산한다. 하나의 양식으로서의 침묵문화는 특수한 의식 형태를 조건 짓는 상부구조의 표출인데, 그 침묵문화는 그것을 발생시키는 하부구조를 중복 결정한다(Freire, 2003a: 144). 한편 자신들에 의해 창조된 문화와 역사 세계는 그들에 대한 적대물로 전화되어 그들의 사고방식을 조건화하게 된다. 조건화된 그들의 사고방식은 또다시 그들의 삶(사고와 표현과 행위)을 조건화하게 된다(Freire, 2003a: 88-89).

문화(의식, 사상, 관념)를 포함하는 상부구조는 현실의 문화에 의해 매개되며, 매개되는 것만큼 동시에 하부구조를 역규정한다. 그 역규정하는 만큼 민중의 삶을 또다시 규정한다.

결과적으로, 침묵문화는 문화적 행동을 한계 짓는다. 그것은 계급의식을 형성할 기회를 주지 않으며(Freire, 2003a: 228), 역사적 저항과 사회적 분노를 최소화한다. 침묵문화는 그 사회를 보수화하고, 역사 발전을 퇴행시킨다.

4. 침묵문화와 신화

1] 민중과 신화

지배-피지배 구조가 억압적으로 리얼real한 척박한 사회 공간에서 가장 크게 사회적 불이익을 당하는 계층이 있다. 그들은 대중조작의 필요에 의해 만들어진 신화myth를 내면화하여 이를 사고와 판단과 실천의 규준으로 삼는다. 그들을 일러 '민중'이라 할 수 있다. 프레이리는 신화 속에 간힌 민중의 존재 방식과 상태를 '침묵문화'라고 불렀다. 침묵문화는 신화의 바탕 위에서 자란다. 신화의 지배를 받는 민중은 자신의 침묵과 침묵문화를 자연스러운 것으로 여긴다.

신화는 검증되지 않은 기본 가정을 말한다. 신화는 일반적으로 참이라고 믿고 있는 그릇된 관념 또는 부정확한 신념이다(Combs, 1994: 11). 현실 인간은 신화를 자기의 것으로 내면화하여 행위를 한다. 분열구조에서 사는 민중은 더욱 신화에 매몰된다. 물론 엘리트도 신화를 가지고 있다.

민중은 신화와 신화 같은 언어를 사용한다. 민중은 자기 언어가 아닌 신화 속에서 만들어진 언어를 아무런 생각 없이 사용하다가 어느새 자기 정체성을 상실한 사람들이다. 그들은 꾸중을 듣고 처벌받기만 하는, 그래서 그 귀결로서 무기력inactive하게 침묵한다. 그들은 그 신화 속에서 사회적 불이익을 당하고 있다는 것도 모른다. 그래서 당대 현실을 긍정하고 '가만히', '조심조심' 침묵한다.

2] 지배권력과 신화 창조

신화는 우연히 만들어지지 않는다. 지배권력(억압적 엘리트)은 의식적으로 무의식적으로 지배를 용이하게 하려고, 계급적 방어를 위해 신화를 창조한다. 지배권력은 '민중은 무지하다'는 신화를 만들어낸다. 이를 내면화하는 민중은 권력의 말을 진리로 받아들인다. 프레이리가 지목하는 신화는 예컨대 이런 것이다. "억압적 질서가 '자유로운 사회'라는 신화, 모든 사람이 원하는 대로 자유롭게 말하며, (중략) 반역은 신에게 죄를 짓는 것이라는 신화, 사유재산이 인간의 개인적 발전에 근본적인 역할을 한다는 신화, 억압자는 근면하며 피억압자는 게으르고 부정직하다는 신화, 피억압자는 본성적으로 열등하며 억압자는 우월하다는 신화 등"(Freire, 2007: 180-181). 이 모든 신화들을 피억압자에게 내면화시키면 그들을 정복할 수 있다. 그래서 "억압자는 그 신화들을 선전과 구호에 담아 대중 '의사소통'

매체를 이용해서 피억압자에게 전달한다"(Freire, 2007: 181).

지배권력은 신화를 통해 계급사회를 유지하고 재생산한다. 권력은 신화를 만들어 사용함으로써 민중으로 하여금 신화적 사고에 머무르게 한다. 이 경우 신화는 누군가가 다른 누군가에게 무지를 강요하는 관계를 의미한다(Freire, 2007: 172). 여기서 '신화적 사고'란 신화에 지배되는 사고를 말하며, 비과학적이고 전논리적인 사고를 말한다. 경우에 따라 지배권력은 민중을 침묵시키기 위해 과학을 이용한다. 그 과학과 기술은 피억압자를 '사물'의 지위로 전락시키는 데 사용된다.

침묵문화가 신화를 만들어내는 토대이고, 신화가 침묵문화를 온존시키고 확산한다. "다른 여러 신화와 더불어 이러한 신화를 내면화하게 됨으로써, 인간은 자신의 행동방식과 실제의 선택 간에 필연적인 괴리를 만들게 되는 것이다"(Freire, 2003a: 204). 이런 의미에서 신화는 침묵문화의 생산·유지·재생산에 기여한다. 이를 잘 알고 있는 지배권력은 끝없이 신화를 만들어낸다.

지배권력은 그들이 '참'이라고 생각하는 지배 이데올로기를 명제적 지식으로 포장하여 이를 사람들에게 선물로 내려준다. 지배 이데올로기는 현실을 은폐하고 인간의 인지적 조망을 왜곡시킨다. 지배 이데올로기의 힘은 언제나 길들임이다(Freire, 2000: 47). 민중은 그들이 내려주는 지배 이데올로기를 참된 지식(진리)으로 받아들여야 한다. 이 경우 지식은 만들어가는 것이 아니라 이미 완성된 것이다. 이 지식은 탈맥락적이고 비탐구적인 것이며, 이것이 완전한 진리로 받아들여지게 된다. 그것의 진릿값을 의심할 수 없으며, 다만 어떻게 습득할 것인가에 초점이 두어진다. 그리고 그것의 소유 여부가 유지有知와 무지無知의 기준이 된다. 진리 명제에 대한 인식론적 호기심과 의심은 도무지 필요가 없다. 다만 그 지배 이데올로기를 지식으로 수용할 뿐이다.

3] 신화의 기능

신화는 인지의 한 형식으로 기능한다. 신화는 관념을 조작하는 데 유효한 도구로 쓰인다. 민중은 신화 속에서 그것으로 인해 자기정체성을 상실하게 된다. 신화의 차용은 일종의 사회적 통제 장치로서, 사람들의 사고를 폐쇄시키고 침묵문화를 '합리적으로' 강제한다.

첫째, 신화의 가장 강력한 역할은 '현상유지 기능'이다(Larry E. Frase and William Streshly, 2000). 신화는 민중으로 하여금 비판적인 사고를 방해하며 사회 진보의 희망을 갖지 못하게 막는다. 사회적 의미에서 보면, 신화는 '허깨비 같은 말'을 퍼뜨리는 매개이자 그 기제이다. 특히 신화와 그것의 내면화는 대상에 대한 과학적·비판적 사고와 대화의 단절을 가져온다. 신화는 유토피아를 지향하는 실천을 차단하고, 수구성을 강화한다. 그리하여 민중으로 하여금 스스로 진보의 희망을 가지는 것을 방해한다. 그런 점에서 신화는 사회역사적 심각성을 지니고 있다.

둘째, 신화는 세계관(철학, 사상, 관점)과 인식의 코드code를 규정한다. 여기서 '세계관'이란 일관되게 가치 결정을 하는 기준을 말한다. 이를 구체화(물상화)하면, 행동 선택의 대상으로, 예컨대 얼굴, 돈, 지위, 명예 등을 최고의 가치기준으로 삼는 것을 말한다. 코드는 일정한 치우친 고정관념(고착된 사고양식)을 말한다. 그 신화가 인식의 코드와 인식체계를 주형하고 이를 확대재생산한다. 코드는 예컨대 이런 것이다.

"저개발 국가의 무능은 기후조건에 기인한다."
"문맹은 민중의 게으름을 반영한다."
"가난한 자는 게으르다."

첫 번째 코드는 '무능'보다는 '기후조건'에 집중하게 한다. 발전을 이루기에는 그 기후조건이 열등하다는 것이다 두 번째 코드는 '문맹'보다는

'민중의 게으름'에 집중하게 한다. 그 원인보다는 주체와 그 현상에 집중시킨다. 세 번째 코드는 문제해결의 관심 영역을 '가난한 자'보다는 '게으르다'는 형용사에 집중시킨다. 따라서 위정자들은 게으르게 만들지 않는 방법과 전략만을 강구하게 된다. 이 코드가 작용할 때 결국 저개발 국가, 민중, 가난한 자는 또 한 번 비난을 당하고 희생을 당하는 것이다(Freire, 2003a: 73). 이렇게 코드화된 언어는 사실을 드러내기보다는 진실을 은폐하는 것이다. 이것은 고통과 억압의 원인보다도 무능하고 무지하고 가난한 열등의 상태(현상)에 대해 공지하는 것이다. 이런 코드의 일반화는 '맹목'을 낳고, 길들여진 의식을 고착시킨다.

셋째, 신화는 억압자들의 정복, 분할 통치, 조작, 문화 침략의 행동양식을 정당화한다. 그리하여 신화는 민중으로 하여금 '군생群生'의 삶을 살게 한다. 억압자들은 그들의 행동양식을 온전하게 일상화하기 위해 신화가 필요하며, 이 신화가 이런 행동양식을 정당화한다.

> 범인凡人들은 대개 강력한 사회적 세력들이 창조해낸 신화神話들에 의해 으깨지고, 왜소화되고, 방관자로 개조되고, 조종된다. 이 신화들은 범인들에게 달려들어서는 파괴하고 절멸시키는 것이다. 이에 크게 놀란 나머지 사람들은 참된 관계를 두려워하고 심지어는 생존의 가능성마저 의심하게 된다. 그들은 또한 고립도 두려워하여, 그들을 변혁시켜 협동체가 되게 하고 참된 공동체를 이루게 할 어떠한 비판적이고 애정 깊은 매듭結合關係도 지니지 못한 떼거리groups를 이루며 산다(Freire, 1985: 15).

프레이리에 따르면, 현대인의 가장 큰 비극은 신화에 의해 지배당하고, 조작된 이데올로기 선전에 의해 조종된다는 것이다. 신화와 선전은 민중들로 하여금 선택 능력을 상실하게 하고 시대적 과제의 인식을 포기하게 하고, 엘리트들의 결정에 복종하며, 결국 익명의 존재, 희망도 믿음도 없는 존재, 길들여지고 순응된 존재로 타락하게 된다(Freire, 1985: 15).

5. 침묵문화와 의식화

프레이리는 침묵문화와 의식화를 어떻게 연관 짓는가? 여기서 침묵문화와 의식화의 연관에 대해 논의한다.

1] 의식의 종류와 수준

프레이리가 보는 의식에는 여러 종류와 수준이 있는데, 비역사적 의식intransitive consciousness, 주술적 의식magical consciousness, 대중적 의식, 비판적 의식이 그것이다(Freire, 2003a: 17).

첫 번째 수준으로서 비역사적 의식은 본능적 의식이라고 불린다. 이 의식은 원초적 본능적 의식에 사로잡혀, 생물학적인 영역을 넘어서는 문제제기와 도전에는 둔감하다. 억압적 현실에도 사회정치적으로 무감각하다.

두 번째 수준으로서 주술적 의식은 반본능적 의식semi-intransitive이라고 불린다. 이 의식은 폐쇄적 사회, 침묵의 문화에서 길러지는 의식이다. 이 의식에 갇혀 있는 사람은 사회정치적 상황을 기존적인 것, 베풀어지는 것, 당연한 것으로 간주한다. 운명론적으로 자기비하를 당연시하고, 지배문화의 억압을 당연시한다.

세 번째 수준으로서 대중적 의식은 순진한 의식naive consciousness 혹은 반半자각적 의식semi-transitive consciousness이라고 불린다. 이 의식은 침묵의 문화를 벗어난 의식으로서, 삶의 조건, 상황에 늘 의문을 제기한다. 그러나 아직 소박한 수준으로 근본적으로 심각한 문제제기는 하지 못한 채, 언론매체나 정치 지도자에 의해 일방적으로 조작될 수 있는 단계이다.

가장 높은 수준으로서 비판적 의식은 현실에 대한 문제제기와 문제의 설명, 자신감의 고취, 문제의 과감한 수용을 시도한다. 이 의식을 가진 자는 자신의 사고를 직시하고, 인간관계와 사회징치적 상황·조건에 대한 성찰적 이해를 시도한다. 이 수준에서는 비인간화를 야기하는 구조를 지탱해주는 이데올로기에 대한 합리적 비판도 격렬하게 전개한다(Freire, 2003a: 17-18).

여기서 대중적 의식은 자칫 침묵문화에 매몰될 여지가 크다. 대중적 의식이 긍정적인 방향으로 비판적 의식에로 진척될 수도 있고, 부정적인 방향으로 광신화된 의식에로 진척될 수도 있다(Freire, 2003a: 168-169). 이 경우 광신화된 의식은 신화적 특성을 가진다. 대중사회의 현상인 '대중화'가 바로 이런 상태의 의식에서 연유되는 것이다. 여기서 프레이리는 광신적 비이성적 의식으로 흘러 들어가는 의식은 침묵문화에 침잠하는 의식임을 분명히 한다.

2] 문맹의 종류와 수준

프레이리는 문맹을 두 가지 종류로 진술한다. 첫째는 '문자의 문맹'이다. 이는 문자 해독을 하지 못함으로써 자기 현실에 대한 문자적 이해와 표현을 할 수 없는 언어적 문맹을 뜻한다. 둘째는 '의식의 문맹'이다. 문자적 문맹을 타파했다 하더라도 의식은 아직도 침묵문화에 절여진 비역사적 의식, 주술적 의식, 대중적 의식 상태에 머물러 있는 경우를 말한다.

한편, 의식의 문맹에도 두 가지 문맹이 있다. 비역사적 의식, 주술적 의식 수준은 완전한 의식의 문맹이며, 대중적 의식은 의식의 준準문맹이다. 의식의 준문맹은 사회 현실을 바라볼 수 있고 문제제기를 할 수 있으나, 언론매체의 상업성에 심리적 주눅이 들거나 정치적 조작에 함몰되는 의식 수준을 의미한다(Freire, 2003a: 21). 의식의 준문맹만으로는 비인간화의 굴레를 벗어날 수 없다고 판단한 프레이리는 최고로 고양된 단계로서 정치적 의식화를 주목하고, 그 정치적 의식의 고양이 필요함을 역설하였다.

여기서 '의식'이란 세계를 객관화하고 세계에 대해 행동을 가하는 인간의 변증법적 활동 속에서 형성되는 것이다. 의식은 결코 물질적 현실의 단순한 반영이 아니라 그 현실에 대한 성찰이다(Freire, 2003a: 139). "의식화는 단순한 의식 파악 이상의 것이다. 의식화는 '허위의식'의 극복, 다시 말해서 준변화 불능적 또는 순진한 변화가능적 의식의 극복을 내포하는 한편, 더 나아가 의식화된 인간의 비신화화된 현실 속으로의 비판적 개입을 내포한다"(Freire, 2003a: 164-165).

문맹자란 읽고 쓰는 법을 모르는 사람이다. 정치적 문맹자는 문자의 문맹은 면했을지라도 세계와의 관계 형성에서 인간성에 대해 단순한 인식을 갖고 있는 사람이다. 이들은 사회 현실에 대해 순진한 견해를 갖고 있다. 이들은 기존 사회 현실을 하나의 기정사실로 간주해버린다(Freire, 2003a: 186). 그래서 그들은 쉽게 침묵문화에 빠져들 가능성이 크다. 이에 대해 정치적 의식화를 삶의 방식으로 가지는 자는 실존적 주체성을 발휘한다. "실존적 주체는 바로 실존 영역 내에 있는 그의 삶에 대해 성찰하고 세계와의 관계에 대해 의문을 제기한다. 그의 실존 영역은 일의 영역, 역사의 영역, 문화의 영역, 가치의 영역이다"(Freire, 2003a: 138). 실존적 주체성을 발휘하는 자는 침묵문화를 걷어내고 비판적 의식을 활용하여 세계에 대해 말을 걸고 대화를 나누고 필요한 경우 비판도 하고 초월도 한다.

프레이리는 이 침묵문화를 깨려면 비판적 반성 능력의 고양과 정치적 의식화가 필수적으로 요구된다고 주장한다.[3] 프레이리는 길들이기를 해체하는 방법이 비판적 반성 능력을 키우는 것이고, 정치적 의식화를 통해 실존적 주체성과 자율성을 발현하는 것이다. 그런 점에서 침묵문화 해체와 의식화의 수준은 평행하는 것이라고 할 수 있다.

6. 침묵문화의 해체[4]

프레이리에 따르면, 침묵문화는 문화의 민주화에 의해 해소된다. 참여문화, 대화문화, 의사소통 문화, 민주주의 문화가 그것이다. 프레이리가 스스로 문맹퇴치 교육 계획을 수립하고 실천하면서 그것이 문화의 민주화로 인도하는 기제가 되기를 희망했다. 문화의 민주화를 통해 침묵문화 속에 매몰되어 있던 민중이 이제 자신이 문화 생산자 인간이라는 것을 자각한다. 문화 생산자 인간은 일하고 있으며, 그 일을 하면서 세계에 참여하여 세계와 더불어 그 세계를 변화시키는 자라는 것을 자각한다. 여기에서는 반드시 문해교육, 정치적 의식화 교육, 자유 실천으로서의 대화교육이 필요하다. 이 과정을 거치면서 침묵문화 속의 인간이 대화문화 속의 인간으로 전화되어가는 것이다. 이런 점에서 그는 교육을 통한 존재론적 문화혁명론을 제창했다고 할 수 있다.

각 시대는 그 시대의 주제들이 파악되고, 주제들이 해결된 정도만큼 완성되는 법이다. 역사적 시대들은 완성을 추구하는 일련의 열망, 관심, 가치들에 의해서 특징지어진다. 이것이 시대 인식을 성립시킨다(Freire, 1985: 14). 제대로 된 시대 인식과 그것에 대한 효과적 대응이 침묵문화의 해체를 가능케 한다.

침묵문화 대 민주주의 문화의 이중성 차원에서 볼 때, 한국 사회는 여전히 과도기에 놓여 있다. 과도기의 역사적·문화적 격동을 빚어내고 있다. 갈등이 커질수록 격동이 강렬해지고 있다. 침묵문화가 기승을 부리는 폐쇄사회로 갈 것인가 민주주의 문화가 구현되는 개방사회로 갈 것인

---

4. "의식화는 새로운 현실에도 불구하고, 민중 속에 잔존해 있는 문화적 신화들을 추방하는 도구이다. 더 나아가 의식화는, 혁명적 비전의 사멸을 기도하고 자유의 미명하에 민중을 지배하는 관료주의에 대처하는 하나의 세력이다. 마지막으로 의식화는 새로운 사회가 그 사회의 후진적 하부구조를 변형시키기 위해 필요로 하는 기술주의의 잠재적 신화화를 방지하는 수단이기도 하다"(Freire, 2003a: 168).

가의 역사적 갈림길에서, 제대로 된 시대 인식을 하고 제대로 된 시대 흐름을 형성하는 지성이 요청되고 있다. 자칫 시대 인식을 잘못하면 개방사회가 아니라 순치되고 길들여진 의식으로 이루어진 대중화된 사회로 나아가게 된다. 따라서 시대 인식을 잘하고 시대 흐름을 잘 올라타야 한다 (Freire, 1985: 17). 이 지점에서 한국 사회 지식인들에게는, 특히 교육철학자들은 새로운 교육학, 새로운 교육체제에 대한 치열한 사색이 요청된다. 프레이리의 개념을 빌리면, 당대 지식인의 지성적인 고발과 선언, 공표와 결단이 필요하다. 물론 그것이 당대 사회 현실과 통합(순응과 변혁의 동시성)되어야 할 것이다.

3.
침묵문화의
생성 메커니즘[1]

손종현

손종현
(전) 참여정부 교육혁신위원회 상근전문위원
(현) 대구가톨릭대학교 사범대학 교육학과 교수
(주요 저서) 『입학사정관제, 최초의 교육개혁』(편저), 『한국교육론』(공저)

1. 문제

프레이리가 개념화한 '침묵문화culture of silence'의 생성 메커니즘에 대해 분석하고자 한다. 생성 메커니즘에 대한 충실한 해명이 가능할 때 그것을 해체하는 방법론을 확인할 수 있기에, 이에 대한 해명이 긴급하게 필요하게 되었다.

프레이리는 계급사회의 부당한 질서, 지배권력의 억압과 폭력, 피억압자의 침묵, 길들이기가 순차적으로 작용하여 비인간화의 구조를 일반화한다고 말한다. 이 구조 속에서 "자기 말을 할 권리를 잃고 지배자들의 언어를 내면화한 억눌린 자들은 자신들의 억압상태를 분명하게 파악하지 못했거나, 지배자들과의 관계를 비판적으로 인식하지 못하게 된다. 그리고 지배자의 언어를 내면화하고 자유를 두려워한 나머지 침묵하게 된다. 지배자들은 현실을 거역할 수 없는 것으로 신화화시키고, 세계를 읽는다는 것을 생각조차 못하도록 만들어버린다"(김소정, 2005: 30). 여기서 침묵문화를 생성하는 구체적인 메커니즘에 대해 고찰할 필요가 생겨난다.

---

1. 이 글은 한국사고와표현학회의 학술지 『사고와 표현』(2016), 제9집 3호, 231~282쪽에 게재된 논문을 부분적으로 수정한 것이다.

이 장에서 다룰 주요 내용은 프레이리가 개념화하고 또 역사적 과정에서 목격한 침묵문화의 생성 메커니즘에 대한 분석이다. 침묵문화의 기원과 작동 방식과 연관된 분석을 위해, 시공간의 범위를 고려하여 편의상 정치경제학적 기제, 거시적·교육내적 기제, 미시적·교육내적 기제로 나누어 접근한다. 여기서 '메커니즘mechanism'이란 사물의 작용 원리나 구조를 뜻하는 것으로서, 그것의 생성과 관련된 기원, 작동 방식, 기능 등을 지칭하는 말로 사용하고 있다.

2. 정치경제학적 메커니즘

1] 자본주의 세계체제와 원조주의

침묵문화의 생성을 이해하려면 상이한 존재, 사고, 표현의 형식을 야기하는 관계적 현상의 하나로서, 종속성 혹은 의존성dependence에 대한 분석이 요구된다. 그것은 일차적으로 지배와 종속의 세계체제의 관계항에서 발생한다.

프레이리에 따르면, 가장 큰 틀에서 침묵문화는 세계체제 내의 종주사회(중심사회)와 종속사회(의존사회) 간의 관계방식에서 생겨난다. 그 관계방식은 정치경제적·사회문화적으로 관철된다. 세계체제라는 가장 큰 구조 안에 종주사회와 종속사회가 존재하며, 각 사회는 또 하나의 완전한 작은 구조totality로서 내부의 중심사회와 의존사회로 구성된다. 어느 경우이든 중심사회가 의존사회에 미치는 행동은 지시적 성격을 띠며, 종속사회의 행동은 의존적 성격을 띤다.

종속사회에 대한 종주사회의 행동은 지배적 특성을 지니는 데 반해, 종속사회의 행동은, 그 행동이 종주사회의 행동에 대한 반응이건 자기 자신의 자발적 행동이건 간에, 예속적 특성을 지닌다(Freire, 2003a: 146).

여기서 '종속'이란 제3세계의 사회구조를 포괄적으로 지칭하는 개념이다. 제3세계는 의식의 양식으로서 종속을 그 특징으로 한다. 종속사회는 종주사회의 삶의 양식life style을 내면화한다. 그 결과 종속사회는 이중성을 결과한다. 이때 '이중성'이란 중심사회에 의한 의존성과, 중심사회에 대한 '수용과 거부'에 의한 종속사회의 모호성을 지칭한다. 이리하여 종속사회는 이중성의 병을 앓으며, 종속사회는 긴 종속의 경험에서 빚어진 이중 목소리를 가지고 있다. 그 이중 목소리는 스스로 존재를 주장하다가 그것이 어느새 존재를 부정하는 데 이르게 되는 애매성을 내포한다.

종주사회와 종속사회의 관계방식에서 가장 큰 특징은 법칙적으로 중심사회는 말을 하고, 종속사회는 말을 듣는다는 것이다. 종속사회의 목소리는 진짜배기 자신의 목소리authentic voice가 아니라 단순히 중심사회의 목소리의 반향echo일 뿐이다. 언제나 중심사회는 말을 하고, 종속사회는 그것을 듣는 데 익숙하다. 종속사회는 바로 이 점에서 침묵사회이다(Freire, 2003a: 147).

종주사회는 종속사회의 내부 지배권력(보수세력)과 야합하여 침묵문화를 생성시킨다. 종속사회의 침묵문화는 사회 그 자체 속에서 증폭된다. 중심사회 앞에서는 침묵하던 권력 엘리트들이 이제 그들 사회의 민중을 침묵시킨다(Freire, 2003a: 147). 종속사회의 권력 엘리트들은 객관적 실재에 잘 대응하기라도 하듯 지배와 종속의 현실을 자기들로서는 고민하고 있다고 여기는 '환상'(의사몰입) 상태에 빠진다. 그 환상은 왜곡된 권위주의적 지배의식을 파생시킨다.

자본주의 세계체제의 종주국가는 달리 표현하면 제국주의(국가독점 자본주의) 국가이다. 제국주의 국가는 종속국가의 사회구조를 규정한다. 종속국가의 대토지사유제도와 노예제도 등이 그것이다. 그것의 구체적 수단은 '원조주의'이다. 원조주의는 '식민지적 지배의 위장 형태'로서, 자립주의(자주성과 자기책임감)와 반대되는 개념이다.

프레이리는 제국주의로부터의 해방이 침묵문화를 단절하는 첫 번째 경로임을 말하고 있다. 제국주의의 원조주의를 경계하고, 정치경제적, 사회문화적, 군사외교적 자주성을 추구해야 함을 말하고 있다(Freire, 2003a: 218).

2] 계급지배와 보호자주의

프레이리는 억압을 철저하게 이해하려면 반드시 어떤 형태로든 계급분석을 수행해야 한다고 일관되게 주장했다(Freire, 2007: 15). 그는 비록 모든 것을 계급문제에 환원시킬 수는 없지만 이것이 여러 현상을 이해하는 데 중요한 요소라는 점을 되풀이 강조했다.

앞서 언급했듯이, 프레이리는 계급사회의 부당한 질서, 지배권력의 억압과 폭력, 피억압자의 침묵, 길들이기가 순차적으로 작용한다고 말한다. 지배계급의 부당한 질서가 억압과 폭력을 촉발한다. 지배권력을 장악한 억압자들이 폭력으로 피억압자를 지배하며, 그 과정에서 피억압자의 침묵과 길들여진 의식은 법칙적으로 생성되는 법이다.

종속사회의 하부구조는 대개 중심사회의 의지에 의해 형성된다. 자본주의 세계체제 속에 편입된 종속사회가 대토지제도하의 노예제도를 성립시키는 것이 바로 그런 것이다. 그 결과로서 생기는 상부구조는 하부구조의 비온전성inauthenticity을 반영한다.

사실 브라질은 민주적 경험에 적대적인 상황하에서 포르투갈의 황제가 두려워 머리를 조아렸고, 언론, 외교, 학교, 또는 브라질 자신의 목소리가 없는 채로 발전했다. 극심하게도 착취적이었던 포르투갈의 식민지 지배하의 브라질은 대토지소유라는 경제적 착취 제도와 노예노동에 기반을 두고 있었다. 고도의 자급자족경제인 대토지소유제는 폭정과 명령, 그리고 주인의 '법률'을 옹호하는 폐쇄 체제로 기능했다(Freire, 1985: 37-40).

종주사회에 예속된 종속사회는 그 자체 내에 억압적 계급지배를 구조화한다. 종속사회 내부에서 다시 계급지배의 분열구조를 만들어내고 침묵문화를 재생산한다. 이것이 침묵문화의 중첩성이다. 침묵문화의 중첩성이 모순으로 나타나는 사회가 바로 '객체화'된 사회이다.

지배계급의 보호자주의적paternalism 접근 방식이 침묵문화를 낳는다. 이것이 지배-의존의 구조와 관행을 낳기 때문이다. 지배권력은 보호자주의를 통해 민중을 침묵시키고 길들이고자 한다. 그들은 민중의 출현 통로를 가로막는다. 이러한 상황은 비이성적 분위기를 더욱 심화시키고 여러 종류의 분파주의를 더욱 조장하기 마련이다(Freire, 1985: 50-51). 여기서 '보호자주의'란 문제를 안고 있는 당사자의 입장에서 그들과 더불어 문제의 본질을 보고 해결하는 것이 아니라, 그들 '대신에' 또는 그들을 '위하여' 그 문제를 해결해주겠다는 식의 권위주의적이고 피상적인 동정을 뜻한다(Freire, 1985: 39).

종속사회 내부의 대토지사유제도적 구조는 '소유권'과 관련하여 지주와 민중 간의 '사회적 거리social distance'를 발생시키고, '신분' 속에 부과되고 함축되어 있는 거리감을 유지시킨다. 이 사회구조하의 경직되고 수직적인 관계에서는 대화가 이루어질 여지가 최소화된다(Freire, 1985: 151). 침묵문화의 원인은 그 구조 속에 있다.

종속사회에서는 쿠데타가 일어날 수 있는데, 그 쿠데타는 침묵문화를 더욱 악성으로 몰아간다. 폭력을 통해 민중에게 고통을 가함으로써 쿠데타는 과거의 침묵문화의 풍토를 다시 강요한다.

요컨대 계급지배는 계급 간의 상호 관련성 속에서 침묵문화를 만들어낸다. 이 경우 침묵문화는 계급지배하의 억압자(지배계급)와 피억압자(피지배계급) 간의 구조적 연관성의 결과물이다. 침묵문화는 지배계급이 실험실에서 만들어 유포하는 실체entity는 아니며, 동시에 자연발생에 의해 나타나는 실체도 아니다. 침묵문화는 계급지배하에서 지배계급이 의식적으로나 무의식적으로 생성하여 피지배계급에게 유포한, 강제된 문화이다.

3] 억압적 폐쇄사회와 분파주의

(1) 폐쇄사회와 명령체계

계급사회는 폐쇄성을 띨 가능성이 크다. 그 계급사회 속에 만연한 관료주의적 명령체계는 침묵을 낳는다. 억압자와 피억압자의 관계에서 기본적인 구성 요소 가운데 하나는 명령이다(Freire, 2007: 58).

계급사회가 억압적이고 반反대화적인 폐쇄사회closed society라면 그만큼 더 진한 침묵문화를 발생시킨다. 최소한의 자유민주주의적 원리조차 수용하지 못하는 반민주적 정치권력이 지배하는 사회에서는 침묵문화가 더 폭력적이고 노골적으로 나타난다. 여기서 '폐쇄사회'란 매우 엄격한 위계를 이루고 있는, 사회구조적으로 폐쇄성을 띠는 사회를 말한다. '매우 엄격한 위계' 자체가 침묵문화를 생성시키는 토대이다. 위계를 이룬다는 것은 침묵을 강제하는 경로와 직접 연관된다는 것이다.

브라질에는 극도의 폐쇄사회의 관료주의적 명령체계가 자리 잡고 있었다. 그런 폐쇄사회의 성격을 띤 당대 브라질은 국가로서의 독립성이 결여된 '객체' 사회였고, 후진 사회, 문맹 사회, 반대화적 사회, 엘리트주의 사회였다(Freire, 1985: 19). 그 폐쇄사회의 성격은 억압을 자발적으로 수용하는 침묵문화를 파생시켰다. 이런 폐쇄사회의 명령체계에 봉사하는 여러 사회제도는 침묵문화를 생산하고 재생산하는 도구로 기능했다.

(2) 분파주의의 억압성

폐쇄사회에서는 분파주의가 세력을 얻는다. 그 분파주의는 반대화적 관계를 필수 조건으로 요구한다.[2] 시대의 문제를 제대로 파악하지 못하는 엘리트주의자일수록 쉽게 분파주의에 빠져든다. 프레이리의 말을 빌리자면, '속에in' 매몰되다가 '더불어with'를 할 줄 모른다. 특히 우익 분파주의자들이 그렇다(Freire, 1985: 20).

> 우익 분파는 시간을 '길들이고' 인간을 길들이기 위해 역사의 과정을 늦추고자 한다. 좌익으로 돌아선 분파는 현실과 역사를 변증법적으로 해석하려 할 때 완전히 방향을 잃고 숙명론적 입장에 빠지기 마련이다. (중략) 분파주의자들은, 우익이든 좌익이든 간에, 벗어날 수 없는 '확실성의 원' 안에 스스로 갇힌 채 자신들만의 진리를 '조작'해낸다. (중략) 분파주의의 이 두 종류는 모두 역사를 자신의 전유물인 양 취급하면서 결국은 민중을 배제하게 되는데, 이것은 민중에 반대하는 또 하나의 방식이다(Freire, 2007: 47-48).

분파주의자들은 조작과 선전을 통해 민중들로 하여금 자신들의 명령을 '얌전하게' 수용하도록 요구하며, 그리하여 무비판적으로 무반성적으로 행동하는 사람들이 될 것을 요구한다. 민중은 무엇을 주장해서는 안 된다. '민중은 스스로 생각해서는 안 된다.' 사상과 이론과 표현체계를 가져서는 더더욱 안 된다. 다만 말없이 순응해야 하고, 기껏 적응해야 한다. 민중은 이를 자발적으로 수용한다. 이런 점에서 침묵문화는 지배자와 피

---

2. "분파주의란 압도적으로 감정적이고 무비판(맹종)적인 것이다. 이것은 오만하고, 반反대화적이며, 따라서 반反교호적이다"(Freire, 1985: 21). 이에 대해 근본주의(radicalization)는 분파주의와는 반대편에 서 있다. "근본주의는 자기가 선택한 편에의 참여를 증대시킨다는 점을 내포하고 있다. 이것은 뚜렷하게 비판적이고, 애정적이고, 겸손하고, 교호적(交互的)인 것이며, 따라서 적극적인 자세이다"(Freire, 1985: 20-21). 근본주의는 마주 세워 봄의 인지적 조망 방식을 가지고 있고, 자신을 대상화할 수 있는(decentering) 대화체적 존재이다

지배자 간의 구조적 관계의 결과(Freire, 2003a: 145)라는 명제는 참이다.

(3) 분파주의자들이 저지르는 행동양식

분파주의자들이 저지르는 전형적인 행동양식은 정복, 분할지배, 조종, 문화 침략 등이다. 이 행동양식들은 프레이리가 말하는 반대화적 행동이론의 특징적 요소를 대표하는 바, 그 자체가 침묵문화를 산출한다.

첫 번째 행동양식은 '정복conquest'이다. 반대화적인 사람은 무엇보다도 먼저 타인과의 관계에서 타인을 정복하고자 한다. 이를 위해 그는 신화화를 포함하여 온갖 수단을 동원한다. 억압자의 정복과 억압의 구조 속에서 피억압자는 세계를 문제로서 제기할 수 없고 그 대신 고정된 실체로서 주어진 것으로 보여주고, 그리하여 민중은 단순한 구경꾼으로 세계에 적응할 수밖에 없다. '정복'이란 침략자가 피침략자들에게 현상유지에 필요한 신화들을 주입시켜 피침략자들의 말과 표현 및 문화를 박탈하고, 피침략자들의 내부에 자리하고 있는 세계에 대한 사고자思考者로서의 자질을 말살하며, 이렇게 함으로써 그들의 피동적인 방관자로 전락시키는 것을 말한다(Freire, 1985: 143).

두 번째 행동양식은 '분할지배devide and rule'이다. 이는 '분할통치'라고 번역하기도 한다. 분할지배는 억압 자체만큼이나 오래된 억압의 근본적인 차원이다. 소수의 억압자가 다수를 정복하고 지배할 때는 다수를 분할하고 그 분할 상태를 지속시켜야만 권력을 유지할 수 있다(Freire, 2007: 182). 지배계급은 피억압자의 억압 상태를 용이하게 하려고 다양한 분할지배의 방법을 사용한다. 특히 피억압자들의 단결과 연대를 깨트리기 위해, 그리고 내부 갈등을 키우기 위해 다양한 수단을 동원한다. 예컨대 노동조합 활동을 방해한다든가, 피지배계급의 '대표'를 선호한다든가, 지도적 역량을 가지고 있어 장차 위협이 될 만한 인물을 승진시켜 '유화'시킨다든가, 일부에서는 혜택을 주고 나머지에게는 제재를 가한다든가 하는 것들이 모두 엘리트에게 유리한 체제를 유지하기 위한 분할 방법이다(Freire, 2007: 185-186).

세 번째 행동양식은 '조작manipulation'이다. 이는 '조종'이라고 번역하기도 한다. 조작은 정복의 한 도구로서, 지배 엘리트들은 조작을 통해 대중을 자신들의 목적에 따르도록 만든다(Freire, 2007: 189). 조작은 정복과 마찬가지로 민중을 마비시켜 사고하고 표현하고 행동하지 못하도록 만든다. 조작은 침묵을 강제하는 이데올로기 선전·선동 공세와 병행한다. 선전·선동의 '길들이는 힘'은 지속력이 크다. '너는 생각할 필요도, 볼 필요도, 말할 필요도, 행동할 필요도 없다. 내가 모두 대신해준다.'[3] 또 조작은 계급지배에 동원되는 이데올로기인 국가기구의 설치·운용과도 밀접하게 연관되어 있다. '빵과 서커스', 복지 프로그램 등이 그것이다(Freire, 2007: 195-196). 특히 맥락을 떠난 과도한 복지 징후welfare syndrome는 되레 침묵문화에 빠져들게 한다. 복지 징후는 필연적으로 '문화 침략'을 수반한다.

네 번째 행동양식은 '문화 침략cultural invasion'이다. 이는 피침략자들의 내면에 침략자의 가치관과 생활양식, 사고의 틀을 심어줌으로써 피침략자들의 선택 능력과 자율적 분별력을 마비시키는 것을 지칭한다. 이리하여 문화적 침략을 당한 피침략자들은 억압자의 가치관을 모델로 삼고, 억압자들과 같이 먹고, 입고, 말하고, 걷고 싶어 한다(Freire, 1985: 143). 문화침략은 피억압자의 발언과 표현을 억제하여 그들의 창조성을 금지한다. 피억압자들로 하여금 자신들의 문화적 정체성을 파괴함으로써 억압자의 세계관(가치관, 기준, 목표)을 따르게 한다. 피억압자들은 억압자의 관점을 취하고 자신들은 본래 열등하다는 것을 신념화한다. 그리하여 피억압자의 의식은 억압자의 자아에 거의 '유착'되어버린다(Freire, 2007: 198).

---

3. 이러한 선전·선동의 허구를 깨는 인식의 확장(정치적 의식화)이 요청된다. 이는 민주주의의 보루이다. 민주주의는 비판적·참여적·정치적 민주화에 의해 수호된다. 민주주의를 위해 선전·선동 이데올로기 공세를 문제 상황으로 설정할 필요가 있다(Freire, 1985: 81-82).

요컨대 이 네 가지는 분파주의자들이 저지르는 전형적인 행동방식으로서, 신비화를 야기하고 침묵문화를 생성시키는 관행적 수단이다. 이 네 가지 행동양식은 지배의 결과이자 동시에 그 원인(동기)이 되기도 한다.

3. 거시적·교육내적 메커니즘

1] 억압자의 교육학: 반反존재적, 대중적, 탈정치적 교육이론

지루Henry A. Giroux가 밝혔듯이, 프레이리는 전통적 교육 형태가 일차적으로 피억압 집단을 물화物化시키고 소외시키는 기능을 발휘한다고 인식했다(Freire, 2003a: 33). 프레이리는 '억압자의 교육학'이 침묵문화를 보편화한다고 주장한다.

(1) 지배에 봉사하는 교육학

억압사회(폐쇄사회)에서 지배계급은 교육을 지배의 수단으로 이론화한다. 지배계급은 교육을 독점함으로써 자신들의 계급적 이익을 관철시키는 하나의 기제로 사용한다.

전통적으로 지배계급에 복무하는 교육학이 민주주의 이론이 결여된 교육을 정당화하였다. 프레이리가 보기에, 당대 교육학 이론은 현실에의 개입에 대한 이론, 그 실존을 충분하고 완전하게 구체화하고 경험하게 해주는 '실존과의 분석적 접촉'을 결여하고 있다. 또 그 교육학은 민주적 경험의 결여 상태를 더욱 강화시켰고, 민중 출현의 올바른 발전을 방해하였다(Freire, 1985: 56-57).

우리들의 교육은 그러한 구체화 지향성, 창의 지향성, 탐구 지향성을 결여했다는 바로 그러한 점 때문에 이론적인 것이 아니었던 것이다. 삶과 절연돼 있고 현실성이 없는 빈말에 중점을 두었던 브라질의 전통적 교과과정은 결코 비판의식을 발전시킬 수 없었다(Freire, 1985: 57-58).

지배세력에 봉사하는 교육은 비판적이고 변증법적인 사고를 길러주지 못하며, 오히려 세상을 단순한 시각으로 바라보게 만든다(Freire, 2003b: 35). 억압자의 교육학은 '이론이 결여된' 길들이기 교육, 언어주의verbalism 교육[4], 반민주적 교육 등을 정당화하고 이를 실행함으로써 결과적으로 학습자의 자아실현을 방해하고, 민주주의의 연습과 경험을 차단하고, 자기 책임감의 결여를 초래하고, 결과적으로 지배에 봉사하는 지성과 인성을 길러낸다.

한편, 지배권력은 지배에 봉사하도록 만들기 위해, 제럴드 그래프Gerald Graff가 말하는 소위 '갈등을 가르치는' 교육학을 장려한다(Freire, 2007: 30). 협력이 아닌 '갈등을 가르치는' 교육학은 학생들로부터 비판적 담론에 접근할 기회를 빼앗기까지 한다. 갈등을 제도화하기 위해 끝없이 경쟁, 평가, 시험을 제도화하고, 그것으로 인해 그 경쟁구조 속에 자발적으로 순응하게 하고 침묵하게 만들고 있다.

(2) 대중화에 머무는 교육학

프레이리의 눈에는 당대의 교육학이 비판적 의식화에 이르지 못하고 기껏해야 대중화에 머무는 교육학을 하고 있다. 교육학이 순진한 저항에서 비판적 개입으로 의식의 진보를 이루도록 해야 함에도 불구하고 마냥 대중적 의식의 형성 정도에 머무는 방식을 취하고 있다는 것이다.

이런 교육학이 바로 오늘 한국 사회 교육문화의 현실 모습이다. 오늘날

---

4. 언어주의 교육은 학습자로 하여금 대화, 조사, 탐구 능력의 결핍을 가져온다. 언어주의 교육은 문제들을 분석하고 토론할 수 있는 기회를 제공하는 데 실패하며, 민주화를 지향하는 추세와도 일치하지 못할 뿐만 아니라, 민주적 경험의 결여를 더욱 강화시킨다.

한국의 교육학이 이런 경향을 띠고 있다. 시대적 효용성, 역사성, 진보성, 진실성을 떠나 지배권력의 입장에 서서 성과주의, 효율성, 기술주의, 방법주의를 추구하고 있다. 기껏 '발전 이데올로기', '인적자원 개발'에 복무하고 있는 것이다.

(3) 탈정치화된 교육학

지배계급은 언제나 '교육은 정치적 중립을 유지해야 한다'고 우기고, 그런 교육과 연구의 태도를 정당화한다. 그 교육학은 '현상유지 정치학'의 논리에 의해 유지되는, 비자주적 학교체제와 엘리트 중심의 학교체제를 지지하고 정당화한다.

현상유지 정치학은 기존의 지배와 착취 형식을 지지하고, 그것에 반대하는 힘을 현상現狀에 동의하도록 조정한다. 도구적 합리성에 매몰된 현상유지 정치학은 일방적 통제와 지배와 억압을 영속화시키고 합법화하기 때문에 억압적이고 반인간적인 것이다. 그 사회의 객관적(인식) 데이터는 교육 주체와 대중의 침묵이며 침묵문화이다. 교육 주체와 대중의 침묵문화는 민중의 숙명론적 현실 지각과 권력의 체제 유지 전략과 정합하여 형성된 것이다. 이런 성격의 교육학에 대한 안티테제가 '피억압자의 교육학Pedagogy of the Oppressed'이다. 피억압자의 교육학은 사회적 진실을 담보하는 교육학이며, 침묵문화를 해체하는 교육학이며, 민중해방을 위한 교육학이다.

2] 은행저금식 교육체제: 반反교육 상황의 체제화

억압자의 교육학이 산출하는 그 교육의 성격은 '은행저금식'이다. 은행저금식 교육은 억압적 사회를 전체적으로 반영하는 반교육 상황을 체제화한다.

(1) 교육과정에 대한 국가독점

은행저금식 교육체제하에서는 교육과정curriculum이 국가(자본의 의지를 반영하는 국가)에 의해 전일적으로 제정되고, 관료조직에 의해 통제된다. 교육과정은 그 자체가 이데올로기 교화체로 편집되어 있다. 교과서가 이 데올로기 구성물임은 두말할 나위가 없다. 교육방법은 국가 대리자인 전문가에 의해 설계되고, 배달(일방적 전달)의 방법이 우위를 점하고, 공학적 모델이 지배적이게 된다.

국가권력이 장악한 교육과정이 교육 내용으로 굳어지며, 그것이 교과서로 실체화·제도화되어 그 교과서가 금과옥조로 대접받는다. 그 교과서 내용의 일방적 설명과 기계적 암기, 즉 은행저금식 교실 수업이 지배적인 교육방법이 된다.

(2) 일방적 설명과 기계적 암기

은행저금식 교육에서 교육방법은 설교적 형식을 띤다. 이 형식은 설교하는 주체로서의 교사(예탁자)와 참을성 있게 귀 기울여 듣는 객체로서의 학생(예탁소)의 관계를 전제한다. 그리하여 교육 행위는 예탁 행위banking concept of education로 축소된다.

(교사가 설명자인) 설명은 학생들이 설명된 내용을 기계적으로 암기하도록 만든다. 더 나쁜 것은 학생들을 교사가 내용물을 '주입'하는 '그릇'이나 '용기'로 만든다는 점이다. 더 완벽하게 그릇 안을 채울수록 그 교사는 더욱 유능한 평가를 받는다. 또한 내용물을 고분고분 받아 채울수록 더욱 나은 학생들로 평가된다(Freire, 2007: 90).

은행저금식 교육은 교사(주체)가 일방적으로 설명하고 학생(객체)은 기계적으로 암기하는 방식을 표상한다. 이 경우 교사의 임무는 학생들에게 자기 설명의 내용을 '주입'하는 데 있다(Freire, 2007: 89).

진실로, 지식은 단순히 전달되는 것일 수 없다.[5] 지식은 교사와 학생이 '문제화'를 통해 대화체적 과정에서 함께 만들어가는 것이다. 그럼에도 은행저금식 교육에서는 지식의 일방적 설명과 기계적 암기가 일반화, 만성화되어 있다. 이런 맥락에서 은행저금식 교육은 억압 관념의 한 특성으로서, 교육 목적과 교육과정, 교육방법과 교육평가에서 탐구과정으로서의 지식 획득knowing 과정을 부정한다. 은행저금식 교육은 특히 지식 습득을 '얌전히' 수동적으로 받아들이게 하는 체제(법, 제도, 관행) 위에서 번창하도록 되어 있다.

(3) 교사-학생 간의 '교육적 관계'의 파손

은행저금식 교육은 교사-학생의 관계를 설교적 성격으로 고착시키고, 그리하여 대립관계로 온존시킨다. 이런 점에서, 은행저금식 교육은 교사-학생의 관계를 반교육적 관계로 주형한다. 프레이리는 보편적인 교육적 관계의 파손을 다음과 같이 명제화하였다.

1. 교사는 가르치고 학생들은 배운다.
2. 교사는 모든 것을 알고 학생들은 아무것도 모른다.
3. 교사는 생각의 주체이고 학생들은 생각의 대상이다.
4. 교사는 말하고 학생들은 얌전히 듣는다.
5. 교사는 훈련을 시키고 학생들은 훈련을 받는다.
6. 교사는 자기 마음대로 선택하고 실행하며 학생들은 그에 순응한다.
7. 교사는 행동하고 학생들은 교사의 행동을 통해 행동한다는 환상을 갖는다.

---

5. "지식이 그저 단순하게 전달되는 것에 불과할 때, 그 지식은 인간을 해방시킬 의도하에 전달된다 할지라도 이데올로기적 신화가 되는 것이다"(Freire, 2003a: 166).

8. 교사는 교육 내용을 선택하고 학생들은 (상담도 받지 못한 채) 거기에 따른다.
9. 교사는 지식의 권위를 자신의 직업상의 권위와 혼동하면서 학생들의 자유에 대해 대립적인 위치에 있고자 한다.
10. 교사는 학습과정의 주체이고 학생들은 단지 객체일 뿐이다.

(Freire, 2007: 91-92)

여기에서 알 수 있듯이, 교사의 학생 통제는 지식, 사고, 발언, 행동, 교육 내용을 통해 이루어진다. 그 통제 구조에서 교사-학생의 관계는 대립적 구도를 형성하고 있다. 그 관계는 모순 구조이다. 언제나 교사가 주체이고 학생은 객체이다.

은행저금식 교육에서 학생은 소위 '우수 학생'이어야 한다. '우수 학생'이란 언제나 말없이 시키는 일을 잘 따르는 모범생이다. 비판적인 의식 없이 언제나 고분고분하고 얌전한 학생이다.

> 일반적으로 말해서, 우수한 학생이란 근면하거나 억척스러운 학생, 혹은 호기심이 많거나 사실 이면에 있는 원인을 알기 원하거나, 기존의 형식을 깨려 하거나, 진부한 관료제도를 비난하거나, 하나의 대상이 되기를 거부하려는 학생을 일컫는 것이 아니다. 반대로 소위 우수한 학생이란 기존의 것을 그대로 답습하고, 비판적인 사고를 싫어하며, 형식에 적응하고 코뿔소를 잘생겼다고 생각하는 사람들이다(Freire, 2003a: 202).

교사-학생의 관계방식에서 교사의 역할은 학생들을 길들이고 채우는 것이고, 학생의 역할은 잘 순응하고 받아들이는 것이다(김소정, 2005: 35). 이러한 반反교육적 관계에서 교육받은 학생은 현실에 대한 비판의식을 상실한 채 억압자들이 이루어놓은 체제에 잘 순응하는 인간이 된다.

문자해득 교육인 경우에도 은행저금식으로 이루어질 때 이것도 침묵 문화를 낳는다. 현실 순응의 이데올로기를 전수하는 단어들에 의존함으로써, 그러한 문자해득 작업은 대중을 지배하는 침묵문화를 강화한다 (Freire, 2003a: 60). 창조적인 행위로서의 읽고 쓰기를 배우는 일과 연결된 문자해득만이 그 경험의 비판적 이해를 학습시키게 되며, 환상적 해방 문구는 없지만 그럼에도 불구하고 의식해방의 과정에 기여하게 된다(Freire, 2003a: 72).

(4) 교사의 교육과정 기획의 탈전문화

교사의 교육 기획의 전문성이야말로 교육 상황과 학습 상황을 연출한다. 그럼에도 은행저금식 교육체제는 교사로 하여금 교육과정 기획의 탈전문화를 강제한다. 이 구조에서는 교사에게 교육과정에 대한 자율의 권능이 허용되지 않는다. 교사도 지식의 소비자일 뿐, 지식의 탐구자·생산자·창조자가 아니다. 교사에게 교육과정의 적합성에 대한 숙고조차 허용되지 않는다. 교육과정과 교육 내용이 교사에 의해 조직되는 것이 아니라 다만 국가기구의 대리자인 소위 '전문가'에 의해 조직된다. 교사는 다만 교과서 중심 정답 교육의 교실 수업을 이끌 뿐이다. 이리하여 교육과정과 무관하게 교과서 내용의 주입식 수업이 지배적인 교육방법으로 자리 잡는다.

교사의 교육 기획의 탈전문화와 평행하여, 교육방법이 기술주의, 방법주의, 교육공학 매체 중심으로 경도된다. 기술주의는 공학이 가져다주는 바, 학습자들을 자유로 이끄는 것이 아니라 복종으로 이끌어간다. 왜냐하면 공학과 기술주의, 방법주의의 효율성 가치가 저항을 억제하고 동일시를 촉진하기 때문이다. 이는 자기 결정과 자기 책임감을 반대하려는 음모를 내부 속에 숨기고 있다. 그것은 지배의 하수인을 만드는 유효한 도구이다. 기술주의 자체의 과도한 영향 아래 합리성이 사라지고 만다. 그 자리에 신화를 만들어내는 비합리주의가 들어선다(Freire, 2003a: 169).

4. 미시적·교육내적 메커니즘

교육과정 구성과 교과서 편찬, 교육 프로그램 제작 과정에서 은밀한 기제가 작동한다. 지배권력의 조작에 의한 코드화, 그리고 '코드의 신화화를 통한 개념(관념)의 왜곡' 등이 그것이다. 이것이 커뮤니케(communique, 일방적 전달)를 통해 교실 수업에서 관철된다.

1] 억압자들의 '조작'에 의한 코드화

'제복을 입고 있는 것'이 민중들에게는 어떤 의미인가? 민중들은 그것을 코드code로 읽는다. 이때 '코드'란 무엇인가? 코드는 사물을 대상화할 때 가지고 있는 일종의 치우친 관념 체계이며, 그래서 일종의 인지의 규칙이다.[6] 물론 지배자와 피지배자 간의 그 언어(단어) 자체가 지배-피지배의 코드로 나뉘어 있다. 언어, 논리, 개념이 지배와 피지배의 분열 구조로 이루어져 있다는 것이다.

지배권력은 그들의 언어, 논리, 개념을 코드화하여 이를 지식 명제의 형태로 제시하고, 이를 교재 형태로 편찬·생산하여 학습자에게 주입한다. 지배권력은 이런 명제를 진실인 것으로, 보편적인 규범인 것으로 가르친다. 예컨대 이런 것이다.

"경쟁이, 시험이, 공부하게 한다."

---

6. 규칙을 공유하는 공통의 바탕 위에 서야 소통이 가능하다. 소통의 상황에서 문제를 해결할 수 있는 규칙이 있어야 한다. 그 규칙, 그것이 코드이다. 예컨대 '코드 인사'란 자기들끼리만 규칙이 통하는 인사 방식을 가지고 있다는 것을 말한다. 이는 타인에게는 상호 소통이 안 되는, 이해할 수 없는 인사 방식을 일컫는다.

"문화혁명은 어불성설이다."

"계란으로 바위 치기이다."

프레이리는 '지배와 피지배의 분열구조에서 사회질서가 파편화되어 있다'는 것을 전제하고 있다. 그 분열사회 속에 살려면 지배권력의 코드를 수용하고 그것에 '순종'해야 한다. 지배권력의 관점에서는 피지배자들은 스스로 분석하고 해석하고 해체할 수 있는 능력을 가져서는 안 된다. 지배자는 피지배자들로 하여금 그것을 하지 못하도록 만든다. 그러기 위해 지배권력은 기존 사회질서를 코드화하고 이를 표준화한다. 지배권력의 의지를 반영하는 코드로 편찬되어 있는 교육과정, 교과서, 교재, 이데올로기 매체를 전파함으로써 피지배자들의 관념을 조작해낸다. 이 현상은 실재와 진실을 은폐하는 커뮤니케(이데올로기를 숨기고 있는 편찬물의 공표)를 통해 등장한다. 예컨대 이런 내용을 담고 있는 편찬물이다.

피터는 읽는 방법을 몰랐다. 피터는 부끄러웠다, 어느 날 피터는 학교에 가 야간과정에 등록했다. 이제 피터는 읽을 줄 안다. 피터의 얼굴을 보라(여기에는 일반적으로 삽화가 곁들어져 있다). 피터는 웃고 있다. 그는 이미 좋은 직장도 얻었다. 모든 사람들은 그의 본보기를 따라야 한다 (Freire, 2003a: 109).

프레이리가 보기에, 이 코드를 해체하지 않고서는 진실이 추구되는 사회, 안심하고 살 만한 사회, 민주적인 사회를 성립시킬 수 없다. 따라서 이 코드를 해체해야 한다. 요컨대 탈코드화decodification해야 한다고 말한다. 민중교육론자들은 이 코드를 해체하려고 줄곧 노력해왔다.

2] 코드의 신화화를 통한 '개념과 믿음'의 왜곡

모든 인간은 개념을 가지고 사유를 한다. 이때 '개념'이란 사실에서 확인할 수 있는 분석적 도구를 말하는데, 개념을 통한 과학적 분석은 실재를 온전하게 이해할 수 있게 해주고, 따라서 이론적으로나 실천적으로 지성적이게 해준다.[7] 그런데 비민주적 지배권력은 이 개념 작용을 차단하고 왜곡하는 데 친숙하다. 문제는 억압적 지배권력이 쉬이 '개념'을 왜곡시키고, 그렇게 하기 위해 코드화하고, 그 코드를 신화화하여 우리의 관념과 믿음을 주형한다는 것이다.

프레이리는 억압적 권력이 학생·교사를 이데올로기적으로 대상화하고 있다는 표현을 자주 쓴다. 이 말은 지배권력이 억압과 징벌을 앞세워 학생·교사의 사고와 표현을 코드화하고 신비화하여 관념을 조작한다는 것이다. 인간은 자유롭게 운동해야 할 정신 기제를 가지고 있는데, 지배권력은 코드화와 신비화를 통해 그 정신 기제의 온전한 작용을 하지 못하게 만든다는 것이다. 지배권력에 의한 코드화와 그 신화화는 인식 주체로 하여금 개념화를 하지 못하게 차단한다. 이는 자기 방식으로 이름 붙이기 naming를 하지 못하게 한다는 것이다.

인간은 정신의 자발성과 정신의 순수사유(추상작용)에 의해 개념을 형성할 수 있는 존재이다. 인간은 개념화를 하기에, 비판적으로 되어간다. '비판적으로 되어간다'는 것은 '올바르게 사고하는 것, 현실을 있는 그대로 보는 것'을 의미한다(Freire, 2003a: 71). '개념화'는 '실재에다가 이름을 붙인다'는 것이며, '정의definition를 내린다'는 것이다. 인간의 인식은 실재의 모습을 드러내고, 이것에다 이름을 붙이고, 그래서 개념적으로 정의를 내리는 것을 말한다. 여기서 '실재'란 참모습, 즉 왜곡된 이미지를 걷어낸 진

---

7. 개념은 곧 추상이라는 정신작용을 거친 관념을 말한다(남기영 옮김, 2006: 67). 이 개념(관념)은 세계를 이해하는 수단이다. 이 경우 '세계'란 사물, 사건, 사태를 총칭한다. '개념화'는 세계의 실재 (참됨의 모습)를 보고 드러내기 위해 이를 적시할 수 있도록 애쓴다는 것이다.

실된 모습을 말한다. 이 개념화가 과학을 만들어낸다.

그런데 문제는 그 개념화와 개념적 추상작용이 지배권력의 강요에 의해서도 일어난다는 것이다. 주지하듯이, 특정 사회는 특정한 모종의 개념형성을 강요한다. 정신의 자발성에 의한 개념 형성이 아니고 부당한 정치체제의 강요에 의해 개념 형성이 일어난다는 것이다. 이리하여 비합리적반사회적 개념 형성이 그 사회에서 이루어지게 된다. 지배권력은 이런 경로를 통해 학생과 교사로 하여금 개념 작용, 정신 작용, 사유 작용을 체계적으로 왜곡한다. 왜곡된 코드의 신화화를 통해 개념적 사유가 차단되고, 그리하여 또다시 개념과 믿음이 왜곡된다. 코드화에 의해 합리적 사유를 차단하는 것, 합리적 사유의 교환과 소통을 차단해버리는 것, 그것은 그 사회를 정신지체의 사회로 만든다. 이리하여 개념 부재, 정신작용부재, 철학 부재라는 현상이 심화된다. 이런 과정과 경로가 침묵문화를일반화한다.

3] 반反대화에 경도된 교육방법

왜곡된 코드가 교실 수업에서 일방적으로 주입된다. 그 방법은 반대화적인 것이다. 대개의 경우 교실 수업의 방법이 대화적 방식이 아니라 반대화적 방식으로 이루어진다. 대화는 해방의 도구이지만, 반대화는 억압의도구이다(Freire, 1985: 67-68).

대화는 다음과 같은 구조를 띤다.

  a) A와 더불어 있는 B = 커뮤니케이션, 인터커뮤니케이션
  b) 공동연구joint research를 하는 두 '기둥poles' 간의 '감정이입' 관계
  c) 모태: 사랑, 겸손, 희망, 신뢰, 비판

반면에, 반대화는 다음과 같은 구조를 띤다.

a) B 위에 군림하는 A＝일방적인 전달(커뮤니케)

b) '감정이입' 관계가 깨어진다.

c) 모태: 사랑의 부재, 교만, 절망, 불신, 무비판

반대화적 방법은 교사-학생 관계를 수직적인 것으로 만들고 비판적인 의식을 차단한다. 이것에는 사랑이 결여되어 있고, 따라서 이것은 무비판적이며, 비판적인 태도를 생성시킬 수 없다. 이것은 자기 충족적이고 절망적이고 교만한 것이다(Freire, 1985: 68-69).

반대화에서는 교사-학생 간의 감정이입 관계가 깨어진다. 그 결과 반대화는 의견의 상호교환(커뮤니케이션)이 아니라 일방적인 전달(커뮤니케)을 한다(Freire, 1985: 69). 이것은 교사-학생의 지식 생산과 개념 형성의 능력을 차단하고, 다만 길들이기와 침묵문화를 구조화한다. 여기서 침묵문화를 해체하려면 대화체적 방법론이 체제화되어야 함을 알 수 있다.

4] '지도' 행위를 통한 교화

교육방법상 교화敎化 행위로서의 '지도extension'가 침묵문화를 일상화한다. 지도는 상호작용이 아니며, 오히려 상호작용을 차단한다. 지도는 커뮤니케를 주입한다.

지도를 의미론적으로 분석하면 이는 반교육을 내면화하고 유지·확대한다. 지도는 전달, 건네줌handing over, 수여giving, 구원주의, 기계적 전달, 문화 침략, 조종 등과 깊은 관계를 갖고 있다. 이러한 용어들은 인간을 하나의 '물건'으로 전락시키고, 세계를 변형시키는 주체로서의 인간 존재를 부정하는 행위들을 내포한다. 이들은 참된 지식의 형성과 발전을 부정한다. 이들은 행동의 목표인 진정한 행동과 진정한 반성true action and reflexion을 부정한다(Freire, 1985: 120).

지도의 의미가 설득이고 선전이라면, 그리고 그것이 일방적인 교화라

면, 이것은 '교육' 행위가 아니다. 다만 길들이기를 위한 것일 뿐이다. 진실로, 지식은 자기가 알고 있다고 생각하는 사람들에 의해 자기가 모르고 있다고 생각하는 사람들에게 '지도'되는 것이 아니다. 지식은 인간과 세계 간의 제 관계, 변형의 제 관계 속에서 이뤄지며, 이 관계들을 비판적으로 문제화함으로써 완성되는 법이다(Freire, 1985: 137). 그럼에도 불구하고 지식이 일방적으로 전달되는 교화체라면, 그것이 '문제화'와 무관하다면, 그것은 교육 행위가 아니다.

여기서 한 가지 더 지적할 것은, 지도가 일종의 교화 행위로서 자칫 마술적인 문화, 압도적으로 마술적인 문화를 성립시킨다는 것이다. 주지하듯이, 과학적 사고는 '실재에 대한 개입'을 통해 관계에 대한 인식을 성립시키고, 그래서 지식을 산출하는 힘으로 작용한다.[8] 이것이 구조적 지각과 인지적 조망을 만들어낸다. 그러나 마술적 사고는 과학적 사고를 차단하고 '마주 세워 봄'의 인지적 조망을 차단한다.

프레이리에 따르면, 과학적 인식을 방해하는 마술적 사고가 실재하며 압도적으로 마술적인 문화가 실재한다. 이것이 객관적 인식을 방해하는 메커니즘으로 작용한다(Freire, 1985: 129-130). 마술적 사고는 마술적 지각의 상태에 머무르게 하고 마술적 태도를 만든다. 이것은 실재 간의 관계에 대한 정확한 인식을 차단하고, 관계에 내재하는 도전을 이해하지 못하고 '지각된 것'에 대한 설명만을 추구하게 된다. 그래서 '마술적 지각'의 상태에 머무른다. 이것이 결과적으로 객관적 인식을 방해한다. 이리하여 우리는 전前과학적pre-scientific 지식 형태들과 직면하게 된다(Freire, 1985: 133).

---

8. 주지하듯이, '사유가 이미지에 의해 제약을 받으면 왜곡된다.' 이미지의 제약을 받으면 실재와 멀어진다. 따라서 이미지 걷어내기가 필요하다. 대상 세계에 대해 이미지를 벗겨내기 하는 것이 사유 활동이다. 이른바 베일 벗기기(unveil)를 하지 않으면 온전한 사유 활동이 일어나지 않는다. 지배권력에 의한 코드화와 그것의 신화화란 결국 이미지에 제약을 가하려는 것이다. 제약을 가하기 위해 왜곡된 이미지를 주입하는 것이다. 오직 '베일 벗기기'만이 실재를 드러내게 한다. 베일 벗기기가 '실재에 대한 개입'을 가능케 한다. 실재에 대한 개입이 진실의 인식(진정한 앎)을 형성시킨다.

5. 침묵문화를 해체하는 교육론

프레이리에 따르면, 침묵문화는 다변·다양·다층의 기제를 통해 생성된다. 일반적으로 말해 침묵문화는 하나의 의식의 양식으로서 당대 사회의 사회구조적 현실에 조응하여, 사회 변천의 역사과정에서 억압적 사회문화와 교육문화(이론, 체제, 제도, 관행)를 통해 생성된다.

좀 더 구체적으로 말하면, 정치경제학적 기제로서 자본주의 세계체제 하의 종주사회와 종속사회 간의 관계방식과 원조주의, 계급사회 내부의 계급 간의 관계방식과 보호자주의, 계급사회 내의 반反대화적 폐쇄성과 분파주의 등이 침묵문화를 생성시킨다.

거시적·교육내적 기제로서 억압자의 교육학, (침묵문화를 강제하는) 은행저금식 교육체제 등에 의해 생성된다. 특히 정치경제학적 조건이 규정하는 '억압자의 교육학'이 반反존재적·대중적·탈정치적 교육이론이라는 점과, 은행저금식 교육체제가 반反교육 상황을 체제화한다는 것이 그것의 생성 메커니즘상의 주요 특징이다. 특히 은행저금식 교육체제에서 교육과정에 대한 국가독점, 일방적 설명과 기계적 암기, 교사-학생 간의 교육적 관계의 파손, 교사의 교육 기획의 탈전문화 등이 침묵문화를 체계적으로 생성시키는 유효한 기제로 작용한다.

보다 미시적·교육내적 기제로서, 왜곡된 코드의 커뮤니케 교실 수업으로서 억압자들의 조작에 의한 코드화, 그 코드의 신화화를 통한 '개념과 믿음'의 왜곡, 반대화에 경도된 교육방법, '지도' 행위를 통한 교화 등이 은밀하면서도 주요한 기제로 작용한다.

침묵문화의 생성 메커니즘에 대한 분석의 결과를 기반으로 하여 그 메커니즘을 해체하는 교육론을 정립하고 교육 실천을 기획할 필요가 있다. 무엇보다도 억압자의 교육학의 허구를 깨고 '피억압자의 교육학'을 정립하는 인식의 확장이 요청된다. 동시에 은행저금식·반反대화체적 교육체제를 문제제기식·대화체적 교육체제로 패러다임을 전환하는 정책적 개혁이 요청된다. 이것이 민주주의와 민주주의 교육의 보루이다. 이와 관련된 구체적이고 확장된 논의는 후속 연구를 기다린다.

한국 사회와 한국 교육에 만연해 있는 침묵문화의 리얼리티와 그 생성 메커니즘에 대한 과학적·실증적 조사연구가 필요하다는 점을 강조한다. 무엇보다 우리 사회와 교육문화에 내재해 있는 침묵문화의 실체(심각성, 그것의 구조와 기능), 양상, 관행 등에 대해 구체적으로 분석하는 조사연구가 필요하다. 또 지배에 봉사하는 지식의 생산과 유통에 매달리며 그것에 매몰되어 있는 교육학 지식인(교사, 교수 등)의 경박한 언어와 행동에 대해 실증적 분석을 시도해야 한다. 마지막으로 그 침묵문화를 해체하는 방법론에 대한 치밀한 분석과 논의가 범주적으로 요청된다. 이들 연구 과제는 후속 연구를 기다리고 있다.

4.

저항과 희망의
문제제기 교육

이훈도

이훈도

(현) 사단법인 사람대사람 대표, 대구가톨릭대학교 외래교수
(학위논문) 「야학의 한국 교육문화사상사적 연구」

1. 희망의 문턱에 들어서며

프레이리가 상정한 인간의 삶이요 존재 양태는 과거의 반성과 현재의 실천으로 내일의 희망과 자유를 지향하는 역사적 존재이다. 이런 삶은 비판적 의식과 사고가 있어 가능하고 이것이 교육의 바탕이 된다. 그에게 삶은 곧 현실을 부단히 변혁시키고 재창조하는 인식 행위요 교육이다. 따라서 삶의 주체인 인간은 교육의 객체가 아닌 주체로서 당당하게 살아간다. 이와는 달리 지금의 전통 교육은 삶과 교육의 주체인 인간다운 교육을 실천하지 못하고 있는 실정이다. 프레이리는 이것을 안타깝게 여기고 전통 교육을 은행저금식 교육이라 부른다. 은행저금식 교육에서 교육의 주체는 가르치는 자, 교사이고 교육의 객체는 학습자, 학생이다. 교육의 목표로서 지향점은 교육 대상인 학습자나 학생의 행동 변화, 성장이다.

한편 프레이리의 문제제기 교육에서는 교육의 주체가 교사와 학생이고 교육 객체가 없다. 교육의 대상은 부조리한 현실이다. 또 교육의 목표로서 지향점은 인간의 비판적 의식화를 통한 인간화(인간해방)와 동시에 현실 변혁(급진 민주주의)이다. 교육은 교사와 학생의 만남이고 이 만남의 자리에는 철저하게 무지한 사람도 완벽하게 현명한 사람도 있을 수 없다. 다만 그들이 현재 알고 있는 것보다 좀 더 배우려고 함께 노력하는 인간들이 존재할 뿐이라는 대전제에서 출발한다(Freire, 1997: 110). 또한 문제제기 교육은 학습자의 현실을 한계상황으로 인식하고 현실 변혁을 위한 참여와 실천 행동으로 현실과 세계를 변혁하고 자아의 정체성을 회복하며 억압으로부터 스스로 해방함을 지향한다.

문제제기 교육이 역사성을 지녔다는 것은 영원하고 보편적인 지식이나 대상은 없으며 인식 행위는 시간과 조건 속에 뿌리를 둔다는 것이다. 그래서 교육을 통한 앎과 지식은 역사성의 산물이다. 지식은 생성적이며 시공간에 따라 변한다. 다만 보편적인 것이 있다면 비판적인 학습으로 탐구하고 알려는 욕구이다. 이것은 문제제기 교육의 토대가 된다(Shor&Freire, 1987: 4).

이 글에서는 먼저, 프레이리의 문제제기 교육의 방법론적 실천에서 바탕이 되는 교육의 엄정성rigor을 밝혀본다. 이를 토대로 문제제기 교육이 갖는 외연을 문제제기 교육 전개상의 순차적인 핵심 개념인 지배와 억압, 현실 모순 들추어내기, 비판적 의식화, 급진 민주주의의 지향을 중심으로 논의를 전개하고자 한다. 논의 방법은 문제제기 교육의 비판적 의식을 전통 교육의 의식의 내면화와 듀이의 반성적 사고와 비교하여 문제제기 교육의 특징을 밝히는 것이다.

2. 문제제기 교육의 기초: 교육의 엄정성

프레이리가 말한 교육의 엄정성은 인식 행위와 인식 방법 그리고 인간다운 교육 실천의 기초가 되고 그가 늘 꿈꾼 급진 민주주의의 실현을 위한 토대가 된다. 엄정성은 교육에서 학습자가 비판적 의식을 갖고 유지하자는 것이다. 그런데 엄정성은 학습자에게만 국한되지 않고 가르치는 자에게도 적용되어야 한다는 점에서 문제제기 교육의 근간이 되고 있다. 프레이리는 교육의 방법론적 엄정성을 다음과 같이 말하고 있다.

> 가르치는 과정의 기본 과업들 중의 하나는 학습자들에게 방법론적 엄정성을 가르치는 것인데, 학습자는 이런 엄정성으로 배움의 과정에 접근해야 하고, 그 과정을 통해 배움의 대상을 인식할 수 있게 된다. … 가르치는 일은 비판적 학습이 가능한 환경을 만들어내는 것으로 확장될 수 있다. 이런 환경은 창의성의 한계를 탐색하고, 끈질기게 탐구활동에 참여하며, 겸손하지만 용감하게 모험에 나서는 엄격한 방법론적 호기심의 맥락 속에서 가르침과 배움이 동시에 일어난다는 것을 의미하며 또한 그렇게 되어야 한다고 요구한다(Freire, 2007: 30).

방법론적 엄정성의 대전제는 삶과 일치하는 앎, 삶과 일치하는 가르침과 배움을 추구하는 것이다. 그리고 삶과 존재의 터요 시공간인 현실은 부단히 변하고 개혁해야 하는 모순이 상존하는 세계이다. 현실은 현 상태로 안정된 부동의 것이 아니다. 현실이 변하는 요인은 현실 자체가 변하고 인간 자신이 변하기 때문이다. 이것은 존재의 비종결성the inconclusion of a being이다. 이것으로 인간은 희망을 갖고 살아간다. 시간과 조건인 삶에 뿌리를 둔 앎은 역사 속에 존재하고 역사 속에서 만들어지는 앎이지, 영원하고 보편적인 앎이 아니다. 만일 절대적 지식에 도달한다면, 인식의 가능성은 사라질 것이다. 왜냐하면 더 이상 제기할 질문이나 표명할 이론적 문제가 없기 때문이다. 동일한 논리로 절대적 지식이 없다면 절대적 무지 또한 없다. 프레이리는 이런 통찰로 절대적으로 알고 절대적으로 무지한 존재가 아닌 모든 인간이 부단하게 세계를 해석하고 의미를 부여하는 의미에서 인간을 차별 없는 지성적인 존재로 본다. 항상 변화하는 세계와 현실의 존재에서 인간의 인식과 존재의 역사적 성격이 나온다.

역사 속에 존재하는 것으로서의 엄정성(Shor&Freire, 1987: 4)은 단순한 관찰과 학습 대상이 고정된 현실이 아니다. 또한 현실과 세계는 나 혼자가 아닌 타자들과 어울린 공동체이다. 그가 보고자 한 현실, 즉 인간이 현실과 세계를 바로 보고 읽으며 알려면 나 자신의 의견과 고집과 편견에 사로잡혀서는 안 된다. 이것을 극복하려면 삶을 반성하고 세계를 다시 새롭게 보려는 비판적 배움의 방식, 그런 앎을 추구해나가면서 타자를 상대편으로 두려는 소통의 자세가 요구된다. 자기 자신이 갇힌 곳에 사는 폐쇄적인 존재는 학습하는 존재가 아니다. 항상 나 자신을 개방하고 배움을 함께하여 인식을 깊이 하고 확대하는 활동을 통해 학습한다. 프레이리는 이것을 창조적 엄정성이라 부른다(Shor & Freire, 1987: 80).

프레이리에게 인간 자신이 삶에서 나온 인식 행위의 기초인 참된 말과 인식 행위는 소수자의 특권이 아니라 만인의 권리이다. 그는 피억압자들도 문제제기 교육을 통해 올바른 인식을 할 능력과 권리를 갖고 있다는 것을 확신한다(Freire, 2007: 107). 이것은 학습자의 교육 주체성이기도 하다. 그래서 학습자의 교육 주체성을 학습과정에서 확보하려면 언제나 문제제기 교육의 기조인 엄정성을 지켜야 한다. 엄정성을 유지하지 못하면 쉽게 가르치는 자나 억압자 엘리트 중심의 전통 교육으로 회귀해버린다. 또한 그가 엄정성을 강조한 이유는 일부 혹자들이 학습자의 주체성을 강조한 나머지 아동 중심의 교육이 범한 오류를 저지를 것이라는 것을 경계하여 나온 것이기도 하다. 프레이리의 교육은 결코 그런 오류에 빠질 수 없다. 그 이유는 바로 그가 말한 문제제기 교육의 엄정성에 있다. 이와 관련하여 프레이리는 그의 엄정성과 은행저금식 전통 교육의 엄격함rigidity을 다음과 같이 대조하고 있다. 프레이리는『해방을 위한 교육』제3장 '해방교육에서 구조와 엄정함이 있는가?'에서 엄정성을 이렇게 말한다.

"… 나는 우리가 제안하고 있는 것이 절대적으로 엄정하다는 것을 보여주기 위해서는 사랑과 열정으로 투쟁해야 한다고 확신한다. 그렇게 함에 있어서 우리는 엄정성은 권위주의와 동의어가 아님을, 즉 엄정성 rigor이 '엄격함rigidity'을 의미하지 않는다는 것을 보여주어야 한다. 엄정성은 자유를 가지고 살아가며, 자유를 필요로 한다. 창조성이 없는 엄정함은 가능하다고 보지 않는다. 나에게는 자유 없이는 창조적일 수도 없다"(Shor & Freire, 1987: 78).

여기서 프레이리가 말한 엄격함은 전통주의자들이 교사와 학생들에게 그들이 정한 공식적 교육과정과 내용 방법을 엄격하게 지키는 행위를 강요함을 가리킨다. 그들은 교육과정 준수, 정해진 교과목과 이수 시간까지 지키게 하고 시험을 통해 그 실적을 성적으로 목표 도달 여부를 확인한다. 이런 엄격함에는 고정된 분량의 정해진 내용의 가르침의 양과 난이도를 나름대로 엄격함의 잣대로 제시한다.

그러나 프레이리는 엄정성으로 가르치는 자와 학습자에게 학습 활동에서 창조적인 사고와 표현의 바탕인 책임과 자유를 부여한다. 특히 문제제기 교육에서 가르치는 자가 학습과정에서 전통적인 전수자, 계몽적이거나 권위적인 혁명 지식인 엘리트로 자칫 전락하기 쉬운 점을 염두에 두고 전통주의자들이 말한 엄격함과는 전혀 다른 엄정성을 강조한다. 결과적으로 이러한 엄정성은 학습자의 교육 주체성을 확보하는 마지노선이다.

또한 프레이리는 학습자의 자유와 해방을 위한다는 교육이 자칫 1960년대 낭만주의자들의 아동 중심 교육이 범한 오류, 민중교육에 뛰어들어 민중의 무지를 일깨우고 그들을 구제하는 차원에서 혁명의 진리를 선동하고 대화 학습을 내걸며 주입식 교육을 행한 일부 좌파 개혁운동가들이 저지른 오류에 빠지는 것을 경계한다. 그는 방임적인 학습자 중심 교육과 무책임하고 무질서한 좌파의 권위주의적 혁명 교육에 빠지지 않도록 경계하려고, 문제제기 교육의 엄정성을 제시한다.

"… 우리와 같이 생각을 해왔던 멕시코의 한 교수가 말하기를 진지함, 역량에 바탕을 두지 않은 대화 경험은 교사가 단순히 지식을 전달하는 '은행저금식' 경험보다 더 형편없었다고 했습니다. 나는 그의 말에 절대적으로 동감합니다. 학습자들 입장에서 볼 때 무능하고 진지하지 못한 대화 교사는 진지하고 유식한 '은행저금식' 교육자보다 더 나쁜 결과를 초래합니다. … 최고이고 최악의 그 결과는 무책임, 지적인 무책임성의 증표입니다. … 인식 행위는 도야discipline를 요합니다. 인식 행위는 당신을 행복함에도 불구하고 피곤하게 만드는 많은 것을 요구하는 것입니다"(Shor & Freire, 1987: 80).

프레이리는 가르치는 자의 책무성과 대화에서 진지함과 유능함을 엄정성을 통해 강조한다. 학습자의 해방교육이 학습자 중심 교육이나 학습자 주체성 확보라 하여 모든 것을 학습자에게 일임하거나 방임하는 것을 경계한다.

그가 문제제기 교육에서 제기한 교육의 엄정성이란 가르치는 자의 지도성directness과 역량, 학습자의 비판적 사고를 통한 창조성과 세계의 재구성 능력을 확보하려 한 것이다.

3. 문제제기 교육의 외연

1] 문제제기 교육과 은행저금식 교육

프레이리가 말한 교사는 사고를 자극하는 질문을 하고 학생들이 그들 자신의 질문을 하도록 격려하는 문제제기자이다. 문제제기를 통해 학생들은 질문에 단순히 답을 하기보다는 대답하는 과정을 통해 질문하는 것을 배운다. 이런 교육에서는 학생들은 단순히 교육의 대상이 되는 것이 아니라 그들이 스스로 해나가는 교육을 경험한다. 프레이리는 이에 반해 질문에 단순히 답하는 교육을 은행저금식 교육이라 일컫는다. 주류 전통의 교육으로서 은행저금식 교육은 지식을 객관적·중립적이고 주어진 것으로 가정하며, 이미 정해진 지식과 기술을 어떻게 잘 조직하여 학생들에게 전달하는지에 맞추어져 있다.

학습자를 길들이는 은행저금식 교육이 문제제기 교육과 다른 점은 세 가지로 요약된다. 첫째, 교육 내용은 정보이고 교사는 학습자에게 정보를 예탁한다. 둘째, 반反대화적이다. 이것은 교사와 학생 간 존재와 관계를 절대적으로 차별하는 수직적 교실에서 나타난다.

은행저금식 교육은 교육 내용이 정보로 제시된다. 학생들이 단지 수동적으로 받아서 외워야 하는 정보이다. 이 정보는 삶의 총체적인 의미와는 거리가 먼 추상적이고도 단편적인 것이다.

은행저금식 교육은 억압적인 사회 질서를 유지하는 데는 매우 중요한 교육이다. 왜냐하면 학생들이 그들에게 예탁된 정보를 수용하고 저장하는 데 노력을 더 많이 기울일수록, 세계를 창조하고 변혁하는 사람으로서 현실 개입을 통해 길러지는 비판적 의식 도달로부터 더욱더 멀어지기 때문이다.

은행저금식 교육에서 의식은 삶의 세계와 적극적으로 접촉하지 못한다. 그들 사이를 벌어지게 한다. 학습자들은 세계에 대한 그들의 의식을 드러내지 않는다. 그보다는 세계의 추상적인 파편들을 수용한 정보로 자신들의 의식을 나타낸다. 의식적 존재로서가 아니라 소유자로서 기능하는 방관자로 만들어진다. 그들의 텅 빈 마음은 수동적으로 외부 세계로부터 현실의 예탁물을 수용하도록 열려져 있다. 학습자들이 그들의 수동적 역할을 보다 완전하게 수용할수록, 그들은 더욱더 단순하게 현재 세계와 그들 속에 예탁된 단편적 견해에 순응하는 경향이 있다(Freire, 1997: 47). 은행저금식 교육에서 말하는 의식의 변화란 비변증법이거나 관념적인 것으로서 학습자의 세계에는 손도 대지 않고도 의식의 내부에서 변화가 가능하다는 말장난에 지나지 않는 논리를 전개한다(Freire, 2002: 164).

은행저금식 교육에서는 교사와 학생의 존재와 관계가 완전히 구별되고, 그 역할이 차별화된다. 즉 교사와 학생은 지식을 완전히 아는 자와 지식을 완전히 갖지 못한 모르는 자라는 존재의 차이, 지배와 복종이라는 관계의 차별이 있다. 또한 양자 사이에는 참된 대화와 논의가 있을 수 없다. 그래서 은행저금식 교육의 두 번째 특징은 반대화적이라는 것이다. 반대화적 교육 행위는 세 가지 개념을 함축한다. 반대화는 일방적인 관계이다. 독백은 의사소통의 사회적 행위 안에 있는 파트너십을 부인한다. 그것은 참된 말을 하는 것을 방해한다. 그것은 주변인을 정복하기 위해 신화를 강권한다는 의미에서 잘못된 의사소통을 포함한다.

독백은 교육자와 학습자 간의 수직적 권력 관계를 포함한다. 교육자는 공식 발표를 내린다. 즉 학습자가 따라야 할 지침, 규정이다. 인간성을 한층 증진시키기 위해 현실을 더욱 완전하고 정확하게 알고 이해한다는 공통 프로젝트의 범위 안에서, 모든 당사자의 이익과 의도에 발언권을 부여하는 교호적인 의사소통에 대한 생각이 전혀 없다. 언어와 인쇄물은 권력자의 의지와 세계관을 약자들에게 부과하는 매체로 전락한다. 학습자가 알아야 할 모든 것은 많이 아는 타자들에 의해 미리 결정되어 있다.

반대화 교육에서 억압자들은 피억압자들과 복속된 사람들을 고려하여 현실에 대한 그릇된 그림을 제시해야 한다. 그것은 세계는 고정되고 주어진 것이어야 하며, 인간은 대화에서 부딪히는 현재 진행 중인 도전이 아니라 단지 방관자로서 세계에 순응해야 하는 것이다. 엘리트인 억압자들은 피억압자들이 수동적인 상태를 유지하도록 접근해야 한다. 그러나 이러한 접근은 참된 의사소통을 허용할 수 없다. 반면에 그것은 현상을 유지하는 데 중요한 신화를 예탁함으로써 성취한다. 이러한 논리 안에서 전개하는 문해교육은 그릇된 의사소통을 통한 공부가 될 것이다. 즉 민중의 의식 속에 신화를 주입하는 것이다. 프레이리가 예를 든 대표적인 신화는 다음과 같다. 억압사회가 '자유사회'라는 신화, 모든 사람들이 그들이 원하는 곳에서 일할 자유가 있고 고용주가 싫으면 그에게서 떠나 다른 직장을 구할 수 있다는 신화, 현 질서가 안전을 존중하고 있고 따라서 현 질서는 존중할 만한 가치가 있다는 신화, 부지런한 사람은 누구나 기업가가 될 수 있다는 신화, 한술 더 떠서, 거리의 잡상인도 거대한 공장주인이나 다를 바 없는 사업주라는 신화, ⋯ 지배 엘리트들이 '자신의 의무를 인식하여' 민중의 향상을 도모하고 있으니 민중은 감사하는 자세로 엘리트들의 말에 수긍하고 거기에 순응해야 한다는 신화, 사유재산만이 인간 발달의 근간이 된다는 신화, 지배자들의 부지런함과 억눌린 자들의 게으름 및 부정직성을 내세우는 신화, 그리고 지배자들의 천부적인 우월함과 억눌린 자들의 천부적인 열등에 관한 신화(Freire, 1997: 192-193).

학생들을 길들이는 은행저금식 교육 대신에 문제제기 교육은 지식을 탐구하도록 한다. 이러한 상호 탐구에서 교사와 학생은 상호 파트너 지향성을 키워나간다(McLaren & Leonard, 1993: 26). 즉 상호 지향성co-intentionality은 공부를 교사의 단독 소유가 아니라 공동으로 소유하게 만든다. 이것은 교사와 학생이 상호 간에 전통적 은행저금식 교육에서 매년 누적되어온 서로 간의 소외를 극복하도록 도와준다. 파트너 지향성은 교사가 학생 경험의 주요한 것과 관련된 탐구 문제를 제기할 때 시작된다. 그래서 학생들은 공부(대화)하는 과정에서 그들의 사고와 언어를 안다.

교사와 학생이 학습 주체로서 소통이나 대화로 학습하는 데는 양자를 매개하는 문제제기나 주제 제시 또한 중요하다. 문제는 대화의 주제이다. 단순하게 주어진 풀이의 대상이 아니라 소통의 존재인 인간성을 회복하는 대화의 주제이다. 문제는 대화의 주제이므로 비록 개인적 차원이 있을지언정 결코 개인적인 것이 아니다. 대화는 앎의 행위를 굳히는 것이다. 대화를 통해서 나의 앎이 내 안에서 머물지 않고 상대를 통해 확인하고 검토하는 계기를 갖는다. 그리고 그 앎은 타인을 통해서 우리가 알았던 것을 다시 알려고 노력하는 데서 새롭게 만들어진다.

2] 문제제기 진술의 특징

현실의 모순인 신화를 문제로 제기하는 교육은 정답을 요구하는 은행 저금식 교육의 문제 제시와는 성격상 차이가 있다. 이제 문제제기 교육에서 문제 진술의 특징을 정확성과 객관적인 답을 추구하는 과학적인 기술記述과 비교하여 살펴보고자 한다.

문제제기 교육에서 문제는 설명과학의 이론과 같이 단순히 사물의 속성이나 위상이나 관계를 밝히는 객관적 묘사인 설명에 그치지 않는다. 그보다 문제제기 교육에서 문제는 마치 의사가 환자를 치료하겠다는 문제의식을 전제로 하고서 질병을 발견하고 그것을 확인할 때 그렇듯이 객관적이라고 하기는 어렵다. 그러나 문제를 문제로 인식하고 해석하게 하는 어떤 기준, 예컨대 의사의 경우 질병 소견에 대한 어떤 기준이 주어진 연후에는 그 기준의 적용을 받는다는 점에서 객관적으로 서술된다(이돈희, 1993: 88). 문제제기 교육에서 문제는 설명에 그치지 않고 해석을 기다리는 진단적 성격을 지닌다. 문제제기 교육에서 문제는 정답이라는 객관성을 얻고자 하는 설명이나 풀이를 기다리는 것이 아니라 학습자의 비판적 읽기와 해석을 요청하여 학습자의 사고를 유발시킨다. 그러나 그것은 단순한 개인적 의견opinion에 그치지 않고 대화거리가 되자면 일정한 객관성이 확보되어야 한다. 진단적 성격의 주관적인 해석과 객관성이 함께 담보되어야 하는 것이 문제제기 교육 문제의 특징이다.

프레이리는 비판적 읽기와 해석이 주관성에 치우치지 않고 객관성을 확보하기 위해 다음과 같이 문제 제작에 접근한다. 문제제기 교육은 전통 교육에서처럼 교과서나 교육과정을 억압자들이 스스로 엄격하게 규정한 기준대로의 객관성을 확보하는 것과는 전혀 다르다. 문제나 주제는 가르치는 자가 일방적으로 제시한 것이 아니다. 문제제기 교육에서는 전문가와 학습자가 공동으로 조사와 연구를 거쳐 제작한 문제나 주제를 제시한다. 프레이리는 이런 문제나 주제를 가르치는 자와 학습자 간의 상호관계를 비판적으로 사고하여 증명함으로써 객관성을 구하고자 한다(Freire, 1997: 121). 또한 문제나 주제는 비판적 사고와 대화 촉진이라는 목적과 기준에 의한 객관성을 담보로 하여 문제를 밝히거나 상태를 평가하도록 하는 진단적 성격을 지닌다. 이 경우 문제에서 제시하고자 하는 문제는 대상인 현실을 해석하는 것을 넘어서 객관적으로 나타낼 수 있다.

문제의 객관성이 어느 정도 확보되어야 하는 이유는 가르치는 자가 제시한 문제가 그의 조작이나 주관적 판단으로 학습자의 비판적 사고에 영향을 주는 것을 최소화하기 위함이다. 문제는 현실의 모순을 상징하지만, 가르치는 자가 혁명적 엘리트로서 문제 속에 포함된 주관적인 판단 요소로 인해 교육의 엄정성을 약화시킬 우려가 있다. 그래서 문제제기 교육에서 가르치는 자가 제시한 문제는 항상 학습자나 전문가가 함께 검토해서 제작해야 한다. 프레이리는 『페다고지』 제2장에서 문제 제작 과정을 상세하게 밝힘으로써 문제제기 교육에서 문제의 엄정성이 매우 중요함을 보여주었다.

3] 지배의 실존적 상황 인식과 자기해방

프레이리는 우리 시대의 근본적인 주제를 지배라고 본다. 이 주제 속에는 그 대립 주제인 해방이 성취해야 할 목표로서 내포되어 있다고 한다(Freire, 1997: 130-131). 인간의 현실과 세계가 항상 모순에 차 있는 근본적인 까닭은 억압과 지배에 있다. 문제제기 교육은 현실과 세계가 지배와 모순에 찬 것임을 대전제로 여러 가지 관련 주제나 문제를 생성해나간다. 나와 나의 현실, 나를 둘러싼 세계가 지배와 억압의 모순덩어리다. 인간들이 하나의 주제나 문제를 인식하지 못하거나 왜곡된 방식으로 인식하고 있다면, 인간들이 아직도 억압이라는 한계상황 속에 침몰되어 있다는 사실을 드러내 보임으로써 문제제기 교육은 시작된다.

프레이리가 지배와 복종의 관계를 문제의 기본 주제로 삼은 것은 그의 교육철학적 바탕이다. 프레이리는 에리히 프롬과 프로이트의 정신분석학에 많이 의존해 있다. 그에게 인간이 겪는 지배와 피지배는 마르크스주의에서 강조하는 단순한 물질적 토대에 바탕을 둔 지배와 피지배 관계가 아니다. 프레이리는 물질적 억압에 맞먹는 에리히 프롬의 심리학적인 자유의 두려움에 의존해 논의를 전개하고 있다. 그 억압은 외부에서 강요된 것일 뿐만 아니라 심리학적 면에서 피억압자들이 무의식적으로 자기 것으로 수용한 지배이기도 하다. 무의식적 수용은 피억압자 계급 구성원들이 갖는 두려움의 형태를 지닌다. 그리고 그것은 그와 불가피하게 연결된 학습과 프락시스를 통해 그들의 삶의 상황을 바꿀 수 있다.

프레이리 교육은 피억압자들이 물질적 억압을 극복하는 것을 돕는 프로젝트일 뿐만 아니라 억압자와 피억압자의 관계가 구현하는 가학피학적 성애sado-masochism로부터 자유를 누리도록 한다. 프레이리는 이윤과 축적은 노동의 착취로 설명할 수 있지만, 잔인한 지배의 측면에서 그것은 충분하지 못한 설명이라고 본다. 지배 엘리트들은 피지배자들의 마조히즘 masochism에 대응하는 집단적인 사디즘의 인성을 갖고 있다. 프레이리는 프롬의 다음 문장을 인용한다.

다른 사람(혹은 다른 생물)을 완전하게 지배하는 데서 오는 쾌감은 사디즘적 충동의 본질이다. 이 점을 달리 표현하면 인간을 물건으로, 생명 있는 어떤 것을 생명 없는 어떤 것으로 변조시키는 것이 사디즘의 목적이라는 것이다. 완전하고 절대적인 통제로 생명체가 생명의 본질적인 특성의 하나, 즉 자유를 상실하기 때문이다(Freire, 1997: 57).

마조히즘의 특별한 형태는 피식민지인이다. 인간의 원초적 심리인 마조히즘으로 볼 때, 피식민지인은 식민지인을 미워하면서도 운명적으로 애착을 가지게 된다. 교육적 상황에서 이것은 학습자들이 교육자에게 복종하는 형태를 띤다. 『페다고지』에서 이것을 볼 수 있다

> 교육 계획에 참석해서 어떤 생성주제를 놓고 열띤 토의를 시작하던 농부들이 갑자기 입을 다물면서 교육자에게 이렇게 말하는 경우가 적지 않다. "실례했습니다요. 저희가 조용히 해야 선생님이 말씀하실 텐데 그만… 선생님만 아시지, 저희들은 아무것도 모릅니다요"(Freire, 1997: 64).

심리학에서 마조히즘은 사디즘의 변증법적인 역이고 양자는 불가피하게 연결되어 있다. 피억압자가 이런 심리학적 악순환으로 인해 무의식적으로 억압을 숙명적으로 내면화한다. 프레이리에게 지배는 정치적인 것일 뿐만 아니라 사회심리적인 것이다. 이런 악순환의 고리를 끊는 것은 프레이리의 교육적 과제이고 목표다.

4] 비판적 의식 함양과 사회 참여

문제제기 교육에서 가르치고 배우는 일은 대상을 학생들이 이해하도록 자극하는 교사의 비판적 교육 활동과 관련되어 있다(Freire, 2007: 143). 현실의 모순, 즉 지배 이데올로기를 폭로하려면 반드시 비판적 이해가 필요하다. 이를 위해 학습자는 자신들이 주로 관심을 가진 문제나 주제에서 동기를 부여받지만, 한편으로는 이전에 반성하지 못했던 경험으로부터 거리를 유지하고 현실과 경험을 바라보아야 한다. 이를 통해 주관적 경험이 세계적이고 비판적인 차원을 포함하고 있다는 것을 읽도록 한다. 구체적인 것에 대한 세계적인 맥락, 특별한 것에 대한 일반적인 배경이 학습자들에게 현실에 대한 비판적 입장을 부여한다. 프레이리는 이것을 가리켜

'일상적인 것을 특별하게 재경험하는 것'이라고 불렀다(Shor&Freire, 1987: 104). 이런 식으로 교육을 학습자의 문화와 실존적 한계상황의 체험인 경험으로 보는 것은, 단순히 주어진 문제나 주제를 이용하거나 인정하는 것이 아니고 그것을 넘어서도록 하려는 것이다. 그러기 위해서는 주어진 것으로부터 거리를 두고 친숙한 환경에서 그것을 분리하여, 친숙하지 않은 비판적 방식으로 탐구함으로써 그 경험과 사회에 대한 우리의 인식을 의심해보도록 한다. 비판적 의식을 갖기 위한 인식적 거리 두기는 학습자의 의식과 그들을 대중문화, 일상생활과 학교에서 사회화하는 지배 이데올로기로부터 분리시키는 것이다. 그렇게 해서 학습자들은 그동안 친숙한 대상과 친숙하지 않은 비판적 탐구 간의 인식론적 갈등을 경험한다. 여기서 '나는 왜 이제까지 이렇게 알고 있었을까?', '나는 왜 이렇게 살아왔을까?'라는 인식적 질문이 시작된다. 이런 인식론적 갈등은 여기에 그치지 않는다. 이제까지 현실을 왜곡하고 진실을 은폐한 익숙하고 판에 박힌 교육과정과, 그것을 파헤치려고 하는 비판적 학습 간의 갈등을 경험한다. 그것은 종전의 권위주의적인 교육 경험과 대화와 비판적 의식을 키우는 새로운 해방을 위한 교육 간의 갈등이다. 또 그것은 주제에 대해 가르치는 자의 사고와 학습자 자신의 분석 간의 갈등이다. 이러한 인식론적 갈등은 학습자의 비판적 사고와 그들의 경험 사이에, 그리고 가르치는 자의 비판적 사유와 학습자의 비판적 사유 사이에 관계를 형성한다. 이렇게 해서 인식론적 갈등은 순진한 호기심이 인식론적 호기심으로 성장하는 발판이 되어 학습자 인지 발달의 힘이 된다.

그런데 비판적 의식은 학습자의 단순한 인지 발달에 그치지 않는다. 이와 관련해 프레이리는 다음과 같이 말한다.

올바른 사고방식에 내포되어 있는 비판적 가르침의 실천에는 '행함'과 '행함에 대한 반성' 사이의 역동적이고 변증법적인 운동이 개입되어 있다. 자연발생적이거나 거의 자연발생적인 가르침의 실천을 통해 생성된 지식은, 반성적 주체가 지닌 인식론적 호기심의 특징인 방법론적 엄정함이 부족하다는 점에서 순진무구하다. 그러한 지식은 단련된 올바른 사고가 추구하는 것이 아니다(Freire, 2007: 44).

프레이리가 말하는 올바른 사고는 '비판적 의식화critical consciousness'를 의미한다. 프레이리의 의식화란 단지 의식의 성장을 의미하는 것이 아니라 프락시스적인 실천의 고양 과정, 즉 사회적 모순에 대한 자각과 실천을 통한 그 모순의 해결 과정을 내포한다. 또한 개인의 의식화가 아니라 공동체의 문제와 관련된 집단 의식화를 의미한다. 프레이리 교육의 목표 중 하나인 비판적 의식은 대개 네 가지 특징으로 나타낼 수 있다(McLaren & Leonard, 1993: 33).

첫째, 권력을 인지하는 것. 인간의 행동과 조직화된 그룹은 사회와 역사를 만들고 다시 만들 수 있다고 인지하는 것, 사회에서 누가 무슨 목적으로 지배권력을 행사하며, 사회에서 어떻게 권력을 조직하고 사용하는가를 인지하는 것이다.

둘째, 비판적 문해. 표면적인 인상, 전통적 신화, 단순한 의견, 판에 박힌 진부함의 이면을 생각하고 읽고 말하며 토의하는 분석적인 습관을 가진다. 그리고 어떤 주제의 사회적 맥락과 결과를 이해하는 것이다. 어떤 사건, 텍스트, 기술, 과정, 목적, 진술, 이미지, 혹은 상황의 깊은 의미를 발견하는 것이다. 그 의미를 자신의 맥락에 적용한다.

셋째, 탈사회화. 대중문화에서 배운 신화, 가치, 행위와 언어를 다시 인식하고 도전한다. 인종차별, 성차별, 계급적 편견, 부와 권력과 영웅 숭배, 과소비, 막가는 개인주의, 극우주의에 대한 환상과 같은 의식에 내면화된 퇴보적 가치를 비판적으로 검토하는 것이다.

넷째, 자주적 조직결성/자기교육. 권위주의적 관계와 권력의 비민주적 불평등한 분배로부터 벗어나도록 사회를 변혁하는 데 주도적으로 나서는 것이다. 사회 변화 프로젝트에 참여하고 주도하는 것이다. 대중교육의 반지성주의를 극복하는 것이다.

프레이리의 비판적 의식은 그의 교육이 추구하는 가치인 참여, 민주화 지향, 탈사회화, 비판적인 태도와 같이 사회 맥락과 참여를 중시하는 점에서, 듀이의 탐구와 지성적 활동이 개인적이고 인지적인 면에 국한된 반성적 사고와는 대조를 둔다.

5] 프레이리의 비판적 의식과 듀이의 반성적 사고

듀이와 프레이리는 공통적으로 사고를 경험이나 행동과 분리하여 이성 작용으로 보는 것을 거부한다. 듀이는 사고 작용을 인간과 환경 사이에서 이루어지는 상호작용으로 보았다. 듀이의 경험 개념에서 반성적 사고는 중요한 위치를 차지한다. 그것은 비이지적인 경험의 요인들로 인한 갈등, 번민, 충동 등으로 말미암은 어떤 문제가 발생할 때 시작된다(이돈희, 1993: 50). 듀이는 막연하고 혼란스러운 덩어리째로 존재하는 일차적 경험을 반성적 사고가 개입하여 다듬어진 이차적인 경험이 된다고 하였다(이돈희, 1993: 54). 그리고 듀이는 반성적 사고의 다섯 단계로서 암시suggestion, 지성적 정리intellectualization, 가설hypothesis, 추리작용reasoning, 행동에 의한 가설의 검증testing the hypothesis by action으로 나누고 있다(Dewey, 1910: 107). 이 단계를 거쳐 경험은 지력intelligence을 얻는다. 이러한 지력이 작동하는 사태가 곧 반성적 사고이다. 듀이의 반성적 사고는 막연한 덩어리 형태의 경험을 이론적인 것으로 다듬어진 경험으로 만드는 데 작용한 사고이다. 이것은 다시 그가 말한 일차적인 경험으로 되돌아오는 것까지는 포함하지 않는다. 그리하여 듀이의 반성적 사고에 의한 이차적 경험은 일차적 경험으로 되돌아오지 않은 채 그 자체로 안주해버리면, 실천적인 반성이 작용하지 않은 추상적인 이론이 된다. 이처럼 듀이의 반성적 사고는 행위와 사고와 반성이 계속 맞물려 작용하는 프락시스로서의 프레이리의 비판적 의식과는 대조를 이룬다. 어디까지나 듀이의 반성적 사고는 당면한 문제의 해결인 하나의 목표를 향하여 끝까지 생각해내려고 노력하는 과정으로서 완성된 결론을 목표로 한다(Dewey, 1910: 7).

프레이리의 비판적 의식은 추상적인 인간이나 타인과의 관계가 없는 세계가 아니라 타인과 더불어 살아가는 세계와의 관계 속에 있는 인간을 상정한다(Freire, 1997: 98). 동물과 달리 인간의 자의식은 타인과의 관계를 고려한다. 또한 사고와 반성은 행동과 밀접한 관계를 가진다. 행동이 행동의 장애 제거라는 목적에 따라 움직이는 것과 같이 사고나 반성도 공허한 진공 속에서 일어나는 것이 아니다. 이런 점에서는 프레이리와 듀이는 사고의 출발을 함께한다. 그러나 듀이와 프레이리는 사고나 반성으로서 사유 행위가 그 성격이나 출처에서는 동일하지만 상황에 대한 정의와 사고와 반성 활동 모습에서 차이가 있다. 먼저 상황에 대한 정의에서 듀이는 사고란 생각하는 사람의 두뇌에서만 이루어지는 어떤 것이 아니라 곤란이라는 실존적 상황existential situation에서 시작된다고 하였다(임한영, 1987: 117). 이것은 프레이리가 말한 문제 상황이다. 프레이리와 듀이는 사고가 일어나는 문제의 시초를 상황이라고 정의하였다. 듀이가 말하는 상황situation은 사고의 발단 실태를 뜻하는 현실인 동시에 사고가 이루어지는 전체의 장이다. 한편 프레이리가 말하는 상황은 인간이 만들어가며 이름 짓기로 규정하는 대상이고, 또 다른 한편으로는 인간을 규정하는 시간과 공간의 조건, 즉 삶의 공간이기도 하다. 프레이리는 상황이 물론 문제를 제기하는 공간이지만 더 나아가 반성 대상인 상황은 반성에 의해 상황성situationality을 지닌다고 보았다. 프레이리가 듀이와는 달리 상황성을 말한 것은 인식 주체로서 사회문화적 맥락에서 인간의 존재론적인 특징을 강조하기 위해서이다. 물론 듀이도 문제 상황에서 개인의 갈등, 번민과 같은 심리적인 요인을 제시하였다. 그러나 프레이리가 현실 인식과 자기의식을 함께하는 상황성을 강조한 것은 억압적인 현실 모순에 대한 단순한 인식을 넘어서 변증법적으로 반성하는 문제, 유의미적 주제 속에는 비인간화를 극복하고 인간화하려는 학습자의 열망, 동기, 목적이 내재되어 있음을 강조하고자 한 것이다(Freire, 1997: 137). 물론 그 염원과 목표는 억압으로부터의 해방이다. 이 점에서 프레이리의 비판적 의식과 듀이의 반성적 사고는 전체적인 맥락은 유사하나 미묘한 차이를 보인다.

듀이의 실존적 상황은 곤란과 고민, 심지어 충동이라는 심리적인 것을 문제 상황으로 제시하고 있다. 그가 제시한 문제 상황은 구체적인 설명이 부족하고 개인적인 사고를 자극하는 심리적 문제로서의 성격이 짙다. 하지만 프레이리는 개인의 경험 형성에서 한편으로는 억압하고 다른 한편으로는 억압받는 사회문화적 맥락을 중요시한다. 그의 교육의 출발은 억압받는 학습자의 상황이요 경험이다. 프레이리는 이것을 한계상황이라고 하였다. 문제제기는 한계상황에 대한 인식과 반성이다.

이러한 프레이리의 사상은 그가 어릴 때부터 겪었던 가난하고 억압받는 사람들과의 만남과 브라질 사회의 고통스러운 식민 통치 경험에서 나온 교육 실천이다. 반면에 듀이가 활동한 미국은 실용주의적이고 개인주의적인 문화 풍토가 지배하는 곳이다. 개척과 확장을 이어간 당시 미국의 사회문화적 상황은 낙관적이었다. 그는 프레이리와 같은 억압적이고 차별적인 한계상황을 전혀 고려하지 않고 있다. 이런 점에서 양자 간에는 문제 상황 설정의 차이가 있다. 프레이리에게 상황은 한계상황으로, 혁명이라는 한계 행동으로 실천하는 교육의 시작이 된다. 비판적인 의식을 통한 한계 행동으로 이루려는 인간화는 고립적이고 개인적인 행위가 아니다. 그래서 그는 개인이 문제에 직면해 혼자서 사고하고 문제를 해결하는 것을 넘어선다. 그는 더불어 살아가는 인간으로서, 학습 참여자 간의 문제제기 대화를 통해서, 자신은 물론 억압자인 타인의 인간화와 억압으로부터의 해방이라는 역사적 사명으로 비판적 의식을 보는 것이다. 그것은 단순한 지력의 작용이 아니고 염원과 인간애라는 사랑이 담긴 것이다.

4. 급진 민주주의와 문제제기 교육

1] 급진 민주주의의 특징

프레이리가 문제제기 교육을 통해 지향한 것은 급진 민주주의radical democracy 사회이다. 급진 민주주의는 물신화와 불평등을 초래하는 자본주의 체제에 대한 부단한 부정으로서 문제제기, 민중 주체와 민중의 자기해방에 의한 참여의 풀뿌리 민주주의, 다양한 분야에서 서로 간의 대화와 평화 공존으로 해방과 인간화를 지향하는 다원적 민주주의이다(『헤게모니와 사회주의 전략: 급진 민주주의 정치를 향하여』, pp. 302-303). 프레이리는 초기 그의 혁명적 실천에서 얻은 경험을 바탕으로 좌파든 우파든 정치적 성향에 관계없이 위로부터의 변화를 확고하게 경멸한다. 그는 아래로부터의 민주주의, 즉 급진 민주주의와 인간해방 사이의 연관을 고집한다. 그리고 급진적 미래는 확신할 수 없고 불확실하다는 것이 그의 입장이다(Freire, 2007: 191-192). 프레이리가 꿈꾼 유토피아 지향의 진보적 포스트모던 시대의 급진 민주주의의 특징은 인간중심주의, 비전과 지식의 불확실성, 전위대와 같은 혁명 지도자에 의한 해방이 아닌 민중의 자기해방, 분파주의가 아닌 다원주의이다.

급진 민주주의는 혁명주의자들의 역사적 결정론이나 억압자와 엘리트주의자의 과학적인 지식의 확실성과 같은 고정된 비전을 전혀 인정하지 않는다. 프레이리는 지식인이 과학적 지식의 주 전달자라는 공식에 대해 분명히 불쾌해한다. 그는 급진 민주주의의 미래를 이루기 위해서는 지식인과 엘리트, 특히 과학적 지식에 대한 그들의 독점과 민중 운동 간의 관계에 근본적인 변화가 있어야 한다고 주장한다. 실제와 세계는 역사성을 띤 것으로 부단하게 변하고 있으므로, 이에 기초한 인식과 존재론적 입지는 부단하게 변한다. 지식도 현실의 변함과 함께 늘 변하고 생성하는 변증법적인 것이다. 그리하여 급진 민주주의를 위한 교육의 출발과 인식적 기초는 옛것에 대한 안주와 고집에서 벗어나는 것, 그리고 현재의 불확실성에 대한 부단한 문제제기와 부정성이다.

이 사회가 갖고 있는 가장 비극적인 병 중 하나는 '마음의 관료화 bureaucratization of the mind'입니다. 이 사회에서는 사람들이 꼭 필요하다고 여기는 정해진 틀을 벗어나면, 사람들의 신뢰를 잃게 됩니다. 하지만 단절rupture의 경험 없이, 즉 옛것과 결별하지 않고, 의사결정 과정에서 갈등을 겪지 않고, 무언가를 창조할 수는 없습니다. 단절이 없다면 인간 존재도 없다고 말씀드리고 싶네요(Horton & Freire, 2006: 58).

급진 민주주의는 노동계급의 전위라고 공언하는 정당이나 자신들이 구원의 지도자라고 자처하는 혁명 엘리트를 인정하지 않는다. 프레이리는 선전선동, 슬로건, 명령, 교화, 지도부의 절대권한 등, 어떠한 좌파 정당도 이러한 것들의 유혹에 빠져든다면 자신들이 지니고 있던 민주주의의 꿈을 지켜낼 수 없다고 했다(Freire, 2003: 99). 그는 위로부터의 해방이 아닌 아래로부터의 해방으로 민중이 주체가 되는 민주주의를 희망하고 있다. 이것은 민중의 자유와 해방이 무엇보다 중요하다는 확고한 믿음과 희망에 기초한다. 민중은 자기해방을 위해 자유를 성취할 수 있으며, 그러한 권리를 가지고 있다고 보았다. 프레이리는 진정한 해방은 민중의 참여를 통해 이루어진다고 믿었으며, 대화에 참여하는 것은 그 자체로 해방적이다.

대화란 세계가 매개체가 되어 세계를 '이름 짓기' 위해서 이루어지는 인간들 사이의 만남이다. 따라서 '이름 짓고 싶어 하는' 사람들과 '이름 짓고 싶어 하지 않는' 사람들 사이에는, 다시 말해서 다른 사람들의 말할 권리를 부정하는 사람들과 말할 권리를 상실당한 사람들 사이에는 대화가 이루어지지 않는다. 그러므로 자기네 이야기를 할 원칙적인 권리를 상실한 사람들은 우선 이 권리를 되찾고, 이 같은 비인간화하는 침해가 계속되지 못하도록 막아야 한다(Freire, 1997: 107).

급진 민주주의는 다양성 속에 통일성을 지향한다. 프레이리는 급진 정치란 분파적인 정치가 아니라 진보 세력들이 다양성 가운데 통일성을 추구하는 민주적인 정치라고 정의한다(Freire, 2002: 58). 문제제기 교육이 정치적이라 함은 다양성을 관용으로 수용하여 대화로 통일성을 지향하는 급진 정치를 내포한다. 프레이리가 급진 민주 정치에서 가장 핵심으로 내세운 것은 차이의 인정, 서로 다른 다양한 집단들 간의 대화와 관용이다. 그는 상대나 적대를 지배 이데올로기로 차단하고 대화를 거부하면서 겉으로는 포용과 온건을 가장한 분파적이고 파당적인 극우나 극좌 정치를 민주주의의 최대 적이라 보았다.

다양성 속에 통일성을 추구함은 계급 차별은 물론 계급 분할적인 요소를 지닌 성차별, 인종차별, 소수자 문화차별 폐지 등 다양한 분야의 사회운동도 민주주의 실천에서 존중되어야 한다는 것이다. 이것은 신자유주의가 휩쓸고 있는 지금의 맥락에서 새로운 양상으로 전개되고 있는 민주주의 운동이다.

프레이리는 마르크스주의자들이 주장하는 혁명의 역사적 결정론, 계급 중심, 경제주의, 국가주의 대신에 혁명에서 가능성과 기회로서 역사와 역사 창조주의, 민중 주체, 교육 중심과 문화주의, 시민사회운동 존중의 입장을 취함으로써 신자유주의 이후 등장한 급진 민주주의와 궤를 같이한다. 이러한 민주주의에서는 더 나은 민주주의로 향하기 위한 조치로 저항권이나 저항 의지를 핵심 개념으로 한다. 프레이리는 과거를 생각해보건대 함께하는 의사결정, 특히 지식과 정치적 미래에 대한 의사결정을 다양한 문화적 접근으로 다양한 사회 참여 운동과 함께하지 않고, 부분적인 정치적 접근으로만 사회정의와 평등 사회 건설을 급진 운동의 목적으로 내세우는 것을 경고한다. 중요한 핵심은 지식인이 지배적 역할을 하는 옛날 방식의 엘리트주의 개념에서 벗어나서 권력을 국가와 동일시하는 것에 대해 도전해야 한다는 것이다. 그는 국가권력보다 저항권에 우위를 둔다. 왜냐하면 국가권력은 지배자들의 권력으로 항상 강제성을 띠기 때문이다. 국가권력은 대표성을 부르짖는다. 형식적인 국민의 대표를 내걸고선 국민을 등지고, 지배권을 행사하는 경우가 일반적이다. 프레이리가 본 민중의 최후 투쟁과 권력 의지의 표시는 정치적 권력보다는 저항이다. 그리고 그가 본 권력은 국가 정치권력이나 소수 지배자의 권력이 아니라 다양한 형태의 권력과 누구나 행사할 수 있는 권력이다. 그가 혁명으로 얻고자 한 것은 정당 지도자나 정치 엘리트가 추구하는 적극적 형태인 정권 획득이 아니라 인간의 영원한 지배에 대한 저항이다.

나는 권력과 권력투쟁은 민중의 권력을 형성하는 저항을 기초로 재발견해야 한다고 생각한다. 민중은 기호학적, 언어적, 정서적, 정치적 그리고 문화적 표현을 사용하여 지배의 권력에 저항한다(저항은 정치적 표현만으로 나타나지 않는다). 그리고 권력과 권력투쟁을 재발견해야 하는 것은 내가 제일의 근본적 권력이라 일컫는 그 권력(저항권)에서 시작하고 있는 것이다(Freire, P. & Faundez, A., 1989: 64).

그는 정당의 정권 획득 활동보다는 민중이 전개하는 정치적 권력 획득의 기초로서 저항권 행사를 중요시하였다. 그는 정당 활동을 통한 정권 장악을 변혁에 중요한 것으로 인정했지만, 우파와 정파연합을 형성하여 정권을 잡은 중도파로 전향한 좌파들이나 위계적이고 독단적인 좌파들의 움직임을 목격하고 실망하였다. 정치적 혁명을 주장하는 혁명 정당이 비록 그 취지는 민중민주주의니 사회민주주의를 내걸어놓고는 대표성과 강압이라는 특징을 지닌 국가권력을 얻기 위해 반대화적 행위인 조종과 분할 같은 권모술수를 부리는 것을 보고는, 그런 혁명 정당은 모든 것을 잃을 것이라고 주장하였다(McLaren, P. & Leonard, P., 1993: 22). 그는 진정한 진보적 좌파 정당은 민중과 더불어 하는 교육적 기구로서의 역할을 해야 한다고 했다. 그리고 그는 관용을 통한 다양성 속의 연대unity within diversity를 강조하였다(Freire, 2003: 48-50). 그는 좌파 정당의 권력 기반에 부단한 영향을 준 계급적인 속성을 지닌 저항운동으로서 인종, 여성과 동성애자들의 차별 폐지 운동과 같은 사회운동과의 연대를 계속 언급하였다.

프레이리는 혁명에 의한 체제 변화만으로는 급진 민주주의가 쉽게 달성될 수 없다고 보았다.

우리는 여전히 과정 중에 있습니다. 저는 늘 근본적 사회 변혁은 하루아침에 이루어지지 않는다고 주장합니다. 급진적 사회 변혁이란 완성태가 아닌 하나의 과정입니다. 사회 변혁은 그렇게 이루지는 것입니다. … 집 안에 있는 가구를 옮기듯 사회를 바꿀 수 있다면 얼마나 좋겠어요? … 하지만 역사는 달라요. 역사를 만드는 데는 오랜 시간이 필요합니다. 오늘 당장 할 수 있는 것도 아니고 사회를 완전히 뜯어고칠 수 있는 것도 아니에요. 교육을 변화시키는 일은 쉽지 않은 일에 속하지요. 교육에는 혁명과정에도 살아남을 수 있는 강력한 이데올로기가 숨어 있거든요. 예컨대 교육 안에는 권위주의적 전통주의라든가 전통적 전체주의 같은 것들이 있습니다. 그것들은 혁명이 일어나기 몇백 년 전부터 있던 것들로 심지어 혁명 내부에도 기생하고 있습니다. 가끔 혁명가의 연설과 실천이 서로 모순될 때가 있습니다. … 이런 문제를 법을 통해 해결할 수는 없어요. 단순한 국가권력의 장악과 법 개정으로 실현될 문제가 아닙니다. 이런 종류의 이데올로기는 우리 삶 속에서 살아 꿈틀대고 있습니다(Horton & Freire, 2006: 269-271).

이처럼 프레이리는 국가 체제적 혹은 정당정치 접근에 의한 급진 민주주의는 달성이 어렵다고 보았다. 그는 근본적인 민주주의를 위해서는 지역적인 풀뿌리 민주주의적 접근으로 사악한 사회의 모순에 대한 부단한 저항으로서 다양한 정치적 사회운동과 문제제기, 비판적 의식화 교육 실천을 통해서 가능하다고 보고 몸소 실천하였다.

2] 급진 민주주의를 위한 프레이리의 교육 실천

프레이리가 교육을 정치라고 정의하는 데 바탕이 되는 것은 억압적 현실에 대한 비판과 불평등과 부정의에 대한 도전을 위한 헌신이다. 급진 민주주의의 관점에서 볼 때, 프레이리는 전통적인 주류의 학교를 엘리트와 억압자가 지배하는 사회의 문화와 가치를 표준으로 강요하는 이데올로기적인 도구로 본다. 물론 교육 내용과 교육방법도 중립적이지 않다. 학교에서 전통적 주류의 교육과정을 통해 학생들의 민주적이고 비판적인 발달을 저해하고 있다. 오랫동안 수동적인 은행저금식 교육을 받아온 학생들은 자신들이 지식과 사회를 변혁할 수 있는 존재임을 스스로 깨닫지 못하고 있다. 이런 의미에서 프레이리의 문제제기 교육은 학교의 민주화라는 역사적 필연적 계기로서 실천된다.

프레이리는 자신의 프락시스로서 고통의 고고학과 문해교육 실천에서 나온 문제제기 교육을, 학교교육 현장과 제도권 교육에서 급진적 민주화를 몸소 실천하였다. 설령 프레이리의 교육적 개입의 의미가 완전한 역사적 사실에 입각한 것이 아니라면, 현대 정치적 정세에 맞게 프레이리의 철학과 교육이 다시 자리를 잡도록, 그가 인생 후반기인 1989년 브라질 상파울루시의 교육감으로 재직하면서 민주화 개혁으로 실천한 교육을 살펴보지 않을 수 없다.

프레이리가 교육감으로 취임할 때인 1989년에는 베를린 장벽 붕괴를 계기로 사회주의 구소련과 동유럽 국가들이 붕괴되기 시작했다. 아울러 남미에서도 좌파 정권이 무너지고 군사 독재 체제가 집권한다. 그 결과 혁명적 사회주의의 전망에 대한 회의론이 지배하게 되었다.

그에 따라 비혁명 사회에서 혁명적 교육이 과연 가능한지 의문이 제기되었다. 하지만 프레이리 교육의 형성 맥락으로 보아 그 실천력과 통찰력은 이런 의문을 불식시키기에 충분하다. 이런 여건에서 미국 등 일부 제1세계 국가에서 한 것처럼, 프레이리의 업적을 전통적인 방식에 맞는 형태로 이해하여, 하나의 기술적인 교수 방법으로 실천하는 것은 그의 본령을 무너뜨리는 것이다. 확실히 프레이리 자신도 1980년대 후반과 1990년대의 변화된 환경을 고통스럽게 목격하였다. 프레이리가 새로 선출된 상파울루시 노동당 자치행정부 교육감직에 임명되었을 때, 인터뷰하는 사람에게 그는 이 예기치 못한 승리에서 우리의 현실을 약간이라도 변화시킬 수 있는 놀라운 가능성을 보았다고 말했다(Freire, P. & Faundez, A., 1989: 19). 이런 혼란스러운 상황에 맞서, 프레이리는 동료와의 대화에서 교육국이 마련한 네 가지 우선 과제를 학교교육 접근의 민주화, 행정의 민주화, 새로운 가르침으로 교육의 질적 개선, 청소년과 성인 교육으로 들었다(Freire, 1993: 150).

먼저 학교교육 접근의 민주화란 교육에서 소외된 빈민을 위한 학교교육 기회 확대이다. 그의 노력으로 프레이리가 취임하기 전과 비교해 공립학교에 다니는 학생 수가 15.59퍼센트, 학교는 11.19퍼센트 증가하였다. 그는 도서, 교육 기자재와 자료 확충에도 힘써 종전에 비해 500퍼센트나 증가시켜 교육 여건 개선에 노력하였다(Freire, 1993: 152-153).

행정의 민주화에서는 분권화를 지향하였다. 중앙집권적인 권력을 행사하는 행정 구조는 민주적 행위를 이끌어내지 못한다. 민주적인 수뇌부가 수행해야 할 역할 중 하나는 바로 권위주의적 체제를 극복하고 대화에 의한 의사결정 환경을 만드는 것이다(Freire, 2003: 64). 프레이리는 학교의 민주화와 의사결정에서 중심은 관리자나 관료적 구조에 의한 결정이나 형식적인 학교협의회가 아니라 보고, 시 조례로 학교운영위원회, 지역 학교운영위원협의회나 학생자치회를 구성하여 실질적인 학교교육 참여가 이루어지도록 했다. 학교운영위원회나 지역 학교운영위원협의회는 학교와 지역 공동체가 선출하였다. 학교운영위원회는 학교 자치 법규 제정 등 학생 교육 활동 전반에 걸친 권한을 행사하는 기구가 되었다. 또한 프레이리는 교육감 재직 시 민주적 의사결정을 몸소 실천하였다. 그는 교육개혁을 위해 학부모와 학생, 교사, 학교 직원, 그리고 지역민이 참여하는 세미나와 심포지엄, 원탁회의, 실천 보고회, 주제 토론 그룹 등을 열어 교육 문제를 함께 공유하고 논의하였다(Freire, 1993: 120). 교육국은 조례 제정을 통한 위로부터의 학교 규제에서 물러나 학교 현장의 요구를 반영하는 민주적인 게임 규칙을 늘 존중했기 때문에 프레이리가 원했던 것이 이루어지지 못한 경우도 있었다. 그 대표적인 예가 학교장 선출이었다. 학교장 선거는 프레이리 교육감의 주요 희망이었으나, 대부분의 학교가 압도적으로 학교장 선거 제안을 반대하여 실현되지 못했다(Freire, 1997: 156).

새로운 가르침으로서 교육의 질적 개선의 목표는 교육과정 재구성과 교사교육이라고 선언하였다. 즉, 해방교육의 관점에서 교육과정을 개발하는 것이었다. 학교의 자율을 존중하는 한편, 학교가 바로 교육적 제안을 하는 것으로 나타나는 학교교육과정을 정하는 데는 학교 공동체와 다양한 전문가들의 참여가 필수적이었다. 이를 위해선 교육과정을 관례적으로 보지 않고 '교육과정을 만들고', '생각하고', '살아 있는' 교육과정이라는 급진적인 변혁의 의미로 이해하는 것이 요구되었다. 교육과정을 실용적이고 전문적인 지식 대신에 문제제기 교육을 위한 학습자의 경험에서 나온 생성주제로 재구성하는 것이었다.

교육과정 재구성에는 그 기초로서 교사교육이 선결 과제로 제기되었다. 프레이리의 교육국은 교사교육 자료와 경비를 지원하였다. 교육과정 재구성에서 해야 할 교사교육은 간학문적인 교수 기술에 초점을 두었다. 이 초점은 출발점으로 생성주제를 갖고 가르치는 것이다. 그것은 지역의 지리학적인 조건, 도구, 인간, 그리고 노동관계뿐만 아니라 가치와 사회적인 부정의를 확인하는 지역 현실의 예비적인 연구로 시작한다. 이런 지역 정보에 대한 분석은 생성주제가 개발되어 나오는 중요한 맥락을 확인하는 것이다. 생성주제에서 다양한 영역의 내용을 선정하고 개발하여 학생들이 생성주제를 이해하고 조직하며, 또 한편으로 세계 읽기를 하면서 그들이 처한 현실을 비판적으로 해석할 수 있는 지식을 만드는 것이다. 대학교수로부터 자문을 받는 교사 연수 기구와 시범학교pilot school의 다학제팀multidisciplinary teams이 간학문적인 교사 연수안을 집단적으로 개발하는 활동을 하였다.

이러한 프레이리의 교육 민주화 노력은 교육의 성과로 나타났다. 브라질의 평균 학생 기초학력 미달 비율이 50퍼센트인 반면에 상파울루시의 비율은 22퍼센트로 감소하였다. 학교 중도 탈락률은 세계에서 가장 낮은 5퍼센트를 기록하였다(Freire, 1993: 162-165).

독재정권이 붕괴된 후 탈식민지 상황에서 고국에 귀국한 프레이리는 급진 민주주의 철학과 담론을 실천했다. 그는 학교 행정가로서의 삶을 프락시스로 보여주고 있다.

5. 문제제기 교육의 과제

문제제기 교육은 사물과 현상, 세계와 현실은 항상 변하고, 세계와 함께 인간도 물론 변한다고 본다. 그래서 인간은 역사적 존재이다. 프레이리에게 항구적이고 보편적인 인간은 없다. 보편적 인간은 추상적이다. 그에게 인간이란 철수, 영희와 같은 구체적인 존재이다. 구체적 존재로서 인간이란 문화적 맥락을 가진 삶을 살아가는 존재이다. 인간이 주체가 되고 세계를 매개로 한 지식도 변하는 것이어서, 오늘의 지식이 내일의 지식과 같을 수는 없다. 현실이 움직이고 변하는 만큼 지식도 변한다. 그러나 사람이 계속 변해도 그 사람의 정체는 여전하듯이, 안정되고 고정되어 있지 않아도 그 지식은 여전히 그 지식이다. 프레이리는 세계, 인간, 지식이 변한다는 것이 교육의 대전제이고 그것을 엄정성이라고 부른다.

프레이리가 정치적으로 선택한 인간은 정해진 문화적 맥락 속에서 살아가는 억압받는 민중이다. 교육의 바탕은 억압받는 학습자의 문화와 경험이다. 문화는 인류 보편적인 것으로 가치의 우위를 둘 수 없다. 왜냐하면 그것은 일정한 지리적·공간적 특수성을 지닌 지역적이고 맥락적인 것이기 때문이다. 그는 모든 인간은 나름대로 지역적·문화적 맥락상 원리와 지식을 갖고 평등하게 살아갈 권리가 있다고 본다. 그리고 그에게 주어진 현실과 세계는 계급적 지위와 물질적 토대, 그리고 심리학적 가피학증이 함께 작용하는 억압과 피억압의 관계로 나타나는 지배 상황이다. 이것은 모순과 갈등이 늘 일어나거나 잠재되어 있는 사악한 사회의 모습으로 나타난다. 교육을 통해 사악한 사회를 개혁하고 그와 함께 민중들이 억압받은 결과로서 내면화되어 나타나는 심리적 기제인 자유로부터의 도피를 극복하고 민중들이 자유를 누릴 수 있게 하는 것이 그의 희망이요 목표이다. 이런 교육을 전개하는 데는 과정과 방법에서 엄정함이 필요하다. 이것이 유지되지 않으면 교육은 다시 전통적인 은행저금식 교육으로 돌아간다.

따라서 학습자인 민중의 문화적 맥락과 경험에서 출발해야 한다는 것이다. 교육은 가르치는 자의 맥락과 삶에서 정해진 출발점이 아니라 민중이 살아가는 여기 지금에서 출발해야 한다는 것이다. 이것은 프레이리가 정치적으로 선택한 교육 내용으로 민중의 지식에서 출발해야 한다는 의미이기도 하다.

교육에서 가장 핵심이 되는 것은 민중이 자신이 처한 억압적 세계와 현실을 바로 비판적으로 읽고 해석하는 역량을 길러주는 것이다. 그 역량은 비판적 의식에서 나온다. 비판적 의식을 기르는 데는 교사의 역할이 중요하다. 비판적 의식은 그냥 글을 읽어서 되는 것이 아니다. 우선 텍스트와 관련된 세계를 읽어야 한다. 이 세계는 민중의 언어로 된 세계, 그들의 삶의 세계이다. 억압이 내면화되고 세계에 매몰된 민중들에게는 자기의 세계를 거리를 두고 비판적으로 읽어내는 것이 억압을 이기는 길이다.

이것은 교사에게는 학습자인 민중에 대한 문화적인 연구, 민중의 지식과 언어에 대한 사전적인 이해가 있어야 하는 매우 어려운 과정이다. 그리고 교사와 학생이 서로 가르치고 배우는 관계가 된다. 교사는 학습자인 민중의 지식과 삶을 공부하고, 학생은 학문적 렌즈로 모순된 사회를 보는 교사의 관점과 유도를 배운다. 특히 학생들도 몸에 익은 은행저금식 교육으로부터 안이하게 배운 방식과 수동적 태도에서 나온 마음의 관료화에 따라, 새로운 문제제기 교육에 대해 두려움과 저항을 보인다. 프레이리는 전통적 은행저금식 교육이 이미 정해놓은 절차와 방법상의 엄격함과는 달리, 문제제기 교육에서는 변증법적이고 생성적인 프락시스를 위한 비판적 의식을 기르는 과정과 방법 실천에서 엄정함을 유지해야 함을 강조한다.

프레이리의 문제제기 교육은 급진 민주주의 사회를 지향한다. 급진 민주주의는 문제제기 교육의 특징이 그러하듯, 변화 추구와 부단한 문제제기, 그리고 평등한 인간 주체 간의 대화를 유지하고 이를 통해 민중의 자기해방이라는 아래로부터의 민주주의를 특징으로 한다. 프레이리 자신이 일생 동안 문해교육이나 정치적 투쟁을 통해 급진 민주주의를 실천하였다.

급진 민주주의 실천에서 그에게도 변증법적인 과제가 있다. 그는 교육을 통해 사람들의 비판적 의식을 기르는 데 역점을 둘 것인가, 아니면 사회적인 참여를 통한 사회 개혁에 우선을 둘 것인가를 앞으로 풀어야 할 문제로 제기한다. 그 자신도 사람들의 마음을 바꾸기가 어렵다고 했다. 왜냐하면 사람들이 체제 안에 있다면 체제의 명령에 따라 움직일 것이므로 사람들 사이에는 큰 차이가 없기 때문이다. 그래서 그는 사람들의 마음을 바꾸는 일보다는 사회 변화에 더 관심을 가지게 되었다고 말하기도 했다. 이것은 진정한 휴머니스트 교육자, 진정한 혁명가에게 행위의 대상은 결코 '타인들'이 아니고, 그 사람들과 함께 변혁시켜야 할 '현실'이라는 의미이다. 결국 이것은 그의 유토피아를 이루기 위한 현실 개혁 노력을 문화적인 교육에 치중할 것인가, 아니면 정치적 투쟁에 중점을 둘 것인가의 문제로 귀결된다.

여기서 프레이리가 안고 있는 과제는 교육을 통한 비판적 의식을 강조할 경우, 성공적인 혁명에 필요한 정치 조직, 협동 투쟁, 그리고 중앙 집중화된 정치적 리더십에 걸림돌이 될 수도 있다는 것이다.

프레이리는 기니비사우에서 혁명 투사들이 프락시스를 통해 보여주었던 인식론적이고(학습자의 인식 주체성 존중) 정치적인(억눌린 자의 목소리를 경청하고 참여를 통해 결정하는 정치 행위) '자기경계self-virgilance'를 중요시했다. 이것은 혁명 실천에서 지식인이나 지도자들이 자칫 은행저금식 교육에 의존할 가능성에 대한 엄중한 경계이다. 그렇지만 라틴아메리카와 아프리카에서 프레이리가 펼쳤던 민중교육에서 얻은 값비싼 시련과 경험은 그에게 교육이 정치적 혁명과 어떤 관계를 갖고 나아가야 할지에 대한 반성과 향후 교육 활동의 지향점에 많은 시사점을 얻게 해주었다. 그 결과 프레이리는 '엄정성'이라는 것을 교육과 정치적 실천의 바탕으로 삼게 되었다. 교육의 엄정성과 가르치는 자의 자기경계는 프레이리의 꿈인 자기해방과 급진 민주주의 실현을 위한 교육 실천의 과제이기도 하다.

5.
사회적 앎을
구성하는
대화교육[1]

조세형

조세형

(현) 평산초등학교 수석교사, 대구교육대학교 외래교수
(학위논문) 「프레이리의 대화교육론 연구」

1. 모두를 위한 대화의 교육

교육에 있어서 불가능한 인간은 없다고 보아야 한다. 교육이 불가능하다는 주장은 교육을 지식의 전달로만 보는 관점에서 비롯된다. 교육은 단지 지식을 전달하는 행위가 아니다. 교육이 인간화의 가치를 추구하는 행위라는 것을 전제할 때, 교육은 모든 사람이 누릴 수 있는 활동이다. 교육은 그 무엇을 위한 준비의 활동이 아니다. 그 자체가 삶의 의미를 구성하는 활동이다. 교육은 행하는 것이지, 받아들이는 것이 아니다. 주체적 존재만이 교육 행위를 할 수 있다. 교육 주체는 자기 교육을 기획하고 실천할 수 있는 사람을 일컫는다. 필자는 학교 구성원 모두가 주체가 되는 교육을 구상하고 실천한 프레이리의 교육론에 우리의 학교교육에서 지향해야 할 명백한 교육 가치가 내재한다고 본다.

인간과 세계를 더욱 쉽게 사랑하는 방식을 프레이리의 교육론에서 읽을 수 있다. 유력한 교육론들이 무성한 가운데에도 현실은 여전히 비인간화의 교육이 지배하고 있다. 우리는 제도화된 교육에서뿐만 아니라 삶의

---

1. 이 글은 경북대학교 박사학위논문을 요약하여 학술지에 발표한 내용을 수정한 것임.

전 과정을 통해 이루어지는 교육에 대해 이론적으로 고민하고 실천한 프레이리의 교육사상에 본격적으로 이론적 관심을 기울이는 일이 필요하다고 본다. 프레이리가 살아온 삶의 역정과 그 경험을 생생하게 담고 있는 저작들을 대하면, 그의 교육사상과 철학이 지닌 현장성과 진실성을 확인할 수 있다. 그의 교육론은 무엇보다 민중, 앎의 형성, 세계이해, 인간화를 중심에 두고자 했다. 이러한 노력은 참 교육학을 구성하려 했던 이들이 공통적으로 가졌던 정신과 일치하는 것이다. 그것은 특수한 것이 아니라 보편적인 것이며, 정통의 맥을 잇는 것이라 할 만하다.

프레이리가 이론적으로나 실천적으로 강조한 대화교육이 하나의 전문화된 교육방법일 뿐인가. 대화교육은 어떤 요소를 포함하고 어떻게 전개되는가. 대화교육은 지식 탐구와는 무관한 방법론인가. 대화교육론에서 지식은 어떻게 구성되는가. 대화교육이 인식론적 지식 구성과 어떻게 연관하는가.[2] 이러한 질문에 대해 필자는 프레이리의 대화교육론이 단지 하나의 방법론이 아니라, 그의 교육사상이며 사상 체계를 구성하는 원리라고 주장한다.

프레이리의 교육론에서 대화는 그의 교육론을 관통하는 핵심 개념 중 하나이다. 그의 대화교육론은 별도로 정리하여 제시된 것이 아니다. 그의 대화교육론을 논의한다는 것은 그의 교육론을 대화 개념을 중심으로 다시 구성하는 것과 다르지 않다. 대화 혹은 대화교육의 개념으로 그의 교육론을 재구성하는 일은 어떤 의미에서 그의 교육론 전체를 새롭게 다루는 것과 같다. 이를테면 프레이리의 교육론이 '인간화 교육론', '의식화 교육론', '해방교육론', '민중교육론' 등으로 달리 불리는 맥락과 같이 이해할

---

2. 대화라는 형식과 내용으로 세계를 읽고 교육학을 전개하는 방식을 프레이리에게서 발견한다. 인간으로 존재한다는 것은 대화를 통해 다른 사람과 그리고 세계와 관계를 맺으면서 살아간다는 것이다. 이는 다른 사람과의 소통을 통해서 대화체적 관계방식을 추구하게 된다는 것을 의미한다. 프레이리의 대화교육론의 의미를 드러내는 일이 우리의 교육 실천에 꼭 필요할 것이라는 생각이 이 연구의 출발점이다.

수 있다.

이 글은 프레이리의 교육과 대화에 관한 담론을 대화교육론으로 표상하고 있다. 프레이리의 교육론은 대화교육론으로 이해할 수 있다.

2. 대화의 교육은 무엇으로 구성되는가

대화교육을 구성하는 요소들은 그의 교육사상과 이론을 관통하는 핵심 국면을 함축하고 있는 것이며, 서로 연관되어 있는 것이다.

1] 세계 읽기로 시작하는 대화교육

프레이리에게 의식 고양은 사람들이 현실 세계를 비판적으로 인식함으로써 스스로 주체가 되게 하는 것이며, 실천에 이르게 하는 교육적 과정을 의미한다. 현실 세계에 대한 인식은 자신이 처한 존재조건에 따라 다를 수 있다. 더욱이 지배-피지배의 구조 속에 있는 사람들의 의식에는 지배자들의 사상과 세계관이 침투해 있다. 그들은 그것을 자신의 것으로 여기며, 자신들의 삶의 리얼리티를 인식하지 못한다. 그들이 자신의 삶과 세계를 명확하게 이해하고, 스스로 자기 삶을 개척해가도록 하는 과정이 곧 의식 고양이다. 이 과정은 상호 의사소통을 통해 이루어진다는 점에서 교육적이며, 인간해방의 변화를 지향한다는 점에서 실천적이다.

프레이리는 인간해방을 위한 교육의 힘을 매우 신뢰한다. 그는 사람들이 그들 자신을 교육시킬 때에 한해서 교육이 인간을 해방시킬 수 있다고 주장한다. 그는 또한 실제로 사람들이 세계를 지각하고 사용하는 방식을 변경시킬 수 있다고 믿는다. 이를테면 프레이리는 교육을 통한 인간 의식의 변화가 당사자에 의해 이루어질 때, 인간조건과 세계를 변화시킬 수 있는 것이라 보는 것이다. 인간의 존재조건에 대한 앎과 실천에 이르게 하는 이 의식 변화의 교육적 과정이 곧 의식 고양이다.

의식 고양의 과정에서 대화는 가장 중요한 방법론이다. 교육 행위는 학습자의 주체성과 자발성에 의해 구성된다. 그리고 이는 다른 사람들과 함께 하는 소통[3]의 과정을 통해 이루어진다. 함께 사고하고 토론하고 경청하고 실천하는 과정 모두가 대화를 토대로 한다.

대화교육은 세계 읽기로부터 출발한다. 세계 읽기는 의식 고양의 구체적인 활동 내용이다. 나와 연관된 사물과 사람과 세계, 그리고 그 관계를 이해하는 것이다. 세계 읽기는 곧 자신을 둘러싼 현실적 조건들에 대한 앎을 통해 비판적 의식을 갖게 되는 실천적 활동 과정이다. 인간에게는 이들을 이해할 수 있는 인식 능력이 있고, 대화가 그 방법론으로 기능할 수 있다. 세계 읽기는 참여할 뿐만 아니라, 서로 이해하고 소통하는 경험을 통해 이룰 수 있는 창조적인 행위이다.

프레이리는 앎을 정서와 인식으로 이분하지 않는다. 정서와 인식이 하나 되는 앎은 삶의 구성원리가 된다. 프레이리에게 있어 인간은 앎을 추구하는 존재이다.

대화교육은 사람들의 세계 읽기를 매개하는 방법론이다. 세계 읽기는 다른 사람들과 함께 하는 활동을 통해 촉진된다. 사람들은 세계 읽기를 통해 현실을 새롭게 이해하게 되며, 세계의 변화를 꿈꾸고 실천으로 나아갈 수 있다. 세계 읽기는 나와 연관된 모든 것을 이해함으로써 삶과 사회의 변화를 추구하는 실천적 인식 행위라 할 수 있다. 또한 세계 읽기는 현실을 파악할 수 있고 새 삶을 개척해가는 능력이 된다.

실천을 지향할 수 있는 말은 소통될 수 있는 엄격한 구조와 맥락을 가

---

3. 사고하는 주체는 혼자서 사고할 수 없다. 객체에 대해서 사고함에 있어 그는 다른 주체(주체화된 객체)의 공동 참여 없이 사고할 수 없는 것이다. "나는 사고한다"란 말은 더 이상 존재하지 않으며 "우리는 사고한다"가 있을 뿐이다. 그리고 "우리는 사고한다"가 "나는 사고한다"를 성립시키는 것이지, "나는 사고한다"가 "우리는 사고한다"를 성립시키는 것이 아니다. 사고 행위에 있어서의 주체들의 이러한 공동 참여가 바로 소통이다. 따라서 객체란 사고 행위의 '목적'이 아니라 소통의 '매개체'이다. 소통의 객체(대상)를 피의사전달자로 보는 한 소통은 이루어질 수 없다(Freire, 1973: 170-171).

지고 있다. 맥락 속에서 이해되는 말은 대화 주체들이 서로 소통할 수 있는 말이 된다. 그 말을 함으로써 그 말이 의미하는 세계를 인식할 수 있고, 다시 새롭게 세계를 인식할 수 있도록 하나의 탐구 문제로서 그 말을 다시 하게 될 때, 그 말은 삶의 말이 된다. 말을 함으로써 자기와 세계를 변화시키게 되는 것이다. 죽어 있는 말이 아니라 살아 있는 말이 될 때, 그 말은 인간을 움직이게 한다. 인간을 움직이는 말은 세계와 인간의 문제를 내포하고 있다. 세계 읽기란 곧 현실에 대한 인식으로부터 자신의 말을 갖게 되는 것과 다르지 않다.

사회적 현상을 이해하기 위해 그것을 둘러싼 여러 조건과 상황을 총체적으로 분석할 수 있어야 한다. 인식 주체는 다양한 상황을 고찰하면서 그들의 관계방식을 이해할 수 있다. 이들의 관계방식은 상호작용으로 이루어지며, 그 관계의 성격은 삶의 방식을 구성한다. 현실을 비판적으로 파악하기 위해 그것을 이해 가능한 언어로 다시 표현하는 것이 필요하다. 현실에 대한 베일을 벗기는 것은 세계 읽기의 구체적 활동으로, 비판적 인식을 통해 현실의 추상화되고 신비화된 상황을 해독해내는 인식론적 실천 행위이다.

이를테면 베일 벗기기는 현실의 인식 대상을 객관화하고, 이에 대해 비판적으로 숙고함으로써 그 실체를 밝히는 실천적 행위이며, 그 과정은 거듭되는 변증법적 과정이다. 이것은 또한 현실을 분석하는 실천을 경험하면서, 자신들의 행동 방식에 대해 이해하고, 이전의 인식과는 다른 현실 인식으로 나아가는 과정이다.

프레이리에게, 신비화되고 추상화된 현실을 해독하는 작업은 개인적인 일이 아니라 함께 하는 활동이다. 함께 한다는 것은 그 활동이 대화적 관계 속에서 이루어진다는 것이다. 다른 사람과의 대화를 통해 왜곡되거나 가려진 현실에 대한 새로운 이해에 이르게 된다. 현실과 대상의 베일을 벗긴다는 것은 현실과 대상을 새롭게 인식하는 과정이다. 즉 총체적인 이해를 토대로 그 대상에 새로운 생명을 불어넣는 일이다. 대화교육은 대상과 현실을 새롭게 창조하고 변혁시키는 과정에 창조적 행위가 일어나게 한다. 결국 베일 벗기기는 자신의 현실과 세계의 리얼리티에 접근하는 대화교육 과정의 핵심 국면 중 하나라고 할 수 있다.

2] 이론과 실천의 통합으로서의 대화교육

프락시스는 인식과 실천의 변증법적 통합이다. 인간과 세계에 대한 앎을 행동으로 연결하고, 새로운 인식과 실천 행위를 일치시키면서 끊임없이 보다 나은 진보를 지향해나가는, 목적이 분명한 실천이 곧 프락시스이다. 프레이리는 인간이 인식과 실천을 통합하는 과정을 통해 현실을 변혁시키는 프락시스의 존재라고 말한다(Freire, 1973: 128).

프레이리에게 있어, 프락시스와 대화는 밀접하게 관계되어 있다. 진정한 대화는 인간화시키는 프락시스의 형식을 의미한다. 대화는 "세계를 이름 짓기 위하여, 세계에 의해 중재된, 인간 사이의 만남"(Freire, 1970: 113)이다. 세계를 이름 짓는 것은 세계 자체의 변화의 과정이다. 인간은 다른 사람과의 의사소통을 통해서, 세계를 이해하고 변혁하기 위해 탐구한다. 세계를 이름 짓는 것은 세계를 창조하고 다시 창조하는 끊임없는 과정이다. 한번 세계를 이름 지으면, 새로운 이름을 요구하는 문제로서 그 자체를 항상 새로이 드러낸다. 프레이리는 인간은 "그들의 세계를 말할" 근본적인 권리를 가지고 있다고 주장한다. 그 권리는 인간이 세계를 이름 짓고 그것에 의하여 세계를 변혁하는 "참된 말"을 하는 데에 있다. 참된 말은 근거가 있고, 반성과 행동의 대화적 통합이다. 궁극적으로, "어떤 사람도 혼자서 참된 말을 할 수는 없다"는 프레이리의 말을 통해 로버츠(Roberts, 2000: 44)는 프레이리의 대화와 프락시스의 관계를 대화가 프락시스로 이르는 형식과 내용을 담고 있다고 본다. 따라서 대화를 구성하는 말이 소통의 세계를 함의하고 세계를 읽고 세계에 개입하는 의미를 생성할 수 있기 위해서는 프락시스를 거쳐야 한다. 프락시스가 없는 말은 참된 말이 아니라는 것은 말이 실천과 반성의 산물이라는 의미이다.

결국 프레이리가 "대화는 세계의 매개를 받아 그 세계를 '선포하는 proclaim' 사람들의 '사랑의 만남'이다. 이 사람들은 세계를 변형시키며 이 변형시키는 과정에서 만인을 위하여 그 세계를 인간화시킨다"(Freire, 1973: 145)라고 하는 것은 대화가 인간과 세계 간의 변증법적 작용을 통해 동시에 서로 인간화의 길로 나아가게 하는 만남의 형식임을 말하고 있는 것이다. 대화의 만남을 통해서 인간과 세계의 존재 방식을 더욱더 인간적으로 만들 수 있으며, 대화에 참여하는 것은 일부의 특권이 아니라 인간적 삶을 추구하는 모든 사람들의 권리이다. 세계를 읽고 세계를 변화시키는 것은 모든 사람의 몫이며, 민주적 만남을 통해서 이루어진다.

3] 삶이 교재다

인간은 역사적인 존재다. 역사적인 존재이기에 자신의 삶을 던져 세계를 변혁시킬 수 있고, 다시 자기의 삶의 방식을 변화시킬 수 있다. 세계에 개입할 수 있는 인간은 세계를 비판적으로 읽고 자신의 삶의 방식을 대상화하여 새롭게 인식할 수 있다. 세계 속에서 그리고 세계와 더불어 살면서 좀 더 완전한 존재가 되고자 하는 것이 인간의 존재 본질이다. 따라서 문제를 인식하고 문제를 해결하는 인간에게 세상은 영원한 문제로 남는다. 그 문제는 우리에게 주제로 인식되며, 계속적으로 새로운 주제를 낳게 된다.

교육의 내용은 교육의 목적이 무엇인가에 의해 결정될 수 있다. 또한 교육의 내용은 구체적 상황에 있는 사람들의 삶의 조건과 맞물려 구성되어야 한다. 학습자가 처한 상황에서 교육의 내용이 설정될 수 있다는 것이다. 이를테면 교육의 내용은 상품처럼 미리 결정되어 있는 것이 아니라, 구체적 삶의 현장에서 구성될 수 있다는 것이다. 그렇기 때문에 이 내용은 교육 당사자에게 문제로 제시된다. 이 문제를 다루는 방식이 또한 대화이다. 프레이리는 삶 속에서 직면하는 문제로서 비판적 인식과 실천을 통해 계속적으로 새로운 주제를 발생시킬 수 있는 주제를 '생성주제'라고 한다. 생성주제는 "각자 자신의 체험을 통해서만이 아니라 인간-세계 관계와 사람들 사이의 관계에 대해서 비판적으로 성찰할 때 확인된다"(Freire, 1970: 124).

생성주제는 인간이 지속적으로 세계에 개입하는 형식을 진전시키는 과정에서 발생한다. 또한 세계를 고립된 대상으로 이해하는 것이 아니라, 서로 맞물려 있는 것으로 인식하며, 그 관계 맺음의 방식을 탐구할 때, 생성주제는 더 심화되고 발전을 추구할 수 있는 새로운 주제를 낳게 된다. 이 생성주제는 학습자의 삶에서 발견되며, 인간이 세계와 관계 맺는 방식에서 인간적인 존재 방식을 탐구할 때 발견된다. 이 주제를 다루면서 교육자와 학습자는 공동 탐구자가 된다. 서로의 상호작용으로 이 주제가 탐구되며, 대화의 방식으로 전개된다. 누가 누구를 위해서가 아니고 서로가 주체가 되어 대화의 만남으로 이루어지는 것이다.

요컨대 삶의 경험이 교재가 되고, 이것이 소통의 과정을 통하여 경험이 된다. 이 경험이 깊어지고 넓어지는 것은 대화를 통하여 가능해진다. 이런 의미에서 대화는 경험의 확장이며 인식론적 실천 행위이다. 학습자의 '삶'의 일상 경험과 그들이 묘사하는 것에서 출발하는 교육은 구체성, 상식으로부터 현실에 대한 엄격한 이해에 다다르게 된다는 것을 함의한다. 삶을 교재로 만드는 대화교육은 소통되며, 지속적으로 의미를 생성한다.

3. 대화교육은 어떻게 이루어지는가

교육은 인간과 세계를 이해하고 개입하는 형식의 발전적 변화를 추구한다. 존재의 확장을 추구하는 형식으로서의 교육은 교육 당사자의 삶을 변화시키며, 세계에 개입하는 형식의 질적 변화 과정이다. 따라서 교육은 어떤 식으로든지 학습자의 삶과 관련을 맺어야 한다. 앎과 삶이 통합되기 위해 교육은 학습자들의 삶과 변증법적인 합일의 과정을 거쳐야 한다. 이 과정은 보편적 가치를 지향하고 담보할 수 있을 때, 교육의 공간에서 그 의미를 생성시킬 수 있다.

1] 대화교육의 성격, 앎과 교육

우리의 앎은 개인적 차원을 넘어선다. 그 앎은 사회역사적으로 구성되는 앎이며, 다른 사람과 소통할 수 있는 사회적 앎이다. 의사소통, 앎, 변화의 과정이 개인적 차원의 것일지라도 우리는 그것을 '사회적으로' 의사소통하여 안다. 그러나 개인적인 측면은 그 과정을 설명하기에 충분치 않다. 그럼에도 불구하고 안다는 것은 개인적인 차원을 가진 사회적인 사건이다. 의사소통, 앎, 그리고 사회적 변혁의 이 순간에 대화란 과연 무엇인가? "대화는 알고, 알려고 하는 인식의 주체들 사이의 관계를 보증한다."(Shor & Freire, 1987: 137) 대화의 과정을 통해 서로 앎의 과정을 함께함으로써 대화적 관계가 성립된다. 이런 점에서 대화는 인식의 변화 과정을 포함한다고 할 수 있으며 대화는 대화 주체들의 성장을 담보한다고 할 수 있다. 또한 대화의 맥락에서 대화 주체들은 서로를 존중하는 태도를 견지하게 된다.

대화적 만남에서 함께 숙고하는 과정을 통해 교사도 자기가 알고 있는 것을 다시 알아가는 과정을 경험하게 된다. 대화교육은 교사와 학생이 함께 배우는 과정이며, 교사는 가르치면서 배우고, 학생은 배우면서 가르치는 존재이다. 또한 교사는 가르치는 방법을 가르치는 과정을 통해서 배우게 된다.

진정한 대화적 관계를 통한 교육 활동은 교사-학생의 앎에 대한 적극적인 태도를 함의한다. 적극적인 태도란 대상에 대한 절실한 인식론적 호기심을 갖는 것이다. 인식론적 호기심은 대상을 객관화시킬 수 있을 때 발생한다. 일상의 무의식적 활동은 인식론적 호기심과 관계없다. 대상에 대하여 '왜'라는 문제를 제기할 때 인식론적 호기심이 발생하고, 그것은 앎의 계기로 작용한다. 프레이리는 대화와 인식론적 호기심의 관계에 대하여 말하고 있다(Freire, 1998a: 80-81).

알고자 하는 인식론적 호기심을 공유하는 만남이 될 때 대화가 성립하며, 서로를 인정하면서 자신의 이해 방식을 변화시켜가게 되는 것이다. 이러한 대화적 관계는 앎의 행위를 구성한다. 앎이라는 것은 언제나 맥락 속에서 발생한다. 가르치는 일의 의미와 대화적 과정의 관계는 앎의 행위를 구성하는 인간의 변증법적 과정이다. 대화적 과정은 가르치는 일의 의미를 생성하며, 가르치는 일의 의미는 대화적 과정의 특성을 포함한다. 결국 대화의 과정은 교육적 의미를 함께 지니고 있는 것이라 할 수 있다.

2] 지향

프레이리의 대화교육은 무엇을 지향하는가. 대화교육의 지향점은 그 내용 및 방법과 결과와도 불가분의 관계가 있다. 먼저 그의 교육론에서 드러나는 대화교육의 지향점 가치를 논의함으로써 대화교육 체계로부터 기대할 수 있는 바에 대해 언급할 수 있을 것이다. 그것은 곧 인간의 성장과 발달, 인간화와 해방, 사회의 진보 등이다.

가. 성장과 발달

대화적 만남은 서로의 성장을 담보한다. 대화적 만남을 통해 새로운 앎을 얻게 되고 서로의 앎을 촉진시킨다. 이 앎은 개인을 넘어 사회적 앎으로 확대되고 따라서 사회적 자아로서의 성장과 발달을 경험하게 된다.

프레이리의 교육론은 인간의 온전한 성장과 발달을 추구한다. 이 점에서 듀이의 교육 목적과 유사하다. 그러나 실천과 이론의 합일 과정이 더욱더 구체적이고 현실적이라는 점에서 차별성을 가진다. 프레이리는 현실의 삶 속에서 삶에 대한 내용을 다른 사람과 더불어 인식하고 실천하는 가운데 한층 진보된 삶을 추구하고자 했다. 이것은 현실을 교육의 대상과 내용으로 삼지 못하게 했던 지배의 압력으로부터 탈피하는 것이며, 인간화를 위한 자유의 실천이었다.

프레이리는 대화 모델을 통해서 이러한 세계 속에서 자기 존재를 인식하는 학생들의 능력을 개발하고자 했다(Freire, 1998b: 22). 자신과 세계에 대한 인식 능력은 성장과 발달의 중요한 지표가 된다.

거듭 말하거니와 프레이리에게 "앎은 자기가 알고 있다고 생각하는 사람들에 의해 자기가 모르고 있다고 생각하는 사람들에게 지도되는 것이 아니다. 지식은 인간과 세계 간의 제 관계, 변형transformation의 제 관계 속에서 이뤄지며 이 관계들을 비판적으로 문제화함으로써 완성된다"(Freire, 1973: 137). 이 문제제기는 다른 사람들과 함께하는 대화의 관계 속에서 이루어진다. "대화적 관계 속에 이루어지는 학습은 지식을 소모하는 일이 아니라 창조하고 재창조하는 일이다"(Freire, 1985b: 33). 앎의 창조와 재창조를 통해, 우리는 성장과 발달을 경험하게 되며 좀 더 나은 존재 방식과 관계방식을 찾아가게 된다.

좀 더 나은 존재 방식과 관계방식을 탐구한다는 점에서 인간은 윤리적 존재이다. 윤리적 존재로 인식과 실천이 함께 작동할 때, 인간은 지적 도덕적 성장의 경험을 하게 된다. 대화의 장에 나선다는 것은 나를 넘어서는 다른 합리적 존재 방식을 추구한다는 의미이다. 이 말은 배움이 대화적 만남을 통해 가능하다는 것을 함의한다는 뜻이다.

나. 인간화와 해방

대화교육은 교육자의 앎과 학습자의 앎이 만나서 교육의 내용을 구성하고 다시 그 앎이 재구성되는 과정을 포함한다. 교사와 학생의 만남의 방식은 민주적이며, 이 과정에 개입하는 존재로서 교사의 역할 범주도 분명하게 이 교육적 공간에 자리 잡는다. 프레이리가 강조하듯이, 대화교육은 완전한 자유방임과 권위주의 체제 사이의 자유와 권위의 긴장관계 속에서 성립하고 구성된다. 그것은 인간의 해방과 진보된 삶을 지향한다.

프레이리의 대화교육은 인간과 세계에 대한 확고한 신념과 비전을 통해 단순히 교실에서의 교사 대 학생의 관계에만 한정된 것이 아니라 널리 인간과 사회에서 실천될 인간화와 해방을 지향하는 교육이다. 프레이리가 말하는 인간해방은 인종, 종교, 성, 그리고 계급의 벽을 넘어 남녀 모든 인간들이 지배-피지배, 억압-피억압의 관계를 극복해가는 과정을 말한다. 이 과정은 반성을 동반한 실천, 실천과 함께 일어나는 반성의 행위에 의해 이루어진다. '한계상황'을 '한계행동'을 통해 극복하고자 하는 '검증되지 않은 가능성'에 대한 희망은 프레이리 교육학의 지향이며, 이는 자유의 실천을 통해서 성취될 수 있다.[4]

프레이리는 기존의 교육제도를 비판하고 새로운 교육론을 제안·실천함으로써 비인간화된 학교교육과 현실을 변화시키고자 했다. "학교는 옳다고 판단하는 것을 효과적인 방법을 써서 달성시키는 문화작용, 합리적 판단을 통해 획득하지 않으면 어떤 옳은 것도 소용없다고 판정하는 인간화 작용이다"(김민남, 2004a: 225). 그 변화의 지향점을 그는 인간화 또는 인간해방이라고 했다.

그에게 "해방이란 선전을 수동적으로 받아들이기보다는 자기들의 상황을 구체적이며 객관적인 현실로 문제화시켜 비판적으로 인식하고 그

---

4. '검증되지 않은 가능성'은 'untested feasibility'를 번역한 것이다. 이 개념은 프레이리의 개념 범주 중에서 가장 중요한 것 중 하나이며, 『페다고지』와 『희망의 교육학』에서 깊이 숙고하고 있는 개념이다. 이 말은 '가능한 꿈'에 대한 확신을 포함하고 있으며, 따라서 스스로 역사를 개척하는 사람들이 소망할 때 찾아오는 유토피아에 대한 믿음을 포함하고 있다. 이런 희망들이 바로 프레이리의 독특성이다(Freire, 1994: 315).

현실에 대해 비판적으로 행동하는 것을 뜻한다"(Freire, 1973: 122). 그러므로 해방은 대화교육의 상황에서 진실로 추구해야 할 바인 것이다. 대화교육에서의 소통이 이를 가능하게 한다.

대화교육은 인간의 해방을 지향하고 비인간화를 지양하는 교육적 실천의 한 방법론이다. 이 지향점 가치는 교육 당사자의 주체화, 인간 조건의 변화와 사회적 삶의 진보라는 의미를 함께 내포하고 있는 것이다.

다. 사회의 진보

프레이리의 대화교육론은 개인의 성장과 발달을 넘어 비인간화된 사회 현실의 변화를 지향한다. 교육적 실천이 개인의 문제에 머물지 않고 사회 모순의 해소에까지 나아가야 한다는 것이다.

프레이리의 교육론은 불완전한 현실에서 인간의 자유와 존엄성을 지키고 사회의 진보를 희망하는 지극히 보편론적인 교육론이다. 그러나 프레이리의 교육론은 사회를 변화시키기 위한 방법론이기도 하지만 정치나 경제에서 구조 변화를 구상하는 거시사회학적 혹은 정치경제학적 방법론과는 다르다. 교육은 세계를 읽고 세계를 변화시킬 수 있는 인간을 만들지만 직접 세계의 변화를 목적으로 하지 않는다. 교육을 통해 자기 삶의 방식을 지도할 수 있도록 변화된 인간과 함께 세계가 변혁되기를 기대한다.

모든 이들을 위한 교육은 인간 삶의 온전한 발달을 추구한다. 그 교육은 현상을 유지하는 것이 아니라, 현재의 왜곡되고 뒤틀린 삶의 방식과 체제를 제자리에 두려는 의지를 표상한다. 이것이 곧 진보 교육이 지향하는 바이며, 프레이리는 이러한 교육에는 사람들의 특별한 자질, 미덕이 필요하다고 말한다. "진보적인 교육 실천은 관대한 사랑의 마음, 타인 존중, 관용, 겸손, 즐거운 기질, 삶에 대한 애정, 새로운 것에 대한 개방성, 변화를 기꺼이 받아들일 수 있는 성향, 투쟁을 견디는 인내심, 차별을 거부하는 마음, 희망의 정신, 정의에의 개방 등과 같은 특정한 자질 혹은 미덕이 없이는 불가능하다는 것을 아는 것이 매우 중요하다. 그와 같은 자질은 단순한 과학적·기술적 정신이 성취할 수 없는 것이다"(Freire, 1998a: 108). 이런 교육은 끊임없는 질문 제기와 그 질문에 답하기 위해 탐구하는 과정으로 구성된다. 한마디로 대화교육이 가장 유효한 방법론이 될 것이다. 프레이리도 그렇게 생각하고 있다.[5]

이런 점에서 프레이리에게 교육은 인간의 변화만이 아니라 인간의 존재 방식, 인간과 인간의 관계방식, 인간과 세계와의 관계방식, 세계의 존재 방식의 변화를 추구한다. 여기에서 프레이리의 교육이론의 독특성이 드러난다.

3] 대화교육의 구성

가. 상호 주체성의 대화관계 형성

프레이리에게 있어, 교육은 함께하는 것이다. 프레이리는 교육의 당사자들은 먼저 서로 동등한 존재임을 인정해야 한다는 점을 강조하면서 이렇게 말하고 있다. "만약 다른 사람들이 생각할 수 없다면 나도 절대로 생각할 수 없다. 나는 다른 사람을 위해 생각할 수도 없고, 다른 사람이 없이도 생각할 수 없다." 프레이리는 교사와 학생 간에 좀 더 변증법적인 관계를 형성하기 위해, 교사들은 그들이 모든 것을 알 수 없다는 것을 받아들여야 하고, 학생들은 모든 것에 무지할 수 없다는 것을 인식해야 한다고 제안했다.(McLaren, 2000: 159)

대화교육에서 대화 주체들은 서로에게 배우는 것이라기보다는 서로가

---

5. 인간화 교육은 매우 대화적이며, 앎이란 끝없는 지각의 과정이라는 것을 깨달은 학생들과 그들 자신이 학생이라는 것을 인식한 교육자들에 의해 이루어지는 공동연구다. 프레이리는 대화를 통한 문화적 행동은 실질적인 문화의 변화 가능성을 만들어낼 수 있다고 했다(Collins, 1977: 15-16).

맺는 관계 맺음의 형식에서 서로 배우고 자신을 변혁시키는 계기를 갖게 된다. 프레이리에게 있어서 대화는 매우 독특한 의미를 가지는 학습과정의 필수 조건이다. 학습자의 문화적 상황 이해에서 비롯되는 대화의 목표는 상호 이해이며, 의사소통에서 발생하는 문제들을 발견하도록 해주는 초-의사소통meta-communication을 지칭한다. 그러나 항상 대화가 추구될 필요는 없으며, 기계적 상투어, 불분명한 인용, 애매모호한 글은 의도하건 하지 않건 교육현장에서 침묵의 문화를 재생산시킬 수도 있다.

상호 주체성의 대화적 관계에서는 수평적 구조가 기본 조건이다. 따라서 "수직적 구조가 대화의 임무에 부과하는 어려움이 크든 작든 문화적 침략이라는 직접적 결과를 가져오는 반대화를 정당화시키는 것이 될 수 없다. 그 어려움의 정도가 아무리 심각하다 할지라도 인간 존재, 인간의 목적과 인간해방에 참여하는 사람들은 반대화에 빠져들 수 없다"(Freire, 1973: 152). 대화교육은 학습자, 교육자 모두가 주체로서 동등한 입장에 설 것을 요구하며, 이를 통해 대화교육이 시작될 수 있다.

나. 대화교육의 엄중성

대화교육은 분명한 가치를 지향한다. 대화교육의 조건으로서 구체적이고 이론적인 범주와 형식이 전제된다. 주체가 된다는 것은 당사자의 적극적인 개입과 참여가 그 조건이다. 대화교육은 주체와 주체의 만남이다. 교육은 어떤 형식으로든 변화와 발전을 지향한다. 대화교육에서는 교육자와 학습자의 동등한 관계 속에서도 분명한 지향이 있어야 한다.

주체의 만남으로 이루어지는 대화교육은 당사자의 자발성을 토대로 구성된다. 배움의 자발성을 추구하면서도 프레이리는 앎의 과정의 엄격성을 강조한다. 이런 점에서 프레이리는 진지함이 없는 대화교육은 오히려 해악이 될 것이라고 말한다(Shor & Freire, 1987: 113).

따라서 프레이리는 대화의 방식은 엄중해야 하는 것임을 거듭 단호하게 천명하고 있다. 이것은 대화교육은 분명한 범주와 기준을 가져야 한다는 것이며, 그 범주와 기준은 대화 주체들이 소통을 통해 구성해가야 한다는 것을 의미한다. 이 규준은 교육함의 엄격성을 드러내는 것이어야 한다.

그 엄중함에는 실천의 의미가 강하게 배어 있다. 대화교육을 통한 실천적 변화가 중요하며 그것은 사회적인 것이다. 사회적인 것이기에 소통 가능하고, 검증할 수 있는 시스템이 요구되는 것이다. 이렇듯 대화교육은 자의적이고 개인적인 수준에서 이루어지는 것이 아니라, 소통의 구조를 만들어가면서 지속적으로 구성되어야 하는 것이다.

삶의 과정은 분명한 기준을 요구한다. 이 기준은 절대적인 것이 아니라 구체적 현실을 살아가는 자들이 끊임없이 새롭게 구성하는 것이다. 대화교육이 배움의 당사자의 자발성을 필요로 하면서도 앎의 과정의 엄격성을 놓치지 않는 데에 그 중요성이 있다. 교육의 엄격성이라는 것은 앎 그 자체가 엄격성을 갖는 것이 아니라 앎의 대상을 다루는 데 엄격한 방법론이 있어야 함을 의미하는 말이다.

다. 교육의 정치성에 대한 인식

프레이리에게 교육의 정치적 중립성 문제는 그의 교육론에서 중요한 논의 주제이다. 교육이 정치적으로 중립적일 수 없다는 점을 프레이리는 일관되게 주장한다.

프레이리는 교육에 관한 논의를 진전시키면서 일관되게 '교육은 정치다'라는 점을 강조하고 있다. 이 말은 "교육은 언제나 목적과 목표, 꿈과 계획을 추구한다"(Freire, 1994: 206)는 전제에서 성립한다. 교사(프레이리에게 교사는 언제나 가르치면서 배우는 자이다)가 세계와 인간, 그리고 관계 맺음에 대한 비판적 이해가 없다면, 학생들(배우면서 가르치는 자) 앞에 어떻게 자기를 드러낼 수 있을까? 또한 교사가 삶의 한가운데서 선택을 해야 할 때, 자신이 선택할 수 있고 또 그 선택에 대한 근거와 정당성을 표명할 수 없다면 어떻게 교육과 삶을 통합할 수 있을까? 이 점에 대해서 프레이리는 분명한 어조로 교육이 정치라고 주장한다(Freire, 1998a: 100).

교육은 중립적일 수가 없다. 지향성이 분명해야 하는 인간 활동이기 때문이다. 그 지향성은 모순의 해소와 진보를 의미하며, 지배자들에게는 현상유지가 주요 관심사인 것이다. 프레이리가 '교육은 정치다'라고 하는 것은 교육이 정치적인 측면을 갖는다는 의미만을 이야기하는 것은 아니다. 프레이리는 교육 그 자체가 구체적 삶을 살아가는 인간들이 인간적 가치를 획득하는 과정이며, 그 지향이 인간해방이라는 것을 의미하는 것임을 이야기하고 있는 것이다. 이를 위해 프레이리는 교육이 단순히 정치와 싸움을 하는 것을 말하고자 함이 아니라 교육의 목적, 내용, 방법이 삶의 현장성을 담고, 삶의 가치를 추구하는 것이어야 함을 말하고 있는 것이다. 그 과정이 바로 정치라는 것이며, 이 과정은 또한 대화적 관계에서 성립된다고 한다. 이런 교육적 관계는 대화적 관계이며, 이 관계는 지역사회의 논의 공동체를 성립시킨다는 것을 프레이리는 실천으로 증언하고 있다. 정치적이란 결국 정당한 선택과 결정을 내릴 수밖에 없음을 이르는 것이며, 교육은 본질상 정치적임을 인식하는 것이 필요하다.

4] 대화교육의 실천 과정

대화교육은 곧 비판의 실천으로 전개된다. 비판의 실천은 자기의 존재와 문제를 드러내고 대상화하여 대화의 내용으로 구성하는 행위를 일컫는다. 이 과정은 인식론적 실천 행위, 즉 앎을 구성하는 숙고와 실천의 통합을 지향한다.

가. 상호 배움의 과정

대화교육은 교육자와 학습자가 서로 가르치고 배우는 과정이다. 대화적 관계 자체에 이미 이런 의미가 내포되어 있다. 대화 상대를 인정하고 존중하는 가운데 상호 배움이 시작되며, 함께 숙고하고 자극하는 가운데 배움과 가르침의 활동이 전개된다. 대화를 통한 배움은 상호 배움을 의미하며, 이는 대상에 대한 집단적 이해의 수준으로 나아가게 한다. 집단적 이해는 배움이 새롭게 구성되고 창조되는 이해의 형식이다. 서로 다른 관점을 통해서 더욱 풍부한 이해를 가져올 수 있게 되는 것이다.

대화교육의 과정은 앎의 행위를 구성하는 인간 활동의 변증법적 과정이다. 상호 배움과 가르침으로 인한 앎은 이런 과정을 통해 끊임없이 재구성되면서 참여자들 모두의 성장과 발달을 가져온다.

대화 주체 간에 서로를 인정하고 서로의 이해 방식을 존중하지 않는다면, 그 대화는 일방적 전달의 수준을 넘어설 수가 없다. 대화는 일방적 전달이 아니다. 대화는 상호 소통을 통해서 서로의 존재 방식에 대한 교류를 추구한다. 교사와 학생에게는 각자의 역할이 있으며, 다른 정체성을 가지게 된다. 여기서 특히 교육의 과정에서 교사의 역할과 그 정체성이 무엇인지를 함께 논의해보기로 한다. 다음의 진술은 교사의 역할이 무엇이어야 하는지를 단적으로 표현해주고 있다. 교육은 인간 행동양식의 고정된 정답을 요구하는 것이 아니다.

요컨대 프레이리의 대화교육 과정은 이론적 맥락과 실제적 맥락, 가르침과 배움, 인식과 실천을 끊임없이 오가는 변증법적 과정이다. 이 과정은 사회적 현실의 비판적 분석, 객관화를 통한 지식의 습득 등이 교사-학생 간의 대화를 통해서 전개된다. 이 과정에서 교사-학생은 모두 주체로서 함께 참여하며 각자의 정체성을 가진 동등한 존재로 상호 배움의 기회를 갖게 된다. 프레이리는 이러한 교육방법론을 성인 문해교육과정에 적용한 바 있다.[6]

나. 자유 실천의 대화교육

프레이리는 교육이 "자유의 실천"이 되기 위해, 대등한 사람들의 대화가 되어야 하며, 교사-학생이 서로 자신을 드러내고 제시하는 과정을 거쳐 불확실한 문화를 문제로 바라볼 수 있어야 한다고 본다. 특히 그는 "지식론적 조건으로서의 교육이란 교육자와 피교육자 모두가 지식 습득 과정의 주체로서 교육 내용을 문제화시키는 것"(Freire, 1973: 190)이라고 말했다.

프레이리는 "대화가 참된 교육방법이 되려면 그 주체들이 현실의 변증 관계들을 밝히기 위해 현실에 대해 과학적으로 접근해야만 한다는 점을 강조한다. 이에 따라 그는 진정한 대화적 교육이 이루어지기 위해서는 (예컨대, 성인 문해교육과정) 학습자들로 하여금 자기들의 실존적 상황에 대해 끊임없이 문제를 제기하도록 해야만 한다"(Freire, 1970: 490)고 말한다.

프레이리는 대화교육의 과정에서 문제제기를 중요한 방법으로 제안하고 있는 것이다. 문제제기식 대화는 사고하는 주체들이 만났을 때 이루어질 수 있다. 그러나 "대화는 한 주체가 자신이 사고하거나 알고 있는 것을 타자에게 '지도'하는 가운데서는 이뤄지지 않는다"(Freire, 1973: 172). 지도의 과정은 상호 주체성의 대화관계를 깨뜨리는 것이기 때문이다.

대화교육은 가르치면서 배우고 배우면서 가르치는 교육이다. 어느 한쪽이 일방적으로 다른 한쪽에게 무엇인가를 전달하는 행위는 교육이 아니다. 단순한 지도가 대화교육일 수 없는 것이 바로 이러한 이유이다. 배움과 가르침은 언제나 함께 일어나야 하며, 그것은 상호 소통적 관계에서 일어난다. 그러나 프레이리에게 '지도'라는 말은 그 자체가 비교육을 의미

---

6. 지식 습득 행위로서의 성인 문맹퇴치 교육과정에는 상호 연관된 두 개의 틀(context)이 있다. 하나는 교육자와 학습자들이 동등한 지식 습득의 주체들로서 갖는 참된 대화의 틀이다. 이는 학교들이 마땅히 지향해야 할 바, 즉 대화의 이론적 틀인 것이다. 다른 하나는 실재적·구체적 사실들의 틀, 즉 학습자들의 사회적 현실이다.
실재적 또는 구체적 틀에 의해 제시된 사실들은 대화의 이론적 틀 속에서 비판적으로 분석된다. 이러한 분석은 객관화 작업을 내포하고 있다. 우리는 객관화 작업을 통해 구체적 현실을 재조명함으로써 현실에 대한 지식을 획득해나가게 된다. 우리의 교육방법론에 있어서는 학습자들의 실존적 상황들을 재구성하는 편찬물(codification)이 객관화 작업의 수단이다.
이렇게 학습자들의 실존적 상황들로 재구성된 편찬물은 현실의 구체적 틀과 이론적 틀 사이를 매개하는 한편, 지식 습득의 대상으로서 지식 습득의 주체인 교육자와 학생 사이를 매개하며, 교육자와 학생들은 대화를 통하여 [행동-대상 전체]의 모습을 밝힌다(Freire, 1970: 487).

하는 것은 아니다. 지도의 지향하는 바와 함께하는 주체가 분명할 때 지도는 적극적인 교육의 의미를 지니게 된다.

대화적 관계를 통해 이루어지는 교육의 방식은 가르침과 배움이 별개가 아닌 상호 소통하는 과정에서 서로 자극하고 존중하는 가운데 이루어지는 것이다. 그 방식은 교육 주체들의 비판적 의식을 고양시킴으로써 자유의 실천에 이르고자 하는 것이다.

다. 교육 내용의 구성과 평가

프레이리의 대화교육론은 구성의 교육론이며, 인식론적 차원을 담고 있다. 프레이리에게 교육 내용의 선정과 구성은 당사자들의 현실을 토대로 함께 대화함으로써 끊임없이 구성-재구성을 거듭하는 변증법적 과정이다. 따라서 교육 내용은 고정불변의 것이 될 수 없으며, 교사가 일방적으로 정할 수도 없는 것이다. 그것은 대화를 통한 일련의 변증법적 탐구 과정이라고 할 수 있다. 평가의 의미도 이런 맥락에서 이해되어야 한다.

대화교육에서 교사와 학생은 끊임없이 서로 가르치면서 배우는 존재이다. 교사와 학생이 만나서 대화하는 내용은 그들의 구체적 삶의 현실이다. 그것은 일차적인 대화 자료이며, 이 자료를 분석하는 가운데서 현실에 대한 이해가 깊어지고 넓어지게 된다. 그리고 계속적인 대화를 통해 그 삶의 현실에 대한 이해를 새로이 구성해가게 된다.

요컨대 "대화교육이란 비판적 의식을 고양시켜 변화의 실천으로 이어지게 하기 위해, 대화적 분위기에서 교육적 방법이나 기술들을 문제제기적 방법으로 활용하여 교육 당사자들이 인식 행위를 할 수 있는 상황을 계획적으로 창조하는 것"(Wren, 1977: 211)이다. 이러한 프레이리의 대화교육은 세 가지 변증법적인 요소를 수반하는 과정이어야 한다(Collins, 1977: 16).

결국 대화교육의 과정은 대화를 통해 현실에 대한 비판적 인식을 갖게 함으로써, 교육 당사자들 자신의 변화는 물론 사회 현실의 변화에까지 이르게 하는 실천적인 교육의 과정이라 할 수 있다. 이 과정은 거듭되는 인식과 실천의 변증법적 과정이며, 공동 탐구의 과정이다.

4. 앎은 사회적으로 구성된다

프레이리에게 교육은 어떠한 상황에서도 인간적 가치를 놓치지 않으려는 합리적 정신을 추구하는 인간 고유의 영역이다. 인간의 가치를 추구하는 활동으로서 교육은 '교육인 것'과 '아닌 것'을 분별하려는 의지에서 출발하며, 인식과 행동의 합일을 지향하는 활동으로 나타난다. 활동으로서의 교육은 인간에 대한 이해의 폭과 깊이를 확대시키는 과정을 요구한다. 교육은 인간 내부에서 자연스럽게 발생하는 발달의 힘을 자극하고, 그것을 사회화시키는 과정을 통해 세계에 주체적으로 존재하는 인간 형성을 지향한다. 프레이리의 교육론은 모든 이들이 자신의 지식을 생산할 수 있음을 신뢰하는 데서 출발한다.

이 글은 프레이리의 대화론과 교육사상을 바탕으로 대화교육론을 구성하는 요소와 전개 과정에 대해 논의했다. 삶의 언어와 학교의 언어가 서로 소통되지 못함으로 해서 학교의 언어가 삶을 왜곡시키는 기제가 되고 있다. 말은 근본적으로 삶의 현장성을 지향하는 인간의 존재론적 행위이다. 연구자는 대화교육의 기본 요소를 '숙고', '감성', '베일 벗기기', '행동', '삶의 교재'로 보았다.

프레이리의 대화론은 그의 삶의 과정에서 실천되고 형성된 이론이다. 대화하는 자는 현실 속에서 자기의 과제를 포착하고 자신의 잠재된 능력을 인식하면서 희망을 발견한다. 그는 참여자의 삶을 선택함으로써 현실에 매몰되지 않고 현실을 드러내는 삶의 방식을 취한다. 또한 시대의 과제를 읽어냄으로써 자신의 삶의 과제를 읽어낼 수 있다.

대화교육에서 교육은 함께하는 인간 활동이며, 교육 그 자체에 엄격함을 내포하고 있다. 대화교육은 정치성을 담보하고 있으며 상호 주체성의 관계에서 성립된다. 대화교육은 상호 배움의 과정이며, 자유 실천의 방법이다. 대화교육의 지향은 성장과 발달의 교육이며 인간화와 인간의 해방을 향하는 교육이다. 또한 사회의 진보를 추구하는 교육이다.

　프레이리의 대화교육론은 개인적 앎을 넘어 사회적 앎을 지향한다. 이는 개인과 사회의 성장과 발달을 도모하는 교육론이다. 개인과 사회는 새로운 앎을 구성하는 실천과 반성의 합일에 의해 진보한다. 이 과정에서 교육 당사자들은 모두 주체로서 자기교육을 구성하게 된다. 분명한 범주와 규준을 가진 대화교육론의 실천 방식은 교육의 엄중성과 정치성에 대한 인식을 필요로 한다. 즉 프레이리의 대화교육론은 상호 배움을 통한 자유 실천의 교육론이다.

6.

교육은
정치다[1]

김부태

김부태
(현) 경북대학교 국제교류처 유학생지원 담당관실 재직
(주요 저서)『한국 학력사회론』

1. 교육은 정치이다?

파울루 프레이리와 프레이리언들은 "교육은 정치이다"라는 입장을 표명해왔다. 그들은 교육이 본질상 정치적으로 중립적일 수가 없다는 점을 강조한다. 카노이(Carnoy, M., 2000)는 프레이리를 20세기 후반의 가장 위대한 교육자 중 한 사람이며, 학습과 정치의식, 정치의식과 정치행동 간의 불가분의 관계를 믿었던 정열적인 진보주의자이자 정치운동가(교육문화연구회 옮김, 2003: 180)라고 평가했다. 피터 로버츠(Peter Roberts, 2016: 646)도 성인 문해교육자로서 프레이리의 효과성은 그의 기술적 역량 때문만이 아니라 교수와 학습이 정치적 과정이라는 그의 인식 때문이었으며, 그의 생애 후반부에는 "교육은 정치이다"라고 믿게 되었음을 진술하고 있다. 이러한 프레이리의 입장은 교육이 정치적 중립성을 견지해야 한다는 사회 주류의 관점과 정면으로 배치되는 쟁점이다. 교육의 정치적 중립성에 대한 개념적 논란(조석훈, 2015 등)에도 불구하고, 교육의 정치적 중립성은 현실적으로 하나의 사회 규범으로 기능하고 있다.[2] 대표적인 비판적 교육학

---

1. 한국교육철학회, 『교육철학』 제60집(2016: 1-38)에 게재된 논문을 부분 수정한 글임.

자의 한 사람으로 독특한 교육론을 정립한 프레이리의 교육의 정치성 주장을 명료하게 하는 것은 그 자체로 의미가 있다. 또한 그의 교육론의 정치적 성격에 대해 집중적으로 수행된 논의가 희소하다는 점에서도 탐구의 필요성이 요청된다.

"교육은 정치이다"라는 이 짧은 명제형의 진술은 무엇을 의미할까. 이 의문이 이 글의 탐구 과제이다. 그 관점을 이해하기 위해 이를 뒷받침하는 배경을 탐색하려고 한다. 탐색할 주요 내용은 다음과 같다. ① 교육의 정치성에 대한 이론적 배경으로서 기존의 논의 방식에 대해 검토한다. ② 교육의 정치적 성격에 대한 프레이리의 관점을 구성하는 근거로서 그 기원, 토대, 맥락, 전망에 대해 고찰한다. 이를테면 프레이리에게 교육의 정치적 성격은 어디서 비롯되는 것인가, 왜 그 성격은 비중립적인 것인가, 그 성격이 지향하는 바의 토대는 무엇인가, 프레이리의 교육의 정치적 성격에 대한 관점이 형성되고 작동하는 맥락은 어떤 것인가, 교육의 정치적 성격으로 본 교육의 전망은 무엇인가 등의 물음에 답을 구하려는 것이다. 그리고 ③ 그의 관점에 대한 논의로서 "교육은 정치이다"라는 명제의 의미와 그의 교육론이 지향하는 바를 논의하려고 한다. 이 글의 관점은 이해와 해석의 관점이며, 탐색을 위해 프레이리의 대표적인 저술[3]과 관련 자료들을 검토한다.

교육의 정치적 성격을 다룬 주류 논의로서 교육의 정치적 중립성을 다룬 논의들을 들 수 있다. 桑原作次(1986), 이명현(2006), 조석훈(2015) 등은 교육의 정치적 중립성에 대한 해석과 적용의 문제 등을 논의하였으며, 신현직(1999), 이기우(2011), 음선필(2011) 등은 교육자치제 등과 관련하여 교육의 정치적 중립성 문제를 법리의 관점에서 다루었다. 이들 연구는 대개

---

2. 교육의 정치적 중립성에 대해서는 헌법(제31조 4항)에 규정되어 있다.
3. 프레이리의 대표 저술로는 패트릭 클라크(Patrick Clarke)가 『자유의 교육학』 머리말에서 언급하고 있듯이, '프레이리의 교육학 3부작'으로 꼽히는 『*Pedagogy of the Oppressed*』, 『*Pedagogy of Hope*』, 『*Pedagogy of Freedom*』을 집중적으로 고찰한다.

교육과 정치를 서로 다른 사회적 영역으로 구분하면서 이들 영역 간의 관계가 어떻게 설정되고 기능해야 할 것인지를 논의하고 있다. 즉 각 영역이 어떻게 자주성과 민주성의 원칙을 유지하도록 그 관계를 설정하고 조정할 것인가를 주요 쟁점으로 삼고 있다.

조세형(2005), 이성우(2006), 문혜림(2012) 등은 프레이리의 교육론에 나타나는 교육의 정치성에 대해 논의하였다. 조세형(2005: 113-115)은 프레이리의 관점에서 교육의 비중립적 성격과 그 의미를 논의하였으며, 이성우(2006: 48-70)는 마르크시즘의 관점에서 프레이리의 교육의 정치성을 교육의 가능성과 당파성의 개념으로 해석하였다. 문혜림(2012)은 프레이리의 '교육의 정치성' 개념이 비판적 교육학의 사회 변혁론 성립에 단초가 되는 것으로 보고, 교육사상사적 접근과 함께 교육과 정치의 연관에 대한 사회과학의 여러 이론적 관점과 대비하면서 프레이리의 '교육의 정치성' 개념을 논의하였다. 그는 특히 프레이리의 '교육의 정치성' 개념이 인간성에서 비롯된 교육의 비중립성을 의미하는 것으로 규정했다.

노이만(Jacob W. Neumann, 2016)과 피터 로버츠(Peter Roberts, 2016)는 로버츠가 2013년에 출간한 『Paulo Freire in the 21st Century: Education, Dialogue, and Transformation』에 대해 노이만이 비판적으로 리뷰한 논문과 이에 대한 반론을 담고 있다. 이들은 프레이리 교육론의 정치적 성격을 주요 쟁점으로 다루고 있다. 노이만(2016: 635-639)은, 로버츠가 프레이리를, 교육이 가진 주도권의 한계를 인정하고, 당파적 정치나 구체적인 거시정치적 목표를 추구하지 않으며, 대안적 담론에 개방적인 사람으로 나타내고 있는데, 이것은 비판적 교육을 정당정치의 활동이 아니라 비판적 존재의 전인적 발달로 그리고 있다는 점에서 '거의 무정치적인almost apolitical' 프레이리가 된다고 주장했다. 그는 로버츠의 해석이 정당정치나 거시정치적 목표를 전제하거나 진전시키지 않는다는 점에서 무정치적인 것이라고 규정한 것이다. 사실 노이만의 정치 개념은 매우 한정된 의미를 보여주고 있다. 로버츠(2016: 643-649)도 노이만의 이런 주장들에 대해, '무 정치적'이라는 용어가 가끔 정당과 관련하여 자신의 위치나 선호 등과 관련하여 좁은 의미로 사용되지만, 그것은 너무 협소한 개념이라고 반론했다. 그리고 그는 프레이리가 한때 정당 활동에도 깊이 관여하는 등 그의 정치성에 대한 증거는 충분하다는 점을 강조했다.

관련 논의들은 교육의 정치적 성격과 관련하여 다음과 같은 점을 시사하고 있다. 첫째, 교육의 정치적 중립성 주장은 교육 영역과 정치 영역 간의 갈등을 조절하고 현실적 타협점을 찾으려는 노력으로 귀결되고 있다는 점에서 현 체제의 균형 유지에 초점을 맞추는 보수적 성격의 논의이다. 둘째, 교육의 정치적 성격에 대한 프레이리의 관점은 인간성에 주목하고 있음을 시사한다. 셋째, 교육과 정치의 개념을 보다 넓은 범위로 이해하는 것이 필요하다는 점이다.

2. 교육의 정치성에 대해 논의하는 방식들

이 장의 논의를 시작하기 전에 한 가지 먼저 고려할 것이 있다. 다른 주요 학문적 개념들과 마찬가지로 '정치'라는 용어가 매우 다양하게 사용되고 있다는 점이다. 정치라는 용어는 일상적으로 친숙하게 사용되지만 그만큼 수렴된 의미로 명료하게 사용되고 있지는 않다. 특히 논자와 경우에 따라 그 용법의 개념적 층위와 방향이 다른 문제를 내포하고 있으므로, 정치에 대한 다소간의 개념적 정리가 필요하다고 본다. 정치학자들은 정치에 대해 국가 현상, 권력 현상, 사회적 가치 배분 등과 같은 개념의 시각에서 다양하게 접근해왔다. 이를테면 국가의 질서를 위한 통치·타협·조정 활동, 권력의 획득과 유지·확대를 위한 경쟁과 투쟁, 희소 자원을 둘러싼 공동의 활동 등과 같은 것이다(참고: 이영재 외, 2015; 서울대학교 정치학과 교수, 2009; Duverger/배영동 옮김, 2010; 그 외 인터넷상의 여러 지식백과 등). 정치에 대한 다양한 정의들에서 정치를 인간의 활동으로 정의할 수 있고, 그 활동의 목적(지향성), 그리고 그 목적 및 지향성을 추구하는 방법과 내용 등을 함축하고 있음을 확인할 수 있다. 이러한 의미를 참고하여 정치에 대해 다소 포괄적이고 일반적인 수준에서 잠정적으로 다음과 같이 정의하여 사용하고자 한다. 이를테면 정치에 대해 "국가·집단·사회 성원들이 권력·자원·문화(이념) 등에서 우위를 실현하기 위한 사회적 실천 활동"으로 규정한다. 부연하면, 이 인간 활동은 다음과 같은 몇 가지 의미를 내포하고 있다. 우선 그 활동의 주체는 국가 혹은 정부로부터 계급, 정당 등의 집단, 그리고 사회를 구성하는 성원들이다. 둘째, 그 주체들이 목적하는 바는 (국가)권력, 자원 등의 사회적 가치들을 쟁취하거나 안정화하기 위한 것이며, 자신의 이념과 문화를 실현하고 정당화하려는 것이다. 셋째, 정치는 그 목적을 추구하기 위해, 조정·타협·통제하는 통치 활동뿐만 아니라, 거부하고 투쟁하는 저항 활동, 그 통치나 저항을 위해 선택하고 결정하는 등의 유목적적인 사회적 활동이다. 넷째, 그 활동은 주체들이 처한 존재조건과 인식에 따라 서로 다른 지향성을 가질 수 있는 것이다.

이제 교육의 정치성에 대한 이론적 배경으로 거시적인 맥락에서 교육의 정치성을 다룬 주요 논의 방식들을 프레이리의 관점에 초점을 맞추어 검토한다. 이 논의는 상당 부분 이미 비판적 교육학이 정립한 이론적 시각에 의거한 논의이다. 현 사회의 주류 관점인 중립성의 관점, 이에 대한 비판적 논의로서의 마르크시즘적 관점, 마르크시즘의 관점에 대한 비판으로서 교육의 상대적 자율성론의 관점을 검토한다.

1] 교육과 정치 간의 민주적 관계: 중립성

교육의 정치성 문제는 교육학, 사회학, 법학, 정치학 등의 여러 학문 분야에서 이론적 논란이 다양하게 교차된 쟁점이다. 교육과 정치 간의 관계에 대한 논의는 특히 학교라는 교육 전문기관이 국가 관리의 제도로 정립되기 시작한 공교육체제의 확립과 함께 시작되었다. 초기 논의는 자유주의 교육철학자들과 기능주의 사회학자들에 의해 이루어졌다(문혜림, 2012: 98). 자유주의 철학자들은 학교가 보편적 국민교육기관으로 인류 문화의 발달에 의해 확립된 학문적 지식에 입문하게 함으로써 개인의 교육을 전문적으로 담당하는 '정치적 중립'기관으로 생각했다. 기능주의적 사회학자들도 교육의 사회화 기능과 사회적 선발·배치 기능에 의한 사회의 존속과 점진적 발달에 초점을 맞춤으로써 기존 체제의 안정적 유지를 뒷받침해주는 정치적 보수성을 갖고 있다.

한국 사회의 경우, 교육의 정치적 중립성 논의가 1962년 헌법 개정 시에 헌법상의 규범으로 등장한 이후 1990년대를 지나면서 지방교육자치제를 중심으로 한 교육행정제도, 교육 방침, 교육과정 등의 제반 영역에 걸쳐 입법·행정·사법의 행위를 판단하고 평가하는 중요한 원칙으로 적용되어왔다(조석훈, 2015: 321). 주로 교육과 정치 간의 민주적 관계 설정을 두고 여러 논의들이 이루어졌던 것으로 판단된다.

교육의 정치적 중립성을 다룬 기존 논의들은 대체로 교육의 자주성과 같은 범주나 맥락에서, 교육의 정치적 중립성은 교육에 대한 정치적·파당적 개입과 지배를 배제하여 교육의 자주성과 자율성을 보장하고 옹호하기 위한 원칙이라는 점에 대체로 합의하고 있다(Ibid.: 298-299). 교육이 정치권 등 특정 집단의 부당한 압력이나 영향을 받지 않으며 교육의 전문성을 기반으로 자주적으로 운영되어야 한다는 것이다. 그런데 교육의 자주성과 교육의 중립성은 같은 것이 아니며 상호 연관성을 가지고 있다. 교육의 정치적 중립성은 교육의 자주성 내지 교육의 전문성을 정치적인 측면에서 표현한 것(이기우, 2011: 42)으로, 교육의 자주성이 외부 특히 국가권력에 의하지 않고 교육의 전문가에 의해 이루어져야 한다는 원칙이라면, 교육의 정치적 중립성은 그러한 원칙이 구현되기 위한 여건이 된다

(음선필, 2011: 119). 즉 교육의 자주성은 교육의 전문성을 보장하기 위해 요구되는 것이며, 중립성은 자주성을 보장하기 위해 필요한 것이다(신현직, 1999: 156).

그러나 이명현(2006: 170-172)은 교육의 정치적 중립성 개념을 교육 관리의 행정적 측면보다는 "미성년자인 피교육자들에게 특정 이념의 내용을 교육함으로써 나타날 부작용을 차단하기 위해 필요한 정치적 장치"로 규정한다. 즉 "미성년자를 대상으로 하는 교육현장은 정치로부터 자유로운 중립지대"이어야 한다고 주장했다. 교육의 정치적 중립성 개념에 대해 비판적 시각을 견지하고 있는 桑原作次(1986: 84)도 미성년의 교육 문제와 관련하여, 교사가 교육에 임할 때는 정치적인 실천적 관심과 의욕을 억제하는 금욕적 태도를 견지하는 것이 윤리규범으로 필요하다고 본다. 그러나 통칭하여 '특정 이념'이라고 하는 것도 누구의 관점에 의해 규정된 것인지에 따라 다를 수 있는 것이며, 교육현장을 실제로 '정치로부터 자유로운 중립지대'로 만들 수 있는가라는 점이 현실적 쟁점으로 남아 있다.

한편 조석훈(2015: 300-302)은 교육의 정치적 중립성을 '자주성' 옹호의 측면으로 접근하는 기존의 일반적인 관점이 '교육의 보호'라는 가치를 강조하는 데는 기여하지만, 또 다른 중요한 가치인 '정치적 민주성'의 측면을 간과한 것으로 보면서, 자주성의 가치뿐만 아니라 민주성의 가치와도 연결되는 것으로 그 성격을 새롭게 정립할 필요가 있음을 주장했다. 이에 따라 그는 교육의 정치적 중립성을 '교육의 자주성과 정치적 민주성의 조정기제'로 규정할 것을 제안했다. 이 경우, 그가 알고 있는 바와 같이, 교육의 정치적 중립성이 상황 변화에 따라 그 구현 형태가 달라지고 내용이 모호해지게 된다. 그러나 그는 그런 상대성에 의한 모호성을 자연스러운 것으로 이해하면서, 조정기제로서 정치적 중립성은 상황과 맥락, 관련 주체의 관계, 의도와 관심 등을 종합적으로 고려하여 구체적으로 균형 지점을 찾게 될 것이라고 주장했다. 법제의 관점에 기인된 것이기도 하겠지만, 그의 교육의 정치적 중립성을 조정기제로 보는 관점은 갈등의 조정과 타협을 통해 기존 체제의 안정적 균형을 추구하는 보수적 담론의 하나라고 할 수 있겠다.

현대의 공교육제도가 교육의 자유보다 교육의 평등을 위한 생존권 내지 사회권으로 파악되면서 국가의 개입이 확대되고 그 과정에서 국가권력의 교육 지배로 이어지면서, 교육의 자주성 측면에서 국가의 정치적 중립성의 요구로 나타나게 되었다(신현직, 1999: 165). 국가가 정치권력을 장악한 지배집단에 의해 구성된 것이라면, 국가의 중립성이란 허구가 될 것이며, 국가가 그 권력을 행사하여 교육의 중립성을 확보한다는 것 자체가 불가능한 것이다. 중립성이란 개념 자체가 무내용의 형식적 개념이므로 국가의 정치권력에 의해 규정되는 중립성의 내용은 당파적일 수밖에 없다(桑原作次, 1986: 84-85). 국가의 성격이 결정적으로 교육의 성격을 특징지을 수 있는 상황이 된 것이다.

요컨대 교육의 정치적 중립성에 대한 논의들은 대체로 교육 영역과 정치 영역을 구분하면서, 국가의 통치 작용과 같은 의미로서의 정치 개념에 의거하여 교육의 중립성을 논의하고 있다. 교육의 정치적 중립성에 대한 논의가 교육의 전문성, 교육의 자주성, 정치적 민주성 등 그 자체로 의미 있는 개념들과 연관하여 이루어지지만, 교육의 정치적 중립성은 교육체제를 규정하는 국가권력의 성격이 어떤 것인가에 따라 크게 달라질 수 있는 것이며, 교육 자체의 본질상 결코 정치적으로 중립적일 수 없음을 주장하는 프레이리의 논의와는 정반대의 지점에 있다.

2] 상부구조로서의 교육과 정치: 당파성

학교와 그 관리기관인 국가를 중립적 성격의 기관으로 가정한 관점들은 마르크시즘에 기반을 둔 재생산이론 혹은 비판적 교육이론 등에 의해 자본주의 사회의 학교교육이 불평등 구조의 사회체제를 존속·유지시키는 데 기여한다는 비판을 받았다. 알튀세르L. Althusser, 볼스와 진티스S. Bowles & H. Gintis, 부르디외P. Bourdieu 등은 대표적인 재생산론자들이다. 이들은 마르크시즘의 사회구성체론에 의거하여, 자본주의 사회의 상부구조로서 국가와 교육은 이미 자본가계급 등의 지배계급에 장악되어 결코 중립적일 수 없다고 본다. 특히 학교교육은 지배계급의 이해관계를 관철시키는 이데올로기의 생성과 전수 기구로서의 정치적 성격을 갖는다.

구조주의 마르크시스트 알튀세르가 학교교육의 재생산론을 선도했다. 그는 국가를 중요시하면서 학교를 이데올로기적 국가기구ISA들 중의 하나로 규정했다. 알튀세르(이진수 옮김, 1991)에 따르면, 자본주의 국가는 구체적인 실체를 지닌 이데올로기를 통해 개인을 현 지배체제에 충실하게 복무하는 성원으로 만들고 체제를 유지·강화한다. "모든 이데올로기적 국가기구ISA들은 같은 결과, 즉 생산관계의 재생산, 자본주의 착취 관계의 재생산에 기여한다. 가장 지배적인 역할을 하는 이데올로기적 국가기구ISA가 바로 학교이다"(Ibid.: 159). 학교는 지배 이데올로기의 생산과 전수를 통해 학생들을 자본주의 사회 체제에 적응하도록 기능하는 효과적인 국가장치라는 것이다.

볼스와 진티스(1976)는 미국의 학교교육제도가 자본주의 사회 내에서 생산력과 생산관계의 재생산에 기여하는 방식으로 역사적으로 변해왔음을 실증하려고 했다. 자본 축적을 위해 요구되는 노동력의 수요와 국가를 매개로 한 학교교육 간의 상응성을 정밀하게 연구하고자 하였다. 그들은 학교교육제도와 교육 내용이 사회계층 구조를 반영하듯 위계화되고, 자본주의 생산관계의 요구를 충족시키도록 기능해온 것으로 보았다. 따라서 미국의 학교교육제도는 자본주의 생산양식에 적합한 태도와 가치관을 가르침으로써 기존의 불평등한 사회구조를 정당화하고 지속시킨다고 비판하였다. 학교교육이 자본주의 경제구조를 재생산한다는 것이다. 결국 학교교육은 정치적으로 사회의 불평등 구조를 정당화하는 성격을 갖고 있다는 것이다.

부르디외의 여러 논의들(1979a, 1979b, 1982 등)로 대표되는 문화재생산론에서는 학교교육을 계급관계의 문화적 재생산으로 규정하고, 학교는 지배집단의 문화자본을 재창조하고 정당화하는 역할을 수행하는 것으로 설명한다. 부르디외는 문화자본, 하비투스, 장, 계급에토스, 학력자본 등의 개념을 이용하여, 프랑스의 특히 고등교육 영역에서 교육이 어떻게 사회계급과 구조적으로 연계되는지를 포착해내고 있다. 사회화와 교육을 통해 문화적 성향들이 내면화되며, 이것을 반영하는 개인과 집단의 행동이 기존의 계급관계를 재생산하도록 구조화된다. "정통적 문화와 지식체계는 지배계급이 가진 중요한 상징적 자본이며, 이 문화가 피지배계급에게는 상징적 폭력으로 기능한다"(1982). 학교는 문화적 재생산의 역할을 통해 지배계급이 권력과 특권을 무리 없이 다음 세대로 전수할 수 있도록 만든다는 것이다.

재생산론으로 분류되는 이들의 논의는 모두 학교교육이 자본주의 사회의 불평등 구조를 그대로 존속·확대시키는 편향적인 기능을 하는 것으로 결론짓는다. 교육이 지배의 정치를 후원하는 기능을 하고 있는 것이다. 이들의 연구가 교육을 통한 지배구조의 재생산이라는 중요한 사실을 폭로해주지만, 교육의 정치적 성격은 변화의 실마리를 찾을 수 없는 비관적 전망으로 이어질 수밖에 없다. 그 논의는 또한 지나치게 결정론적이고 기계적이라는 비판을 피할 수 없게 되었다.

3] 교육의 상대적 자율성론: 양면성

프레이리를 비롯한 지루H. Giroux(1988), 애플M. Apple(1985, 1996), 카노이 M. Carnoy(1985, 2000) 등의 교육학자들은 재생산이론을 비판적으로 수용하여 자본주의 사회의 학교교육에 대응했다. 이들은 또한 "마르크시즘의 또 다른 흐름인 루카치, 그람시, 사르트르 등 역사 발전에서 인간의 의식과 문화, 윤리적-정치적 요소를 강조한 인본주의적 접근에 주목하여 학교가 사회 변화를 위한 저항 공간이 될 수 있다는 낙관론을 폈다"(문혜림, 2012: 99). 상부구조로서의 국가와 교육이 상대적 자율성을 갖는다는 점을 포착하여 그 가능성을 적극적으로 탐색하려 한 것이다.

그러나 교육의 상대적 자율성 개념은 말 그대로 제한적 유동성을 갖는 것이다. 토대에 규정될 뿐만 아니라, 그 힘이 보다 강력하게 기존 토대를 더욱 강화하는 쪽으로도 기능할 수 있기 때문이다. 알튀세르나 부르디외가 지적했던 상부구조의 자율성은 결국 이런 점을 보여준 것이라 할 수 있다. 다시 말해 교육의 상대적 자율성 개념에 주목하는 이들은 틈새로서의 자율 공간이 그리 넓지 않지만, 그 공간을 적극적으로 해석하고 그 공간이 미칠 수 있는 위력을 극대화할 수 있는 저항과 가능성의 교육 정치를 모색하려 했던 것이다.

교육의 상대적 자율성론자들은 재생산론이 가진 문제와 비관적 전망을 비판하면서, 재생산론이 간과했던 교육현장이 구체적으로 어떻게 작동하는지를 살피고, 또한 그 결과를 더 큰 맥락과 연관 짓고자 했다. 방법론적으로 미시-거시, 개인-구조를 통합하려 하였다. 그들은 '이데올로기 각축장'으로서의 학교교육 현장으로부터 당사자들의 이데올로기와 함께 저항과 같은 그들의 능동성을 발견한다. 교육과 인간에 대한 보다 포괄적인 인식을 요구하고 있는 것이다. 프레이리의 교육론도 이러한 맥락에 위치해 있다.

교육을 지배 이데올로기의 정체를 폭로하는 도구로만 여기는 것, 그것은 마치 어떤 장애물이나 지난한 투쟁 없이 지극히 간단하게 성취될 수 있는 일인 양 생각한다면 이는 잘못이다. 마찬가지로 교육이 단순히 지배 이데올로기 재생산 도구에 불과하다고 말하는 것 또한 근본적으로 잘못이다. 이러한 두 가지 태도는 심각한 오류를 범하는 것이며 역사와 의식을 바라보는 시각에 문제가 있음을 드러낸다. 한편에서는 의식을 물질의 단순한 반사로 환원시켜버리는 기계론적 역사관을, 다른 한편에서는 의식의 역할을 역사상의 사실들에 끼워 맞추려고 시도하는 주관적 관념론을 지니고 있는 것이다. 인간은 단지 사실과 사건에 의해서만 결정되지는 않는다(사람대사람 옮김, 2007: 120).

프레이리는 '저항'의 논의 수준에 머물지 않는다. 프레이리는 『페다고지』(1970) 등 여러 저술들을 통해 먼저 비인간화의 역사적 현실에 대한 인식이 반드시 필요하며, 그 인식을 발전시키고 현실에 비판적으로 개입하는 실천이 결국 인간화와 사회의 변화로 이어질 수 있는 것으로 생각했다. 그는 세계의 다양한 현장의 교육을 통해 현실의 모순에 대한 비판적 인식과 실천이라는 변증법적 과정의 프락시스로 인간성을 회복하고 사회 변화에 이르려는 교육론을 정립한 것이다. 프레이리에게 이런 교육의 과정은 결코 정치적으로 중립적일 수 없는 것이다. 그의 비중립성 주장은 그의 생애 후반기에 "교육은 정치이다"라는 명제로 정립되었다.

3. 프레이리 교육론의 정치적 구성

교육의 정치성에 대한 프레이리의 관점을 구성하는 배경 혹은 근거로서 그 기원, 토대, 맥락, 전망을 중심으로 살펴보기로 한다.

1] 기원: 이데올로기적 존재로서의 인간

프레이리에게 사회 속에 함께 존재하는 사람들의 행위는 결코 중립적일 수가 없다. 우리는 삶의 맥락과 동떨어져 존재할 수가 없으며 어떤 식으로든 삶에 대해 선택하고 결정해야 하는 상황에 직면하게 되기 때문이다. 특히 교육은 유목적적 지향성을 가진 중립적일 수 없는 정치적 성격을 띤다. 프레이리에게 교육의 정치적 성격은 인간성, 즉 인간의 교육 가능성에서 비롯된 본질적 속성이다.

> 인간의 독특한 행위로서의 교육은 '지향적' 소명을 지닌다. 즉 교육은 꿈과 이상, 유토피아, 목표 등 소위 내가 교육의 정치적 본질이라고 부르는 것들에 뛰어드는 일이다. 다시 말해 정치적이라는 성질이 교육의 핵심에 내재되어 있다. 사실 교육의 중립성은 불가능하다. (중략) 교육의 정치적 본질의 진정한 뿌리는 인간의 교육 가능성에서 발견된다(사람대사람 옮김, 2007: 133-134).

프레이리가 말하는 바와 같이, 교육 가능성은 인간 조건의 본질적인 미완의 성질과 이 미완의 상태를 우리가 의식하고 있다는 데 그 근거를 두고 있다. 인간은 미완의 본질을 의식하고 있는 역사적 존재이며, 역사적 존재로서 미완의 본질은 선택을 요구한다. 선택은 완전을 추구하는 인간의 지향적 행위이다. 완전을 추구하고 특정 상황을 헤쳐나가기 위해 '고심하는 존재'로서의 인간(교육문화연구회 옮김, 2002: 154)은 배움과 앎을 추구하며 거기에 교육의 장을 만든다. 이 교육 활동이 지향성을 가지고 선택으로 이루어지는 한 정치적 성격을 갖게 된다. 결국 "정치적이란 정당한 선택과 결정을 내릴 수밖에 없음을 이르는 것이다"(조세형, 2005: 115). "프레이리가 밝힌 교육의 정치성은 political character가 아닌 political nature이다. (중략) 교육이라면 당연히 정치적일 수밖에 없다는 당위성에 입각한 개념이며, 이 당위성은 사회구조 내에서가 아닌 바로 인간의 유적본질類的本質 자체에서 나온다는 프레이리의 독특한 관점을 담고 있다"(문혜림, 2012: 97). 일정한 맥락에 위치한 인간들이 의식의 지향성으로 인해 이들 사이에 이루어지는 교육 활동은 본질상 결코 중립적일 수 없다는 것이다. 프레이리에게 교육의 정치적 성격은 교육 당사자들 사이에서 이루어지는 교육 활동의 비중립성을 이르는 것이다.

> 본질적으로 교사는 변화를 원하거나 아니면 거부하는 입장에 서야만 한다. 교사는 자신의 입장을 부인할 수도 감출 수도 없으며, 다른 사람들이 그의 입장을 거부할 수 있는 권리 또한 부정할 수 없다. 교사로서 학생들을 존중해야 한다는 명목으로 존재하지도 않는 중립적 입장을 공표하면서 자신의 정치적 입장을 생략하거나 숨기는 이유를 나는 이해할 수 없다. 오히려 교사의 역할은 학생들이 비교하고, 선택하고, 결단하고, 결정할 권리가 있음을 인정하는 것이다(사람대사람, 2007: 82).

프레이리에게 인간은 이데올로기적 존재이다. 인간은 자신이 살고 있는 세계를 인식하고 해석하기 위해 이데올로기를 생성하고 발전시킨다는 의미이다. 이 이데올로기는 인간이 자신의 상황과 세계를 이해하고 설명하는 틀과 같은 것이다. 이 틀은 관념 혹은 신념들로 짜인 일련의 체계로 정교화되고 확장될 수 있다. 관념 혹은 신념 체계로서의 이데올로기는 자신을 중심으로 형성된 선택적인 것이다. 교육이 비중립적인 성격을 띠게 되는 것은 바로 인간이 자신의 존재조건과 자유에 대한 인식을 갖고 있는 존재(교육문화연구회 옮김, 2002: 315)로서 모종의 지향성을 가진 이데올로기를 생성하고 발전시키기 때문이다. 다시 말해 교육의 정치적 성격은 인간의 세계에 대한 선택적 인식과 그에 따른 지향성에서 비롯된 것이라 할 수 있다. 프레이리가 "교육은 이데올로기적인 것이다"라고 진술한 데서 이미 이런 의미를 내재하고 있다.

요컨대 프레이리에게 교육의 정치적 성격은 이데올로기적 존재로서의 인간이 가진 교육 가능성에서 기인된 것으로, 교육 활동은 미완의 인간 의식이 갖는 일정한 지향성으로 인해 결코 중립적일 수 없는 것이다. 프레이리의 이런 개념적 이해는 교육의 중립성 논의나 마르크시즘의 사회구성체론에 의거하여 교육을 이해한 사회과학의 이론적 논의들과는 다르게 그 의미를 규정하는 것이다.

2] 토대: 보편적 인간 윤리

프레이리는 1998년에 출간된 『자유의 교육학』에서, 교육 실천이 보편적 인간 윤리를 바탕으로 한 정치적 실천이라는 점을 분명하게 하고 있다. 즉 윤리·정치적 선택에 의한 교육 실천을 강조하고 있다.

> 나의 윤리-정치적ethico-political 선택의 본질은 세상에 개입하고자 내가 의식적으로 취한 선택이다(사람대사람 옮김, 2007: 166).

그는 특히 신자유주의라는 강력한 이데올로기 속에서 교육이 사회 변화를 위해 할 수 있는 역할, 즉 '교육의 정치적 실천'이 무엇을 의미하는가와 관련하여, 이 보편 윤리에 대해 다음과 같이 말한다.

> 나는 보편적인 인간 윤리, 즉 방금 언급한 이윤의 법칙만을 따르는 좁은 의미의 시장 윤리를 거침없이 비난하는 윤리에 대해서 말하고 있다. 이는 노동의 착취와 유언비어를 진실로 만들고 진실을 단순한 유언비어로 만들어버리는 속임수를 두려움 없이 비판하는 윤리이다 (중략) 내가 말하는 윤리는 인종, 성, 계급 차별에 맞선 윤리로, 순수 엘리트주의의 가식적 타락과는 양립할 수 없는 것이다. 우리는 교육 실천과 분리될 수 없는 이러한 윤리를 위해 투쟁해야 한다(Ibid.: 14-15).

프레이리는 보편적 인간 윤리에 대해 말하면서, 현 세계의 지배적 흐름을 이루고 있는 신자유주의의 시장 윤리를 비판하고 있다. 보편 윤리에

어긋나는 노동의 착취와 속임수를 비판하고, 인간에 대한 모든 차별과 불의에 맞서는 인간 연대의 윤리에 의한 정치적 실천이 이루어져야 함을 강조하고 있는 것이다. 그 실천은 윤리적 토대에 의거하는 것이므로, 프레이리의 말대로 "우리가 윤리적 토대를 갖출 때, 비로소 우리는 우리 자신을 결정하고 추구하고 선택하는 주체, 즉 우리 세계를 변혁시킬 수 있는 역사적 주체로 여길 수 있다"(Ibid.: 17). 윤리적 필요성이 요구되는 곳은 바로 결정, 평가, 자유, 결단, 그리고 선택의 영역이다. 이들 영역에서 역사적 주체로서 교육 당사자들은 교육 실천을 통해 자신이 처한 상황을 스스로 정의 내릴 수 있어야 한다. 그리하여 교육 실천은 윤리적으로 옳지 않은 것들에 맞서는 일이다(Ibid: 122). 정당함을 지키는 교육 당사자들의 헌신과 연대가 중요할 수밖에 없다.

아로노비츠(S. Aronowitz, 1998)에 따르면, 인간해방에 대한 프레이리의 신념은 역사적 필연성보다는 오히려 윤리적 이상에 대한 '실존적 헌신'에 그 뿌리를 두고 있는 것(사람대사람 옮김, 2007: 188)으로 본다. 이것은 프레이리가 이전 교육의 당사자들이 권위주의 조직에 대항하여 얻은 결과로부터 확신하게 된 것이다. 특히 급진적인 교육자들의 활동에 큰 기대를 걸고 있다. 교육 당사자들에게 인간해방의 이념은 인간의 존재론적 소명이자 보편적 인간 윤리에 그 뿌리를 두고 있는 것이다.

프레이리는 보편적 인간 윤리를 지키는 최선의 방법을 교육현장의 정치적 실천에서 찾는다. "이러한 윤리를 위해 투쟁하는 최고의 방법은 교육 실천 속에서, 학생들과의 관계 속에서, 그리고 우리가 가르치는 내용을 다루는 방법 속에서, 또한 저자들을 인용하는 방식 속에서 이 윤리를 실천하는 것이다"(사람대사람 옮김, 2007: 25). 그가 보기에, 무엇에 헌신하고 왜 하는지에 대해 명료해지는 것은 좋은 교사가 되는 과정의 한 부분이다(Roberts, 2016: 648). 가르치는 일을 통해 우리는 자신이 윤리적 존재임을 확인하게 된다. 모든 가르치는 행위는 그것과 함께 우리가 이상적인 것으로 생각하는 바의 함의나 명시적인 의미를 수반한다. 교육의 과정에서 우리가 무엇을 어떻게 해야 할 것인가에 대해 최종적이거나 고정된 것은 아무것도 없다. 대신 변화하는 세계 속의 윤리·정치적 존재로서, 프레이리언의 관점에 따르면, 우리는 종결되지 않은 채로 남아 있다(Ibid.: 649). 교육의 실천은 윤리적 토대 위에서 이루어져야 하며 구체적인 실천은 고정된 것이 아니라 상황에 대한 비판적 인식과 반성적 실천을 통해 거듭되어야 하는 것이다.

3] 맥락: 포괄적 교육의 역사적 현장

교육의 정치적 성격에 대한 프레이리의 관점은 마르크시즘의 사회구성체론적 분석을 통해 얻은 것이기도 하지만, 이를 자신의 경험으로 거듭 수정하고 재해석하는 과정을 통해 정립한 것이다. 그에게 교육은 '학교'라는 국가 관리의 교육제도만이 아닌 제도권 외의 다양한 현장의 교육을 포함하는 것이라는 점이 주목되어야 한다. 그가 의미하는 교육의 정치적 성격은 이 포괄적인 교육이 갖는 본질적 속성이라고 할 수 있다. 다시 말해 교육의 정치성은 교육의 당사자들이 자신들의 실제 삶을 토대로 현장의 이데올로기들을 사회 속에서 만들어진 비판적 인식의 대상으로 생각할 수 있게 되는 것으로부터 나온 것이다. 따라서 그의 교육에 대한 비판 또한 학교라는 국가 교육기관에서 이루어지는 교육만을 대상으로 하는 것이 아니라, 다양한 현장의 교육에서 교육 당사자들이 세계를 인식하고, 실천하고, 앎을 생성하고, 그 생성한 앎을 관리하는 방식 자체가 잘못되어 있음에 대한 비판이라고 할 수 있다.

프레이리의 교육론은 개방성을 그 한 가지 특징으로 한다(J. W. Neumann, 2016; P. Roberts, 2016). 프레이리에게 열린 태도를 취한다는 것은 "내 의식이 항상 깨어 있도록, 내 능력이 올바른 사고에 민감하도록, 내 지각을 보다 날카롭게 벼리도록, 또한 존중감을 가지고 남의 말을 경청할 수 있도록 하는 가장 좋은 방법"(사람대사람 옮김, 2007: 161)이자 독단적인 사고와 태도를 막는 방법이다. 이러한 정신은 그의 교육론을 구성하는 방식에도 그대로 나타난다. 그의 교육론은 구체적인 현실, 즉 그 역사적 현장이 어떤 것이며, 그 현실에 변화를 가져올 실천이 어떤 것인가라는 인식의 결과에 따라 다양한 관점을 개방적으로 받아들여 통합하는 유연성을 지니고 있다. 그 속성은 다양한 교육의 현장을 경험하고 반성하면서 자신의 교육론을 거듭 수정해온 그의 철저한 방법론이기도 하다. 따라서 일부 학자들이 프레이리의 관점이 변화한 것에 가하는 비판은 철저히 현실 상황에 따라 유동할 수 있는 그의 방법론을 잘 이해하지 못한 것일 수 있다.

사실 그의 교육론은 다양한 역사적 현장을 목격하고 경험하면서 수정되어왔다. 이를테면 프레이리는 국외 망명을 통해 남아메리카와 아프리카 등의 제3세계 국가들이 처한 모순구조를 보다 명확히 이해하게 되었으며, 각국의 민중들이 처해 있는 분열구조의 참담한 상황을 목격하고, 그 상황을 타개하기 위한 각국의 정치적 교육사업 등에 참여하면서 급진적인 사회 혁명을 지향하게 되었다. 특히 브라질 군부 쿠데타로 망명한 후 칠레에서 집필한 그의 대표적 저작들(『페다고지』 등)에서는 망명의 경험으로부터 자신의 사상에 마르크스주의 개념을 포함시키게 되었다(Gadotti, 백경숙·박내현 옮김, 2012: 191-192). 또한 후기 저작(교육문화연구회 옮김, 2003; 사람대사람 옮김, 2007 등)에서는 특히 신자유주의가 지배 이데올로기로 확산되는 가운데 발생하는 모순들을 보게 되면서, 명확한 비판적 인식과 민주적이고 윤리적으로 정당한 정치적 실천으로 대응해야 한다고 주장했다. 따라서 후기 저서에서는 혁명이나 의식화보다는 현실적 사회문제에 보다 많은 관심을 보이면서 민주주의, 인식론적 호기심, 보편적 인간 윤리 등을 강조하는 인본주의적 성격을 보다 짙게 띠었다. 그가 목격하고 경험한 다양한 현장이 그의 교육론을 형성해온 맥락이 되었던 것이다.

요컨대 프레이리의 교육론은 국가 관리의 제도권 교육기관인 학교뿐만 아니라 다양한 비제도권의 현장 교육을 포괄하는 넓은 의미의 교육에 대한 것이며, 그 역사적 현장에서의 경험과 거듭된 비판적 반성을 통해 정립된 것이라 할 수 있다. 따라서 그의 교육의 정치적 성격에 대한 관점도 학교교육만이 아닌 포괄적인 교육의 역사적 현장의 맥락에서 나온 것이라 하겠다.

4] 전망: 사회 변화의 동력

교육의 정치성에 대한 프레이리의 관점은 교육이 사회 변화를 위한 동력으로 기능하게 되리라는 전망을 갖게 해준다. 상대적으로 자율적인 교육의 장에서 교육자와 학습자가 가르침과 배움을 통해 획득하게 되는 앎과 윤리-정치적 실천이 사회 변화를 추동할 것으로 보는 것이다. 카노이도 프레이리의 교육이 새로운 세계정보화시대의 정치사회를 변화시킬 수 있는 동력이자 유효한 실천 방법이 될 것으로 보았다(교육문화연구회 옮김, 2003). 그에 따르면, "프레이리에게 교육이란 해방을 위한 잠재력을 지니는 것이며, 해방교육은 사람들이 지식과 비판적 사고로 나아가게 하는 통로이다"(Ibid.: 193). 그리고 그는 프레이리가 비판적 교육을 일종의 네트워킹, 즉 지식과 지식 형성의 공동체로 생각하며(Ibid.: 194), 이 새로운 지식 네트워크는 분열된 노동자들을 재통합하는 장치이자, 계속적인 교육과 의식화의 장으로서 미래 지역 및 국가정치의 성격을, 더 나아가서는 세계자본의 성격을 형성하는 데 기여할 것(Ibid.: 196)으로 보았다. 세계에 대한 비판적 읽기의 의식화와 문화적 행동으로부터 새로운 사회, 프레이리의 말로는 조금 덜 추한 사회, 조금 더 민주적인 사회로의 전환에 이르는 지난한 과정을 교육의 힘으로 실현할 수 있으리라는 희망을 의미한다.

한편 프레이리는 "교육만으로는 사회를 변화시킬 수 없다"는 교육의 한계에 대해서도 분명하게 인식하고 있었다. 이를테면 프레이리는 이렇게 말한다. "교육의 변화는 사회의 변화 이전에 일어나지 않는다. 그러나 이러한 사회의 변화는 교육을 필요로 한다"(Gadotti, 배경숙·박내현 옮김, 2012: 113). 아울러 그의 교육론이 의거하고 있는 바와 같이, 교육에 대한 좁은 개념으로는 사회 변화를 감당할 수 없으며, 국가 관리의 학교교육에 제한된 제도교육만이 아니라 시민사회의 다양한 교육까지도 포괄하는 교육으로 대응해야 한다는 것이다. 프레이리는 이 포괄적인 교육을 문화 활동이라고 부른다. 문화 활동으로서의 교육은 학습자를 의식화하는 것뿐만 아니라, 정치적 실천 즉 참여를 통해 시민사회에서의 지도력을 확보하기 위한 구체적인 운동까지도 포괄하는 것이다.

프레이리는 브라질의 분열되고 시대의 요구에 부응하지 못한 사회정치적 상황을 말하는 가운데, 진정한 사회 변화는 반드시 정치체제의 변화, 즉 "권력구조의 근본적인 개혁이 반드시 필요하다"(교육문화연구회 옮김, 2003: 95)는 점을 강조하였다. 이러한 생각은 교육의 정치적 실천과도 무관하지 않다. 특히 교육을 학교교육에만 한정하여 이해하는 제한된 시각이나, 인간의 의식 변화가 마치 쉽사리 사회를 변화시킬 수 있는 것처럼 여기는 관념론적 오류를 경계한 것이기도 했다. 프레이리는 "교육을 현실을 변화시키기 위한 도약대로 보는 생각은 부분적으로 불완전한 인식론적 이해로부터 나온 것이며, 이런 생각은 교육을 주조하는 권력이 자체의 영속화를 위해서는 권력에 대항하는 교육을 용납하지 않는다는 점을 잊고 있는 것"(한준상 옮김, 1987: 211)이라고 지적했다. 그러나 프레이리(Ibid.: 212)는 또한 이런 것이 사회에 대해 급진적, 혁명적 변혁을 원하면서 그것에 관여하고 있는 교육자들이 아무것도 할 수 없다는 점을 의미하는 것은 아니며, 지나친 비관론이나 기회주의를 피하기 위해 교육자의 정치적 목표와 그들의 한계를 이해할 필요가 있다고 주장했다.

교육의 한계와 관련하여 프레이리는 그가 창안한 의식화에 대해 사회 변화를 위한 교육의 정치적 실천이 거듭 숙고되고 새롭게 계속되어야 할 것임을 다음과 같이 말하고 있다.

의식화의 노력은 그 정치적, 윤리적 적절성에도 불구하고 그 자체만으로는 충분치 않다는 것에 주목해야 한다. 의식화에서 단어를 읽고 쓰기의 가르침으로 계속 나아가는 것이 중요하다. 민주사회에서 우리는 문해서클이 정치혁명을 위한 캠페인을 벌이거나 세상사를 분석하는 일에만 몰두하는 공간으로 바뀌도록 할 수는 없다. 교사들의 본질적 임무는 세계를 읽고, 단어를 읽는 일의 변증법적 관계를 확신과 열정을 가지고 끈질기게 시험해보는 것이다(사람대사람 옮김, 2007: 99-100).

프레이리는 특히 교사의 정치적 실천이 매우 중요하다는 점을 강조한다. 정치사회의 지배 이데올로기가 변화를 저지하려는 상황에 대응해야 할 교사의 정치적 교육 실천에 대해 다음과 같이 쓰고 있다.

학교에서 교사로 존재한다는 것은 본질상 정치적으로 존재한다는 것을 의미하고, 학생들은 결코 이러한 점을 무시할 수 없다. 이런 의미에서 교사는 분석하고, 비교하고, 평가하고, 결정하고, 선택하고, 그래서 세계에 맞설 수 있는 능력을 물려주어야 한다. 공정하고, 정의를 실천하며, 정치적 입장을 선택할 수 있는 능력도 물려주어야 한다(Ibid.: 118-119).

아로노비츠(Stanley Aronowitz, 사람대사람 옮김, 2007: 205)에 따르면, 프레이리에게 인간화된 사회는 ""문화적 자유, 즉 개인이 인습적인 사회규범을 넘어서는 가치와 행위규칙을 선택할 수 있는 능력"과 "공공생활의 모든 영역에서 전 구성원들의 완전한 참여"가 필요하다고 본다. 따라서 인간화된 사회로 나아가기 위해서는 그 성원들이 인식론적 물음을 갖게 되는 것이 무엇보다 중요하며, 그것으로부터 비로소 변화가 시작될 수 있음을 다음과 같이 강조하고 있다.

'무엇'뿐만 아니라 '왜'라는 곤혹스러운 질문들을 제기할 호기심이 유발되지 않는다면, 민중 스스로 권력을 쟁취하기 위해 떨쳐 일어날 다른 방도는 없다. 따라서 프레이리에게 "전체 (교육)과정의 주춧돌은 인간의 호기심이다. 이것이 바로 나로 하여금 질문하고, 알고, 행위하고, 다시 한 번 질문하고, 인식하게 한다." 이 단계에 이른 학습자만이 기꺼이 권력을 요구한다. 결국 권력이야말로 모든 자유의 교육학의 목표이기 때문이다(Ibid.: 205).

　앎은 정치의식을 매개로 힘으로 구현된다. 정치력은 윤리적 토대에 의해 분명한 지향성을 갖는다. 인간 윤리의 토대를 견고히 하는 정치적 실천의 교육이 권력을 가질 때, 비로소 사회의 변화로 나아갈 수 있는 것이다. 교육의 정치성에 대한 프레이리의 관점 논의는 "교육은 정치이다"라는 명제가 그의 교육론의 근간을 이루는 주요 명제임을 능히 짐작할 수 있게 해준다. 그는 교육의 정치적 성격을 인간성에 대한 논의를 통해 드러냈다. 아울러 그는 인간성에서 기원하는 교육의 정치성이 의거하고 지향할 기반을 인간의 보편적 윤리에서 찾으며, 실존적 상황에서 인간의 존재론적 소명으로 정치·윤리적 선택을 해야 하는 것으로 본다. 또한 프레이리의 교육론은 제도권 학교교육에서 각국의 다양한 민중교육에 이르는 포괄적인 교육을 그 역사적 현장의 맥락에서 구성함으로써 독특한 관점을 갖게 되었다. 그리고 그의 교육에 대한 전망은 그 한계에 대한 인식과 함께 가능성을 끊임없이 희망으로 연결하려 한다는 점에서 교육이 사회 변화의 동력이 될 것으로 기대하는 것이다. 그의 교육론은 근본적이고, 포괄적이며, 낙관적인 성격을 가지고 있다.

4. 프레이리 교육론의 정치적 지향성

프레이리 교육의 정치성 관점에 대한 논의로서 그의 "교육은 정치이다"라는 명제의 의미와 그의 교육론이 지향하는 바에 대해 논의한다. 그의 명제는 한마디로 교육과 정치가 불가분의 관계에 있음을 나타낸 것이다. 먼저 그 관계가 어떤 의미를 갖는지 살펴보기로 한다.

1] 교육은 정치이다

프레이리는 1985년에 출간된 『교육과 정치의식』에서 교육과 정치의 연관에 대한 자신의 인식을 다음과 같이 진술하고 있다.

> 나는 (나의) 초기의 활동이 지니고 있는 결점을 깨닫고 있다. 그리고 나는 정치적 차원을 보지 못하는 교육학자와 그들이 생각하고 있는 교육의 실천적 의미의 결함을 깨닫고 있다. (중략) 순진한 것이든지 아니면 교활한 것이든지 간에, 정치와 분리된 교육은 부자연스러울 뿐만 아니라 위험스러운 것이다. 구체적 세계로부터 분리시켜서 교육을 구성하는, 권력으로부터 독립적으로 교육을 생각한다는 것은, 우리로 하여금 추상적 가치와 이상들의 세계로 교육을 환원시키거나, 교육을 행동적 기술의 목록으로 전환시키거나, 현실을 변화시키기 위한 하나의 도약대로서 교육을 인지하도록 이끄는 것이다(한준상 옮김, 1987: 211).

위 인용문에서 프레이리는 자신이 교육과 정치의 연관을 인식하게 되면서, 교육과 정치 간의 관계를 간과하는 논의들의 문제에 대해 지적하고 있다. 이를테면 교육과 정치를 별개로 다루는 논의들은 교육을 추상화하거나 행동적 기술로 축소하거나 교육의 힘을 과장하는 등의 논의로 귀결되며, 이러한 교육은 새로운 사회로 변화시키는 것이 아니라 기존 사회의 유지에 기여하고, 불완전한 인식론에 의거하고 있다는 것이다. 그로부터 2년 뒤인 1987년에 출간된『해방을 꿈꾸는 교육』에서 아이러 쇼어Ira Shor 와 대화를 나누는 가운데, 프레이리 자신이 교육과 정치의 연관에 대해 인식하게 된 시기와 그 내용을 다음과 같이 고백한 바 있다.

> 나의 생애에 교육자로서 정치와 교육에 관하여 말하지 않았던 시기 가 있습니다. 그때가 내가 가장 온건했던 시기입니다. 그때보다 조금 덜 온건했던 때가, 『*Pedagogy of the Oppressed*』(1970)를 썼을 때입니다. 그 두 번째 시기에도 여전히 교육은 정치의 한 측면을 가질 뿐, 정치는 '아 니다'라고 나는 생각했습니다. 세 번째 시기인 오늘날에는 정치적인 측 면이 아닌, 정치 그 자체라고 생각합니다. 나는 지금 교육이 곧 정치라 고 말합니다. 오늘날에는 나는 교육에 학습과정을 형성하는 정치적 성 격이 있다고 말합니다. 교육은 정치이며, 정치는 교육 가능성을 지니고 있습니다(김시원 옮김, 1988: 88).

그에 따르면,『페다고지』(1970)를 쓰기 전에는 교육과 정치의 연관에 대 해 거의 인식하지 않았거나 그 연관을 다루지 않았다가, 이 책을 쓸 즈음 에야 교육과 정치의 연관을 부분적으로 생각하게 되었음을 밝히고 있다. 시기적으로 말하자면 브라질 군사 쿠데타(1964)와 투옥, 그리고 칠레 등에 서의 망명 초기 경험이 교육과 정치의 연관에 대한 인식에 변화를 겪는 계기가 되었다는 것이다. 그리고 이후 1980년대 후반에야 '교육은 정치'라 고 생각하게 되었음을 강조하고 있다.

그의 "교육은 정치이다"라는 명제에 대해서는 교육의 정치적 차원, 즉 위 인용문에서 볼 수 있는 '교육에 학습과정을 형성하는 정치적 성격이 있다', '정치는 교육 가능성을 지니고 있다'는 진술을 부가하고 있으나 그 의미에 대해서는 여전히 좀 더 명료화될 필요가 있다. 어떤 의미에서 교육보다는 정치 개념에 좀 더 주의를 기울이는 것이 필요한 것으로 생각된다.

프레이리의 "교육은 정치이다"라는 명제와 관련하여, 그의 후반기 정치 개념에 대한 용법을 이해할 필요가 있다. 그는 교육과 정치를 별개의 영역으로 구분하여 논의하는 방식을 취하지 않는다. 이를테면 교육 영역과 정치 영역을 구분하기보다는 정치를 다른 방식, 즉 뚜렷한 '지향성'을 가진 '인간의 유목적적인 실천 활동'과 같은 개념으로 사용한다는 것이다.

> 상호 배움은 그 지향적 특성으로 목표, 꿈, 유토피아, 이상을 함의한다. 따라서 교육은 정치적 성격을 가지며, 모든 교육 실천은 결코 중립적이지 않을 때 역량을 갖게 된다. 인간만이 독특하게 지닌 교육은 영지적이고 지향적이며, 그렇기 때문에 정치적이다(사람대사람 옮김, 2007: 82).

> 선택하고, 결정하고, 투쟁할, 말하자면 정치적이 될 권리와 의무를 상정하지 않고 인간으로 존재한다는 것은 불가능한 일이다(Ibid.: 61).

2장에서 정치에 대해 "국가·집단·사회 성원들이 권력·자원·문화(이념) 등에서 우위를 실현하기 위한 사회적 실천 활동"으로 규정한 바 있다. 이 정의를 교육의 정치 개념으로 다시 다음과 같이 진술해볼 수 있을 것이다. 즉 "교육의 정치란 교육 당사자들이 그들이 지향하는 바를 실현하기 위하여 가르침과 배움을 통해 실천하는 활동"이라는 것이다. 이 규정은 그 의미상 주체들의 존재조건과 인식에 따라 그 지향을 달리함으로써 이른바, '지배의 정치'나 '해방의 정치'와 같은 서로 다른 성격의 정치를 고려할 수 있게 한다. 그것은 이분법적 구분이라기보다는 양극 모형으로 양극 사이의 수많은 유형들을 상정해볼 수 있는 것이다. 프레이리에게 지배의 정치는 비판과 지양의 대상이며, 해방의 정치는 지향의 대상이다.

교육의 정치적 성격에 대한 프레이리의 관점은 교육이 우선 구조적으로 '지배의 정치'를 후원하는 쪽으로 기능할 수 있다는 의미를 내포한다. 교육이 갖는 상대적 자율성이 토대의 조건을 비롯 여러 조건에 규정되는 것이기 때문이다. 교육의 상대적 자율성의 위력은 그 토대 조건이 어떤 상황에 있는가에 따라 달라질 수 있는 것이다. 따라서 교육의 자율성은 제한된 것이라 할 수 있다. 교육과 관련하여 지배의 정치란 교육 당사자들이 지배 이데올로기를 가르치고 배우는 활동을 통해 이루어지는, 기존 체제의 유지·안정화를 위한 보수적 성격의 실천 활동이라 할 수 있겠다.

반면에 프레이리가 지향하는 교육의 정치란 "교육 당사자들이 '인간해방'[4]의 이념을 실현하기 위하여, 가르치고 배우는 활동을 통해 선택하고 결정하고 투쟁하는 등의 사회적 실천 활동"을 의미한다. 이 의미를 다시 좀 더 분석적으로 생각해보면, ① 그 주체는 가르치는 자와 배우는 자, 곧 교육의 당사자들이며, 본성상 중립적일 수 없는 이데올로기를 발달시키는 존재이다. ② 주체들의 목적 혹은 지향점은 인간의 존재론적 소명으로서 보편적 인간 윤리를 바탕으로 선택한 '인간해방'이자 인간화된 사회로의 변화이다. ③ 교육의 정치는 곧 그 이념적 지향성을 실현하기 위해 가르치고 배우는 활동, 그리고 그 이념의 실현을 저해하는 권력구조에 대해 인식하고 선택하고 결정하고 투쟁하는 실천 활동인 것이다. 교육과 정치의 핵심 의미로서 '가르치고 배우는 활동'과 '권력의 배분과 쟁취'라는 의미가 함께 들어 있다.

물론 이런 개념 규정이 교육과 정치가 사회 영역 혹은 학문 영역으로서 서로 뒤섞일 수 있거나 서로 같다는 것을 의미하는 것은 아니다. 또한 교육을 정치와 떼어놓고 그 자체의 고유한 개념을 생각할 때도, 그 둘은 결코 같은 것이 아니다. 그런데 교육과 정치가 사회적으로 공유할 수 있

---

4. '인간해방'이 프레이리의 교육론의 지향점 가치로서 상징성이 크지만, 이 개념만으로 프레이리 교육론의 지향성을 표현하는 데는 이견이 있을 수 있으므로, 잠정적으로 설정한 것이다.

는 일종의 지향성 즉 '인간해방' 이념의 실현이나 '지배체제의 안정화'라는 목적을 두고 교육적 실천과 정치적 실천을 구분하기란 쉽지 않다. 교육이나 정치 자체가 사회 현상을 개념화한 것이므로 사회 속에서 불가분의 관계에 있거니와 그 실천도 대개 서로 연관되어 있기 마련이다. 예컨대 인권을 유린하는 부당한 권력에 대한 저항의 실천에 대하여, 그 부당한 권력에 대한 의식화와 교육 당사자들의 고발과 선언이라는 사회적 활동은 개념적으로는 분리될 수 있지만 실제로는 중첩되어 있는 것이다. 더욱이 프레이리의 경우, 교육은 단순히 가르치고 배우는 활동과 의식화 활동에만 머물지 않는다. 시민사회에서 리더십을 얻고 조직화하는 수준으로까지 나아간다. 그것은 교육적 실천이자 정치적 실천이다. 프레이리의 교육과 정치 개념은 이미 그 내용들을 포섭할 수 있을 만큼 넓게 규정되어 있는 것으로 보인다.

프레이리의 정치 개념은 이른바 해방의 정치는 물론 지배의 정치도 포함하는 개념이다. 교육은 그 두 가지(혹은 그 이상) 정치 모두에 봉사할 수 있는 가능성에 열려 있다. "교육은 정치이다"라는 명제는 교육이 기존 사회체제를 안정화시키거나 변혁하는 권력이 될 수 있다는 연관의 의미를 갖는 것이며, 프레이리의 교육론은 어떻게 교육이 지배의 정치를 지양하고 해방의 정치로 지향하게 할 것인지를 이론화한 것이다. 결국 "교육은 정치이다"라는 명제는 교육의 정치력이 그 한계에도 불구하고 인간해방의 동력이 되기를 바라는 것이라 할 수 있겠다.

2] 프레이리 교육론의 지향성

프레이리의 교육의 정치성에 대한 관점이 시사하는 그의 교육론의 몇 가지 지향성에 대해 논의한다. 먼저 인간화, 인간성 실현은 프레이리의 교육론이 의도하는 중요한 정치적 지향성이며 이미 잘 알려져 있는 바이기도 하다. 이 지향성에 대해 프레이리는 『페다고지』(성찬성 옮김, 1986)의 1장

'피압박자 교육의 정당성'(27-56)에서 명료하게 제시하고 있다.

프레이리는 인간화를 미완의 인간이 지향해야 할 존재론적 사명으로 규정한다. 인간화는 인간으로서 당연히 추구하고 실현해야 할 역사적 과제라는 것이다. 반면에 비인간화는 보다 완전한 인간이 되는 사명을 뒤틀어놓은 일종의 왜곡이며, 역사 속에서 압제자들의 부당한 질서에 의해 발생한 것이다. 비인간화는 피억압자들의 투쟁을 불러일으킨다. 그는 이 투쟁이 의미를 갖게 되려면 피압박자들의 인간성 회복과 함께 압박자들의 인간성까지도 회복시키는 것이 되어야 한다는 점을 강조한다. 이 인본주의적이고 역사적인 과제는 오직 피억압자들의 약함에서 솟아나는 힘만이 양자 모두를 해방시킬 수 있는 것으로 보았다.

프레이리에게 피억압자의 해방은 오직 인간해방을 추구하는 그들의 프락시스를 통해서, 다시 말해 이 해방을 쟁취하기 위해 투쟁할 필요성을 인식하는 피억압자의 깨달음을 통해서 쟁취하게 되는 것이다. 그리고 그 과정에서 발생하는 피억압자들의 '자유에 대한 공포'로 표현된 피억압자들의 숙명적 태도, 자기비하, 감정적 예속 등의 문제도 극복하지 않으면 안 된다. 프레이리의 교육론은 바로 이런 문제에 천착하고 있는 것이다.

> 내가 '피억압자의 교육'이라고 명명한 이 책은 그들이 개인이건 민중이건 간에 피압박자들을 '위해서 for'가 아니고 그들과 '더불어 with' 그들의 인간성을 되찾는 부단한 투쟁으로 서서히 진척시켜나가야 할 몇 가지 단면들을 제시할 것이다. 이 교육은 압박당하는 자들에게 압박과 그 원인을 고찰하게 함으로써 그 고찰을 통해서 자신의 해방을 위한 투쟁에 필히 참가하도록 만들 것이다(Ibid.: 32-33).

따라서 프레이리에게 한 가지 중요한 문제는 피압박자들이 어떻게 자신의 해방교육에 참여할 수 있을 것인가이다. 그는 피억압자들의 참여는 현실을 변화 가능한 상황으로 인식할 수 있어야 하고, 이 인식이 그들을 투쟁 속으로 끌어들일 때 비로소 모순 극복이 가능한 것으로 보았다. 프레이리는 "인간이 사회 현실을 만들었으므로, 그 현실을 변혁하는 일도 하나의 역사적인 과제, 인간이 맡을 과제가 된다"(Ibid.: 35)고 주장한다. 그는 이 과제를 수행하는 방법으로 프락시스, 즉 세계 변화를 위한 반성과 비판적 개입이 모두를 해방시키는 길임을 강조한다. 그에게 이른바 '의식화'와 같은 교육은 침묵의 문화에 매몰된 피억압자들을 정치화함[5]으로써 그 자체가 피억압자들 스스로 더불어 만들어가는 인간화 교육이다. 그리고 『자유의 교육학』(1998)에서 볼 수 있는 바와 같이, 프레이리는 후기에는 인간성의 실현을 저해하는 모든 차별에 반대하는 입장을 보편적인 인간 윤리의 차원에서 논하고 있다. 정치, 경제, 문화적 측면에서 야기되는 각종 억압이 바로 특정 계급이라기보다는 인간 존재 자체의 해방을 위한 투쟁의 대상이 되어야 한다는 점을 강조했다.

교육의 정치성에 대한 프레이리의 관점이 보여주는 또 하나의 지향성은 민중 혹은 사회적 약자에 대한 당파성이다. 프레이리는 대표 저서 『페다고지』(성찬성 옮김, 1986: 20-25)의 서문에서 극우파나 극좌파와 같은 파벌주의자들을 비판하면서, 이 책은 급진주의자들을 위한 것이라고 썼다. 그에 따르면, 파벌주의자들과 달리 급진주의자들은 민중의 편에 서서 투쟁하기 위해 역사에 투신하는 사람들이며, 민중교육 입문서인 『페다고지』는 급진주의자들이 실천할 과제를 제시한 저서임(Ibid.: 24)을 밝히고 있다. 그는 또한 "내가 이 책을 통해 전개해나가고자 하는 것은 민중에 대한 나의 신뢰와 인간에 대한 나의 믿음으로, 보다 쉽게 사랑할 수 있는 세계를

---

5. 프레이리는 교육의 과정에서 능동적 교육방법과 같은 것으로, 주체적 인간 존재로서 자신의 상황조건을 의식적으로 깨닫게 되고, 자신의 결정에 의한 참여를 선택하여 감정적 체념을 거부하는 상황에 대해 "정치화"된 것이라고 표현했다(채광석 옮김, 2010: 104).

창조하는 일이다"(Ibid.: 25)라고 하면서 민중에 대한 신뢰를 표명한다. 그는『자유의 교육학』(사람대사람 옮김, 2007: 13)에서도 "나의 관점은 배제된 사람들, 즉 '세상의 비참한 사람들'의 관점"임을 밝히고 있다. 이러한 관점의 표명은 그가 민중의 편에 서 있음을 분명하게 해준다.

> 피압박자 편에 선 정치 활동은 말뜻 그대로 진정한 의미에서 교육 활동이 되어야 하며, 따라서 피압박자와 함께 하는 활동이 되지 않으면 안된다(성찬성 옮김, 1986: 52).

> 교육적 행위 혹은 정치적 행위에 대한 계획 내용은, 민중의 열망을 반영하는 실존적이고 구체적인 현 상황을 그 출발점으로 삼아야 한다(Ibid.: 85).

> 교육자나 정치가가 효과적으로 의사를 전달하고자 한다면, 반드시 민중들의 사상과 언어가 변증법적으로 형성되어가는 구조적 상황을 이해해야 한다(Ibid.: 86).

프레이리는 교육적·정치적 실천이 민중의 상황을 잘 이해해야 하고, 그들의 현 상황을 출발점으로 삼아야 하며, 그들과 함께 하는 활동이 되어야 한다고 보는 것이다. 그의 이런 정치적 관점을 '당파성'이라 부를 수도 있겠다. 그러나 프레이리는 피억압자들의 투쟁을 통해 압제자들의 인간성까지도 회복시켜야 한다고 주장하는 점에서 그 이상의 인간에 대한 신념과 사상을 가지고 있는 것으로 보아야 할 것이다.

또한 프레이리의 관점은 학습사회[6]를 지향한다고 본다. 프레이리가 학습사회라는 개념을 사용하지는 않았지만, 그가 지향하는 사회는 모두가 자유로운 학습을 통해 자신의 인간성을 실현할 수 있는 사회일 것이다.

그에게 미완의 인간 존재가 배움을 추구하는 것은 본질적인 것이며, 학습 사회는 곧 인간성 실현의 사회적 장이다. 학습사회에서 배움은 기회의 문제라기보다는 삶의 과정 그 자체이다. 삶의 과정은 곧 배움을 통해 얻은 앎을 갈무리하고, 그 앎을 다시 자신의 삶에서 실천하는 과정이다. 앎과 실천이 함께 삶 속에서 이루어지는 사회인 것이다. 앞서 고찰한 바와 같이, 프레이리의 교육론은 제도권의 학교교육뿐만 아니라 세계 각국의 다양한 비제도권 민중교육의 현장을 함께 반영한 것이다. 프레이리의 교육론이 교육을 사회적 선별 및 배치와 같은 기능을 하는 도구로서가 아니라 인간화, 인간성 회복의 정치적 실천 활동으로 본다는 점에서 그의 교육론은 분명 모두를 위한 학습사회를 지향하는 것이다. 기회가 다르고 그래서 배움이 권력이 되고 신분이 되는 제도교육만으로는 학습사회를 성립시킬 수 없다. 프레이리에게 학습사회는 삶 자체가 앎의 과정이 되고, 그 앎을 스스로 관리하여 자신의 역량이 되도록 만드는 사회이다. 학습사회는 외부에서 부과되는 그래서 삶과는 동떨어진 앎을 갖게 되는 분열 구조의 모순이 해소된 사회이다.

프레이리가 교육의 정치성을 통해 이르고자 하는 또 하나의 지향점은 바로 근본적 민주주의이다. 근본적 민주주의에 대해 그가 의미하는 바의 한 가지는 '아래로부터의 민주주의'이다. 아로노비츠(사람대사람 옮김, 2007: 191-192)에 따르면, 프레이리는 정치 성향에 상관없이 위로부터의 변화를 경멸하며 아래로부터의 민주주의와 인간해방 사이의 불가결한 연관을 주장했다. 그리고 그는 자신을 불굴의 민주주의자이며, 확고한 급진적 개혁

---

6. 학습사회는 허친스(R. M. Hutchins)의 저서 『Learning Society』(1968)에서 처음 사용한 것으로 알려져 있다. 그는 학습사회를 "모든 성인에게 언제든지 정시제의 성인교육을 제공할 뿐만 아니라 학습, 자기실현, 인간됨을 목표로 모든 제도가 그 목적을 달성하기 위하여 가치의 전환에 성공한 사회"(차갑부, 2012: 76-77에서 재인용), 즉 사회의 모든 구성원이 자신의 능력을 최대한 발달시키는 것을 목표로 하는 사회로, 직업을 위해서가 아니라 인간이 되는 것에 교육의 목적을 두는 가치의 전환이 이루어진 사회이다. 허친스의 교육사상이 프레이리의 사상과는 다르지만 개방적인 배움의 사회를 통해 모든 사람의 인격적 발달 혹은 인간화를 지향한다는 점에서 상통하는 면을 갖고 있다.

가라고 밝힌다(Carnoy, 교육문화연구회 옮김, 2003: 180). 프레이리는 근본적 민주주의를 해치는 부당함, 권위주의, 무제한적 자유, 독재, 편협함, 개인과 사회계급의 경제적 지배에 맞서 기꺼이 싸우고자 하며, 신자유주의와 더불어 그 모순의 기반이 되는 자본주의 체제를 거부한다.

> 나는 부당함에 맞서 옳음을 지키고, 권위주의에 대항하여 자유를 지지하며, 무제한적 자유에 맞서 권위를 지원하고, 좌파나 우파의 독재에 항거하여 민주주의를 수호하는 교사이다. 또한 모든 편협함에 대항하면서 개인과 사회계급의 경제적 지배에 맞서 끊임없이 투쟁하는 교사이다. 나는 교사로서 현 자본주의 체제를 거부한다. 풍요 속의 빈곤이라는 이상 현상의 책임이 자본주의 체제에 있기 때문이다(사람대사람 옮김, 2007: 125).

신자유주의적 교육 실천은 기술적 훈련이나 학습자에게 내용을 주입시켜 예탁하는 일을 주로 한다. 그 자체가 위에서 아래로 지시하는 권위주의적 방식을 강화한다. 그런 점에서 신자유주의에 대한 반대는 비민주적인 방식에 대한 거부이기도 하다. 비민주적인 방식을 지양해야 하는 것은 이념적 편향에 관계없는 것이다. 프레이리는 좌우파 모두 비민주적 권위주의를 벗어던지고, 차이를 인정하며, 보다 덜 관료적인 사회를 지향할 것을 강조했다(김부태, 2007: 18). 그리고 그는 자신이 선택한 민주주의와 교육 실천이 완전히 일치하는 삶을 사는 것이 자신의 관심임을 다음과 같이 표명하고 있다.

> 내 관심은 교육의 정치성과 지향성을 거부하는 것이 아니라 교육의 이러한 정치성과 지향성을 받아들이는 데 있으며, 나아가 나의 민주주의적 선택과 나의 교육 실천 사이에 완전한 일관성을 지닌 삶을 사는

데 있다. 이것 또한 민주주의적인 것이다(교육문화연구회 옮김, 2002: 121-124).

프레이리는 민주적 교육 실천이 삶의 과정이 되게 해야 할 것이라는 점을 시사하고 있다. 그가 브라질 민주화의 진전 상황에 대해 언급한 데서 볼 수 있는 바와 같이, 근본적인 민주주의의 실현은 어떤 의미에서 "민주주의와 더불어 살면서 민주주의가 일상생활에서 실질적인 의미를 갖는 민주주의의 생활화"(교육문화연구회 옮김, 2003: 102, 187)가 더욱 성숙되어가는 것임을 의미하는 것으로 볼 수도 있겠다.

5. 인간해방 권력의 가능성

파울루 프레이리의 "교육은 정치이다"라는 명제에 함축된 교육의 정치성의 의미를 규명하려 하였다. 그 의미를 드러내기 위하여, 교육의 정치적 비중립성이라는 프레이리의 관점을 구성하는 구체적인 배경이 무엇인지를 밝히려 하였다. 프레이리가 주장하는 교육의 정치성 관점은 현재 사회의 주류 입장인 교육의 정치적 중립성 규범과 대립되는 쟁점이다. 대표적인 비판적 교육학자의 한 사람인 프레이리의 교육의 정치성 주장에 대해 그 의미를 명료하게 하는 것은 그 자체로 의미 있는 일이며, 현실의 교육 현상과 그의 교육론에 대한 이해를 심화시켜 줄 것이다.

이 글에서는 다음과 같은 내용을 다루었다. ① 교육의 정치성에 대한 이론적 배경으로서 기존의 주요 논의 방식을 검토하였다. ② 교육의 정치성에 대한 프레이리의 관점이 어떤 것인지를 탐색하였다. 교육의 정치성에 대한 프레이리의 관점을 구체적으로 논의하기 위하여, 그의 관점을 구성하는 기원, 토대, 맥락, 전망을 고찰하였다. ③ 그의 관점을 함축하고 있는 "교육은 정치이다"라는 명제의 의미에 대하여 논의하였다. ④ 교육의 정치적 성격에 대한 프레이리의 관점이 시사하는 지향성에 대해 논의하였다. 이 논의를 위하여, 프레이리의 대표적인 주요 저서들을 집중적으로 검토하고 관련 자료들을 함께 참고하였다.

주요 논의 결과는 다음과 같다.

첫째, 교육의 중립성에 관한 주장은 정치적 보수성을 갖는 것이다. 교육의 정치적 중립성 주장은 결국 기존 체제의 안정적 균형 유지에 관한 논의로 귀결되기 때문이다.

둘째, 교육의 정치성에 관한 프레이리의 관점은 교육의 상대적 자율성론에 근거하고 있다. 이 관점으로 프레이리는 주관적 관념론과 기계적 결정론을 극복하려 하였다.

셋째, 프레이리의 교육의 정치성에 대한 관점이 갖는 기원, 토대, 맥락, 전망은 다음과 같다. ① 교육의 정치적 성격은 이데올로기적 존재로서 인간이 지닌 교육 가능성으로부터 비롯된 본성적인 것이다. ② 교육의 정치적 성격이 의거하고 지향하는 바의 토대는 보편적인 인간 윤리이다. ③ 교육의 정치적 성격에 대한 프레이리의 관점이 형성되고 작동하는 맥락은 포괄적 교육의 역사적 현장이다. ④ 교육의 정치성에 대한 프레이리의 관점은 교육이 사회 변화의 동력으로 기능할 수 있다는 낙관적 전망을 갖는다.

넷째, 파울루 프레이리가 지향하는 교육의 정치란 "교육 당사자들이 '인간해방'의 이념을 실현하기 위하여, 가르치고 배우는 활동을 통해 선택하고 결정하고 투쟁하는 등의 사회적 실천 활동"을 의미하는 것으로 해석하였다.

다섯째, "교육은 정치이다"라는 명제는 교육과 정치 간의 불가분의 연관에 대한 현실적 의미와 함께, 교육이 기존 사회체제를 안정화하거나 변혁하는 권력이 될 수 있다는 의미를 갖는 것이다. 프레이리의 교육론은 곧 교육이 어떻게 지배의 정치를 지양하고 해방의 정치로 지향하게 할 것인지를 이론화한 것이라 할 수 있다. 결국 프레이리에게 "교육은 정치이다"라는 명제는 교육의 정치력이 인간해방의 권력이 되기를 바라는 가능성의 의미를 담고 있는 것이라 할 수 있겠다.

여섯째, 교육의 정치적 성격에 대한 프레이리의 관점은 인간성 실현, 민중 혹은 사회적 약자에 대한 당파성, 학습사회, 근본적 민주주의로의 지향성을 함축하고 있다. 인간성의 실현은 피억압자의 주체적 정치화를 통해 이루어질 수 있는 것이며, 이 과정에 억압자까지도 포함한다는 점에서 당파성의 의미를 넘어서는 것이다. 학습사회는 자유로운 인간성 실현의 장으로, 배움과 앎의 실천이 곧 삶의 과정이 되는 사회이다. 프레이리는 또한 아래로부터 비롯되는 근본적 민주주의가 생활화된 사회를 지향한다.

교육은 결코 정치적으로 중립적일 수 없다는 프레이리의 관점은 현실적으로 교육의 정치적 중립성 규범에 반하는 대항적 관점이다. 이 두 관점의 대립은 어떤 점에서 사회, 교육, 그리고 정치를 바라보는 시각이 서로 다르다는 점을 의미한다. 현실사회를 어떤 것으로 보는지, 교육이 어떤 것이어야 하는지, 정치를 어떤 것으로 이해하는지에 대해 다른 입장을 갖고 있다는 것이다. 이를테면 현실사회의 안정과 균형이 무엇보다 필요한 것으로 보는지, 아니면 변화와 혁신이 절실한 모순의 상황으로 보는지는 교육과 정치가 어떻게 기능해야 할 것인지의 인식을 달리하게 만들 것이다. 그 인식은 또한 자신이 처한 존재조건에 따라 달라질 가능성이 크다. 프레이리는 사회구조적 차원의 모순과 함께 인간 존재의 실존적 상황에 대한 인식과 실천의 과제를 제기하였다. 프레이리에게 불완전한 인간 존재와 그들로 구성된 모순적 사회가 좀 더 인간적이고 진보된 사회로 나아가게 하는 일은 인간의 존재론적 사명이며, 교육과 정치는 그 사명의 수행을 저지하거나 촉진시킬 수 있는 사회적 실천 활동이다. 이것은 교육이 중립적일 수 없는 이유이기도 하다. 결국 프레이리는 교육의 정치적 실천을 정당하고 보편적인 인간 윤리적 선택과 헌신의 문제로 보고 있는 것이다. 그러나 교육의 정치적 중립성을 주장하는 사람들은 사회 부문 간의 독자적인 가치 존중과 균형을 강조함으로써 보편적 인간 윤리를 실질적인 토대로 삼지 못한다. 한마디로 현실 사회의 기득권 구조 때문이다. 프레이리에게 교육의 정치적 중립성은 본질적으로 불가능한 것이다.

7.

배움과 가르침의 변증법[1]

이경숙

이경숙

(현) 경북대학교 외래교수

(주요 저서)『시험국민의 탄생』

파울루 프레이리는 근대 교육학에서 전제해왔던 가르침teaching과 배움learning의 이분법적 관계를 새롭게 구성했다. 배움이 가르침에 선행할 뿐 아니라, 가르침은 배움에 근원을 둔 배움의 일부이고, 가르침과 배움은 동시적이고 전체적 현상이라고 보았다. 배움에 대한 이 인식에서 프레이리의 교육학이 출발한다. 프레이리가 배움을 독자적으로 이론화하지 않았고 가르침을 중시했다는 점에서, 그의 교육학이 배움에 대한 사고에서 출발했다는 진단은 지나치다고도 볼 수 있다. 그럼에도 이 글은 이 지점에서 출발하고자 한다. 그만큼 프레이리의 가르침과 가르치는 방법을 이해하는 데, 배움에 대한 인식이 결정적이기 때문이다.

그동안 프레이리의 교육학은 사회정치적 교육론과 방법론의 차원에서 주로 주목받아왔다. "교육은 정치"라는 인식은 "억압받는 이들"을 위한 해방교육을 정당화했고, 대화적 방법론을 기본으로 한 문해교육 이론은 학습자의 적극적 참여를 이끄는 이론적 기반이 되었다. 게다가 브라질, 칠레, 기니비사우, 미국 등 세계 각지에서 직접 행했던 교육 실천까지 더하여 그는 20세기 교육학에서 독보적 위치를 차지해왔다. 이런 그의 핵심

---

1. 이 글은 『교육철학』 61권(한국교육철학회)에 게재한 논문(「프레이리의 배움에 대한 소고」)을 수정한 것이다.

적인 교육이론과 실천의 바탕에는 '미완의 존재로서 모든 인간은 배우는 존재'라는 인간관과 배움에 대한 인식이 있었다.

이 글은 프레이리가 말하는 배움이 무엇인지 탐구하기 위해 배움이 가르침과의 관계에서 어떤 지위에 있으며, 그와 같은 인식의 근거가 무엇인지 밝히고자 한다. 그리고 프레이리가 왜 생성어와 생성주제 탐구를 배움의 시작으로 삼았는지 분석하고자 한다.[2] 프레이리 자신이 생성어와 생성주제를 자세히 다룬 연구는 『자유 실천으로서의 교육』(1979b)과 『페다고지(3장)』(2003)이다. 본 연구에서는 『자유의 교육학』(2007)과 『자유 실천으로서의 교육』(1979b), 『페다고지』(2003)를 저본으로 다양한 연구물에 흩어져 있는 배움에 관한 프레이리의 생각을 재구성할 것이다.

1. 배움과 가르침의 관계

근대 교육학은 더 잘 가르치기 위한 공학적 방법을 발전시켜온 교수학이라 할 수 있다. 근대의 포문을 연 프랑스 혁명기 사상가들은 교육에서 배제당한 민중들이 근대적 학교제도를 통해 "무지에서 해방"(정동준, 2003: 88, 175)되기를 기대했다. 이를 위해 근대의 각 국가들은 교사의 가르침을 표준화하고 기술화함으로써, 모든 학교의 학생들이 동일한 양과 질의 성취에 도달할 수 있게끔 학교교육을 제도화했다. 어느 지역 어느 시간의 교실에서든 정해진 시간과 규칙, 순서를 따라 "효과적"으로 수업이 진행되도록 설계했다. 교수의 가르친 결과는 곧 학생의 배움과 동일시되고, 배움을 입증하는 방식은 성취를 재는 시험이었다. 가르침을 기획하고, 시험

---

2. 생성어나 생성주제에 관한 선행 연구를 보면, 대체로 생성어나 생성주제의 유용성을 전제로 이를 적용하는 연구가 많다(Wingeier, 1980; Thelin & Taczak, 2007; Shor, 2015). 그리고 생성주제에 대한 이론적 분석으로는 드물게 가르시아(1974)의 논문이 있다.

을 통해 배움을 관리함으로써 사람들을 "무지에서 해방"시키고자 했다. 이는 모든 이들에게 교육을 배급하고자 한 인류의 새로운 꿈이었다. 이 꿈은 여전히 현재 진행형이다.

그러나 표준화된 가르침 중심의 교육은 학교 교실에서부터 한계에 부딪혔다. 지난 십여 년 우리 교육계는 학교와 배움을 거부하는 학생들과 교실 붕괴의 진통을 통해, 가르침의 기획이 학습자의 배움과 동일시될 수 없음을 경험해왔다. "대놓고 엎드려 자면서 수업을 거부"하는 학생은 물론이고 시험에서 고득점을 받는 학생도, 심지어는 가르치는 교사조차 가르칠수록 스스로 가르침과 배움에서 소외됐다. 가르치고 배울수록 장차 자신의 사회경제적 지위가 좋아질지는 몰라도, 가르침과 배움 자체는 자신의 현재 삶과 멀어졌다. 또한 가르치는 내용과 행위를 표준화하고 과학화할 수 있을지언정, 배우는 사람들의 배움을 표준화할 수는 없었다. 그래서 최근 근대 학교 중심의 가르침에 대한 대항 행위이며 대안 행위로 '배움학'을 주창하는 연구자들이 등장하고 있다(김성길, 2009; 한준상 외, 2012).

1] 배움 속의 가르침

프레이리에게 배움은 지식의 암기가 아니라, 앎의 대상을 매개로 창조하고 재창조하는 행위이다. 대상을 비교하고, 관찰하고, 지속적으로 회의하고, 마르지 않는 호기심을 갖는 행위이다(2007: 28-29). 무엇보다 배움은 세상을 변혁하기 위한 비판적 분석 능력을 갖추는 의식화가 목표이다. 근대 학교들이 무지라는 억압에서 해방되는 "무지에서 해방"을 꿈꾸었다면, 프레이리는 무지는 물론이고 인간을 길들이는 지식에서부터도 해방되는 배움을 추구했다. 그런 배움은 세상이 이미 규정해놓은 지배적 담론을 그대로 수용하는 것이 아니라, 세상을 비판적으로 분석하고 세상에 이름[3]을 붙일 수 있어야 한다. 가령, 해고를 구조조정이라 부르는 기업의 명명을 그대로 수용하는 것이 아니라 학습자의 삶 속에서 해고가 무엇인지 적합하게 이름을 붙이는 일이다. 굳이 사회적 현상이 아니어도 마찬가지다. 누구나 태양이 돈다는 생각에 의문을 품지 않았을 때, 작은 의문에서 출발해 지동설이라는 앎에 이르기까지 호기심 넘치는 영혼의 지난한 모험 과정이 배움이다.

> 인간에게 배운다는 것은 변화를 목적으로 구성하고, 재구성하고, 관찰하는 것이다. 이 중 어떤 활동도 위험을 무릅쓰지 않고서, 즉 영혼의 모험을 각오하지 않고서 행할 수는 없다(2007: 81).

그러기 위해서는 호기심을 갖고, 질문하고, 관찰하고, 분석하는 과정이 필요하다. 몸과 마음, 정서와 인지가 함께 작동한 이런 배움은 세상을 창조하고 재창조하며, 한계상황을 극복하는 힘을 갖는다. 그래서 설령 "은행저금식 교육"을 받았다 해도 "위험을 무릅쓰고 모험할 수 있는" 배움의 역량을 바탕으로 "은행저금식 체제에 대항할 면역력"을 키울 수 있다(2007: 28-29). 이는 마치 충실한 식민지 교육을 받아도 일본 제국주의 의식을 내면화하지 않고, 누군가는 그리고 언젠가는 적극적으로 저항하는 현상과 같다.

프레이리는 사실 가르침을 매우 중시했다. "무장된 사랑armed love"을 외치는 『프레이리의 교사론』(2000)을 보면 품성론이라는 의심이 들 만큼 사랑과 헌신 따위의 교사 자질을 강조한다. 자칫 사회구조의 문제를 방기할 위험성에도 프레이리는 가르치는 자의 도덕성과 헌신성을 중요시했다. 『페다고지』와 『자유의 교육학』도 가르치는 이의 막중한 임무를 다루

---

3. 프레이리(2003: 112-114)는 "세상을 이름 짓는 일(to name the world; naming of the world)"이 말할 권리를 가진 인간이 인간으로서 존재한다는 의미이며, 대화는 사람들이 세상을 이름 짓기 위해 만나는 행위라고 본다.

고 있다. 또한 교사는 결코 단순히 조력자facilitator여서는 안 된다고 단언
한 점(Freire & Macedo, 1995: 379; Abraham, 2013)이나 상파울루 교육행정을
담당했을 때도 교사 연수 정책을 중시했다는 사실(Saul & Silva, 2011; 문혜림,
2012)에서도 그의 생각을 확인할 수 있다.

프레이리는 배움에 대한 인식을 확립한 뒤에 가르침을 시작했다기보다,
부단히 가르치는 실천을 통해 배움에 대한 인식을 재구성했다고 볼 수
있다. 더구나 문맹률과 빈부격차가 심했던 브라질, 혁명 중이던 기니비사
우, 사회개혁 프로그램을 운영하던 칠레와 같은 국가에서 실시한 문해교
육에서 프레이리는 가르치는 일의 중요성을 누구보다 강하게 인지했을 것
이라 추측할 수 있다. 그러나 그토록 중시한 가르침이 학습자들의 삶과
유리되거나, "배움이 없는 가르침"이라면 가르침 자체가 억압이나 폭력,
혹은 소외를 유발할 수 있음을 "은행저금식 교육"을 통해 역설한 바 있다
(2003).

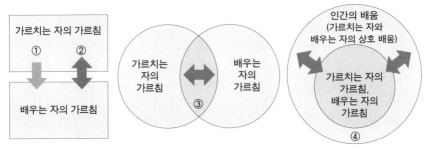

[그림] 가르침과 배움의 관계 양상

프레이리는 가르침과 배움의 이분법적 분리를 전제한 교육을 부정한
다. 이는 가르침을 지식 소유자의 일방적 지식 전달로 보는 일방적 위계
관계그림의 ①, 객관적 지식의 소유자와 결핍자 간의 위계적 상호관계②, 가
르침과 배움은 명백히 구분되지만 가르침과 배움의 지위가 동등하다고

보는 평등한 상호관계③, 이 세 가지 모두를 부정하는 것이다. 대신 가르침은 배움에서 나온다고 본다④. 배움이라는 너르고 일상적인 인간 삶의 생태계 속에 가르침이 있다.

가르치려고 한다면 누구나 배워야 하고, 누군가의 배움에서 나오지 않은 가르침이란 있을 수 없다. 그래서 프레이리(2007: 26)는 "배움이 없는 가르침은 없다"고 천명하면서 다음과 같이 말한다.

> 가르침을 가능하게 했던 (그리고 가능하게 한) 것은 바로 배움의 과정이었다는 사실을 사회적으로, 역사적으로 알 수 있다. 또한 몇 대에 걸쳐 사회적 맥락 속에서 배움으로써 가르침의 방식, 경로, 방법을 개발할 수 있다는 것을 발견하였다. 따라서 배우는 것은 논리적으로 가르치는 것에 선행한다. 달리 말하면, 가르침은 바로 배움이라는 직물의 일부이다. 뭔가 배움이 생겨나지 않는 타당한 가르침이란 있을 수 없으며, 제대로 된 가르침이라면 학습자는 이를 통해 지금껏 생각해온 것을 재창조하고 재구성할 능력을 갖게 될 것이라고 주저 없이 말하고 싶다. 본질적으로 배움의 경험에서 나오지 않는 가르침은 아무도 배울 수 없다.

가르침은 가르치는 자의 배움에서, 그리고 역사문화적으로는 인류가 축적해온 지난한 배움에서 나오게 된다. 배움은 학교가 제공하는 가르침보다 훨씬 더 넓게 인류의 삶과 사회에 존재해왔던 것이다. 이런 이유 때문에 프레이리는 배움이 가르침에 선행하며 근본적이라고 보았다.

배움이 가르침에 선행한다는 주장은 시간적 순서를 말하지는 않는다. 배운 뒤에 가르친다, 즉 완벽히 배워서 다 아는 자가 가르친다는 의미가 아니다. 시간적으로 배움이 가르침보다 먼저 일어나지만, 또한 가르치면서 동시에 배움이 발생한다. 그러므로 가르침과 배움은 무엇이 더 근본적

이냐 하는 논리적 문제이다. 이는 어떤 이가 가르치는 자가 되더라도 배움의 행위를 거치지 않고 가르칠 수 없기에 배움이 근본적인 것이며, 가르침의 진정성과 힘은 가르치는 자의 배움의 기쁨과 책임에서 나온다는 의미이다. 이때 배움은 동시적이다. 가르치는 자의 배움이면서 배우는 자의 배움이다. 이 모두의 배움을 기반으로 하여 가르침이 성립한다. 배움과 가르침이 궁극적으로 지향하는 지점이 '배움'이라는 점에서도 배움은 근본적이다.

배움이 더 근본적이라고 해서, 가르치는 이의 책무를 면해주는가? 배움의 자발성을 칭송하는 척 "공부는 자기가 하는 것"이라 윽박지르며, 실은 공부의 책임을 온전히 학생들에게 전가하는 행위는 교사의 무책임을 감추는 짓이다. 배움이 가르침보다 더 근본적이라는 프레이리의 주장은 결코 가르침의 책임을 배우는 자에게 돌리려는 의도가 아니다. 가르침은 학습자가 배우는 학습 상황임을 자각한 상태에서, 또 가르치는 자로서 스스로 배움에 매우 진지해야 함을 뜻한다. 가르치면서 앎의 대상을 계속 탐구하고 학습자에게서도 배워야 하는 태도를 말한다. 프레이리는 가르치는 자의 무거운 책임을 요구한다.

2] 가르침과 배움의 변증법

현존하는 지식을 아는 행위와 새로운 지식을 창조하는 행위를 분리할 수 없듯이, 프레이리는 가르침에서 배움을, 그리고 교육하는 것에서 교육받는 것을 분리할 수 없다고 보았다(1984: 108). 분리 불가능한 행위를 분리하고 나아가서 가르침과 배움을 위계적 대립항으로 설정하면, 발생하는 문제가 있다. 가르치지 않은 것을 배운 행위는 모두 쓸모없는 짓이 되고 평가에서 배제된다. 그러나 인간의 배움이란 가르친 내용에만 국한되지 않는다. 배움은, 가르침이 없더라도 스스로 배움을 행했던 인류의 생존과 성장의 역사였다.

가르침과 배움은 이분법을 넘어서 "변증법적 관계"를 맺는다(1984: 74). 누구도 가르침을 "독점"하지 않고, 누구도 학습자만의 몫으로 배움을 할당할 수 없다. 가르치는 자와 배우는 자의 자리는 고정되지 않는다. 가르치는 자도 동시에 배우고 있으며, 배우는 자도 가르친다. 가르침과 배움이 상호 침투하여 영향을 주고받으면서 더 나은 가르침과 배움으로 나아간다. 더불어 배우고 더불어 성장한다(2003: 101-102). 가르치면서 자신의 앎을 명료하게 하며, 또한 배우는 사람의 질문과 대답을 통해 앎의 대상을 바라보는 새로운 시선을 배운다. 가르치는 자의 입장에서는 배우는 이가 있기에, 가르침이 유의미하다. 자신도, 학습자도 아무도 배우지 않는데 혼자서 가르칠 수는 없다. 자신은 열심히 가르치는데 학습자가 무능하고 무기력하다고 탓하는 교사는 가르치는 목적을 망각한 채 자기위안과 자기기만의 경계에 서 있는 셈이다. 프레이리에게 가르치기만 한다는 것은 불가능하다. "가르침은 배움이 동시에 일어나지 않으면 존재할 수 없는 '전체적holistic' 실천이다"(2007: 116). 그렇기 때문에 가르치는 사람은 곧 배우는 사람이며 학습자의 배움과 함께한다.

그리고 배움도 가르침과 함께할 때, 더 넓고 깊은 세계로 도약하고 더 깊이 성찰하게 된다. 뿐만 아니라 가르침과 배움이 역동적 관계일 때, "알고 있는 사람은 누구나 알고 있지 못한 사람을 가르치는" "혁명"이 시작된다(1984: 71-78). 사회적 신분, 지위, 민족, 연령, 성별과 무관하게 누구나 배움을 통해 세상에 질문을 던지고 세상에 개입할 수 있듯이, 누구나 가르칠 수 있는 존재가 된다. 스스로 배우는 사람이자 가르치는 사람이 된다. 학생이자 교사가 되고, 교사이자 학생이 된다(2003: 101). 사실 인간은 뭔가를 알게 된 순간, 이야기하고 싶은 욕구가 강렬해진다. 지금처럼 정보가 곧장 돈이나 지위 확보를 위한 비장의 무기인 사회가 아니라면, 혹은 자본이나 권력에 의해 지배당하는 관계가 아니라면, 사람들은 자신의 앎을 말하고 싶고 알리고 싶고 가르치고 싶은 표현의 욕구가 강하다. 앎을 공유하고 확증 받고 확산하고 싶은 욕구가 표출된다. 배웠기에 의도적으로 누군가에게 자기 앎을 가르치고 싶은 욕구가 발생하기도 하지만, 더 근본적으로는 잘 배우는 행위 자체가 이미 자신에게 가르치는 행위와 타인들을 가르치는 행위를 내포하고 있다. "누구도 혼자 힘으로 배우지 않"으며, "세계와 인식 대상들의 중재를 통해 서로를 가르칠 따름이다"(1984: 101-102).

때문에 프레이리는 앎의 대상이 누구의 소유물로 존재하는 것이 아니라, 앎의 대상을 매개로 한 공동 탐구가 있을 뿐이라고 보았다. 가르치는 이와 배우는 이는 앎의 대상을 두고 성찰하고 형성하고 재형성하며 서로 촘촘히 짜여 들어간다. 여기서 둘은 공동 탐구자이다(2003: 102). 공동 탐구자로서 둘의 관계는 대화적 관계일 수밖에 없다. 그런데 근대 학교교육 체계에서는 "허비할 시간이 없기 때문에" 교사와 학생의 대화적 관계가 비효율적(1984: 84)이라는 시선이 일반적이다. 이에 대해 프레이리(1979b: 153)는 시간을 아껴 정작 무엇을 얻었느냐고 되묻는다.

"잃어버린 시간lost time"은 "인간이 물화되는 시간"이다. 즉 잃어버린 시간이란 그것이 아껴서 쓰였다는 환상을 주는 시간일지라도 – 시시껄렁한 수다를 떠느라고 즉 말로만주의verbalism 속에서 보낸 시간이다. 이와 똑같은 이유로 행동주의behaviorism 역시 잃어버린 시간이며 이들은 결코 진정한 프락시스의 시간을 형성하지 못한다. … 대화에 쓰인 시간은 낭비된 시간으로 간주돼서는 안 된다. 이것은 문제를 제시하고 비판하면서 인간에게 현실을 변형시키는 참된 주체로서의 위치를 현실 속에다 부여해준다.

대화를 통해 주체가 되는 인간의 시간은 시간을 낭비했다고 안타까워하고, 전달받은 지식을 암기하는 기계의 시간은 시간을 아꼈다고 흔히

뿌듯해한다. 그러나 착각이다. 진짜 "잃어버린 시간"은 인간이 사물화되는 시간, 주체 없이 암기하는 그 시간이다. 루소 역시 『에밀』에서 교육을 위해 오히려 시간을 낭비하라고 역설을 펼치는 까닭도 이 때문이다. 명백히 거쳐야 할 과정과 방법을 생략하고 마치 인간이 결과만 전취하는 것을 효율적 배움이라고 판단한다면, 인간은 과정 속에서 떠오른 새로운 질문과 전망, 그리고 과정 속에서 깨닫게 되는 삶과 사회의 새로운 문제를 결코 얻을 수 없다.

가르침과 배움이 동시적이고 전체적일 때, 인간 경험의 질은 달라진다.

> 배움이기도 한 가르침과 가르침이기도 한 배움이라는 실천이 요구하는 진정성을 지니고 살아갈 때, 우리는 동시에 지도적이고 정치적이고 관념적이고 영지적이고 교육적이고 미학적이며 또한 윤리적인 총체적 경험에 참여하는 것이다(2007: 27).

이처럼 가르침과 배움의 관계가 달라지면, 가르침과 배움에 참여하는 행위만으로 우리는 인간의 총체적 경험에 참여하게 된다.

2. 모든 인간은 배우는 존재

프레이리가 배움의 근본성에 주목하는 이유는 모든 인간은 배우는 존재이기 때문이다. 가르쳐서 배울 능력이 있는 사람과 없는 사람을 갈라내고 또다시 배운 결과를 기준으로 서열 매기는 행위에는 배우는 존재에 대한 신뢰가 없다. 프레이리는 모든 인간을 배움이라는 시선으로 새롭게 정의했다.

1] 절대지도 절대무지도 없다

인간이란 배우는 존재이며, 배움으로써 창조적 역사를 만들어온 유일한 존재이다(2007: 81). 인간이 배우는 능력을 갖게 된 까닭은 인간이 "미완의 존재(unfinished being, the unfinishedness of our being, 2007: 58-62)"이면서, 동시에 "미완의 존재임을 의식하는 존재awareness of our unfinishedness"이기 때문이다. 모든 것이 결정된 존재가 아니라 여전히 불완전하고 끝나지 않은 존재이면서, 그러한 자신의 존재를 깨닫고 있기 때문에 영원히 탐구하는 존재이다. 탐구하는 만큼, 행동하는 만큼 인간은 자신의 불완전성을 깨닫는다.

> 우리는 서로 부대끼면서 미완성을 깨닫는다. 그리고 이러한 자각은 우리가 영원한 탐색의 과정에 들어가 있음을 반드시 내포한다. … 자신이 미완의 존재라는 깨달음이야말로 우리를 비로소 교육 가능한 존재이게 한다. 그리고 그러한 깨달음을 통해 우리는 영원한 탐구자가 된다. 우리가 영원히 탐구할 수 있는 것은 바로 희망 때문이다. 희망은 그저 담력이나 용기의 문제가 아니다. 그것은 인간 조건의 존재론적 특징이다 (2007: 65, 68).

불완전함으로 인해 인간은 영원한 탐구자가 되며, 서로 함께 탐구한다.

미완의 존재로서 인간은 끊임없이 앎과 실천을 통합함으로써 새로운 앎으로 나아간다. 이 점은 듀이와 프레이리의 생각이 같다. 불완전한 인간의 앎은 과정적 성격을 가진다. 그러나 듀이와 차이가 있다면, 듀이가 '민주적 공동체 속에서 계속적 성장을 하는 인간'을 이상으로 상정했다는 점이다.[4] 이에 비해 프레이리가 말하는 미완의 존재는 사회역사적 조건에 처해 있고 그로 인해 고통받고 침묵당하며 또 좀 더 인간화되기 위해 분투하는 인간이다. 불완전한 사회역사적 조건 속에 살고 있는 존재이다.

그러나 미완의 존재가 지닌 특성은 그런 현실 "속"에 있으되, 현실을 인식하고 비판하고 새로 재형성하는 특성, 즉 "미완의 존재임을 의식"하는, 달리 말하면 "세계와 더불어" 하는 존재이다.

"세계 속에서 세계와 더불어" 있는 미완의 존재는 어느 누구도 완전한 지혜를 갖고 있지 않으며, 반대로 어느 누구도 완전히 무지하지 않다.

> 세상에 절대적인 무지나 절대적인 지혜 같은 것은 존재하지 않는다. … 모든 것을 아는 사람이 없듯이 모든 것을 모르는 사람도 없다. 지배적 의식은 소위 '미개한 자들'을 조종하기 위해 무지를 절대화시킨다 (1979b: 65).

프레이리는 무지렁이라는 생각을 내면화한 민중들과 지식인인 자신과 지식 대결을 펼치는 장면을 곧잘 연출했다. 그래서 민중과 지식인 서로 각자의 앎이 있지, 어느 누구도 절대적으로 다 알지도 다 모르지도 않음을 입증한다(2002).

그렇다면 프레이리는 각자 아는 영역이 다르다는 사실만 말하는가? 프레이리는 각자 아는 영역이 다르다는 사실과 함께, 앎의 수준이라는 차원에서도 절대적으로 알거나 절대적으로 모를 수 없다고 본다. 앎의 수준과 무관하게 인간에게는 앎이 있다고 주장한다. 그래서 "마술적 사고" 상태에 있는 이들도 앎이 있다(1979b: 131). 앎의 수준이 낮다고, 앎이 존재하지 않는 것은 아니다. 다만 그 앎이 자신을 억압하는 앎인지, 해방적 앎으로 향하고 있는 것인지가 문제이다. 그렇다면 미신이나 지배 담론의 이데올로기적 지식도 앎인가? 그런 앎이라 해도 그 속에는 미신 따위에 자

---

4. 듀이가 의도하진 않았지만, 그의 "계속적 성장" 논리는 오늘날 끊임없이 개인에게 성장을 강요하고, 마침내 자신을 착취하는 현실(한병철, 2012)을 정당화하는 근거로 사용되고 있다. 듀이 논리가 이처럼 전용될 수 있는 배경에는 듀이가 '평등한 민주적 공동체 속의 인간'을 전제했다는 사실이 있다.

동적으로 저항하는 앎의 뿌리가 내재해 있다. 무엇보다 그런 상태의 인간이라도 대화를 통해 의식화된 앎을 지향하는 앎의 능력은 누구나 가지고 있다.

한편 모든 것을 아는 이도 없다는 프레이리의 주장은 이른바 '글줄 좀 안다'는 이들에 대한 경고 메시지이다. 앎의 대상은 계속 새로 발생할뿐더러, 동일한 앎의 대상이라도 어떤 시각으로 어떻게 보느냐에 따라 계속 변화하는 데도 불구하고 마치 자신이 절대적 지식을 보유한 듯이 구는 오만은 앎의 성질을 모르는 자의 착각이다. 불완전한 인간은 앎과 배움 앞에서 겸손해야 한다.

> 앎의 능력이 있는 주체, 하나의 인식 주체로서의 자신을 인정한다면 제일 먼저 취해야 할 태도는 바로 앎의 과정에 대한 겸손입니다. 특정한 수업에서 특정한 순간에 교사와 학생으로서 만나는 배움의 과정에서도 마찬가지고요. 호감을 주기 위해서 혹은 전략적인 이유로 겸손해야 한다는 것은 아닙니다. … '불완전하기에 겸손할 수밖에 없다' 이것이 유일한 이유입니다. 사람들에게 사랑받기 위해서 겸손한 척하는 것이 아닙니다(2006: 244).

프레이리에게 "겸손"은 앎과 배움, 더 나아가서는 인간에 대한 철학이며 삶의 자세이다.

2] 배움과 생성적 무지를 좇아

모든 것을 아는 사람도 없고, 아무것도 모르는 사람도 없다는 주장을 달리 해석해볼 수 있다. 앎의 대상이 지닌 속성을 염두에 둘 때, 이 주장은 완전히 아는 것도 불가능하고 완전히 모르는 것도 불가능하다는 의미를 내포하고 있다.

이렇게 해석할 근거는 프레이리의 인식론에 있다. 프레이리는 앎의 대상이 객관적이고 불변적인 상태라고 보지 않는다. 지식은 탐구하는 주체적 인간을 필요로 하며, 그 인간의 활동에 의해 비로소 만들어진다. 또 변형되고 재창조된다. 탐구하고 비판적 성찰을 하는 인간의 활동이 없다면 지식 자체가 존재하지 않는다(1979b: 126-127). 이 인식론은 앎의 대상이 인간과 무관하게 객관적으로 존재한다고 보는 전통주의 철학과는 다르다. 앎의 대상도 인간의 활동을 통해 비로소 존재하게 된다.

> 지식은 세계와 마주 선 호기심 많은 주체들의 존재를 필수 요건으로 한다. 지식은 현실을 변형시키려는 그들의 행위를 필요로 한다. 지식은 끊임없는 탐구를 요청한다. 지식은 창조와 재창조를 포함한다. 지식은 각인에게 지식 습득 행위 그 자체에 대해서 비판적으로 성찰할 것을 요구한다. 지식은 지식 습득 과정을 인지하는 성찰이어야만 한다. 그리고 지식은 이러한 인지 과정에서 지식 습득 과정과 그 과정을 지배하는 조건의 배후에 있는 존재 이유를 깨닫게 되는 것이어야만 한다(1979b: 126-127).

앎의 대상이 객관적이고 고정된 실체가 아니면, 인간이 알고자 행동하는 만큼 대상도 변화한다. 그렇기 때문에 우리가 배우면서 대상을 알게 된다고 해도 동시에 알게 되는 만큼 끊임없이 새로운 무지의 영역이 발생한다. 마치 처음에는 금방 실체를 파악할 것 같던 대상을 탐구해서 알게 되는 만큼, 이전에는 미처 생각지도 못했던 새로운 호기심의 영역이 발생하는 연구 활동과 같다. 앎의 대상이 진리를 밝혀주기를 바라며 처음부터 아이디얼한 형태로 존재하는 것이 아니다. 대상은 인간과 세상과 교섭한다.

처음에 목적했던 앎에 완벽하게 도달하는 법이란 없다. 목적했던 앎을 향해 배워가는 동안에도 목적하는 바가 움직인다. 그리고 목표에 도달한 경우에도, 그 목표는 탐구하기 이전의 목표와 동일하지 않다. '여기까지 알면 다 아는 거야'라고 생각했는데, 막상 공부를 하니 또 모르고 알아야 할 영역이 또다시 만들어지는 것과 같다. 앎을 통해 밀어낸 어둠 속에서 미처 상상하지 못한 그 어둠 뒤의 어둠을 인식하고 비로소 그 어둠이 얼마나 깊고 두터운지 알 수 있다. 아는 만큼 알 수 없고 알고 싶은 영역이 만들어진다. 이렇게 발생한 무지의 영역은 우리가 알게 되었기 때문에 만들어진 무지의 영역이다. 우주를 알면 알수록 알아야 할 게 더 많아지는 과학과 같다. 알게 되는 만큼 배움은 끊임없이 새로운 무지의 영역을 그야말로 "생성"한다. 즉 배울수록 우리는 더 깊이 배움의 세계로 초대받는다. 그러니 제아무리 전문가라 해도, 그의 관점에서 특정 영역을 알게 되었다 뿐이지 어떤 대상을 완벽히 아는 것이 아니다. 새로운 관점에서 새로이 보면 대상은 달라진다. 배울수록 스스로 비판적인 호기심을 날카롭게 하며 자발적 배움이 생긴다.

완벽히 알 수 없다는 사실은 프레이리가 말한 "영원한 배움"을 부른다 (2007). 하지만 영원한 배움을 통해 도달해야 할 궁극적 목적은 있다. 프레이리가 배움의 목적을 제시한 까닭은 인간이 사회역사적 현실 속에서 살기 때문이다. 그리고 사회역사적 현실을 새로이 "선언"하고 만들 수 있기 때문이다. 그 목적은 세상을 이름 짓는 일, 배우면서 마침내 지배적 담론에서 벗어나 해방되는 일이다. 프레이리의 저작을 바탕으로 랜크시어와 매클래런이 말한 배움의 원칙 가운데 하나, 즉 "학습자는 지배적 담론의 신화가 어떤 이유에서 학습자 자신을 억압하고 소외시키는 신화인지 정확히 이해할 수 있어야 하며, 변화를 도모하는 행동을 통해서 그 신화를 극복할 수 있다는 사실도 깨달아야 한다"(McLaren, 2000: 252-253)는 원칙이 바로 프레이리가 말한 배움의 목표이다.

3. 배움과 가르침이 만나고 출발하는 지점: 생성어와 생성주제

1] 문화 정체성의 인정: 말

프레이리에게 배움이 궁극적으로 이르러야 할 지점도 세상을 이름 짓는 말이지만, 배움과 가르침이 만나는 출발 지점도 말word이다. 침묵의 문화에서 해방될 수 있는 출발점이 말이다. 교육부 고위 관료가 대한민국의 99퍼센트는 "개돼지"라고 언론인 앞에서 거듭 밝히고, 일본 권력층은 무시로 침략의 역사를 부정하는 망언을 쏟아내는 이 모욕적 언사의 시대에, 과연 말은 배움과 가르침의 출발일 수 있을까? 프레이리는 지배자들의 모욕적인 말과 신화에서 해방되기 위해서는 억압당하는 이들의 말에서 출발하여 행동하는 말로 돌아와야 한다고 보았다.

그래서 프레이리는 문해교육을 시작할 때, 학습자들이 사는 지역에 현장 조사를 나가서 그들 삶에 어떤 말이 중요한지, 그들이 어떻게 표현하는지 연구자들이 조사하도록 설계했다. 말이 바로 학습자의 정체성을 대변한다고 해석했다. 가르치고 배우는 행위에서 가장 기본은 학습자의 정체성 인정이며, 정체성 묵살 행위는 학습자를 학대하는 것이라고 프레이리는 보았다(2007: 147). 학습자의 정체성을 구성하는 여러 요소 중에서 배움의 상황에서는 가르치고 배우는 이들이 서로의 사고를 공유하기 때문에, 사고와 분리 불가한 말thought-language이 특히 중요하다(1979a: 12-13).

말은 개인 삶 속에서, 사회역사 속에서 무게를 갖는다. 가령 '해방'이라는 말 속에 해방을 향한 고난스러운 숱한 실천이 들어 있다. 노동자에게 '해고'라는 말은 '구조조정'이라는 경제적 용어로 대체될 수 없는 삶의 고통이 들어 있다. 말에는 희망, 슬픔, 억울함, 분노, 기쁨 따위의 온갖 정서와 잘 대변하고 싶은 이성, 그 말을 입 밖으로 냈던 무수한 사람들의 역사와 오늘, 그리고 미래가 담겨 있다. 말에 담긴 그 무게 때문에, 말은 다른 무엇보다 학습자를 잘 대변한다. 학습자의 말에서 배움이 출발한다는 의미는 학습자의 정체성을 인정하고, 모든 인간의 말할 권리를 인정한다는 의미이다.

말한다는 것은 본원적인 인권이지 소수인의 특권이 아니다. 말한다는 것은 자아를 표출하고 현실 세계를 표출하는 권리, 창조하고 재창조하는 권리, 결정하고 선택하며 마침내는 사회의 역사적 과정에 참여하는 권리와 연결돼 있지 못할 경우 참된 행동이 아니다. … 궁극적으로 그들은 자기들이 스스로의 목소리를 가질 권리를 갖고 있음을 깨닫게 될 것이다(1979a: 25-26, 27).

배움과 가르침은 인간에게 말할 권리가 본원적이었음을 다시 일깨워준다. "배움의 최소 단위인 말"(Vittoria, 2014: 111)을 통해 함께 배우는 이들은 더 넓은 세계로 나아간다. 어린 시절 누이와 형들의 낯선 말들이 자기 세계의 일부가 되고, 문자를 접하면서 더 넓은 세계에 눈뜬 경험은 비단 프레이리(2014: 3-5)만 겪은 말의 여정이 아니다. 누구나 홀로 그리고 함께 말하고 듣고 새로이 고쳐 말하면서, 마침내 참여할 권리와 연결된 "참된 말"(2003: 112)에 이른다. 그 말은 파블로 네루다에 따르면, 사회의 "유산"이며, 그래서 "아직 동트지 않은 새로운 존재의 새벽과 우리를 이어주는 파장"이다. 이런 말이 인간을 인간이게 한다.

프레이리는 왜 "말"에 주목했는가? 여러 이유가 있지만, 깁슨(1994)은 "태초에 말이 있었다"는 기독교 정신에서 그 사상적 기원을 찾는다. 기독교는 프레이리의 주요 사상 기반 중 하나였으니, 기독교 정신에 담긴 말의 의미를 프레이리가 수용했다는 분석이다. 기독교 사상 이외에도 프레이리가 말에 주목한 배경에는 여러 가지가 있다. 그중 하나는 남아메리카의 역사이다. 남아메리카는 유럽의 식민지였으며, 유럽의 말이 공식어가 되었다. 프레이리의 고국인 브라질에서도 1757년 포르투갈어가 공식어로 공포되었다. 현재도 브라질 내의 원주민들과 흑인들이 사용하는 200여 개의 언어들은 소수 언어이고, 식민 지배자였던 백인의 포르투갈어가 공식어이다. 포르투갈어가 공식어가 된 다음에도, 소수 지배자가 주로 사용하는 포르투갈어에 비해, 학교 근처에도 못 간 민중들의 포르투갈어는 "틀린 포르투갈어", "교양 없는 말"이라는 언어차별주의가 만연해 있다(임두빈, 2006). 브라질 사회 내의 이런 차별 구조에 반대했던 프레이리는 민중이 사용하는 포르투갈어의 문법과 구문, 의미 체계에 관심을 기울이고(2014: 27), 침묵을 강요당하는 민중들의 말할 권리를 주장했다. 또한 비문해자의 투표권을 박탈했던 브라질 정치 현실도 프레이리를 자극했다(2006: 103-104, 112). 비문해자의 투표권을 위해 글을 가르치는데, 그 시작은 입말일 수밖에 없었다(Gibson, 1994). 프레이리의 표현처럼 "어느 누구도 말을 못하는 사람orally illiterate"은 없기 때문이다(Taylor, 1993: 74). 게다가 수년간 중등학교 포르투갈어 교사를 하면서 동시에 문해교육 활동을 했었던 그의 경력(Elias, 2014: 15)도 한몫했다. 포르투갈어 교사로서 그는 말에 대한 관심을 발전시켰고, 마침내 모든 사람의 말할 권리와 말을 통한 세상 변혁에 대한 믿음, 즉 언어의 생성적 힘을 믿게 되었다.

또 하나 프레이리의 주요 개념인 "억압받는 이the oppressed"에서 그가 말에 천착한 이유를 찾아볼 수 있다. 프레이리는 억압받는 이를 지칭할 때, 사회경제적 계급문제를 본격적으로 다루기보다는 "침묵문화에 빠진 이", "숙명론에 빠진 이"라는 설명을 훨씬 더 자주 사용한다. 1964년 망명 이후 제3세계는 물론, 미국을 비롯한 제1세계에서도 활동했던 프레이리에게는 경제적 빈부격차 이상으로 문화적 식민 상태에 빠진 사람들의 소외된 삶이 자못 심각한 보편적 현상으로 여겨졌을 것이라 짐작된다. 교육자인 그가 할 수 있는 일은 "억압받는 이"의 말을 되찾아주는 것이었다.

2] 생성어와 생성주제의 탐구: 희망의 배움

배움과 가르침의 시작이 말이라면, 그중에 학습자의 "생생한 언어, 열망, 두려움, 요구, 꿈을 표현"하고 "실존적인 경험을 담고" 있는 말(2014: 8)에서 시작해야 한다. 이런 말을 일러 프레이리는 생성적인 말인 "생성어 generative word", 그리고 생성적 주제인 "생성주제generative theme"라 명명하였다. 생성어와 생성주제를 매개로 문화서클에서 함께 해석하고 다시 문서화하는 과정을 거치면서 문해교육을 실시한다(2003). 생성어와 생성주제가 바로 학습자의 정체성을 대변하는 말이며, 그래서 학습자들이 침묵이나 숙명론에서 벗어날 수 있도록 해주는 희망의 출발점이다.

생성어와 생성주제는 지역 사람들의 생생한 실존적 경험과 사회역사적 현실이 담긴 중요한 말이자 관심사이다. 생성어는 문해교육literacy education 단계에서 글자를 익히기 위해 사용하는 낱말이다. 그리고 생성주제는 문자를 알든 모르든 그 시대의 "사상, 가치, 발상, 희망 등의 구체적인 발현은 물론이고, 민중의 완전한 인간성을 저해하는 장애물"(2003: 130)까지도 포함한 주제로서, 문해교육을 심화·확산시키는 문해심화교육post-literacy education 단계에서 사용하는 말이다. 문해교육과 문해심화교육은 반드시 시간적 선후의 문제는 아니지만, 논리적으로 문해심화교육은 문해교육의 심화와 지속이다. 문해심화교육에서는 언어를 더 완벽히 익히고, 경제적 사회적 문제를 더 날카롭게 인식하는 지식을 다룬다(1984: 109; 2014: 42).

생성어와 생성주제는 프레이리의 독특한 개념이다. 생성어와 생성주제는 촘스키의 변형생성이론에서 나오는 생성 개념과 연관 있다(1986: 88). 심층의 규칙들을 변형하여 표층의 다양한 문장들이 생성된다는 변형생성이론의 기본 논리를 적용하면, 심층의 구조에서 현실의 다양한 관심사들이 만들어진다. 즉 하나의 생성어나 생성주제는 다양한 낱말이나 관심사들을 만들어내지만, 그 심층에는 일반적인 규칙이 작용하고 있다. 그렇기 때문에 생성어나 생성주제를 탐구하는 일은 인간과 세계, 사람과 사람의 관계를 성찰하여 심층의 의미를 밝히는 일이다(2003: 124; Andreola, 1993).

생성어와 생성주제는 자연 상태의 언어가 아니라 '발굴·선정된 언어'이다. 학습자들 사이에 존재하는 말이지만, 현장 조사를 통해 발굴하고, 교육을 위해 선택한 언어인 것이다. '발굴'이라 하는 까닭은 생성어와 생성주제를 학습자들이 사용하더라도 반드시 의식하는 말이 아니기 때문이다. 생성어가 문해교육을 위해 선정한 낱말들이라면, 생성주제는 의식화를 목표로 하는 문해심화교육을 위해 선정한 주제이다. 선정은 문해교육 연구자들이 한다. 연구자들이 지역민들 사이에 가장 많이 사용되고 이슈가 되는 말과 표현들을 조사한 다음, 그 조사를 바탕으로 생성어와 생성주제를 선정한다. 선정은 문해교육을 위한 연구자들이 하지만, 반드시 지켜야 할 원칙은 "교육자의 개인적인 영감으로부터가 아니라 현장에서의 어휘 조사로부터 (생성어와 생성주제가) 나와야 한다"는 점이다(1979b: 74). 생성어와 생성주제를 선정할 때는 지역민들과 함께 토론을 거친다. 이렇게 선정된 생성어와 생성주제를 연구자들이 적절한 교육 자료로 만들어 문화서클에서 함께 교육한다(1979b; 2003; 이훈정, 2011).[5]

이 과정에서 생성어를 선정할 때는, 글자를 모르는 사람들이 글자를 익히도록 도와주는 낱말이면서도 사회 현실에 관심을 갖도록 하는 낱말이어야 한다. 그래서 구문적 조건도 만족시키고, 의미론적 조건도 만족시켜야 한다. 이를테면 ① 발음의 풍부성, ② 발음의 난이도, 그리고 ③ 사회·정치·문화적 현실과 관련된 정도, 즉 의미의 풍부함까지 고려해야 한다(1979b: 74-75). 생성주제는 문자를 익히기 위한 것이 아니기 때문에 이

---

5. 생성어나 생성주제가 '발굴·선정'되었다고 해서, 생성어나 생성주제의 개념이 순전히 "임의적으로 발명된 것"이거나 "검증해야 할 작업가설"은 아니다(2003: 124). 프레이리가 보기에, 생성어나 생성주제에 해당하는 개념들은 인간과 세계, 사람들 사이의 관계에 대한 성찰에서 나온 것이기 때문에 객관적 사실 여부를 따질 문제가 아니다. 그보다는 "주제의 풍부함, 의미, 다원성, 변형, 역사적 구성"을 살펴야 한다(2003: 124). 프레이리가 이처럼 주장하는 까닭은 앎의 대상이란 주체와 객체 "사이"에 "성찰"을 통해서 존재한다고 인식하기 때문이다.

와 같은 구문론적 조건을 고려할 필요는 없다. 의미론적 조건을 충족시키면 된다. "1. 다른 주제들을 생성해낼 수 있는 주제, 2. 새로운 과업 즉 행동을 생성해낼 수 있는 주제"(Garcia, 1974)이면 된다.

프레이리가 브라질 리우데자네이루에서 문해교육을 위해 실제로 선정한 생성어의 예를 들면 다음과 같다(1979b: 73). "파벨라(빈민촌), 비, 쟁기질, 토지, 음식, 아프로 브라질리언 춤, 우물, 일, 자전거, 봉급, 직업, 정부, 소택지, 사탕수수 농장, 괭이, 벽돌, 부"가 그것이었다. 그리고 프레이리가 제네바에서 기니비사우 문해교육팀과 주고받은 편지에서는 "노동", "벽돌", "쌀"을 생성어의 사례로 언급하였다. 생성주제로는 "지배", "억압", "해방", "제국주의" 등이 선정되었다(2003). 선정된 생성어나 생성주제들은 지역에서 출발하여 점차 국가적, 대륙적, 세계적인 것으로 확대되는 동심원적 구조를 이루어야 한다(2003: 132; 1984: 136).

생성어와 생성주제는 끊임없이 변형하며 새로이 만들어내는 생성의 힘을 지닌다. 생성어는 발음규칙을 이용해 새로운 단어들을 만들어내는 것을 기본으로 하며, 새로운 현실의 가능성도 만들어낸다(Vittoria, 2014: 110). 생성주제들은 "의미, 대화, 지식, 비판적 의식을 '생성한다'. 그래서 현실을 변혁하고자 하는 결정을 '생성한다'"(Andreola, 1993: 229-230). 무엇보다 생성어와 생성주제는 "자기의 상황에 개입하는 자세를 생성시키는 자아 변형력을 내포한다"(1979b: 71-72). 이처럼 생성력을 지닌 언어를 지루는 "가능성의 언어"라고 했고, 프레이리는 "희망의 언어"라고 이름 지었다.

생성어와 생성주제는 현실 상황 속에 포함된 것이며, 동시에 현실 상황에 대한 사람들의 생각을 반영하고 있다. 그러면서도 현실을 재창조할 수 있는 힘도 그 안에 내포하고 있다(2003; Millard, 1986). 이 점에서 프레이리는 생성어와 생성주제가 "대항 헤게모니"적 성격을 갖는다고 보았다(2014: 8; Vittoria, 2014). 주정뱅이를 보는 지역민들의 인식 사례는 바로 이 대항 헤게모니적 성격을 보여준다. 산티아고의 한 문화서클에서 "술 취해 거리를 걷는 한 사람과 거리 한 모퉁이에서 잡담을 하는 세 젊은이가 있는 장면"을 보여주었더니, 참가자들은 이렇게 말했다(2003: 151).

> 거기서 유일하게 생산적이고 조국에 쓸모가 있는 사람은 술에 취한 사람이에요. 그는 하루 종일 저임금을 받으며 일한 뒤 귀가하고 있는 거죠. 그러면서도 그는 가족들의 요구를 충족시킬 수 없어 늘 가족들 걱정을 하고 있죠. 거기서 노동자는 그 사람뿐이에요. 우리처럼 당당한 노동자이고 주정뱅이죠.

이 신선한 발언은 지배자들의 인식과 확연히 다르다. 노동자 스스로가 인식하는 노동문제이고, 노동자의 문화이다.

생성어와 생성주제는 교과서를 대신한다. 현실과 무관한 문자들을 잔뜩 "선물보따리"처럼 구겨 넣은 교과서는 반대한다. 그런 교과서들은 학생들을 기껏 배려한다고 해도, 학생들의 근본적 능력인 생성적 능력을 인정하지 않는다. 그래서 문해교육에서는 생성어들과 생성적 주제를 사용한다(1979b: 72). 생성어와 생성주제가 일종의 대안 교과서가 된다. 그런 교과서는 "전체가 그렇게 간명하고, 시적이며, 자유로운 민중의 언어로 쓰인 책, 상호 학습적인 팀들이 참된 대화의 정신으로 서로 협력하여 학습하는 책(1979a: 41)"이다.

그리고 생성어와 생성주제를 다루는 방식은 통합적인 것이어야 한다. 프레이리는 가령 "쌀"을 생성어로 선정한 경우, 쌀과 관련하여 경제, 지리, 정치, 역사, 보건을 통합적으로 다룰 것을 제안한다(1984: 138-140). 이는 마치 주제 중심의 통합교과 운영 방식과 같다. 이런 교육 내용과 방법이 학습자를 호기심 넘치는 배움으로 이끌어낸다.

4. 맺으며

컴퓨터가 딥러닝deep learning을 한다는 세상이 왔다. 누군가는 지난 수천 년 동안 인간이 해왔던 암기와 재생은 더 이상 필요 없는 세상이 오리라 예고한다. 국가와 학교가 규정한 내용을 학생에게 주입하는 은행저금식 교육의 시대는 끝났다. 학교에서도 학생들이 제대로 배우는지, 도대체 무엇을 배우는지, 어떻게 배우도록 도울지로 시선을 돌리는 연구와 실천적 방법들이 생겨나고 있다. 학교 현장의 '배움의 공동체', '거꾸로 수업'도 배움이라는 렌즈로 교육을 보고자 하는 노력의 일환이다.

배움에 대한 인식이 이렇게 변화하는 시점에, 프레이리의 배움에 대한 인식을 탐색해보고자 했다. 그는 가르침은 배움의 일부라는 생각을 갖고 있었다. 가르침이란 근본적으로 배우는 이의 배움을 지향해야 하며, 동시에 가르치는 이도 배워야 한다. 가르치는 이와 배우는 이의 상호 배움이 있어야 교육이며, 배움이 더 깊어진다고 보았다. 이런 인식은 모든 인간은 미완의 존재로서 어느 누구도 절대적 지혜와 절대적 무지의 상태에 있지 않다는 인식론에 근거해 있다. 배우면서 끊임없이 생성되는 미지의 영역을 함께 배우는 존재가 인간이다. 그리고 실제로 배움을 시작할 때는, 가르치는 자가 제공하는 선물보따리 같은 지식이 아니라, 학습자의 말, 특히 그들의 사회역사적 현실을 담고 있으면서도 행동을 이끌어낼 생성어와 생성주제에서 출발해야 한다.

프레이리의 이 같은 관점은 현대에도 시사하는 바가 크다. 근본적으로 모든 인간을 배우는 존재로 존중하고, 사회제도적 여건이 인간의 배움을 위해서 조성되어 있는지 되돌아보게 한다. 그리고 가르치는 자조차 스스로 얼마나 배움을 지향하고 있는지 묻게 하며, 생성어와 생성주제에 관한 논의는 주제 중심의 통합교과를 구성하도록 초대한다.

그러나 프레이리의 배움 개념에는 여전히 해명하거나 비판해야 할 지점들이 있다. 프레이리 이론에서 용어의 불명료성은 이전부터 자주 지적되어왔는데, 배움과 가르침에 대한 그의 생각에서도 이 점은 반복된다. 배움과 가르침의 분리 불가능성을 주장할 때 이미 내부에 존재할 수밖에 없는 문제이기도 하지만, 예컨대 배움, 탐구, 연구, 교육 같은 용어들을 명료하게 구분하기 어렵다. 그리고 그는 "참된 말"이 행동으로 이어질 것이라고 가정하지만, 현실은 그렇게 단순하지 않다. 말과 행동의 변증법은 쉽지 않아서, 현실 속에서는 여전히 말과 실천의 괴리가 발생하고 있다. 또하나의 문제는 테일러(Taylor, 1993)가 지적했듯이, 적어도 프레이리가 예시한 생성어와 생성주제가 지나치게 사회정치적 속성을 띤 명사들뿐이라는 점이다. 다양한 교과와 복잡한 현대사회에 적용하기 위해서는 생성어와 생성주제가 테일러의 지적처럼 명사로 제한될 필요도 없으며, 사회정치적 용어로 한정할 필요도 없을 것이다.

앞으로 탐구해야 할 과제들도 있다. 이 시대 교육의 진짜 문제는 '배움으로부터 도피'하는 사람들이다. 프레이리가 생전에 침묵문화와 숙명론에 빠진 이들의 문화에 천착하여 생성어와 생성주제를 구상하였듯이, 배움으로부터 도피하는 사람들의 문화에 천착하여 적합한 생성어와 생성주제를 발굴하는 일은 인간의 배움 자발성을 회복할 하나의 출발점이 될 수 있을 것이다. 어떤 생성어와 생성주제를 발굴하고 선정할 것인지는 사회에 따라 바뀌어야 한다. 이 시대에 적합한 생성어와 생성주제를 발굴하고 선정하는 것도 남은 과제이며, 생성어와 생성주제 중심의 교육이 제도권 학교에서 어떻게 가능할지 연구하는 일은 앞으로 연구자들의 몫이다.

8.

문화서클:
새로운 형태의
교육 실천[1]

조정봉

조정봉
(전) 울산과학기술원(UNIST) 입학사정관
(현) 울산과학기술원 전기전자컴퓨터공학부 재직
(주요 저서) 『입학사정관제 이렇게 선발한다』(공저)

파울루 프레이리는 브라질, 칠레, 아프리카 등에서 '문화서클'을 설립하여 민중들과 함께 배우고 가르치면서 '의식화' 교육을 실천하였다. 세계 속에서, 그리고 세계와 더불어 사상투쟁을 했기에 그의 교육사상은 정체되지 않고 진화를 거듭하였다.

프레이리의 교육사상을 한국에 처음 소개한 인물은 문동환(1971)이었다. 그 뒤 채광석·심지연(1978)이 『교육과 의식화Education for Critical Consciousness』를, 성찬성(1979)은 『페다고지Pedagogy of the Oppressed』를 번역했으며, 김쾌상 외(1979)는 『Harvard Educational Review』(1970)에 나오는 프레이리의 논문 두 편[2]을 『민중교육론: 제3세계의 시각』에 번역하였다.

이 글은 프레이리의 '의식화' 교육론을 알아보고, 문화서클의 설립과 구성에 대해 살펴보면서, 브라질에서 시작하여 제3세계로 확산된 문화서클의 교육적 실천을 분석할 것이다.

저자는 프레이리의 문화서클을 분석함으로써 교육이 '정치'이고 사회 변화를 위한 '희망'임을 강조할 것이다. 또한 한국 교육이 문화서클에서

---

1. 이 글은 『교육철학』 제63집(한국교육철학회, 2017. 6.) 「프레이리 '문화서클'의 교육적 실천」을 재구성했다.

2. "The Adult Literacy Process as Cultural Action for Freedom"과 "Cultural Action and Conscientization"이다.

배워야 할 중요한 시사점을 제시할 것이다.

1. '의식화' 교육론

프레이리의 교육론을 이해하는 핵심어는 '의식화conscientization와 '프락시스praxis'이다. 의식화는 눈뜸이고, 프락시스는 성찰과 행동의 변증법적 관계 맺음이다. 프레이리의 교육이론은 바로 이 개념에 입각하여 선택, 행동, 그리고 반성이라는 순환고리를 통해 계속해서 진화하였다.

1] 변호사, 공무원, 그리고 교육학자로 거듭나기

파울루 프레이리는 헤시피대학교에서 법학과 철학을 전공하여 변호사 자격증을 땄다. 하지만 첫 번째 사건 수임 직후 변호사를 그만두었다. 프레이리가 교육자로서 삶을 선택하게 된 데는 초등학교 교사인 부인 이우자Elza의 영향력이 컸다(백경숙·박내현 옮김, 2012: 34). 여기에 더해 재학 시절 고교에서 포르투갈어를 가르친 경험도 많은 영향력을 미쳤을 것이다.

프레이리는 사회산업국SESI 페르남부쿠 교육 분야 책임자로 8년간 (1946~1954) 일하였다. SESI는 노동자의 정체성에 혼란을 줄 목적으로 설립된 것이지만, 프레이리는 SESI 경험을 비판적으로 성찰하면서 성인교육에 대한 새로운 개념을 형성하기 시작하였다.

1954년 프레이리는 SESI를 그만두고 헤시피대학교에서 교육역사 및 철학 강의를 맡았고, 1959년 이 대학의 교수가 되었다. 그의 박사학위논문은 "오늘날 브라질의 교육 현실Education in Present-Day Brazil"(1959)이었다 (Ibid.: 35).

2] 비판적 의식화를 위한 교육

억압자들은 신화[3]를 선전과 구호에 담아 피억압자에게 내면화시킨다. '의식화'는 바로 이러한 신화를 거부함으로써 숙명론적 세계관을 버리고, 자신과 사회에 대하여 비판적인 인식과 태도를 취하도록 하는 것이다. 『Harvard Educational Review』 편집자는 의식화를 아래와 같이 정의 내렸다.

의식화는 사람이 수용체가 아닌 인식하는 주체로서, 그들의 삶을 형성하는 사회문화적 현실을 의식하고, 동시에 그것에 대한 활동을 통하여 바로 그 현실을 변혁하는 능력을 깊이 있게 의식하는 과정으로 정의되고 있다(한국교육연구네트워크 옮김, 2014: 217).

프레이리는 대중 의식을 3단계로 분류하였다(Freire, 1973; 채광석 옮김, 2015: 38). 준 변화불능적 의식semi-intransitive consciousness', '순진한 변화 가능적 의식naive transitive consciousness', '비판적 변화가능적 의식critically transitive consciousness'. 이 가운데 비판적 의식화는 결코 중립적이지 않은 비판적 교육을 통해 형성할 수 있고, 개별적 과업이 아니라 사회적 과업으로 성취할 수 있다(한국교육연구네트워크 옮김, 2014: 216).

우리들은 읽는 법을 가르치는 동시에 순진한 의식으로부터 비판적 의식으로 옮겨 가도록 하는 계획을 입안하고자 했다(채광석 옮김, 2015: 83).

---

3. "현 질서는 인권을 존중하므로 정당하고 올바르다는 신화", "근면하기만 하면 누구나 기업가가 될 수 있다는 신화", "브라질의 모든 초등학생 중에 대학까지 진학하는 학생은 극히 일부인데도 교육의 보편적 권리가 보장되고 있다는 신화", "내가 누구인지 알아? 하는 식의 말이 여전히 통용되고 있음에도 불구하고 모든 개인이 평등하다는 신화", "반역은 신에게 죄를 짓는 것이라는 신화", "억압자는 근면하며 피억압자는 게으르고 부정직하다는 신화", "피억압자는 본성적으로 열등하며 억압자는 우월하다는 신화" 등이 해당된다(남경태 옮김, 2009: 165-167).

의식화는 고발denunciation, 선언annunciation, 그리고 사회적 참여를 통해 이루어진다. 하지만 의식화는 정치혁명을 위한 캠페인을 벌이거나 세상사를 분석하는 일에만 몰두해서는 안 된다. 읽기와 쓰기를 함께 해야만 의식화될 수 있다. 프레이리는 문화서클에서 세계 읽기와 단어 읽기의 변증법적 관계를 실험했다.

의식화의 노력은 그 정치적, 윤리적 적절성에도 불구하고 자체만으로는 충분치 않다는 것에 주목해야 한다. 의식화에서 단어를 읽고 쓰기의 가르침으로 계속 나아가는 것이 중요하다. 민주사회에서, 우리는 문해서클이 정치혁명을 위한 캠페인을 벌이거나 세상사를 분석하는 일에만 몰두하는 공간으로 바뀌도록 할 수는 없다. 나는 물론이고 다닐슨과 같은 교사들의 본질적 임무는, 세계를 읽는 일과 단어를 읽는 일의 변증법적 관계를 확신과 열정을 갖고 끈질기게 시험해보는 것이다(사람대사람 옮김, 2007: 100).

3] 문화서클: 이론과 실천의 변증법적 만남

프레이리는 『Harvard Educational Review』(1970)에 "Cultural Action and Conscientization"을 발표한 이래 '의식화' 개념이 모호하다는 비판을 받으면서(한국교육연구네트워크 옮김, 2014: 228-232), 비판적 의식화에서 한 걸음 더 나아가 사회적 실천을 향한 '조직화'를 강조하게 된다.

프레이리는 의식화와 조직화는 따로 분리될 수 없는 교육의 양 측면이고, 조직화를 이루는 과정 자체가 바로 하나의 교육이며, 이는 사회를 변화시킬 시민사회의 연대로 이어진다고 주장한다(문혜림, 2012: 153).

그리하여 문화서클은 의식화 교육뿐만 아니라 사회적 실천을 위한 공동체로서 역할을 하였다. 프레이리는 문화서클에서 배우고 지역에서 실천하면서, 다시 문화서클에서 비판하고 반성하는 새로운 모델을 제시하였다. 이론과 실천의 변증법적 만남의 장이 바로 문화서클이었다.

프레이리는 문화서클 참가자들이 자율성과 책임감을 가지고 억압자의 침략 흔적(수치심)을 지워버리고 행동하는 지식인이 되도록 했다. 그에게 문해교육은 정치적 중립이 아닌 시민권 획득을 위한 투쟁이었다.

문해교육운동을 하면서 언어 획득의 사회적 성격을 너무나 잘 알고 있었던 나는 시민권 획득을 위한 정치적 투쟁 과정과 문해교육운동을 결코 분리할 수 없었다. 내가 결코 찬성할 수 없는 것은 '중립적인' 문해 교육 방법, 즉 단순히 철자만 쏟아붓는 방식이다. 더구나 이런 방식은 피교육자의 언어보다는 교육자의 언어에서 시작한다(사람대사람 옮김, 2007).

문해서클은 정신분석이 개인의 무의식을 대상으로 행한 것과 똑같은 역할을 사회-역사적, 정치적 맥락에서 할 수 있다는 것을 공동으로 보여주어야만 한다. 그래야만 사람들이 잘못 투사된 자기비난의 감정을 떨쳐버릴 수 있다. 억눌린 사람들은 자기비난을 떨쳐버림으로써 자신의 정신 속에 살아 있는 억압자의 침략 흔적을 떨쳐낼 수 있다. 물론 이 흔적을 떨쳐내고 난 자리는 자율성과 책임감으로 채워 넣어야만 한다 (Ibid.: 99).

문화서클 참가자들은 대화를 통해 세계에 대한 비판적 인식을 갖고 지역에 뿌리를 내리는 조직을 스스로 만들어 정치권력을 획득하는 유토피아를 꿈꾸었다. 문화서클에서 이 꿈은 관념이 아닌 교육적 실천을 지도하는 희망이었다.

2. 문화서클의 운영 실태

이 장에서는 브라질 문화서클의 설립과정과 인적·물적 구성에 대하여 알아본다.

1] 설립 과정

프레이리는 SESI[4]에 근무하면서 성인들의 문해교육이 민중들의 주체의 식을 가로막고 지배자의 이데올로기에 봉사하는 것이 아니라 민주적이고, 개방적이면서, 인식론적 호기심을 자극하기를 꿈꾸었다.

비공식적 교육 활동에서 전통적 학교의 권위주의와 기계론을 경험한 나는 개방적이고 살아 있고 호기심을 유발하는 교육기관의 창설을 꿈 꾸었어. 이 학교에서는 교육자가 가르치면서도 스스로 배우고, 학습자는 이해를 생산하거나 가르침의 내용을 지적으로 소화해야만 진정으로 배 울 수 있지. 바꿔 말하면 가르침의 내용을 포괄적으로 받아들여 재구성 하는 학습자만이 진정으로 배울 수 있는 거야(남경태 옮김, 2011: 180).

1960년대 초 브라질의 문화서클은 이러한 꿈을 안고 헤시피시의 '대중 문화운동'MCP과 헤시피대학교 문화확대지원과정SEC의 공동 노력으로 설 립되었다. 프레이리는 히우그란지두노리치주 안지쿠스시에서 성인 문해 프로그램을 처음으로 실험하였고, 이 실험에서 농장 일꾼 300명에게 45 일 동안 비판적 세계 읽기를 성공적으로 가르쳤다.

이것은 당시 평판이 좋았던 비인민주의적 서클인 셈이었지. 이 계획과

---

4. SESI는 일제 강점하 '사설학술강습회', 1960년대 재건국민운동본부의 문맹퇴치 교육, 미국의 교회 나 시청에서 제공하는 'ESL 클래스'와 유사한 커리큘럼을 개발하여 보급한 것으로 보인다.

SEC, MCP의 관념으로 우리는 대중이 떨쳐 일어나고, 조직을 이루고, 권력을 획득하고, 인식하는 능력이 대단히 중요하다는 것을 깨달았어. 물론 그것은 우리의 선택, 우리의 정치적 유토피아였어. 우리는 불가능한 꿈에 마음이 움직였어(Ibid.: 201-202).

이 학교를 프레이리는 '문화서클'이라고 이름 짓고 교사, 학생, 수업, 시간표라는 말 대신에 조정자, 참가자, 대화, 프로그램이라고 불렀다(채광석 옮김, 2015: 81). 문화서클에서 조정자들은 민중과 더불어 가르치면서 배웠고 참가자들은 배우면서 가르쳤다.

프레이리는 문해교육을 통해 비판적 세계관을 형성한 민중들이 제도권 내에서 투표권을 얻어서 정치에 참여하기를 희망했다.

브라질에서는 백인이건 흑인이건 글을 모르면 투표를 할 수 없었습니다. 지금은 비문해자도 투표를 할 수는 있습니다. 그러나 피선거권은 없지요. 공직에 출마할 수 없는 것입니다. 이것은 모순입니다. 투표할 권리는 있는데, 출마는 할 수 없다니! 제 꿈 중 하나는 이러한 부당함에 맞서 싸우는 것이었습니다. 비문해자들이 읽고 쓰는 법을 하루빨리 배워서 이 사회가 도대체 왜 이렇게 굴러가는지 깨닫도록 하고 싶었습니다. 제 주요 관심사는 이런 것들이었습니다(프락시스 옮김, 2006: 112).[10]

실제로 문해 능력을 기른 유권자 수의 증가는 정치권력의 구조를 바꾸는 위험한 게임이었다.

---

5. "1891년 최초의 공화국 헌법은 비문해자를(거지, 여자, 그리고 임명 안 된 군인들과 함께) 선거에서 배제시켰으며, … 여자들은 1933년에 들어서야 투표할 수 있었고, 선거에 나갈 수가 있었다. 마침내 1985년 선거에서 비문해자는 겨우 선거권을 획득했다. 그러나 … 다만 원하는 사람만이 먼저 신고하고 투표할 수 있었다. 1989년 선거가 시작되면서, 투표할 권리는 16세 이상의 젊은이에게까지 확대되었고, 물론 그들은 읽고 쓸 줄 알았다"(교육문화연구회 옮김, 2002: 358).

투표권자의 수가 80만 명에 불과하던 당시 페르남부쿠의 상황에서, 1년 사이에 자그마치 130만 명이 넘는 새로운 투표권자들이 생겨난 것입니다. 음, 그것은 정권의 권력구조에 심각한 영향을 끼쳤습니다. 실제로 지배계급에게 대단히 위험천만한 게임이었던 것입니다(Ibid.: 322 재인용).

1963년 프레이리는 대통령 주앙 골라르트와 교육부 장관 파울루 산투스의 지원을 받는 국가 문해 프로그램the National Literacy Program의 책임자가 되어, 14세 이상 문맹자 6,000만 명 가운데 200만 명을 가르칠 수 있는 문화서클 2만 개를 설립할 계획을 세웠으나, 1964년 군사 쿠데타로 이 계획은 좌절되었다(채광석 옮김, 2015: 80; 백경숙·박내현 옮김, 2012: 43).

2] 인적 구성
문화서클에 참여한 학제 간 연구팀, 조정자, 그리고 참가자들에 대하여 알아본다.

(1) 학제 간 연구팀
프레이리는 교육학자, 심리학자, 인류학자, 사회학자, 정치학자, 경제학자 등으로 구성된 학제 간 연구팀을 꾸려 다양한 학문적 관점에서 생성어와 생성주제들을 찾아내고, 분석하며, 문서화하였다. 문화서클에서는 민중의 삶이 연구 대상이었고, 연구가 가르침이며, 가르침이 곧 배움이 되었다.

발전이라는 주제는 주로 경제학에 적합하지만 반드시 거기에만 속하는 것은 아니다. 그 주제는 사회학, 인류학, 사회심리학 등 문화 활동이나 태도와 가치관의 변화를 다루는 분야에서도 중요하게 취급될 것이다 (발전의 철학에서도 다룰 수 있다). 또한 발전의 주제는 정치학에서도 발전을 포함하는 의사결정과 관련된 주제로서 다뤄질 것이다. 교육학에서도 중시될 것이다. 이런 식으로, 총체성을 규정짓는 주제들은 엄격하게 별도로 취급되지 않는다(남경태 옮김, 2009: 142-143).

(2) 조정자

1960년대 초 브라질의 문화서클 조정자들은 30명 단위로 구성된 그룹별로 신중하게 선발되었고, 3개월 동안 훈련을 받았으며, 문해교육 계획을 조정하는 팀의 감독 아래 활동할 곳을 스스로 정하였다. 프레이리는 경험 있는 조정자들과 함께 8개월 동안 연구하여 '문화서클 조정자 양성 프로그램'을 완성하였고, 이 프로그램에 지원한 예비 조정자들은 대학교수, 대학생, 노동조합 지도자들이었다.

1963년 6월부터 1964년 3월 사이에, 프레이리는 거의 모든 주와 군에서 성인 문해교육자들을 위한 훈련 프로그램을 가동시켰다. 리우그란데두노르테주, 상파울루, 바이하, 세르기페, 리우그란데두술주에는 이미 관련 프로그램이 있었다. … 8개월에 걸쳐 코디네이터로서 열정적 봉사활동을 펼친 대학생들과 함께 문해교육 교사 프로그램을 개발하였다. 3개월에 걸쳐 진행될 프로그램에는 한 그룹당 30명이 배치되었다(한국교육연구네트워크 옮김, 2014: 19-20).

교사들은 학제 간 연구팀으로 활동한 교수들, 자원봉사를 한 대학생들, 노동조합이나 농장조합의 지도자들이었다. 이들의 헌신적인 노력으로 문화서클은 활력을 얻었다. SEC에서 활동할 때 지도자 프로젝트를 통해 70명의 일꾼을 훈련시켰다(사람대사람 옮김, 2015: 377).

(3) 참가자

문화서클은 성인 노동자, 농민들을 대상으로 했지만, 그렇다고 성인만을 대상으로 하지는 않았다. 어른과 아이가 함께 출석하여 배우기도 했다.[6] 조정자는 신중하게 선발했지만 참가자는 존재조건에 관계없이 누구나 다 문화서클에 와서 배울 수 있었다.

> 문맹퇴치 교육은 레시페에서 5명의 문맹자들로 이뤄진 그룹으로부터 출발했는데 2~3일 되자 그들 중 두 명이 빠져나갔다. 참가자들은 농촌 지방으로부터 이주해 온 사람들이었으며 자기들의 문제들에 대해 운명론적 체념과 무력감을 드러냈다. 그들은 낫 놓고 ㄱ자도 모르는 정도의 문맹자들이었다(채광석 옮김. 2015: 82).

> 니타가 인터뷰한 어느 젊은 여성은 어릴 때 부모와 함께 문맹퇴치 교육에 참여해 글을 배웠다고 말했는데, 그 이유는 부모가 아이를 혼자 집에 남겨둘 수 없어 교실에 데려왔기 때문이었어. 당시 소녀는 겨우 여섯 살이었지(남경태 옮김. 2011: 210).

문화서클 참가자들은 누구나 다 존중받았다. 조정자들은 참가자들을 지식생산자로서 존경하고 겸손한 자세로 그들로부터 배우고자 했다.

> 피교육자가 어린아이로 처음 학교에 올 때, 혹은 젊은이와 성인으로 처음 민중교육센터에 올 때, 이들은 자신이 세계를 이해하는 방식과 그들이 참여하고 있는 사회적 실천 속에서 너무나 다양한 수준의 실천을 함께 지닌 채 오는데, 이를 무시하거나 '쓸모없다'고 생각해서는 안 된다는 것이다. 그들의 말, 셈하고 계산하는 그들의 방법, 이른바 다른 세계

---

6. 참가자뿐만 아니라 조정자도 아이를 문화서클에 데리고 왔다. 브라질리아 인근 가마에서 조정자가 한 손으로 아이를 안고 칠판 앞에서 생성어 tijolo 등을 설명하는 사진이 있다(백경숙·박내현 옮김, 2012: 49).

에 대한 그들의 생각, 그들의 신앙심, 그들의 건강, 신체, 성, 삶, 죽음, 성인聖人의 힘, 주술 등에 관한 지식은 모두 존중받아 마땅하다(교육문화연구회 옮김, 2002: 134).

문화서클은 25~30명의 참가자들로 구성되었고, 이들 가운데 약 4분의 3 정도가 문해교육 이후 간단한 텍스트를 읽고 쓸 수 있었다.

학교나 교실이 아니라 문화서클이 조직되었는데, 거기에는 학생으로서가 아니라 참가자로서 25~30명의 비문해자들로 구성되었다. … 문해과정을 완수한 참가자들 가운데 대략 4분의 3은 간단한 테스트를 읽고 쓸 수 있었으며, 지역신문을 이용하고, 브라질 문제에 대해서 토론했다(사람대사람 옮김, 2015: 397).

3] 물적 구성

(1) 재정

문화서클은 대학이나 정부로부터 경제적 지원을 받았다. 프레이리가 브라질에서 문화서클을 설립할 때 헤시피대학교, 헤시피시, 히우그란지두노르치주, 중앙정부 교육문화부, 'USAID(미국국제개발기구)' 등으로부터 예산 지원을 받았다(사람대사람 옮김, 2015: 377).

SEC와 히우그란지두노르치 주정부가 계약에 의해서 안지쿠스시에서 성인 문맹퇴치를 시작할 때 프레이리는 교통비, 식비, 체류 비용만을 지급받고, 나머지 팀원들은 여기에 더해 약정된 보수를 받았다

2. 협약에는 주의 교육부가 나를 따라 나탈까지 수행하는 팀에게 교통비, 식사비, 기타 체류 비용, 약정된 보수를 지급하겠다는 내용이 포함

되어야 한다.

3. 내 경우는 주정부가 교통비, 식사비, 체류 비용만을 지급한다(나는 이미 대학에서 전임으로 급료를 받고 있었어)(남경태 옮김, 2011: 206).

(2) 모임 장소

문화서클은 학교나 주택의 빈 공간을 빌려 사용하거나 축구 클럽, 교회, 지역 단체가 가진 공간을 활용하였다. 공간이 확보되면 교육자들은 학생들을 모으러 다녔다.

안지쿠스에서 우리는 학습자 삼백 명을 모았어. 도시 곳곳의 학교나 주택의 방에 꾸려진 열다섯 곳의 문화서클에 학습자들이 모였지(Ibid.: 209).

첫 번째 문화서클은 레시페 전역의 잘 알려진 장소에서 열렸다. 서클은 자선 단체, 축구 클럽, 지역 단체, 교회 내에서 형성되었다. 교육사들은 서클의 장소를 마련하는 일을 맡았지. 그들은 클럽, 교회, 지역 단체를 방문해 교육 활동의 가능성을 이야기했어. 제안이 수용되면 우리는 대중 동원 활동에 들어갔어. 지역의 술집, 이발소, 클럽, 교회를 돌면서 입에서 입으로 홍보하는 거야(Ibid.: 181).

(3) 모임 시간

문화서클은 주로 성인들을 교육 대상으로 했기 때문에 밤에 많이 모였다. 교육 시간은 매주 평일 밤 1~2시간이었고, 교육 기간은 6~8주였으며, 문해 프로그램의 모든 과정을 마치는 데 30~40시간이 걸렸다.

1. 모임은 매주 평일 밤 1시간씩 6~8주간 계속되었다.

2. 8주 가운데 첫 2주는 자연과 문화의 차이를 설명한 10개 그림을 분석하였다(사람대사람 옮김, 2015: 397).

우리는 일반적으로 6주 내지 2개월에 25명으로 이뤄진 그룹에게 신문 읽기, 노트 필기, 간단한 편지 쓰기, 지방적·국가적 문제들에 대한 토론을 하게 해줄 수 있었다(채광석 옮김, 2015: 100).

(4) 기자재

프레이리는 시청각 기자재를 활용하는 데 적극적이었다. 1960년대 초에 폴란드로부터 3만 5,000대의 슬라이드 프로젝트를 수입하였고, 이 영사기를 흰 벽에 비추면서 그림을 보고 농민들과 대화를 나누었다.

각 문화서클은 13달러 정도의 가격으로 수입한 폴란드제 슬라이드 프로젝트를 구비했다. 우리 자신의 제작실이 없었으므로 필름 구입에 7~8달러가 소요됐다. 우리는 또 값이 그다지 비싸지 않은 칠판을 사용했다. 슬라이드는 문화서클 참가자들이 함께 모이는 집의 벽이나 흑판의 뒷부분(희색을 칠했음)에 비춰졌다. 문교부에서 3만 5,000대의 슬라이드 프로젝트를 수입했는데 군사 쿠데타 후 "아주 파괴적인 것"이라고 TV를 통해 매도되었다(채광석 옮김, 2015: 100).

우리는 칠판, 분필, 슬라이드 영사기, 펠트판, 녹음기 등 구할 수 있는 자료를 가지고 회의 자료를 준비했어. 이따금 나는 오늘 우리가 이 기술적 자원을 가지고 어떤 일까지 할 수 있을지 의심한 적도 있었지(남경태 옮김, 2011: 181).

3. 문화서클의 교육적 실천

이 장에서는 브라질과 칠레 문화서클의 교육 프로그램과 아프리카 상투메프린시페의 문해 교재 내용을 분석한다.

1] 브라질과 칠레의 교육 프로그램

브라질의 문화서클에서는 8주간 모임을 가졌는데, 이 가운데 첫 2주는 동기부여를 위하여 자연과 문화의 차이에 대해 이야기 나누었고, 나머지 6주는 16개의 생성어를 가르쳤는데, 생성어를 가르치면서 신문을 읽고 지역 문제에 대하여 토론하도록 하였다(사람대사람 옮김, 2015: 397).

(1) 동기부여

"자유 실천으로서의 교육"에서 제시된 상황(그림) 10개[7]는 문해교육에서 동기 유발을 위한 토론 자료였다(채광석 옮김, 2015: 109-137). 이 그림은 민중의 삶의 맥락을 연구하여 코드화codification를 해놓은 것이고, 성인 참가자들이 이 그림을 탈코드화decodification함으로써 자신들의 언어로 세계를 표현할 수 있게 했다.[8]

가령 제7상황, '꽃병, 인간이 자연의 물질에 일을 가해 만든 생산물'은 탁자 위에 꽃을 꽂아둔 꽃병 그림[9]인데, 프레이리는 이 그림을 통해 참가자들이 단지 노동자일 뿐만 아니라 문화 생산자임을 깨닫도록 하였다.

---

7. '세계 안에 세계와 더불어 있는 인간, 자연과 문화', '자연에 의해 매개된 대화', '글을 모르는 사냥꾼', '글을 아는 사냥꾼', '사냥꾼과 고양이', '인간은 일을 통해 자연의 물질을 변화시킨다', '꽃병, 인간이 자연의 물질에 일을 가해 만든 생산물', '시', '행동의 여러 양식', '학습 중인 문화서클 토론의 종합' 등이다.

8. 칠레에서는 참가자들이 글자를 빨리 배울 수 있도록 문해 훈련 속에 동기 유발을 통합시켰다(한국교육연구네트워크 옮김, 2014: 45).

9. 이 그림은 원래 브레난드가 그린 것인데, 쿠데타로 빼앗겨서 아브레우에게 부탁해 다시 그리게 한 것이다(채광석 옮김, 2015: 109-130). 브라운의 논문에는 브레난드가 그린 그림이 인용되어 있는데(사람대사람 옮김, 2015: 379-383), 두 그림을 비교하면 약간의 차이를 발견할 수 있다. 브레난드가 그린 그림에는 꽃병 표면에 꽃을 또 그려놓아서 문화로 변형된 자연이 다시 한 번 서술 상징(Written Symbol)으로 변형되어 있다.

점토를 꽃병으로 만드는 것은 더 이상 생계수단만이 아니라, 문화와 예술을 창조하는 수단이었습니다. 이런 이유로 그 학생이 세계와 세계 속에서의 일상 활동에 대해 이전에 읽은 것을 다시 생각해봄으로써, 그녀는 자신 있는 확신에 차서 "아하, 나도 이런 식으로 문화를 창조하고 있어"라고 말할 수 있었습니다(교육문화연구회 옮김, 2000: 75).

(2) 생성어

동기부여가 끝난 참가자들은 그림과 함께 생성어를 배웠다.[10] 생성어 선택의 기준은 두 가지였다. 첫째, 글자를 알기 전에 낱말이 참가자들의 깊은 정서와 정신을 자극하여 그림과 단어를 보는 순간 다양하면서도 열띤 토론이 참가자들 사이에서 일어나야 한다. 둘째, 선택한 낱말이 포르투갈어의 '기본적인 소리'를 포괄할 수 있어야 하고, 단순한 문자와 음성에서 더욱 복잡한 문자와 음성으로 '이동'할 수 있어야 한다(사람대사람 옮김, 2015: 389; 한국교육연구네트워크 옮김, 2014: 43).

생성어를 제시하는 순서는 세 가지 원리를 따랐다. 첫째, 최초의 낱말은 3음절이어야 하고, 3음절의 각각은 자음과 모음으로 이루어져야 한다. 둘째, 평범하지 않고 좀 더 어렵게 발음되는 것(가령, x, z, q, ao 등)은 목록의 끝부분에 놓도록 한다. 셋째, 구체적이고 친숙한 낱말은 목록의 앞부분에, 추상적이고 사회정치적 현실을 지칭하는 낱말은 목록의 뒤편에 제시한다(사람대사람 옮김, 2015: 389).

프레이리의 학제 간 연구팀이 혜시피, 까보, 마체이오, 리우데 등에서 찾아낸 생성어 목록(16~17개)은 아래와 같다.

표에 나오는 생성어 목록을 보면, 같은 단어들도 있지만 지역적 특성이 반영되어 몇 가지 단어는 그 지역에서만 가르치는 단어임을 알 수 있다.

---

10. 프레이리는 포르투갈어 교사였기 때문에 언어의 구조, 발음, 의미, 상징 등에 친숙하였고, 생성어는 촘스키의 변형생성이론에서 많은 영향을 받았다(김쾌상 외 옮김, 1978: 28).

브라질 지역별 생성어 목록

헤시피의 슬럼가 까주에이로 세코	까보의 농업지역 티리리	해양도시 마체이오	리우데의 위성도시 리우
벽돌 투표 게 지푸라기 임시직 화산재 질병 분수 재봉틀 고용 제당 공장 늪 토지, 흙 괭이 학급	벽돌 투표 카사바 농장 파인애플 우물 건포도 시장 곡물 다량의 카사바 식물 회충 제당 공장 장님을 위한 길잡이 시장 근처 작은 상점 말린 고기 소금	벽돌 투표 결혼식 짐수레 고기 낚싯배 물고기 무게 계량기 브라질 재 밀가루 코코넛 굶주림 음식 노동조합 노동 청결	빈민지역 비 쟁기질 토지 음식 아프로-브라질리안 댄싱 우물 자전거 일 봉급 직업 정부 소택지 사탕수수 농장 괭이 벽돌 부
15개	16개	16개	17개

자료: 사람대사람 옮김, 2015: 391-393; 채광석 옮김, 2015: 131-136.

생성어를 가르칠 때 처음에는 그림만, 다음에는 그림과 낱말이, 마지막으로 낱말들만 있는 슬라이드를 제시하였다. 낱말을 제시하는 순서는 아래와 같다.

FAVELA → FA-VE-LA → FA-FE-FI-FO-FU → VA-VE-VI-VO-VU

→ LA-LE-LI-LO-LU →   FA-FE-FI-FO-FU
                     VA-VE-VI-VO-VU
                     LA-LE-LI-LO-LU

마지막 슬라이드는 '발견카드'라고 불렀는데, 이 카드를 제시하면, 참가자들은 가로, 세로 방향으로 읽고, 그다음 이 음절들을 조합하여 여러 가지 낱말들을 만들어본다. 이렇게 만들어진 낱말 가운데 현실에서 실제로 쓰는 낱말을 '생각하는 단어thinking words', 현실에서 쓰이지 않는 단어는

'죽은 단어dead words'라고 불렀다. 조정자는 어떤 음절 조합도 허용하지만 토론은 생각하는 단어로 진행하였다(사람대사람 옮김, 2015: 393).

두 번째 생성어가 제시되면, 참가자들은 두 단어로부터 나온 음절들을 이용하여 추가로 더 많은 단어를 만들 수 있게 되었고, 대여섯 개 단어를 알게 되면 간단한 기록도 할 수 있게 되었다. 참가자들은 자신이 기록한 문장에 대하여 토론을 하고 비판적 분석도 하였다(한국교육연구네트워크 옮김, 2014: 47).

이러한 생성어를 통해 프레이리가 민중들에게 가르친 것은 소통, 창조, 재창조 능력이었다.

> 문자를 습득한다는 것은 읽고 쓰는 기술을 심리적, 기계적으로 지배한다는 것 이상이다. 이것은 의식의 견지에서 그러한 기술을 지배한다는 것; 자기가 인식한 것을 읽고 쓰고, 그 읽고 쓴 것을 인식한다는 것; 문자를 통해 의사를 교환communicate한다는 것이다. 문자를 습득한다는 것은 문장, 낱말, 음절(실존적 세계와 연결돼 있지 않은 생명 없는 객체들)의 암기가 아니라 창조, 재창조하는 태도, 즉 자기의 상황에 개입하는 자세를 생성시키는 자아 변형력을 내포한다(채광석 옮김, 2015: 92-93).

(3) 생성주제

브라질에서는 쿠데타로 인해 하지 못했지만, 칠레로 망명을 간 이래 프레이리는 문화서클 참가자들이 '문해 후 교육' 과정에도 참가하도록 하였다. 문해 후 교육에서는 생성어뿐만 아니라 '생성주제'에 관한 토론도 하였다.

> 문맹률이 매우 높은 농촌 지역에서 성인교육을 위한 계획을 입안하는 집단이 있다고 하자. 이 계획에는 문맹퇴치 작업과 문맹퇴치가 이루

어진 뒤의 단계가 포함되어 있다. 앞 단계에서 문제제기식 교육은 '생성적 언어'를 추구하고 연구하며, 뒷 단계에서는 '생성적 주제'를 추구하고 연구한다(남경태 옮김, 2009: 131).

생성주제는 참가자들에게 익숙한 상황이어야 하지만 너무 명백해서도, 수수께끼처럼 너무 모호해서도 안 된다. 그것은 다른 주제로 연결될 수 있어야 하고, 자기 삶의 모순을 발견할 수 있는 것이어야 한다(한국교육연구네트워크 옮김, 2014: 49).

학제 간 연구팀과 '주제연구집단'[11]은 제3세계에서 다룰 수 있는 생성주제를 찾아냈는데, 여기에 '개발과 저개발', '의존', '지배', '해방', '선전', '광고', '교육' 등이 해당된다(Ibid.: 48).

동기부여, 생성어, 생성주제는 학교의 교수요목처럼 항상 정해진 순서에 따라 가르친 것이 아니었다. 동기부여를 하거나 생성어를 가르치면서 참가자들이 생성주제에 관한 토론을 할 수도 있었다.

2] 상투메프린시페의 문해 교재

1976년 아프리카 상투메프린시페에서 프레이리가 사용한 문해 교재들은 양면성을 갖고 있다.[12] 개인의 자유와 해방을 이야기하면서 국가 재건을 위한 생산력 향상을 강조한다. 이것은 독립을 쟁취한 혁명정부의 현실적 요구가 반영된 결과로 해석되며, 이러한 정치적 맥락하에서 만든 상투메프린시페의 문해 교재들은 아래와 같다(허준 옮김, 2014: 40, 54).[13]

---

11. "thematic investigation circles"을 번역하였는데, 인원수 20명 미만이고 그 지역 전체 인구의 10퍼센트를 포함시킬 만큼 많은 서클들이 있어야 한다고 하였다(채광석·심지연 옮김, 1978: 110). 이 정도 규모라면 문화서클의 다른 이름이라고 생각한다.
12. 문해교육은 브라질에서 시작하였지만, 문해 이후 교육은 칠레에서 실험하였고, 아프리카에서 완성하였다(한국교육연구네트워크 옮김, 2014: 42-49).
13. 프레이리는 문해교육 주교재로 The Popular Culture Notebook을, 부교재로 Practice to Learn을, 워크북으로 Exercise Workbook을 선택하였다. 문해 후 교육 교재가 The Second Popular Culture Notebook이었다. 하지만 문해교육 실험 중에 Exercise Workbook을 문해 후 교육 1단계로, The Second Popular Culture Notebook을 문해 후 교육 2단계(고급 수준)로 분류하였다.

The Popular Culture Notebook 민중문화 노트

The Second Popular Culture Notebook 민중문화 노트 2

Practice to Learn 배우기를 실천하기

Exercise Workbook 연습 워크북

*The Popular Culture Notebook*은 문해 교재 시리즈와 초급 독본 시리즈로 되어 있는데, 민중들의 삶에 관한 생생한 이야기가 많이 나온다. Practice to Learn은 초급 독본 시리즈의 부교재인데, '전래되는 이야기', '자신들의 이야기', '인기 있는 문집에 나오는 이야기'들을 읽고 쓰게 되어 있다. 프레이리는 브라질이나 칠레보다 구전문화가 발달한 상투메프린시페에서 '쓰기의 중요성'을 더욱 강조하였다. 이 교재는 이야기뿐만 아니라 여가와 노동을 다루는 사진도 활용하였다.[14]

*Exercise Workbook*은 짧은 문장을 읽을 수 있는 학습자를 위한 교재이고, 민담을 활용하여 자신의 문집을 만들어보라는 내용이 들어 있다.[15] 이 교재는 '생각해봅시다', '읽어봅시다', '써봅시다', '토론해봅시다', '실제 해봅시다'와 같은 말로 시작하거나 끝을 맺는데, 문법에 대한 설명은 전혀 나오지 않는다.[16] 이 교재에서 다루고 있는 주제는 사람, 건강, 마타바라, 라디오, 학교, 플랜테이션, 토지, 농사, 괭이, 씨 부리기, 원천, 지식, 국가재건, 생산, 건강, 규율, 단결, 민중의 활약, 상투메프린시페의 해방운동 MLSTP 등이다(Ibid.: 46-54).

*The Second Popular Culture Notebook*은 문해 후 교육 교재이다. 이

---

14. 아름다운 계곡에서 수영하는 청년과 농촌에서 일하고 있는 청년 사진을 싣고, 그 사진 밑에 "수영하면서 수영하는 법을 배운다", "일하면서 일하는 법을 배운다", "실천을 하면서 우리는 더 잘 실천할 수 있다"라는 글을 적어놓았다(허준 옮김, 2014: 45).

15. 구어문화권에서 이야기는 은유가 많이 활용되고 있고, 민중은 은유를 통해 삶의 풍성함을 표현한다. 민담에는 지배 이데올로기가 반영되어 있기도 하지만 민중의 생생한 세계관이 들어 있기도 하다(Ibid.: 52).

16. 가령, 'be'와 'have'의 현재 시제를 가르치지만 단어의 뜻과 활용법, 다른 시제, 어형 변화 등은 다루지 않고, 참여자들의 비판적 능력을 자극하는 것으로 만족한다.

책의 구성은 아래와 같다.

The Second Popular Culture Notebook 목차

- 도입 - 학습 활동 I, II - 국가재건 I, II - 노동과 세계 변화 I, II, III - 해방을 위한 투쟁 I, II - 새로운 사회 - 아무것도 모르는 사람은 없다. 　모든 것을 아는 사람도 없다 - 육체노동-정신노동 - 실천은 우리를 가르친다	- 생산 과정 I, II, III - 변화 활동 - 민중과 문화 - 우리 문화의 방어 - 올바른 사고 I, II - 문법(대명사, 관계대명사)[17] - 실천 평가 - 실천 계획 - 새로운 남성과 새로운 여성 - 새로운 남성, 새로운 여성 그리고 교육

자료: 허준 옮김, 2014: 55-82.

목차에서 보는 것처럼 학습, 국가재건, 노동, 해방, 생산 과정, 문화, 새로운 남성(여성) 등이 교재의 핵심어이다. 문화서클에서 열심히 배워서, 새로운 인간이 되어, 우리 문화를 지키고 새로운 사회를 건설하자는 내용이다.

프레이리의 문해 교재는 1960년대 한국의 '국가재건국민운동본부'가 실시한 문해교육과 유사한 측면을 갖고 있다.[18] 하지만 프레이리는 민중을 단순한 노동력으로 보고 국가재건에 이용하고자 한 것이 아니라 인식 주체로 보고 스스로 올바른 판단에 따라 해방을 위한 투쟁과 새로운 사회 건설에 동참할 것을 요청하였다.

　우리의 목표는 여러분이 현실에 대해 사고하고 분석할 수 있도록 자극하는 것입니다. 여러분이 곧 알게 될 『민중문화 노트 2』의 집필 의도가 바로 이것입니다(Ibid.: 82).

---

17. 문법은 높은 수준의 문법 분석까지 나아가지 않고, 그렇다고 형식적이거나 기계적인 방식으로 설명하지도 않으면서, 항상 역동적인 방식으로 문법 학습을 제시하였다(허준 옮김, 2014: 74).
18. 1961년 '재건국민운동본부'가 발행한 '한글공부'의 목차는 12개 절로 구성되어 있다. '우리글', '군사혁명', '속담', '수수께끼', '국경일', '농촌 생활', '병의 예방', '시조', '애국가', '우리나라', '농사짓기', '숫자' 등이다(김민남·조정봉, 2000: 35).

4. 문화서클이 한국 교육에 주는 시사점

프레이리는 브라질 민중들이 문해 능력을 길러서 투표권을 제대로 행사하고, 더 나아가 민중들이 피선거권을 가지고 사회 지도자가 되어 정의롭고 아름다운 세계를 만들 수 있기를 기대했다.

이러한 프레이리의 희망은 쿠데타로 좌절되었고, 칠레로 망명한 이래 사회체제의 근본적 변화 없이 교육에 희망은 없다면서 '사회주의 혁명'을 말했지만, 브라질로 돌아온 이후 상파울루시 교육감이 되어 학교교육 개혁에 앞장섰다.

프레이리 교육사상에 이론적 모호함이 있고, 교육적 실천의 한계가 존재함에도 불구하고 우리가 프레이리를 다시 읽어야 하는 이유가 있다. 그것은 프레이리만큼 교육의 정치성을 이론적으로 파고들고 실천한 교육자가 없기 때문이다. 프레이리는 교육의 정치적 성격, 더 나아가 교육의 정치적 본성을 깨닫고 실천한 교육학자였다. 고발, 구속, 그리고 추방을 당하면서도 교육의 권력 문제를 회피하지 않았다.

'문화서클'은 프레이리가 자유와 해방을 향한 교육적 싸움을 실천한 무대였고, 문화서클 참가자들은 삶의 주체로서, 문화 생산자로서, 그리고 정치적 주권자로서 자기 삶을 영위하는 존재로 성장하였다.

문해교육에서 글자를 읽고 쓸 줄 아는 능력은 필요하지만 충분한 조건은 아니었다. 문해교육의 충분조건은 문해 능력을 통해 세계를 비판적으로 인식하고, 자유를 향한 정치적 싸움을 조직적으로 전개하는 것이었다.

프레이리 문화서클의 교육적 실천이 한국 교육에 주는 시사점은 아래와 같다.

첫째, 프레이리는 '민주주의'를 믿고 실천한 교육자이다. 그를 문해교육의 독특한 교육방법론을 가진 성인교육 전문가로 이해하는 것은 편협한 생각이다. 프레이리는 민주적인 대화 분위기 형성, 교육적 관계 맺기, 교육 지원자들의 다양한 참여를 위하여 치열하게 싸웠다.

둘째, '문제제기식 교육방법'이다. 프레이리가 만난 참가자들은 자기 삶에서 질문, 의문, 궁금증을 가진 존재들이고, 이 문제의식을 이론적으로 가장 잘 지도할 수 있는 곳이 문화서클이었다. 교육은 미리 준비한 질문을 던져 정답을 찾도록 하는 '미로 찾기 게임'이 아니라 조정자와 참가자들이 자기 삶을 주제로 묻고 대답하면서 신화가 아닌 진실을 찾아가는 '탐구활동'이었다.

셋째, 문제해결을 위한 '간학문적 접근'이다. 프레이리는 생성어와 생성주제를 찾아내기 위하여 교육학자뿐만 아니라, 경제학자, 인류학자, 심리학자, 시민운동가들과 함께 고심하고 관찰하고 연구하였다. 참가자들이 겪는 삶의 문제를 발견하고 해결하기 위해서 다양한 분야의 전공자들 모임community이 필요하였다.

넷째, '지식생산자'로서 가르치고 배우는 자의 존재성 확립이다. 프레이리에게 교사가 가르치고 학생은 배운다는 명제는 성립하지 않았다. 문화서클 조정자와 참가자 모두가 자기 삶의 주체로서, 지식생산자로서 서로 가르치고 배웠다. 그들은 앎의 주체로서 세계에 대하여 '말 걸기' 하는 인식론적 존재였다.

9.
문해교육은
자유의
실천이다

천성호

천성호
(전) 1994년 섬돌야학 교사, 전국야학협의회 대표
(현) 전국야학협의회 교육연구원장
(주요 저서) 『한국야학운동사』

1. 프레이리 교육론의 수용과정

1970년대 초반에 프레이리의 『페다고지』가 한국에 소개되었고, 1980년 대 학생운동권, 노동운동가, 사회운동가들에게 필독서가 되었다. 1980년 대의 『페다고지』는 학생운동을 비롯한 다양한 사회운동, 지역운동으로 퍼져나가면서 이념적 지도서로 자리매김을 하게 되었고, 한국의 대학생 및 사회운동가에게 가장 큰 영향을 끼친 책이 되었다.

1990년대 이후 『페다고지』 이외의 프레이리 저작들이 다양하게 번역 되어 나왔고, 2000년대를 넘어 현재까지도 프레이리의 저서와 그와 관련 된 연구물들이 꾸준히 발간되고 있다. 또한 주로 민중교육에 초점이 맞추 어진 프레이리와 관련된 주제에서 교육, 정치, 문화, 언어, 예술 등 다양한 주제들로 확장되었다.

한국에서 프레이리와 관련된 논의는 크게 인식의 영역과 실천의 영역 으로 구분해볼 수 있겠다. 이론의 영역이 그의 교육사상과 철학과 담론들 을 분석하고 이해하는 것이라면, 실천의 영역은 이를 바탕으로 한국의 상 황에서 구체적으로 적용하고 실천하는 과정이다.

물론 한국적 상황에서 그의 이론과 실천을 독해하고 실천하는 과정은 분리된 과정이 아니라 변증법으로 결합된 역동적 과정이다. 이론과 실천은 한쪽으로 기울어서는 안 되고, 서로의 모순들을 극복하면서 발전한다. 이론은 실천을 통해 완성되기 때문이다.

이 글은 파울루 프레이리의 교육사상과 방법이 한국 현장에서 어떻게 실천되고 있는지 그 과정에 대해 논한 글이다. 그의 민중교육 담론은 1970년대 이후 한국의 학생운동, 노동운동, 빈민운동, 민중교육운동 등 다양한 영역에서 소개, 실천되었다. 그중에 특히 '문해교육'이라는 영역에 한정해 분석해보려 한다.

프레이리 문해교육에 대한 이론보다는 현장에서 사용된 문해교육 이론과 실천을 중심으로 소개한다. 그는 1950년대 말부터 브라질에서 민중 문화를 분석하고, 민중들의 억눌린 상황을 목격하였다. 그래서 억눌린 사람들로서 비문해자들과 함께 혁명적인 문해교육 방법론을 개발하였다. 나중에는 국가 주도의 문해교육을 계획하는 일을 맡았지만, 군사 쿠데타로 인해 칠레로 망명을 떠나게 되었다. 그의 삶에서 문해교육은 사상과 실천의 토대가 되었다.

한국의 문해교육은 근대교육의 형성 과정에서 제도교육 기능의 미비로 인해 야학에서 진행된 문해교육에서 역사적 시원始原을 찾을 수 있다. 일제 강점기에 야학을 통해 문해교육의 역사는 이루어졌다. 이후 8·15 해방을 거치면서 국가 주도의 문해교육이 이루어졌고, 역사적 흐름을 이루면서 현재까지 진행되어왔다.

파울루 프레이리 이론의 수용 과정은 그가 소개된 1970년대 이후를 중심으로 진행되었다. 다만 이전 역사에서 야학을 비롯한 사회운동, 교육운동에는 문해교육의 혁명적 성격도 존재했지만, 프레이리 이론과 결을 달리하기에 이 글의 논의에서 제외하였다. 1970년대가 프레이리 이론이 수용되었던 시기라면, 1970년대 말과 1980년대는 사상의 실천기이다. 1990년대부터 현재까지는 이전 시기에 비해 관심은 줄었지만, 신자유주의 교육에 대한 비판적 교육 담론으로 그 연구와 실천이 계속되고 있다고 볼 수 있다.

이 글은 문해교육의 실천에서 프레이리가 사용한 '문화서클', '문해교육', '문해 후 교육' 과정과 특징의 주요 내용을 분석한다. 이러한 단계별로 진행되는 문해교육은 서로 분리된 과정이 아니라 연속적, 통일적 체계를 이루고 있다. 이 과정에서 사용한 문해교육의 다양한 교육과정과 방법들을 소개한다.

대부분 여성 학습자를 중심으로 남부야학에서 실천된 사례와 장애인 학습자로 구성된 노들장애인야학의 사례를 통해 프레이리의 교육사상에 근거한 문해교육의 교육과정, 방법론, 교재를 소개하고, 이에 따른 문제의식을 밝히려고 한다.

이로써 한국에서의 파울루 프레이리 이론과 실천에 기초한 문해교육의 전개과정, 실천과정을 분석하고, 문해교육의 과제와 전망을 살펴보려 한다.

2. 한국에서 문해교육의 수용과 교육방법론

1] 문해교육에서 프레이리 사상의 수용과정

1970년대 초반 파울루 프레이리의 사상이 『페다고지』를 통해 소개되었고, 1970년대부터 주로 신학 전공자를 중심으로 프레이리의 논문이 나오기 시작했다. 이 같은 논문을 중심으로 1970년대 후반에 학생운동, 빈민운동, 다양한 야학에까지 소개되면서 확장되었다(홍은광, 2010). 이후 야학에서의 교육방법은 학생들과 대화를 중심으로 교육하는 등 여러 가지 이론의 적용 과정이 있었다.

1980년대 야학에서 프레이리 교육사상은 교사들이 학생들을 바라보는 하나의 관점으로 받아들이고, 교육방법론으로 부분적으로 교재를 구성하기도 하였다. 사회, 역사, 노동법, 한문 등과 같은 수업을 통해 관련된 주제들을 현실성 있게 적용하려 했다. 빈민운동 영역에서 허병섭은 민중의 언어를 포착하여 민중의 집단성을 이해하려고 하였다.

> 의식화 교육은 민중집단을 지역사회 및 국가와 법, 제도와 정치체제와의 관계 속에 성숙하도록 돕는 것으로 이해되었다. 이 시점에서 나는 민중의 언어에 관심을 가지게 되었는데, 이는 프레이리의 문해(문자해독) 교육과 관련이 있는 것이었다(허병섭, 2002: 393).

허병섭은 "민중집단이 만들어낸 세계 읽기와 민중의 담론, 민중의 구문, 민중의 의미, 민중의 꿈과 욕구에서 표현되는 세계 읽기를 진지하게 생각해야 한다는 사실"을 깨닫게 되었다(Ibid.: 395).

프레이리의 이론은 1980년대 노동자, 민중들이 한국 사회에서 존재성과 위치성을 객관적으로 파악하고, 사회관계 속에서 민중들을 더 객관적으로 이해하기 위한 과정으로 받아들여졌다. 또 남미의 브라질과 다른 한국적 특수성에서 불완전하지만 프레이리의 사상을 적용시켰던 시기라고 볼 수 있다.

프레이리 사상이 한국에서 전개되면서 그의 사상의 원형은 자연스럽게 변화와 접변의 과정을 겪었으며, 한국적으로 적용되었다. 이는 프레이리가 늘 강조했듯이 "어떤 사상을 그대로 답습하지 말고 각자의 상황, 즉 맥락의 중요성에 맞춰 창조적으로 적용해야 한다"고 주장한 것과 같다.

한국에서 문해교육文解教育은 일제로부터 해방 후 높은 문맹률 타파를 위해 미군정과 이승만 정권이 국가 주도로 문해교육을 전개하는 국민계몽운동의 성격이 강했다. 정부는 1950년대 말에 와서 전 국민의 문맹퇴치가 이루어졌다고 발표하였고, 이후의 문해교육은 야학을 비롯한 민간 사회교육기관에서 근근이 맥을 이어왔다. 이후 2000년대 넘어 문해교육의 제도화는 초·중등과정의 학력 인정 방안과 연결되어 새로운 관심으로 전개되었다(천성호, 2009).

1980년대 민중 현실에 대한 연구와 참여가 적극적으로 등장하면서 민중에 대한 연구가 중요하게 진행되었다. 민중을 이해하기 위한 연구, 민중 사실에 관한 대화, 민중과 노동자에 관련된 잡지, 르포 등도 다양하게 발행되었다. 민중과 함께하는 가장 큰 집단적 실천은 대학생들이 공장으로 존재 이전을 하는 방식이었다. 그런데 1980년대의 노동자, 민중에 대한 관심이 민중교육을 형성하는 조건을 갖추었지만, 민중교육이 질적으로 발전하는 단계로는 나아가지 못했다.

1990년대 들어 비문해非文解 학습자들이 새롭게 등장하면서 야학과 문해교육기관은 비문해 학습자들에 대한 관심으로 새롭게 문해교육을 전개하였다. 당시의 문해교육은 문해의 지향성, 문해 교재와 방법론이 부족하여 문자 중심으로 배우는 기능론적 수준에서 제한적으로 전개되었다. 한편 이에 대한 문제의식을 가지고 새롭게 고민들을 모아내면서 프레이리의 교육사상과 교육방법론을 적용한 문해교육이 등장하였다.

이 글에서 소개하는 문해교육의 실천 과정은 글쓴이가 남부교육센터와 노들장애인야학에서 문해교육을 전개하면서 파울루 프레이리 교육철학과 교육방법론에 근거해서 실천한 경험을 기록한 것이다.

2] 프레이리의 문해교육 방법론

먼저, 파울로 프레이의 문해교육 방법론을 간단하게 소개하기로 한다. 문해교육은 목적과 방향이 분명히 존재하고, 그것은 당연히 교수자(계획자)의 철학과 사상이 반영된 것이다. 또한 그것은 학습자의 현실을 반영한 것이다. 그러므로 단순히 교육방법론에 한정하여 볼 수 없다. 그것은 교육과정의 근본적 철학과 긴밀하게 맞닿아 있다.

프레이리의 활동은 민중을 이해하는 데서부터 출발했으므로, 문해교육은 민중의 구체적 상황을 파악하고 함께 조사하는 것에서 시작한다. 민중들의 삶, 언어, 희망, 기쁨과 슬픔을 함께 연구하는 것이다. 즉, 민중의 삶의 맥락context을 파악하는 것이다. 이를 바탕으로 내용을 구성하고 구체적으로 텍스트text를 만든다.

프레이리 문해교육의 전체 단계를 크게 보면 '문화서클 → 문해교육과정 → 문해 후 교육' 과정이다. 각 단계마다 예비과정, 문해교육과정, 문해 후 교육과정이 있다. 〈문화서클〉 단계는 문해교육과정에 포함되는 일종의 강력한 예비과정이다. 이는 기존의 글자를 익히는 기능적 문해교육 방법론과 문해 교재로 이루어진 교육과정의 혁명적 변화를 요구하는 것이다.

(1) 문화서클

문화서클에서 사용된 '글씨가 없는 교재'의 목적은 세계 속에 놓인 민중의 실존과 현실을 파악하고, 세계의 주인, 문화를 생산하는 주체로서의 깨우침을 목표로 하고 있다.

> 가난한 지역에 도입된 문해서클은 인간화과정의 맥락에서만 의미가 있다. 다시 말해 문해서클은 정신분석이 개인의 무의식을 대상으로 행한 것과 똑같은 사회-역사적, 정치적 맥락에서 할 수 있다는 것을 공동으로 보여주어야만 한다. 그래야만 사람들이 잘못 투사된 자기비난의 감정을 떨쳐버릴 수 있다. 억눌린 사람들은 자기비난을 떨쳐버림으로써 자신의 정신 속에 살아 있는 억압자의 침략 흔적을 떨쳐낼 수 있다 (Freire, 2007: 99).

이 같은 과정으로 문화서클을 규정했는데, 학습자의 기존 인식을 새롭게 각성시키는 과정이다. 이를 핵심 주제로 분류하면 '세계 속의 인간과 자연', '문화', '대화', '문해와 비문해', '인간화', '노동', '창조', '생산', '행동', '나-너-우리'이다. 이 과정에서 교수자와 학습자는 대화를 통해 스스로의 세계를 인식하는 교육을 한다. 프레이리는 의식화에 대해 다음과 같이 말했다.

> 나는 1960년대 이들 장애물에 대해 곰곰이 생각하면서 만병통치약은 아니지만 그 장애물들과 장애물의 존재 이유에 대해 비판적으로 깨닫게 하려는 시도로 '의식화운동conscientization'을 촉구했다. 의식화는 진정 인간이 갖추어야 할 필요조건이다. 세계와 사실, 사태에 대한 우리의 자각, 즉 인간 의식이 인식론적 호기심의 역량을 성장시켜야 한다는 자각을 심화시키려고 할 때 반드시 따라야 할 하나의 행로가 의식화이다(Freire, 1973: 86-106).

> 기존의 사회가 만든 억눌린 문화, 허위의식의 문화, 노예와 주인의 문화, 잘못된 인식과 가치관을 변화시키는 것이 목적이기 때문이다. 이를 통해 다음 단계인 문자를 습득하는 강력한 동기 유발로 작용하기 때문이다(Freire, 1973: 86-106).

문화서클에서 글을 배운다는 것은 단순히 기능적으로 문자를 읽고 쓰기를 반복하는 능력을 습득하는 것이 아니라, 글을 배우는 과정을 통해 스스로를 성찰하는 과정이기도 하다. 글과 언어를 배우는 것은 자신과 세계를 매개하는 과정으로 세계를 이해하는 방식의 전환이 요청되기 때문이다. 언어는 인간의 세계관이 투영된 결과이다.

(2) 문해교육과정

문해교육과정은 지역 주민, 학습자와 만남을 통해 조사한다. 이를 통해 지역 주민(학습자)들의 실존적 의미가 큰 낱말들을 찾고, 이곳에서 정서를 풍부하게 표현하는 낱말, 민중들 특유의 단어들을 발견한다. 다음 단계로 조사된 어휘들에서 생성어生成語를 추린다. 음소音素의 풍부성, 발음의 어려움, 실용성 등을 기준으로 뽑는다. 이를 기준으로 편찬 단계로 진행한다. 수집된 생성어(브라질, 리우데자네이루에서 수집함)로 만들어진 단어는 '빈민가, 비, 쟁기질, 토지, 음식, 춤, 우물, 자전거, 일, 월급, 직업, 정부, 소택지, 사탕수수 농장, 괭이, 벽돌, 부富' 등이었다. 이것은 포르투갈어 자음 21개와 모음 5개를 포함한 것이다. 이들 자음과 모음을 결합하여 글자를 만든다.

글을 배우는 과정은 다음과 같다. 생성어를 직접 제시하면서 이 생성어를 시각적으로 바로 이해할 수 있는 시각 자료를 보여준다. 예를 들어 빈민가라면 빈민가의 사진, 또는 그림을 통해 제시한다. 사진으로 제시된 상황들과 학습자들의 현재 상황에 맞게 대화를 통해 현실의 관련 문제를 인식하도록 한다.

다음으로 생성어를 각 자음으로 분해하여 다섯 개의 모음과 결합하여 발음을 연습하여 글자를 만든다. 예를 들면, 포르투갈어 생성어 중 하나인 COMIDA(음식)을 CO-MI-DA로 분해한다. 자음 C, M, D를 모음 다섯 개(A, E, I, O, U)와 결합한다. CO의 경우 CA-CE-CI-CO-CU를 조합한다. M, D의 자음도 같은 방식으로 모음과 결합한다(Ibid.: 86-110).

이를 통해 각 음소의 발음을 따라 하고 서로 다른 발음을 교차하면서 새로운 단어를 만든다. 학습자들은 글을 모르지만 말은 알고 있기에 이같은 방식을 통해 새로운 단어를 스스로 만들 수 있다. 위의 COMIDA의 예를 들어, 민중들이 caça(사냥)이라는 단어를 포함하여 다양한 단어들을 만들 수 있다. 여기서 만든 '사냥'이라는 단어를 통해 또 학습자들과 대화를 시도한다. '사냥'이라는 단어에 내포된 학습자들이 가진 구조와 의미, 자신의 인식과 관련하여 확장해나가면서 대화한다.

프레이리의 이 방식으로 학습자들은 스스로 글자를 만들어가면서 자신의 언어를 만들고, 학습에 능동적으로 참여할 수 있다.

(3) 문해 후 교육

문해 후 과정은 앞의 과정을 거친 다음의 마지막 단계이다. 문해교육과정을 통해 형성된 학습자들의 의식 형성을 돕고, 교육과정을 삶의 과정으로 참여하기 위한 것이기도 하다. 여기에 소개하는 문해 후 과정은 주로 프레이리가 1976년 상투메프린시페(아프리카 중서부 기니만에 있는 섬나라)에서 국가 주도 문해교육을 실천한 과정이다.

국가 주도의 문해교육이라는 특성이 있기에 성인교육과 문해교육은 국가 재건에 참여하기 위해 민중들이 학습하는 목적, 학습과정, 교재에 대해서 논한다. 여기서 인간의 해방은 영원한 과정이라는 점을, 자신들의 경제적, 사회적 영역과 대면해야 한다는 점을 깨닫게 된다(Freire, 1987: 39-113).

사회 재건을 위한 참여는 다양한 영역과 수준에서 일어난다. 이때 국가의 혁명적 변화에 대한 비판적 이해가 반드시 필요하다. 이런 비판적 이해는 스스로에 대해 성찰하는 참여적 실천을 통해 이뤄진다. 따라서 문해 후 교육뿐만이 아니라 문해교육은 학습자들이 생성어와 생성주제를 통해 구체적인 국가 현실에 대한 비판적 성찰을 할 수 있도록 해야 한다(Ibid.: 41).

당시 프레이리는 문해교육 기본 교재인 『민중문화 노트』를 문해교육 초급 단계와 문해 후 과정, 『민중문화 노트 2』를 문해 후 학습자들의 교재로 사용하였다. 대체적인 내용은 기본적인 문자를 익힌 학습자들이 국가 재건에 필요한 다양한 주제들에 대해 학습하는 것을 목적으로 하였다. 기본적인 읽기와 쓰기를 중심으로 하면서 당시 혁명적 사회 건설에 필요한 노동, 해방, 혁명, 학습, 문화, 실천, 생성주제와 교육을 연결시키는 방법이다. 새로운 국가도 만들어야 하고, 그들 역시 '새로운 인간'으로 태어나야 하기 때문이다.

이 책에서 소개한 문해 후 교육과정은 포르투갈의 식민 지배로부터 독립한 국가에서 실현되었던 것으로, 현재 한국 사회와는 상당히 차이가 존재하는 것이 사실이다. 우리의 상황으로 본다면 1950년대 이승만 정권의 국가주도 문해교육과 비슷한 측면이 있다(오혁진·허준, 2011). 그러나 한국 문해교육과는 그 지향점이 크게 다르다. 프레이리의 교육사상과 방법을 받아들이는 부분에서 큰 차이가 있는 것은 아니지만, 교재의 내용을 구성하는 측면에서 큰 차이가 있다고 볼 수 있다. 넓게 보면 프레이리의 이론이 상황과 조건이 다른 맥락 속에서 이루어지기 때문이다.

프레이리의 교육사상에서 중요한 특성은 문해교육을 포함하여 민중해방을 목적으로 이루어지는 모든 교육 및 실천 현장에서 공식적인 '교과서'가 없다는 것이다. 교과서는 지역 주민, 지역의 실천가들이 만드는 것이며, 교과서의 지향점은 민중의 요구와 일치하는 것이다.

프레이리의 사상에서 문해교육이 공통적으로 추구하는 것도 있다. 해방의 교육이다. 해방교육이 추구하는 인간상은 해방의 인간이며, 교육은 해방의 인간이 되는 과정이자 목적인 것이다. 해방은 영원한 혁명의 과정이며, 해방의 교육은 대화를 통해 스스로 의식화하며 현실을 바꾸는 참여를 통해 이루어지는 것이다. 교사 자신도 해방의 과정에 있는 존재로 학습자와 함께 친구이자, 동지로서 해방의 여정에 함께하는 존재라는 것이다.

3. 성인 문해교육에서 프레이리 교육론의 실천

1990년대 와서 글을 배우지 못한 사람들(주로 중장년 여성들)에 대해 새롭게 문해교육운동이 전개되었다. 사회적으로 많은 비문해 여성의 문제와 교육 차별과 불평등 문제를 제기하면서 문해교육에 대한 사회적 관심이 증가하였다. 글을 배울 권리, 즉 인권에 대한 문제도 제기하면서 야학, 문해교육기관, 복지관 평생교육시설 등에서 다양하게 문해교육이 전개된다.

여기에는 문해교육을 전개하는 한국과 몇 가지 차이가 있다. 첫째는 상황의 차이인데, 남미의 브라질, 칠레, 아프리카의 상투메프린시페, 기니비사우(아프리카 북서부 대서양 연안에 있는 나라)를 비롯해 사회적 급변기를 겪는 사회와 달리 한국은 다소 안정적인 사회로 전환되었다는 점이다. 둘째는 프레이리의 경우 혁명적 공간, 변화가 이루어지는 국가가 실천 현장이라면, 한국의 경우 지속적이고 항시적으로 교육이 이루어지는 교육단체라는 것이다. 셋째는 한국의 경우 주 학습 대상이 중장년 여성으로 구성되었다는 것이다. 그러다 보니 한국의 문해교육은 글을 배울 권리에 관한 인권운동, 여성의 주체적 자각을 중심으로 한 여성운동, 노인들의 정체성 형성 교육, 사회복지적 운동이 주요한 목적이 된다. 네 번째는 한국은 초·중등 학력 인정 프로그램에 접목하여 진행되는 경우가 많다는 것이다.

남부야학(현 남부교육센터)은 1973년 '남부고등공민학교'로 서울 관악구 난곡의 빈민촌에서 출발하여 현재에 이르고 있다. 남부야학은 남부고등공민학교에서 중학교 과정을, 1990년대에 와서 중·고등과정을 운영했으며, 현재는 중장년층 여성 중심으로 문해교육을 운영하고 있다. 남부야학은 2000년도에 프레이리의 문해교육 방법론을 적용하여 교육을 전개하였다.

1] 문해교육, '글자 없는 문해 교재'

난곡은 서울의 대표적인 빈민촌이었고, 당시에는 부분적으로 철거가 어느 정도 진행 중이었다. 학습자로 나오는 여성들의 경우 50대 이상이 많았고, 야학을 중심으로 인근에서 거주하는 분들이 대부분이었다. 학습자들 중에서 몇 분을 제외하고는 대체적으로 가정형편이 좋지 않았다.

프레이리는 먼저 지역 주민들과 비공식적으로 접촉을 통해 어휘 조사를 하고, 이를 통해 민중이 처한 조건을 분석하여 이를 문해교육의 바탕으로 이용하였다.

문화서클은 글을 배우는 과정에 앞서 기존의 민중(학습자)들이 인식하고 있는 다양한 가치관, 세계관 등에 대한 물음을 제기하고 스스로 존재의 의미를 성찰하는 것이 중요 목적이다.

학습자들이 대체로 50대 이상의 여성들 중심이었으며, 이에 맞추어 '글자 없는 문해 교재'를 만들었다. 우선 글자 없는 문해 교재를 만들기 전에 교사들과 몇 번의 토론을 거쳐 글을 배우지 않은 학습자들의 현실적 상황을 살펴보았다. 또한 한글에 대한 이해도를 높이기 위해 다양한 자료를 통해 연구하였다. 이전에 중·고등 과정에서 학습하는 학생들을 가르친 경험이 있었기 때문에 이 같은 경험을 새롭게 재해석하는 과정을 거쳤다. 그리고 글을 배우기 위해 오신 분들과 미리 만남을 통해 비문해 학습자들의 글을 배우지 않은 경험에 대해 분석하였다.

지역의 상황은 우리 단체가 이미 지역의 단체 협의회에서 지속적으로 지역 사정을 파악하는 사업을 함께 진행했었기 때문에 새로운 작업을 벌이지 않았다. 이는 프레이리가 방법론으로 제시한 지역의 조사와는 우리의 조건이 다른 것을 의미한다. 프레이리의 문해교육이 지역의 사정을 모르는 상태에서 진행되는 문해교육 과정이라면, 우리의 경우 단체가 지속적으로 교육 활동을 벌이고 있다는 점에서 차이가 있다. 이를 통해 지역의 특성, 지역 민중들의 상황, 지역의 이슈 들을 충분히 인지하고 있었다.

문화서클의 교육 방식은 다음과 같다. 나-너-우리, 노동과 생산, 가난, 난곡, 글과 기호, 생산과 창조, 여성폭력 등을 사실적인 사진과 그림으로 보여주었다. 이 사진들을 통해 먼저 인식한 후에 이 단어가 갖는 의미에 대해 서로 대화를 주고받는다. 교수자와 학습자가 인식하는 단어의 의미가 서로 다를 수 있기 때문에 그 단어의 기표(단어의 소리: signifier)를 확인하고, 기의(의미하는 내용: signified)를 서로 교환하는 과정을 거친다. 이 과정을 통해 학습자들과 함께 세계를 읽는다.

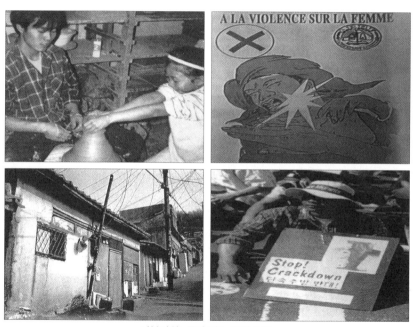

남부야학: 글자 없는 문해 교재

문화서클은 민중들, 학습자들 스스로 세계를 읽어가는 과정이다. '글자가 없는 문해교육'은 문해교육의 첫 단계로서 역할을 하지만 그 자체로 완결된 교육과정이 된다. 문해교육으로 발전하는 단계를 필수적으로 거칠 필요가 없다. 이 단계는 민중문화의 다양한 영역에서 창조적 변용이 가능하다.

문해 학습자들은 기본적으로 글자를 배우러 왔기 때문에 어렴풋이 글을 읽고 배우는 과정을 알고 있다. 그러므로 문해교육을 전개하기 위해 민중들이 '글자를 중심으로 배우려는' 현실적 욕구를 문해교육의 교육목적과 어떻게 조율할 것인가도 중요한 문제이다.

2] 문해교육 및 문해 후 교육

'문해교육' 및 '문해 후 교육'은 심화된 내용의 글을 배우는 과정이다. 문화서클에서 배운 '단어'를 포함하여 여러 가지 주제로 확장하여 배운다. 이것은 프레이리 식으로 표현하자면 '의식화'이다.

의식화는 교수자가 학습자에게 의도된 내용을 주입하는 것이 아니다. 학습자가 스스로 깨달아가는 과정이다. 인간의 의식은 특정한 내용을 의도적으로 주입한다고 해도 진공의 공간이 아니 상태에서는 그대로 수렴되지 않는다. 또한 문해교육이 이루어지는 몇 개월, 몇 년 동안에 인간의 의식이 완전하게 형성되는 것도 아니다. 그렇게 의식이 만들어졌다고 해도 인간의 의식은 그 교육, 그 집단을 떠나는 순간부터 변하게 되어 있다.

인간의 의식은 수년, 수십 년 동안 천천히 형성되는 것이고, 하나의 정체성으로 구체화된다. 하나의 굳어진 의식은 일생을 통해 잘 변화하지 않는다. 한 인간의 의식과 정체성은 인간 스스로 독립된 개체나 단위로 떨어져서 형성되지 않으면 집단적인 의식과 정체성을 갖는다. 그래서 인간의 의식은 끊임없는 변화의 과정에 있다고 볼 수 있다.

문해교육은 문화서클에서 한 단계 전진한다. 학습자들의 상황에 맞는 단어를 조사하여 이를 대화로 이끌어낼 수 있는 주제로 나눈다. 앞서 프레이리의 문해교육에서 설명한 것과 같이 이 단어 중에서 생성어를 추린

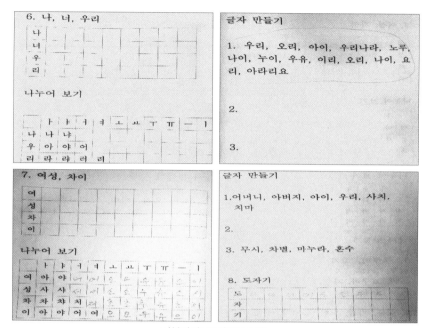

남부야학: 문해교육 교재

다. 생성어는 기의가 풍부한 것으로 교육을 통해 민중의 상황, 현실적 세계를 포함하고 있는 것이 중요하다. 다만, 한글의 경우 초기 단계에서 단자음, 단모음으로 구성된 생성어를 찾아야 한다. 이것은 영어와 구조가 같은 포르투갈어와 달리 한글은 밑받침과 곁받침이 존재하는 언어의 구조적 차이 때문이다. 이러한 차이는 당연히 발생하는 것이다.

우리가 찾는 생성어는 '나', '너', '우리', '여성', '차이', '도자기', '부모', '고향', '아파트' 등이다. 생성어는 한글 자음 14개를 포함하는 것이고 14개보다 많아도 상관없다. 자음은 14~20개까지도 가능하고, 중복해도 된다.

생성어로 구성된 '나, 너, 우리'를 배운다. 나와 너에 관해 이야기를 나누고, 우리에 관해 대화를 나눈다. 글을 배우지 못한 우리, 여성으로서의 우리, 노동하고 있는 우리, 어머니로서의 우리 등 다양한 대화를 나눈다.

나의 'ㄴ'과 우리의 모음 'ㅇ'과 자음 'ㄹ'을 한 번에 보여준다. 자음을 모음 10개와 결합하여 10개의 음절音節을 구성한다. 이로써 모두 30개의 음절을 구성한다. 이를 반복적으로 읽고 쓰는 과정을 거친다. 그리고 30개의 음절로 새로운 단어를 만든다.

이 같은 방식으로 각 생성어에 맞게 대화를 하고, 단어를 분해하고, 모음과 조합하여 민중들 스스로 새로운 글자를 만든다.

4. 장애 성인 문해교육에서 프레이리 교육론의 실천

노들장애인야학은 학교를 다니지 못한 장애 성인들이 교육을 받는 곳으로 1993년에 개교해서 지금에 이르고 있다. 중증 장애인과 경증 장애인, 지적 장애인 학생들이 함께 교육을 받고 있다. 노들장애인야학의 경우 장애 성인들의 교육 공간임과 동시에 장애인들의 차별 철폐를 지향하는 인권운동의 역할도 동시에 진행하는 공간이다. 따라서 여타의 문해교육 단체와 성격을 공유하는 지점과 분리되는 지점이다.

기존의 성인 문해교육과 달리 장애 성인들의 문해교육은 장애인들의 투쟁과 현실적 조건에 따라 달라진다. 시대를 달리하지만, 한국 장애인들의 상황은 열악하다. 그런 현실이 남미와 아프리카의 혁명적 상황과 닮아 있다.

1] 문화서클, '글자 없는 문해 교재'

장애 성인이 초등학교를 졸업하지 못하는 비율은 45%가 넘는다. 그만큼 비장애 성인보다 글자를 배울 기회가 없다는 것이다. 또한 경험적으로 보면 초·중등학교의 졸업장을 가진 장애인들 역시 글을 읽고 쓰는 데 어려움을 겪는 경우가 많다.

장애인들에게 기본적인 인권과 사회복지가 제공되지 않는 한국 사회에서는 스스로의 권리를 표현할 수 있는 기본적인 교육이 필요하다. 그중 가장 중요한 것은 글을 읽고 쓰는 것이다.

　노들장애인야학이 초등과정에서 한글을 모르는 장애인들에게 한글을 가르쳐주는 과정에서 프레이리 문해교육 방법론을 적용한 경험을 성찰해본다. 중증, 경증, 지적 장애 장애인들로 구성된 초급반은 학습자는 가정에서 나오는 경우도 있었고, 시설에서 나와 독립적으로 활동보조의 지원으로 사는 경우도 있었다. 또한 노들의 경우 장애인 권리 투쟁에 나서는 과정에서 장애인들 스스로 의식화되는 측면도 있다.

　글쓴이는 문해교육을 진행하기 전에 1년 동안 노들에서 활동했었다. 장애인들의 삶을 가까이에서 보고 활동하면서 장애 성인들의 문제를 인지하고 있었다. 문해교육을 진행하기 전에 한글 수업에 참가하여 수업을 진행하는 교육과정, 교과서, 교수법 등을 확인하는 작업을 진행하였다.

　프레이리 문해교육 방법론을 장애 성인 교육에 적용하기 위해서는 장애인들이 인식하고, 존재하는 세계를 이해해야 한다. 먼저, 장애인들이 현실 상황에서 인식하는 것, 이들의 꿈과 이상을 대화를 통해 함께 나누어야 하므로 이에 관계된 준비를 하였다.

　글자 없는 문해 교재는 장애인들이 세계를 새로 읽는 과정이다. 장애인들의 현실 속에서 인식론과 세계관을 새롭게, 다르게 형성하는 과정인 것이다. 장애인들과 함께 나누어야 할 세계를 다음과 같이 제시해보았다.

　"나, 너, 우리의 관계에 대한 인식, 진리를 인식하는 방법, 노동과 생산의 관계, 자연과 문화의 관계, 계급에 대한 이해, 객체와 주체의 관계, 진리의 인식, 세계의 이해, 여성의 관점, 글과 말의 차이, 인권으로 이동권, 시설과 탈시설, 인간해방으로 우리" 등에 관해서 말이다. 물론 이 외에도

노들장애인야학: 글자 없는 문해 교재

더 많이 있을 것이다.

이것은 장애인들이 세계를 읽고 대화를 하기 위한 것이다. 다만, 중증
장애인의 경우 대화는 비장애인들과 달리 언어적 소통이 불편할 수도 있
기에 다양한 몸짓으로 말하고 이해한다. 지적 장애인들은 말은 하지만 의
사소통에 어려움이 있다. 그러나 이것이 바로 장애인들의 '대화'이다. 여기
에 비장애인들이 표현할 수 없는 장애인들의 사고와 행동의 진실이 존재
하기 때문이다.

장애인들에게 대화는 말을 통한 '대화'만이 아니다. 몸짓의 대화가 있
고, 이것을 하나의 대화로 인식하는 것이 중요하다. 또한 교육을 통해 장
애인들이 비장애인과 같은 수준의 대화(또는 교육)를 성취하는 것으로 교
육이 진행되는 것도 고민이다. 교육의 지향성 차이를 어떻게 인정할 것인
가의 문제이다.

문화서클은 각각의 사진(그림)을 보여주고 즉각적인 느낌과 생각들을 같이 나눈다. 글자 없는 문해교육은 두 시간씩 두 번의 수업(4시간)을 통해 이루어진다. 또한 전체 교육과정에서 이 과정이 갖는 의미에 대해 충분히 설명을 해야 한다.

2] 장애 성인 문해 교재

세계 읽기의 다음 단계는 문해교육이다. 장애인들이 자주 사용하는 언어, 의미성을 갖는 단어, 생활과 활동에 의미를 갖는 단어를 모으는 작업을 진행한다.

장애 성인의 구체적 삶의 맥락에서 상징성을 갖는 약 50여 개의 단어를 추렸다. "장애, 노들, 야학, 나, 너, 우리, 노동, 라디오, 집회, 보치아, 커피, 마로니에, 차별, 차이, 저항, 가난, 투쟁, 인권, 버스" 등등이다. 이 중에서 한글 특성상 초급 단계에서 가르칠 단자음, 단모음으로 구성된 단어, 즉 생성어를 뽑았다. 문해 교재에 포함된 생성어는 다음과 같다.

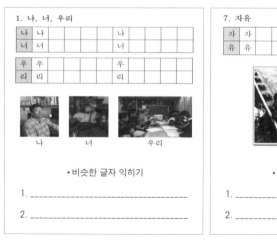

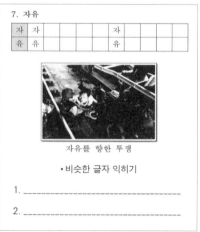

노들장애인야학: 문해교육 교재

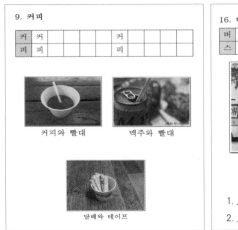

노들장애인야학: 문해교육 교재

"나, 너, 우리, 도시, 라디오, 무기, 보치아, 소수자, 자유, 차이, 커피, 토지, 포크, 하루" 등이다. 나, 너, 우리는 우리의 관계를 말하는 것이고, 우리가 이해하고, 우리가 서로 사랑하는 관계를 말한다. 장애인들은 서로 장애가 있지만 상대방의 장애를 잘 이해하지 못하는 경우가 있다. 그래서 서로를 소개하고, 이해하고, 서로의 장애를 이해함으로써 함께 있는 우리에 의미를 부여한다. 라디오는 장애인들의 친구이다. 보치아는 비장애인들이 잘 모르는 장애인 스포츠이다. 장애인들이 소수자로서 또 다른 소수자에 대한 관점을 이야기한다. 자유의 의미가 무엇인지 각자 말해보고, 장애인들의 자유를 향한 투쟁은 무엇인지, 어떻게 할 수 있는지, 대화를 나눈다. 차이와 차별의 의미를 같이 나눈다. 대화를 나누는 과정을 통해 각 단어를 보여줌으로써 각 단어와 모음 10개를 결합하는 과정을 통해 글자가 만들어지는 과정을 배운다. 글을 쓸 수 있는 학생은 따라서 쓰고, 글자를 쓸 수 없는 학생은 입으로 소리 내어 읽는다. 소리 내지 못하면 눈으로 읽는다.

3] 문해 후 교육과정

문해교육의 단계에서 각각의 주제를 넓혀가면서 읽기와 쓰기의 수준을 높이는 과정이다. 또한 각 단계별 목적으로 선정한 주제들을 다룬다. 짧은 글에서 긴 글로 문장과 단어의 난이도를 조정한다. 문법적으로 쌍받침이 들어간 단어를 읽고 쓰는 법과 조사의 사용법을 배운다. 자기 소개하는 법, 장애인 복지카드 사용법을 읽고 쓰는 법, 장애에 관한 이해, 나의 꿈 등을 읽고 쓰는 것을 학습한다.

주제별로 시와 수필은 주로 학생들이 수업 시간에 쓴 시와 수필을 중심으로 장애인의 현실을 공유할 수 있는 것으로 했다. 문학은 문학적, 예술적 의미를 갖는 것으로 정했는데 셰익스피어의 문학작품을 통해 인간의 본질과 아름다움을 느낄 수 있도록 하였다. 중국 소설가 위하의 소설 『형제』에서 혁명에 대한 내용을 읽고, 진정한 혁명에 대해 이야기하기, 체 게바라의 시를 읽고 '새로운 인간'에 대해 이야기하기, 야학 학생, 교사의 생활 글을 같이 읽고 공감하기, 장애인 인권에 대한 이야기하기, 헌법을 같이 읽고 우리 사회와 비교하기, 서울 지하철 노선도를 익히고 야학으로 오는 법 익히기, 야학이 있는 혜화동 인근 동네 지도 익히기 등이다.

문해 후 문해교육은 장애인들의 생활에 필요한 것에서 다양한 세계 읽기의 주제를 다룬다. 이 과정을 통해 장애인들이 스스로 삶을 통해 글자와 말을 배우고, 세계를 이해하는 과정을 배운다.

5. 문해교육, 자유를 향한 교육

우리는 용기가 필요하고, 모험이 필요하다. 교육은 용기가 필요한 행위이다. 남부야학과 노들장애인야학은 여성과 장애인 학습자를 중심으로 하는 교육기관이다. 이 단체들은 역사적으로 수십 년 동안 활동하면서 우리 사회에서 중요한 민중들의 교육기관으로 역할을 해오고 있다. 여기에 소개된 프레이리 문해교육의 사례가 완벽히 실천되었다고 보지는 않는다. 그의 사상과 방법론에 대한 글쓴이의 이해가 부족한 부분도 있었고, 한국과의 상황적 차이로 인해 직접 적용하기에는 한계가 따른 부분도 있었다.

남부의 경우 중장년층 여성으로 구성되었기 때문에 여성으로서 존재와 세계를 이해하는 부분이 많이 고민되었고, 대부분의 노년의 삶에서 프레이리의 문해교육이 어떤 의미를 가지며, 교육 이후의 삶과 맞닿을 수 있을까 고민이 되었다. 이것은 현재까지도 계속되는 고민이다. 국가의 초등학교, 중학교 학력인정제도의 도입으로 기능적인 문해교육의 문제에 직면하고 있는 것이 지금의 현실이며, 이를 대안적으로 넘어설 비판적 문해교육, 비판적 성인교육으로 다양한 담론과 실천으로 확장되지 못하고 있다. 되돌아보면, 1990년대의 문해교육이 지금보다는 역동성을 가진 다양한 대안들이 실천되었던 시기였다면, 2010년대에는 역동성이 고갈되고 야생성野生性이 사라진 것 같다. 그래서 우리에게 프레이리의 사상의 실천이 더욱 요구되는 시점이기도 하다.

노들의 경우 야학은 장애인들의 삶의 투쟁의 공간이면서 배움의 공간이기도 하다. 프레이리의 방식에서 문해교육의 접근은 기본적으로 장애인의 다양한 특성을 기반으로 해서 이루어져야 한다. 그러나 열악한 환경과 부족한 자원 교사로 인해 통합교육을 추구하는 한편, 장애 특성에 따라 분리된 전문적인 교육을 받지 못하는 한계와 어려움도 있었다.

그럼에도 노들은 소외된 장애인들의 버팀목이 되고, 이들의 진지를 굳건하게 지켜내고 있다. 그래서 파울루 프레이리의 문해교육은 노들이라는 들판 속에서 피어날 수 있었다. 노들은 수업 이외의 차별 없는 세상을 향해 길 위에서 그들의 자리를 지키고 있다. 그것 또한 '거리의 수업'이고

'거리의 교육학'이라고 볼 수 있을 것이다. 장애인들이 스스로의 세계를 읽는 것, 한 사람의 주인 된 인간으로 거듭나는 실천이 중요하다. 인간의 해방은 영원한 과정에 있다는 점에서 이들에게 프레이리의 교육사상은 여전히 유효하다.

프레이리의 문해교육 방법이 조직적으로 단기적으로 이루어지는 과정이라면, 야학은 지속적으로 교육이 이루어지는 공간이므로 문해교육의 전략에서 상당한 차이가 있는 것으로 보인다. 브라질의 프레이리 연구소에서 문해교육과 관련해서 학력 인정과 연관된 교육도 진행되었다고 하니 이를 좀 더 비교한 연구가 필요하다.

향후 다양한 민중의 현장에서 파울루 프레이리 이론의 다양함과 함께 실천의 꽃을 피웠으면 하는 바람이 간절하다. 이 글에서 소개한 프레이리의 문해교육은 하나의 대안일 뿐이지 정답은 아닐 것이다. 우리에게는 도전이 필요하고 실패를 받아들이는 자세가 필요하다. 우리가 만나는 모든 사람들, 글을 모르는 사람, 비문해 여성들, 이주 여성과 외국인 노동자들, 학교 밖 아이들, 지역에서의 주민들과 다양하게 만나야 한다.

프레이리는 『페다고지』에서 자신이 추구하는 세계는 "인간이 인간을 보다 쉽게 사랑할 수 있는 세계를 창조하는 일"이라고 말했다. 해방된 세계는 인간에 대한 인간의 사랑이 충만한 세계일 것이다. 지금 한국의 불평등하고 비참한 현실을 넘어 그와 함께, 우리 모두와 함께 해방된 세상을 향해 나아가야 한다. 그때 우리의 꿈은 현실이 될 것이다.

10.

신자유주의
교육 비판[1]

김부태

김부태
(현) 경북대학교 국제교류처 유학생지원 담당관실 재직
(주요 저서) 『한국 학력사회론』

1. 문제

현시대의 유력한 정책 담론이자 쟁점이 되고 있는 신자유주의 교육론에 대한 파울루 프레이리(1921~1997)의 입장을 살펴보려고 한다. 그는 모두를 위한 인간화의 교육 원리와 이념을 실현하고자 했다. 그의 교육사상과 철학이 신자유주의에 대해 어떻게 반응하는지를 살펴보는 일은 현시대의 교육을 비판적 시각에서 성찰해볼 수 있는 기회가 될 것이다. 또한 신자유주의에 대한 프레이리의 입장을 이해하는 일은 현실 세계와 교육에 대한 프레이리의 사상을 읽는 하나의 방법이 될 것이다.

프레이리(1994: 181)는 일찍부터 신자유주의에 대한 반대 입장을 분명히 했다 생애 후반기에 그는 국가와 세계의 부가 점점 더 소수의 수중에 집중되면서 풍요 속의 빈곤이 도처에 편재해 있음을 보았고, 신자유주의 정책이 자본주의 사회의 불리한 처지에 있는 사람들에게 잔혹한 영향을 미치고 있음을 목격했다. 그가 목격한 신자유주의의 문제 상황에 대해 그

1. 이 논문은 2005년 교육인적자원부의 재원으로 한국학술진흥재단의 지원을 받아 수행된 연구임 (KRF-2005-079- BS0109). 한국교육개발원 학술지 『한국교육』(2007), 34(4), 3-26에 게재된 논문을 부분적으로 수정하였음.

는 후기 저작들에서 통렬한 비판을 가했다. 『Pedagogy of Freedom』에서 프레이리(1998b: 24-25)는 우리가 '시장의 윤리'에 철저한 신자유주의의 정책과 관행들을 비판하는 일을 두려워해서는 안 되며, 세계화 속의 총체적 불평들을 유지하는 데 필요한 이데올로기적 조작, 거짓말, 망상들을 말하는 것에 대해서도 두려워해서는 안 된다고 주장한다.

그러나 그의 신자유주의에 대한 비판은 여러 저술들에서 산발적으로 필요에 따라 부분적으로 언급되었다. 더욱이 1997년 그의 사망으로 신자유주의에 대한 그의 논의는 완결되지 못한 채 남아 있다. 피터 로버츠 Peter Roberts(2003: 463)도 프레이리가 정보화시대의 인식론적, 교육적, 정치적 변화와 관련하여 신자유주의에 대해 심층적인 논의를 완성하지 못한 점을 아쉬워했다.

신자유주의 교육에 대한 프레이리의 입장을 분석함으로써 그 비판론의 내용과 근거를 명료하게 하려고 한다. 그리고 이 논의를 통해 그가 지향하고자 했던 교육의 모습을 그려본다. 다시 말해, 신자유주의에 대한 그의 비판적 논의를 통해 그의 교육론을 새롭게 살피고자 한다. 신자유주의 교육에 대한 프레이리의 입장을 분석하기 위하여, 그의 몇 가지 후기 저작과 관련 자료들을 검토한다. 특히 프레이리의 후기 저작 중 『Pedagogy of Hope: Reliving Pedagogy of the Oppressed』 (1994), 『Pedagogy of the Heart』(1997), 『Teachers as Cultural Workers: Letters to Those Who Dare Teach』(1998), 『Pedagogy of Freedom: Ethics, Democracy, and Civic Courage』(1998) 등을 집중적으로 검토한다. 그가 이들 저술에서 신자유주의에 대해 산발적으로 언급한 바들을 분석하고 연관 지으면서 그의 입장을 그려보기로 하겠다. 그리고 신자유주의 및 프레이리의 교육론과 관련된 자료들을 함께 참고한다.

주요 내용은 다음과 같다. 첫째, 신자유주의에 대한 프레이리의 관점을 드러낸다. 둘째, 신자유주의 교육론에 대한 프레이리의 비판과 그 논거를 고찰한다. 셋째, 신자유주의 교육에 대한 비판적 논의에 의거하여 프레이리의 교육에 관한 지향점 가치들을 재구성해보기로 한다.

2. 신자유주의에 대한 프레이리의 관점

신자유주의는 1970~1980년대 이후 영국과 미국 정부가 채택하고 추진한 정책과 관련하여 불리고 있는 것이다. 이전에 있었던 '국가 개입의 실패를 선언하는 이념'으로, 그 이론적 스펙트럼과 정책 의제들은 사회경제적 사안들을 시장질서로 통합하려는 것이다(천세영, 1998: 22). 국가 개입의 최소화와 함께, 사회 전 부문에 시장원리의 도입, 거래의 자유화, 탈규제화, 민영화 등이 그 특징을 이룬다. 이후 신자유주의는 세계화 이념과 결합되면서 더욱 확산되었고, 사회주의권의 약화와 함께 이데올로기적으로도 우위를 점하게 되었다. 그 이론적 기저에는 애덤 스미스Adam Smith의 고전경제학, 제러미 벤덤Jeremy Bentham과 존 스튜어트 밀John Stuart Mill의 공리주의 등에 의해 발전된 자유주의가 있다(김기수, 1998: 161-166). 경제사회가 시장의 원리에 따라 자연스럽게 작동하도록 해야 한다는 이론적 근거가 여기서 나왔다. 시장의 합리성과 자기규제성 그리고 자유경쟁을 전제로 하고 있는 것이다. 1990년대 중반 이후 신자유주의적 이념과 정책이 유력하게 채택되고 있다.

이 장에서는 신자유주의에 대한 프레이리의 시각을 드러내보기로 한다. 프레이리는 신자유주의가 인간과 사회의 가능성을 억압하는 숙명론에 기대고 있으며, 자본주의의 사악함을 정당화해주는 이데올로기로 본다.

프레이리는 신자유주의를 이데올로기적 담론으로 규정한다. 프레이리에게 이데올로기는 사실을 왜곡하고, 은폐하고, 조작함으로써 사람들로 하여금 현실을 사실과 다르게 인식하게 만드는 속성을 가지고 있는 것이다. 이를테면 "이데올로기는 우리가 알고 있는 것을 흐리게 함으로써 존재하기는 하되 실제로 그 윤곽을 분명히 알 수 없게 만든다"(Freire, 1998b: 113). 어떤 사실에 대해 모종의 조작을 통해 부각시키거나 축소시킴으로써, 실제와는 다르게 인식하게 하는 것이다. 따라서 어떤 사실의 이면과 맥락을 살필 수 없다면, 왜곡된 것을 실재인 것처럼 받아들일 수 있게 될 것이다. 일상적 사실로부터 사회정치적 이념과 사상의 거대 담론에 이르기까지 수많은 이데올로기들이 있을 수 있겠다.

이데올로기적 담론으로서의 신자유주의는 인간과 사회, 역사, 계급, 경제 등에 대한 자체의 정치적 견해를 가지고 있다. 프레이리에 따르면, 신자유주의자들은 역사적으로 '이데올로기의 시대'[2]가 끝났음을 선언하면서 진보 성향의 이념과 논리를 구시대의 이데올로기적인 것으로 본다. 그들에게 기술적이고 경쟁력 있는 이론과 수단은 가장 중요한 것이다. 이것은 이데올로기적인 것이 아니라 중립적인 것이라고 생각한다. 그러나 프레이리(1998a: 11)는 어떤 기술적이고 경쟁력 있는 담론도 본질상 이데올로기적이지 않은 것은 없다고 말한다. 신자유주의자들의 주장도 이데올로기적인 것이라는 뜻이다.

프레이리에 따르면, 신자유주의자들은 우리가 새로운 역사, 즉 사회계급의 소멸과 함께 계급 갈등이 사라진 세계 속에서 살고 있으며, 베를린장벽의 붕괴와 함께 사회주의도 몰락했다고 말한다. 현재가 역사적 정점이며, 사회계급과 이데올로기가 없어진 사회라는 것이다. 그러나 프레이리는 사회계급이나 좌·우파의 이데올로기들 그 어느 것도 사라지지 않았다는 점을 강력하게 주장한다(Freire, 1994: 92-93). 프레이리는 이러한 신자유주의자들의 주장을 사실과 다른 이데올로기적 담론이라고 비판한다.[3]

---

2. 이데올로기의 시대란 사회주의를 비롯한 여러 이념들이 서로 경쟁하고 사회정치적 긴장과 대립을 보이던 냉전시대를 주로 일컫는다.

신자유주의는 사회구성에 대해서도 자체의 견해를 가지고 있다. 프레이리(1998a: 58-59)에 의하면, 신자유주의 담론에서는 '가장 유능한 사람들이 세상을 조직하고 만들어내며, 그 외 사람들은 부지런히 일하는 가운데 그 엘리트들의 성과에 의해 분배물을 갖게 될 것'이라고 한다. 이를테면 신자유주의는 사회를 소수 엘리트 중심의 편제로 구상하고 있으며, 일반 사회 성원들은 자신이 가진 권리와 능력의 실현을 유보한 채, 엘리트가 이끄는 대로 따라야 하는 존재가 된다.

신자유주의는 계급의 소멸, 이데올로기의 죽음, 역사의 종언을 선언하면서, 자본주의 사회 현실의 문제를 가려 사실과는 다른 현실을 인식하게 만든다. 신자유주의자들이 자신의 지향성을 중립적이고 탈이데올로기적인 것이라 말하지만, 그것 또한 이데올로기적인 것이다. 이 이데올로기는 경쟁력 있는 소수 지배 엘리트 중심의 사회구성 방식을 정당화하면서 사회 일반 성원들의 권능에 대한 인식과 행사를 억제한다.

프레이리는 신자유주의가 현 세계의 지배적 현실을 거부할 수 없는 필연적인 것으로 받아들이도록 하는 숙명론적 담론이라고 본다. 그에 따르면, 신자유주는 세계의 역사적 현실과 상황을 불가피하게 도래하게 된 것으로 규정하고, 사람들은 이것을 수용할 수밖에 없는 것임을 암시한다 (Freire, 1997: 47). 신자유주의는 이러한 불가항력의 현실 세계관과 이에 대한 수용을 강제하는 이데올로기인 것이다. 프레이리는 이 이데올로기적 결정론을 이른바 숙명론이라 부른다. 프레이리(1998b: 26)는 이러한 숙명론이 주변에 팽배해 있으며, 요지부동의 이데올로기로 당대의 가장 지배적인 주류가 바로 신자유주의라고 말한다. 로버츠Peter Roberts(2003: 460

---

3. 신자유주의자들의 계급 소멸론과 관련하여, 프레이리는 계급투쟁의 역사성과 상황의 역동성을 들어 반론을 편다. 이를테면, 계급의 존재 양태와 운동은 시공간에 따라 다를 수 있으며, 상황에 따라 달라질 수 있다는 것이다. 예컨대 계급 간의 갈등은 상황과 국면에 따라 증폭될 수도 최소화될 수도 있는 것이다. 그리고 계급 갈등이 진정된 국면을 두고 계급이 사라진 것이라 해서는 안 된다는 것이다(Freire, 1994: 93). 말하자면 신자유주의자들의 계급 소멸 주장은 그 역사성과 상황의 역동성을 무시한 것이다.

-462)도 신자유주의에 대한 프레이리의 견해를 말하는 가운데 다음과 같이 신자유주의를 비판하고 있다. 신자유주의자들은 많은 사람들로 하여금 대량 실업, 만연된 기아, 착취, 차별, 빈곤, 참혹함 등과 함께 국가 간 부의 불균형은 수용 가능한 것이고 불가피한 것이라고 믿도록 한다. 이를테면 시장이 제공하는 '자유'에 대해 지불해야 할 필요한 대가라는 것이다.

프레이리에 따르면, 신자유주의자들은 현재의 사회-역사적, 문화적 현실이 바로 세상의 존재 방식이기 때문에, 우리가 그 현실의 진행을 바꾸기 위해 할 수 있는 것이란 아무것도 없다고 주장한다. 이를테면 달리 도리가 없으므로 현재와 같이 존재한다는 것이다. 이러한 숙명론적 인식과 태도는 억압적 상황의 지배자들이 바라는 바이며, 그들의 지배를 용이하게 하는 방식이기도 하다(Freire, 1997: 43, 102-103). 숙명론적 인식에는 스스로 개척 가능한 미래도, 그 미래에 대한 희망도, 꿈도, 유토피아도 없다. 오로지 체념하고 적응하는 일만이 남아 있을 뿐이다. 이런 암울한 상황을 프레이리(1997: 101)는 이렇게 표현하고 있다. "(숙명론에 빠져들수록) 우리는 그만큼 더 적은 미래를 갖게 된다. 희망은 압박하는 현실의 무기력 속에서 산산이 부서지게 된다. 그것은 아무것도 가능하지 않은 일종의 종국적 정지 상태와 같다." 신자유주의는 이런 숙명론에 근거하며, 결과적으로 현실의 기득권 구조를 유지하는 데 기여하게 된다.

신자유주의의 숙명론적 담론은 사람들의 미래 전망과 그 실현 역량을 부정하는 이데올로기적 결정론과 다름이 없다. 미래를 새로이 창조 가능한 문제 상황problematic으로 보지 않는다. 숙명론에 현혹될수록 미래를 필연적인 것으로 받아들이게 될 것이다. 그리하여 이 세계를 지배하는 신자유주의 프로젝트는 변경 불가능한 것임을 인정하게 된다. 신자유주의의 지속은 희망을 말살하고 마침내 꿈꿀 수 있는 능력마저 파괴하게 될 것이다(Freire, 1998b: 103). 결국 신자유주의의 숙명론적 담론은 사람들이 가능성을 탐색하고 추구하며, 그 실현을 위해 나아가려는 인간의 본성과 역량을 억압하는 이데올로기인 것이다.

프레이리는 신자유주의를 자본주의와 잘 어울리는 정치적 파트너로 본다. 신자유주의는 자본주의의 사악함을 가려주고 정당화하는 데 효과적인 기능을 한다. 이제 신자유주의는 현시대 자본주의의 성격을 뚜렷하게 규정하는 것이 되고 있다. 프레이리(1998b: 114)는 자본주의를 '본질상 사악한 것'이라고 말한다.[4] 그는 자본주의적 생산양식이 인간화에 대한 심층 구조적 장애물이 되는 것으로 보았다. 『Letters to Christina』(Freire, 1996: 188)에서 그는 다음과 같이 주장하고 있다. "자본주의를 보다 인간적인 것으로 만드는 일은 천사 같은 정신을 가진 사람이나 상습적인 사기꾼들이 빠져 있는 불가능한 꿈이다." 이를테면 자본주의는 비인간화의 구조적 조건을 그 본질로 하고 있다는 것이다.

신자유주의의 숙명론이 보여주는 냉소적인 담론은 이러한 자본주의의 사악함을 외면하게 만든다. 자본주의 사회의 한쪽에서는 부유함이 넘쳐나지만, 다른 한쪽에서는 수많은 인명들이 굶주림으로 죽어간다. 한마디로 풍요와 빈곤이 공존하고 있다. 신자유주의는 이러한 모순적 상황의 정당화에 효과적으로 기능한다(Freire, 1997: 88-89). 신자유주의는 자본주의 사회의 '본래적 사악함', 즉 비인간적 현실에 대한 '윤리적 무감각'을 숙명론으로 뒷받침해주고 있는 것이다.

신자유주의는 세계 경제질서의 지배적 이데올로기로 자본의 세계화를 강조하고 세계의 단일시장화를 지향함으로써 세계화론과 부합했다. 프레이리는 이러한 상황에서 신자유주의가 자본주의 사회의 윤리적 무감각

---

4. 프레이리는 현시대의 자본주의에 대해 한마디로 규정하는 표현을 쓰지는 않았지만, 그 구조적 본질상 사악한 것이라고 보았다. 사악함이란 곧 '비인간적', '반역대적'임을 의미하며, 사람들이 더불어 인간다운 삶을 살아갈 수 없게 하는 것임을 의미한다. 프레이리는 자본주의 사회의, 특히 넘쳐나는 풍요로움과 빈곤의 참상이 공존하는 데 대한 윤리적 무감각, 이윤의 윤리에 토대한 시장의 독재가 갖는 모순 등을 비판했다. 즉 인간의 보편 윤리가 시장 윤리에 질식당하고 있다는 것이다. 프레이리는 이런 문제가 자본주의 체제에 내재해 있는 것으로 보았다.

을 더욱더 증폭시키는 데 기여했다고 비판한다(Freire, 1998b: 114). 자본주의적 세계화론의 시장 윤리가 인간화의 보편 윤리를 압도하는 데 신자유주의가 중요한 이데올로기적 기능을 했다는 것이다.

매클래런Peter McLaren(2000: 26)은 이러한 신자유주의가 자본주의와 제휴하여 자본에 봉사하는 필수적인 이데올로기 구조를 만들어낸다고 말한다.[5] 프레이리(Freire, 1994: 187)는 1973년 칠레 방문에서의 일을 회상하면서 자본주의 사회의 해악성을 은폐하는 신자유주의의 수구적 이데올로기성에 대해 이렇게 적고 있다. "오늘날 지배계급은 칠레는 물론 전 세계에서 신자유주의 담론을 공언하면서, 계급은 더 이상 존재하지 않으며 자본주의의 해악성에 저항하려는 것은 이미 엄청난 해악을 미친 위험하고 부정적이며 파괴적인 꿈으로 회귀하는 것이다."

요컨대, 신자유주의는 자본주의와 결합하여 권력자나 엘리트 중심의 사회구조를 강화하는 수구적 이데올로기이다. 여기에는 사람들로 하여금 현 상황을 최선의 상태로 여기게 하고 체념과 적응을 강제하는 숙명론이 그 기저를 이루고 있다. 이 숙명론은 자본주의 사회의 윤리적 무감각을 정당화해준다. 윤리적 차원의 결여는 사회의 모순을 불가피한 것으로 여기게 하며, 어느 사이 소외된 자들을 더욱더 소외되게 한다. 결국 신자유주의는 사람들의 희망과 유토피아를 상실케 하고, 나아가 그들의 꿈꿀 수 있는 권리와 능력까지도 박탈하게 된다. 신자유주의의 숙명론적 이데올로기는 한마디로 비인간화의 반공동체적 이데올로기이다.

---

5. 이와 관련하여 매클래런은 다음과 같이 말하고 있다. "자본주의와 그 정치적 협력자인 신자유주의의 세계화는 고통을 나누어 짊어지게 하고 희망을 없애고 정의를 죽이기 위해 함께 기능한다. 민영화와 자유무역의 논리… (중략)는 이제 시민권의 전형을 정떨어지게 형성하고, '선한 사회'를 구성해야만 하는 것에 대한 우리의 인식을 조정하며, 노동과 관련해서 자본을 위한 필수적(그리고 반드시 해로운) 기능을 생산하는 이데올로기 구조를 만들어낸다."

3. 신자유주의 교육론에 대한 프레이리의 비판

일단, 신자유주의 교육론을 세계화의 맥락 속에서 교육에 대한 국가의 관여와 규제를 최소화하고, 교육기관과 교육자의 자율과 경쟁을 통해 교육의 수월성과 교육 투자의 효율성을 추구하려는 것이라 하겠다. 그 특징을 논의하는 사람들은 교육에 대한 경제적 합리성의 추구와 수요자 중심의 교육 등을 지적하고 있다. 신자유주의 교육론은 그 논리에 따라 경쟁력 있는 인재, 기관, 분야를 선별하여 집중적으로 지원하고 투자함으로써 수월성을 추구하는 '선택과 집중'의 전략을 채택한다. 이러한 신자유주의 교육에 대해 국내에서도 교육의 공공성에 주목하는 여러 비판이 제기되었다.[6]

이 장에서는 신자유주의 교육론에 대한 프레이리의 비판을 살펴보기로 한다. 그는 신자유주의 교육론에 대해, 적응을 강제하는 길들이기 교육론, 소수의 힘 있는 자들이 혜택을 누리는 교육론, 기술훈련 교육을 최선으로 여기는 실용주의적 교육론이라 비판한다.

신자유주의가 규정하는 세계 현상은 불가피하고 필연적인 것이다. 이 관점에서 보면, 교육 실천과 관련해서 단 한 가지의 길만 열려 있다. "교육은 학생을 불가피한 것, 즉 바꿀 수 없는 것에 적응시키는 행위라는 것이다. 이러한 관점에서 본질적인 것은 기술훈련이고, 그것을 통해 학생은 적응할 수 있고 생존할 수 있게 된다"(Freire, 1998b: 26-27). 이런 교육에서는 새로운 가능성을 창조하고 지향하려는 노력이나 의무는 간과되거나

---

6. 그 비판의 주요 내용은 다음과 같다. 첫째, 교육에 대한 국가 관여를 최소화함으로써, 선택되지 못한 사람들을 돌보지 않으며 결국 교육의 불평등을 초래하게 된다는 것이다. 선택과 집중의 신자유주의 교육 전략은 선택된 자들에게만 유리한 것이다. 둘째, 교육에 시장의 논리, 즉 경제의 논리를 적용하는 것은 적합하지 않다는 것이다. 교육의 논리는 시장의 논리와는 다른 것이다. 셋째, 수요자 중심의 교육론은 교사의 전문성 발휘를 제약할 수 있고, 교육에 대한 책임을 국가로부터 학교 및 교사에게로 이동시키며, 수요자가 요구하는 교육의 형식과 내용에 관심을 집중시킴으로써 교육의 본래 목적을 벗어나게 할 소지가 크다. 참고: 마미화(2006), 임재홍 (2003), 신인영(2002), 이건만 외(2002), 천세영(1998), 정재걸(1998), 심성보(1998) 등.

최소화될 수밖에 없다.

신자유주의적 담론에 따르면, 우리는 주어진 사실들에 '적응'만 할 수
있을 뿐이다. 마치 사실들이 다른 방식으로는 주어질 수 없다는 듯이,
그리고 그 사실들을 바꾸기 위해 투쟁할 의무가(우리가 인간이라는 이유
로) 우리에게 없다는 듯이 말이다(Freire, 1994: 90).

적응만을 강조하는 교육은 지배자들이 반길 만한 것이다. 달리 생각할
것이 없으므로 기존 지배 질서에 저항하지 않을 것이고, 그 교육은 진정
한 교육이 아니라 침묵을 요구하는 훈련이 될 것이다.

(지배자들에게 있어) 중요한 것은 그들이 저항 없이 잘 적응할 수 있도
록 훈련시키는 것이다. 저항은 (지배자들의) 진실을 흔들어대고, 손상하
며, 왜곡하는 것이다. 즉 저항은 (지배) 질서를 어지럽히고 거스르는 것
이며, 생산자들에게 요구되는 침묵에 반하는 것이다(Freire, 1997: 100).

*( )는 연구자에 의한 것임

적응만을 강조하는 교육은 이 외의 인간 권능을 부정하는, 그리하여
인간성의 굴복을 강제하는 이데올로기적 교육이라 해야 할 것이다. 그것
은 지배 질서에 순치시키는 이른바 '길들이기' 교육과 다르지 않다.
한편 프레이리는 '기계적 암기'의 방법을 경계하면서, 그것 역시 학생들
의 호기심을 죽이고 모험의 자유와 역량을 억제하는 '길들이기'일 뿐이라
고 말한다. 아울러 이러한 길들이기는 신자유주의의 숙명론적 이데올로
기와 맥을 같이하는 것이며, 그 피해는 결국 모두가 아니라 일반 민중에
게 돌아가는 것이라고 말한다(Freire, 1998b: 57).
현실 세계가 불가피하고 필연적인 것이라고 생각하는 한, 그에 상응하

여 적응을 강제하는 길들이기 교육이 지배적일 것이다. 이 교육은 인간의 가능성 실현을 억제하고 꿈과 희망을 상실케 하는 것일 수밖에 없다. 프레이리는 이 신자유주의의 이데올로기적 세계관에 근거한 적응의 길들이기 교육론을 단호히 거부한다.

'강자의 선택과 집중적 투자'는 신자유주의의 핵심 전략이다. 능력 있는 자, 가능성이 있는 자는 선택되어 집중적인 지원을 받아 경쟁력을 높이고, 그렇지 못한 자들은 그들의 후속 효과로 혜택을 보게 되며, 나아가 이 효과가 사회 전체적으로 퍼져나가게 된다고 가정하는 것이다. 이런 가설에 대해 프레이리(1998a: 59)는 신자유주의가 인구의 3분의 1에게만 유익한 담론일 뿐이라고 일축한다.

라디슬라우 다우버Ladislau Dowber는 이러한 신자유주의의 가설이 이론적 오류라고 말한다(Freire, 1997: 서문, 25). 이를테면 대기업 우선 성장 촉진 효과가 중소기업이나 소비자의 경기에도 영향을 미쳐 결과적으로 전체의 성장을 가져온다는 이른바 '트리클 다운 효과trickle down effect'는 잘못된 것이었음을 지적한다. 그에 따르면 빈부의 격차만큼 시장은 분단되고, 그래서 세계의 엄청난 인구가 다국적 기업이 주도하는 부의 축적 과정에서 주변에 머물게 할 뿐이다.

프레이리는 신자유주의의 이데올로기적 주장이 자본주의 사회 권력자들의 이익에 부합하는 정치적 입장을 반영하는 것이라고 본다(Freire, 1998b: 113-114). 그는 세계화가 진전되는 가운데 강자들의 이해관계가 관철되지만, 약자들의 고통에 대해서는 아무런 고려가 없음을 지적한다. 신자유주의는 이윤 추구의 효율성 논리와 강자의 이익을 우선시함으로써, 사회의 소외된 이들을 포함하는 전체의 발전과 균형을 부차적인 것으로 처리하는 문제를 내포하고 있는 것이다. 프레이리(1997: 54)는 이러한 신자유주의자들의 논리와 주장에는 '탐욕'과 '침략성'이 들어 있다고 말한다.

프레이리는 신자유주의자들이 강자, 즉 엘리트 중심의 사회구성론은 사회정의에 관한 담론이나 새로운 사회 전망과 같은 것을 무의미하게 만들며, 지배 이데올로기의 허구성을 밝히는 교육을 불필요한 것으로 만든다고 본다(Freire, 1994: 145). 강자들의 탐욕과 침략성을 가려줄 교육을 필요로 하는 것이다. 그런 교육이 바로 중립성을 가장한 탈정치적 '기술훈련 교육'과 같은 것이 될 것이다. 이 교육은 재능 있는 엘리트와 강자들이 사회적 우위에 서는 기득권 구조를 위협하지 않으며, 그들의 지배적 현실을 유지하는 데 효과적으로 기능할 것이다. 이런 가운데 약자들은 교육의 실패자로 나타나게 된다.

마세도와 프레이리Donaldo Macedo & A. M. A. Freire는 프레이리의 저서 『The Teachers as Cultural Workers』의 서문(Freire, 1998a: 서문, ix-x)에서, 미국 신자유주의자들의 교육론은 수많은 교육 실패자들을 돌보지 않으며 이윤 추구를 위한 민영화와 민주화를 동일시하는 오류를 범하고 있다고 비판한다. 그들은 민영화가 고품질과 높은 생산성, 투명성과 효율성을 달성할 수 있을 것이라는 믿음은 거짓이며, 국가 차원의 공교육이 중요함을 역설하고 있다. 교육을 공공재로 인식하고 국가의 적합한 관여가 필요하다는 것이다.

교육을 이른바 '공공재'로 보는 한, 교육은 공적으로 보호되고 관리될 필요가 있다. 교육의 공적 성격은 기본적으로 모든 사람들이 교육에 접근할 수 있고 그 혜택을 누릴 수 있도록 보장되어야 함을 의미한다. 신자유주의 교육론이 경제적 합리성의 극대화를 위해 교육에 대한 국가의 개입을 최소화하는 것은 교육의 사사화私事化를 초래하고 가속화하게 된다. 국가 개입의 관료주의적 비효율성을 경계해야 하지만, 국가 관여의 배제는 공적 관리가 필요한 부분조차도 시장원리와 자유경쟁에 맡김으로써 약자를 더욱 소외되게 하고, 강자의 지배적 위치를 더욱 공고하게 한다. 신자유주의는 이것이 '경쟁력'과 효율성을 필요로 하는 현시대에 불가피하게 요청되는 것이라 보고 있는 것이다.

결국 프레이리는 신자유주의 교육론이 자본주의 사회의 강자들이 갖는 힘과 자본의 논리에 밀려 소외된 이들을 돌보지 않고 강자들의 기득권을 강화하는 교육론임을 비판하고 있는 것이다.

기술공학의 진보는 인간의 삶의 방식과 질을 바꾸는 데 크게 기여했다. 기술공학의 진보와 더불어 그 지식은 교육의 중요한 부분을 이루게 되었다. 기술공학의 중요성은 이념적 편향에 관계없이 강조되고 있다. 이를테면 신자유주의자와 진보주의자 모두가 기술공학이 현대사회에 요구되는 것이라는 점에 동의한다. 그러나 프레이리를 비롯한 진보주의자들은 기술공학의 요구에 대한 교육적-정치적인 대응에서 신자유주의와는 다른 입장을 가지고 있다. 프레이리(1997: 56)에 따르면, 진보주의자들과는 달리, 신자유주의자들은 기술적 교육이 무엇 혹은 누구에게 유리하거나 불리하게 작용하는지에 대해 전혀 묻지 않으며, 이제 좌파나 우파가 존재하지 않으므로, 사람들로 하여금 자신이 직면한 어려움을 유능하게 극복하게 하는 것이 중요하다고 본다. 기술적 교육은 중립적인 것이므로 그 정치적, 이데올로기적 성격에 대해 의심할 필요가 없다는 것이다.

신자유주의 교육론은 불가피한 현실 세계에 적응하기 위해 기술공학적 지식이 가장 중요한 교육의 내용과 방법이 되어야 할 것임을 강조한다. 이른바 '기술-훈련지상주의'이다. 아로노비츠s. Aronowitz는 신자유주의자들의 기술지상주의적 입장을 "기술-과학적 훈련이 교육학적 규범으로 승격된 것"으로 표현한다(Freire, 1998b: 서문, 7). 여기에는 보다 인간적인 삶을 지향하는 교육이나 정의로운 사회 전망 등에 관련된 철학을 필요로 하지 않는다. 프레이리(Freire, 1994: 145)는 이런 탈정치적 기술훈련을 강조하는 신자유주의자들의 교육론에 대해 한마디로 '낡은 담론'이라 평한다.

Ana M. A. 프레이리는 이러한 신자유주의적, 기술지상주의적 교육이 세계화 이데올로기와 함께 지배적인 사회구성에 부합하고 있음을 경계해야 한다고 말한다(McLaren, 2000: 서문, xv). 프레이리는 이러한 신자유주의

자들의 교육론을 실용주의적 담론이라 부른다. 그는 이 실용주의적 담론에 대해 그것이 내포하는 정치적 이데올로기성과 반인간주의적 특성을 비판하고자 한다(Freire, 1998b: 126-127). 그에 따르면, 신자유주의의 숙명론적 이데올로기는 교사로 하여금 세계의 변화가 아니라 현실의 수용과 적응을 위해 기술적인 교육을 제안하게 하며, 이 교육은 비판적 성찰의 교육이 아닌 단지 '방법적 지식'의 전달일 뿐인 그런 교육이다.

신자유주의적 실용주의는 교육 실천을 비판적 성찰이 없는 방법적 지식의 활용과 테크닉의 수준으로 격하시킨다(Freire, 1996: 131). 테크닉으로 격하된 교육 실천은 사람들로 하여금 새로운 사고와 전망을 차단함으로써 기능적 역할만을 수행하게 된다. 프레이리(1997: 100)는 테크닉으로 전락된 교육 실천이 사람들의 '인식론적 호기심'을 마비시키는 위험성을 지적하면서, 이것이 신자유주의적 실용주의 교육 담론의 핵심에 있는 것이라고 말한다. 세계에 적응하기 위한 기술훈련을 필수적이고 가장 중요한 것으로 강조하는 교육은 교육 실천과 인식론적 호기심을 분리시킬 뿐만 아니라, 기술 외의 학습해야 할 사항들과 그 연관성을 경시하고 인간의 전면적이고 조화로운 성장과 발달의 중요성을 간과하는 것이다. 이러한 교육의 강조는 그들의 이데올로기가 어떤 것인지를 시사해준다. 즉 "현실에 대한 포괄적 이해가 아니라 낱낱의 기술훈련 위주로 커리큘럼을 조직함으로써, 중립성을 가장하여 자기 존재를 부정하려는 이데올로기"(Freire, 1998b: D. Macedo의 서문, xiii-xiv)를 감추고 있는 것이다.

신자유주의 교육론은 교육 실천을 방법적 지식과 테크닉으로 격하시킴으로써 인간과 사회에 대한 폭넓은 이해를 가로막고, 기술훈련 이외 인간의 성장과 발달을 위한 교육을 제한한다. 신자유주의적 실용주의 교육론은 한마디로 '철학의 빈곤'을 드러내고 있는 것이다. 신자유주의의 실용주의적 교육론은 결국 "인간에 대한 통합 교육에 무관심하고 기술훈련에 대해서만 언급하는 환원주의적 정신구조성에 무관심"(Freire, 1998b: 103)한 교육론이라 할 수 있다.

요컨대 신자유주의는 현실을 불가피하고 필연적인 것으로 규정한다. 엘리트 중심의 사회구성론은 모든 사람을 대상으로 하는 교육이 아니라 강자 중심의 교육론을 정당화해준다. 신자유주의자들은 현시대를 개인의 적응을 위한 기술-과학적 훈련을 필요로 하는 '교육학적 실용주의 시대'라고 공언한다(Freire, 1998b: 114). 이러한 주장은 신자유주의의 냉소적 숙명론을 당연시하게 만든다. 신자유주의는 우리로 하여금 때때로 경제의 세계화는 경제 그 자체의 발명품이고, 일종의 피할 수 없는 운명이며, 발전과정의 한 국면이라기보다 거의 불가항력의 실재라는 것을 순순히 받아들이도록 만든다. 결국 신자유주의 교육론은 더 많은 사람들의 꿈과 희망을 상실케 하는 이 시대의 지배 이데올로기적 교육론이라 할 수 있다.

4. 신자유주의 교육론을 넘어

이 장에서는 신자유주의 교육에 대한 프레이리의 비판에서 발견한 논지에 착안하여 그가 지향하고자 하는 교육론을 구성해보기로 한다. 프레이리는 인간의 권능(권리와 능력)을 실현하고 가능성의 역사를 실현하는 교육, 모두를 위한 민중민주 교육, 통합적 인간화 교육, 연대의 실천 교육을 구상하고 있다.

신자유주의 교육론에 대한 프레이리의 비판에는 인간과 역사에 대한 그의 이해 방식이 들어 있다. 프레이리(1998b: 115)는 인간을 '환경에 의해 조건화되지만 완전히 결정되지는 않은 존재'로 본다. 나아가 인간은 조건화된 존재이면서도 동시에 그 조건 형성을 뛰어넘을 수도 있는 존재라는 점을 거듭 강조한다. 인간은 스스로 행위를 할 수 있는 능력과 그 능력을 행사할 수 있는 권리를 가진 존재이다. 이 권능은 문제 상황을 스스로 판단하고 선택하고 결정하고 실행할 수 있게 하는 것일 뿐만 아니라, 사회의 미래 전망과 변화를 모색하고 실천할 수 있게 하는 것이다. 요컨대 그는 "인간을 역사의 창조자인 동시에 역사에 의해 형성되는 존재"로 이해한다. 한마디로 인간은 결정된 존재가 아니다.[7] 이것이 프레이리가 신자유주의 교육론을 비판하는 가장 중요한 한 가지 근거이다.

인간의 권능은 변화의 가능성에 대한 꿈과 희망을 갖게 해준다. 희망은 인간의 존재론적 필수요건이며, 인간은 희망에 고무되지 않고서는 존재할 수 없다(Freire, 1997: 43-44). 인간의 본성에서 나오는 희망은 또한 체념과 적응을 강제하는 신자유주의의 결정론적 숙명론을 거부하게 하는 것이다. 프레이리(1998b: 22)는 이렇게 말한다. "나는 냉소적인 숙명론에 빠져, 다른 세상을 꿈꿀, 즉 유토피아를 꿈꿀 권리를 완강하게 부인하는 신자유주의의 폐단에 맞서 영원히 비판적 태도를 견지해나가지 않을 수 없다."

비결정적 존재로서의 인간과 가능성의 역사사회는 인간 주체에 의한 자신의 인간화와 유토피아를 지향하게 한다. 인간화는 비판적, 대화적 프락시스를 통해 보다 인간적인 존재로 형성되어가는 과정이다. 인간화의 과정은 주체적 존재로서의 권능을 가진 인간이 사회적 조건과의 교섭을 통해 자신과 사회적 현실에 대한 비판적 의식을 획득하게 되고, 나아가 자신의 성장·발달과 사회적 현실의 변화를 지향하는 과정이라 하겠다. 이 과정은 앎과 실천 간의 역동적인 변증법적 과정으로 이루어진다. 앎과 실천이 끊임없이 교차하고 거듭 마땅히 추구해야 할 존재론적, 역사적 소명이다.

---

7. 인간은 어느 정도의 특성을 타고나며, 성장과 발달의 과정에서 접하게 되는 환경에 영향을 받는 것이 사실이다. 그러나 이 천부적 특성과 환경의 영향이 인간을 모두 결정하는 것은 아니다. 인간은 그 기본 조건을 토대로 스스로 의식하고 사고하고 행동할 수 있다. 이 자율성 혹은 능동성은 인간으로 하여금 주체적 존재로 서게 하는 것이다. 인간의 주체성은 내재적 특성과 외부 조건의 규정성을 넘어 자신의 사고와 행동을 갖게 하고 새로운 가능성을 추구하게 해준다. 그런 점에서도 인간은 결정된 존재가 아니다. 현대의 사상과 이론은 정도의 차이는 있다 해도 이러한 인간의 능력과 그 능력을 행사할 수 있는 권리를 인정하고 있다.

이 소명은 인간이 '미완의 유한한 존재성'에 대해 자각하는 것과 함께 시작되는 것이다. 이 유한성은 프레이리에게 "우리로 하여금 존재 그 이상의 것을 추구하게 하는 천부적 경향성이자, 방향을 상실할 위험이 있는 것들에 대한 항구적 탐구에 뛰어들게 만드는 것"(Freire, 1997: 100)이다. 미완의 유한성에 대한 자각은 곧 그 존재론적 소명의 실천을 시작하는 출발점이자 그 실천을 추동하는 동력이 되는 것이다.

인간화와 가능성의 역사에 대한 인간의 존재론적 소명은 '미완의 유한성'을 자각한 인간에게 그 실현을 위한 '윤리적 책무'를 부여한다. 이 존재론적 책무성은 거저 주어져서 인식되는 것이 아니다. 자신의 자유에 대한 탐구와 참여적 실천을 통해 경험할 수 있는 것이다. "자유는 거저 주어지는 선물이 아니라 쟁취하는 것이다"(Freire, 1997: 100-101). 우리는 자유에 대한 인식과 경험을 통해 비로소 소명의 과제를 실현하는 일에 뛰어들 수 있게 되는 것이다.

인간의 권능은 양면의 가능성을 가진다는 점에서도 윤리성을 필수 조건으로 한다. 이와 관련하여 프레이리(1998b: 56-57)는 교육은 반드시 윤리적이어야 한다고 말한다. 미완의 존재로서 우리는 미완의 존재임을 의식하면서도, 우리의 선택과 결정이 윤리적일 수도 비윤리적일 수도 있기 때문이다.

매클래런(2000: 152)에 따르면, 신자유주의에 대한 비판자로서 프레이리는 민중들의 능력 속에 이데올로기적 긴장이 자리 잡고 있다는 것을 꿰뚫어 보았다. 그 능력은 민중들이 일련의 시장 논리와 통속적인 담론들에서 나온 소비자의 정체성을 넘어 정치적인 개념을 견지할 수 있는 능력을 말한다. 이 정치적 능력을 비롯하여, 인간은 자신의 문제를 판단하고 선택하고 결정하고 실천할 수 있는 권리와 능력을 지닌 존재이다. 그리고 가능성의 역사, 즉 유토피아를 꿈꿀 수 있는 권능을 가진 존재이기도 하다. 프레이리의 교육론은 이러한 인간의 권능을 실현하는 교육을 그리고 지향한다. 그는 "판단하고, 비교하고, 평가하고, 가치를 부여하고, 결정하고, 단절하고, 꿈꿀 수 있는" 인간의 능력을 일상적 삶의 시장화에 저항하는 토대로 강조한다(Roberts P., 2003: 460-462). 이 교육론은 비인간화의 조건에 맞서 헤쳐나가야 할 인간의 책무와 교육의 윤리성을 견고하게 지키는 실천적 교육론이다. 그러므로 인간성의 굴복을 강제하는 신자유주의 교육론이 프레이리의 통렬한 비판을 받는 것은 당연한 것이리라.

신자유주의가 성행하는 곳에는 적자생존의 경쟁 논리가 유력하게 된다. 재능 있는 자, 우세한 집단, 경쟁력 있는 부문이 선택되어 업적을 쌓고 성취를 이루게 된다. 기회가 개방되지만 출발점 조건이 다른 사람들은 다른 정도의 기회를 갖게 될 수밖에 없다. 따라서 서로 다른 처지를 고려하지 않은 채 개방과 경쟁을 강조하는 것은 불리한 처지의 사람들을 더욱 소외시키는 결과를 초래하게 될 것이다. 신자유주의 교육론은 자본을 비롯한 이미 조건을 갖추고 있는 강자들에게 유리한 교육론이다. 교육의 기회와 혜택은 이들에게 우선적으로 돌아간다. 반면에 책임은 각 개인에게로 귀속되게 된다.

프레이리는 자본주의가 그 구조적 본질상 비인간화의 속성을 가지고 있는 것으로 본다. 그러나 그의 변혁론은 자본주의의 타파를 직접 겨냥하기보다는 인간의 변화 문제에 보다 집중했다. 이것은 그가 브라질과 망명지 등에서 직접 목격하고 경험한 바로부터 나온 것이다. 그가 지향하는 인간해방에 대한 신념은 역사적 불가피성보다는 윤리적 이상에 대한 실존적 헌신에 그 뿌리를 두고 있다(Freire, 1998b: Aronowitz의 서문). 신자유주의 교육 비판에서도 그 윤리적 토대의 성격에 우선적으로 주목했다.

프레이리는 신자유주의의 민중 배제적 성격이 시장의 윤리를 우선시하며, 시장의 윤리를 인간의 보편 윤리와 구분하지 않은 데서 비롯된 것이라 본다. 프레이리에게 시장의 작용은 "우리 모두에게 공통적인 윤리적 코드"을 고려하지 않는 것이다. 그러나 그는 "거래의 자유가 인간적이 될 자유보다 윤리적으로 우선될 수 없다"(Freire, 1998b: 116)고 말한다. 그에게 이것은 용인될 수 없는 것이다.

소외된 자들이 여전히 소외될 수밖에 없는 교육 상황에서, 프레이리는 교육자의 교육 실천이 소외되고 박탈당한 사람들의 편에 서야 하는 것임을 분명히 한다(Freire, 1998b: Aronowitz의 서문, 11). 그리고 프레이리(1997: 58)는 숙명론 대신에 비판적 낙관론을 제안한다. 그는 이 낙관론이 우리의 시대에 적합하고 우리로 하여금 피착취자의 편에 서는 앎을 향한 투쟁에 참여하게 할 수도 있는 것으로 보았다. 소외된 이들의 편에 서는 것, 그것이 바로 교육 실천이 근거해야 하는 윤리성이기도 하다. 그러므로 불균형한 현실성을 애써 보지 않으려는 교육의 중립성 주장은 사이비이며, 교육의 본질을 왜곡하는 것이다. 신자유주의적 교육관은 교육을 중립적인 내용을 효과적으로 전달하는 것쯤으로 축소시키고, 포괄적인 이해에 이르게 하려는 교육 실천을 오히려 시대성을 상실한 이데올로기라 부른다(Freire, 1997: 46-47).

프레이리는 신자유주의자들의 숙명론에서 나온 교육의 중립성 주장을 단호히 거부한다. 교육 실천의 중립성, 그것은 현실이 아니라는 것이다. 그는 교사들 사이에 만연해 있는 중립성이나 공평무사함의 위장을 거부한다. 실제로, 그는 학교교육이 전례 없는 통제를 겪고 있는 때에 중립성 요구를 지탱해줄 수 있는 교사는 거의 없다고 주장한다(Freire, 1998b: Aronowitz의 서문, 7). 그것은 불리한 처지의 사람들을 고려하지 않은 것이며, 결과적으로 모두를 위한 교육의 원리에 위배되는 것이다.

프레이리에게 모두를 위한 교육을 가로막는 또 다른 장애는 사람들의 비민주적, 권위주의적 태도이다. 실용적 신자유주의에 따르면, 오늘날 효과적인 교육 실천은 기술적 훈련이나 학습자에게 내용을 주입시켜 예탁하는 일에 중심을 두어야만 한다. 이러한 신자유주의 교육론의 입장은 위에서 아래로 지시하는 권위주의적 방식을 강화하게 된다(Freire, 1998b:

103). 권위주의적 상황에서는 '위에서 아래로'의 지시나 말하기가 일반적인 대화 형식이 된다. 프레이리에 따르면, 이 형식은 "그 자체가 민주화를 지향하는 정신구조의 부재를 의미하는 것"이다.

신자유주의는 현시대 상황의 불가피성에 따른 적응을 강조하고, 이를 위한 기술적 훈련과 지식이나 기능의 효과적인 전달이 가장 유효한 교육임을 가정한다. 이러한 신자유주의 교육론의 가정은 교육 상황에 권위주의적 방식의 침투를 용이하게 하는 속성을 가지고 있다. 즉 이런 상황에서는 민주적 태도의 본질이라 할 수 있는 ~와 함께 말하는 형식은 결여되고, ~에게 말하는 보다 권위주의적인 형식이 지배적이게 된다(Freire, 1998b: 103). 교육에서 권위주의적 입장은 지양되어야 할 것임이 분명하다. 비민주적 입장을 지양해야 하는 것은 이념적 편향과 관계없는 것이다.

프레이리는 신자유주의 교육을 넘어 소외되는 사람이 없는 민중교육과 민주적 교육을 지향한다. 이러한 그의 주장은 성격상 사회주의적이다(Roberts, 2003: 461). 사실상 그는 민중민주 교육을 위한 투쟁을 인간해방교육의 필수요건으로 보았다. 그는, 이러한 투쟁이 모두를 위한 해방적인 것이 되려면, 특히 좌파가 권위주의적 요소들을 벗어던져야 하고, 차이를 인정해야 하며, 보다 덜 관료적이고 보다 민주적인 사회 형태를 건설하는 방향으로 나아가야 할 것이라 믿는다.

프레이리(1996: 130-131)는 실제에 활용될 수 있는 실천적 지식이 사람들에게 생산적 활동을 준비하게 하는 데 중요한 것으로 보며, 기술적·과학적 지식이 점점 더 중요해지고 있음을 인정한다. 그러나 신자유주의하에서 기술과학적 지식의 발달은 교육을 협소한 의미의 훈련 연습으로 축소시키며, 학생들에게는 테크닉 이외의 어떤 것을 학습하지 못하도록 억제하게 된다. 이에 대해 프레이리는 인간과 사회에 대한 포괄적인 이해와 함께 이분법을 극복하는 통합적인 인간화의 교육 실천이 이루어져야 할 것임을 역설한다. 로버츠(2003: 460-462)도 다음과 같이 프레이리의 생각을 대변하고 있다. "프레이리의 '진보적인' 대답은 철학적 이성과 기술적 능력을 분리시키지 말아야 하며, 정신적 수련과 육체적 스킬, 이론과 실천, 경제적 생산과 정치적 생산을 분리하지 않아야 한다는 것이다."

통합적 인간화 교육이란 인간과 인간을 둘러싼 상황 조건을 이해하고, 인간의 특정 부분만이 아닌 전면적 성장과 발달을 촉진하는 교육이다. 『Pedagogy of Freedom』에서 프레이리(1998b)는 '보편적 인간 윤리'에 대해 논의한다. 이것은 본질적으로, 새로운 형태의 전 지구적 자본주의와 점증하는 대항 운동의 파편화에 대응하여 인간화의 개념을 재해석한 것이다(Roberts, 2003: 461). 인간의 존재론적, 역사적 소명으로서 인간화의 실현은 신자유주의가 지배적인 현실에서도 여전히 유효한 교육의 지향점 가치이다.

프레이리는 신자유주의 교육론을 극복하고 인간화의 실현을 지향하는 데서, 그가 1960년대에 이미 구상하고 실천했던 '의식화'가 여전히 꼭 필요한 것이라고 주장한다.

> 1960년대에 이러한 장애물들에 대해 곰곰이 생각하면서, 나는 만병통치약은 아니지만 그래도 그 장애물들과 그들의 존재 이유를 비판적으로 깨닫게 하려는 하나의 시도로서 의식화conscientization를 주장했다. 그리고 실용적, 수구적, 숙명론적 신자유주의 철학에 직면해서도 나는 여전히 이상주의라는 덫에 걸리지 않으면서 의식화의 절대적 필요성을 주장한다(Freire, 1998b: 55).

그에게 의식화는 인간이 갖추어야 할 필요조건이다. 우리가 세계에 대해, 사실에 대해, 사건에 대해, 인간 의식에 인식론적 호기심의 능력을 개발할 필요성에 대해 우리의 자각을 심화시키려고 할 때, 반드시 따라야 할 하나의 경로가 바로 의식화이다. 의식화는 인간적 조건과 별개의 것이 아니며, 인간의 미완성을 자각하는 미완의 인간 존재에 자연스러운 것이다(Freire, 1998b: 55). 프레이리는 기술공학적 지식의 전달에 제한되고 인간성의 일부만을 독립적인 것처럼 다루는 신자유주의 교육을 넘어 통합적 인간화 교육을 거듭 천명하고 있는 것이다.

프레이리의 신자유주의 교육에 대한 비판은 연대를 위한 교육의 실천성을 강하게 시사하고 있다. 그러나 그가 연대의 교육에 대해 집중적으로 논의한 바는 없다. 그가 여러 저술들에서 부분적으로 언급한 논의들을 연관 지으면서, 연대를 위한 실천 교육이 그에게 어떻게 구상되고 있는지 살펴보기로 한다.

연대는 타인과 더불어 함께함으로써 개인이 사회적 주체가 되는 과정이라 하겠다. 연대는 주체로서의 사회정치적 역량을 함의할 뿐만 아니라 공동체와 사회 발전의 핵심적 요소이기도 하다(Banfield, 1958). 프레이리의 관점에서 볼 때, 인간의 존재론적 소명의 왜곡을 효과적으로 분석하고, 저항하고, 전복하려면, 통합과 연대가 필수적인 것이 된다(Roberts, 2003: 460-462). 라디슬라우 다우버(Freire, 1997: 서문, 7)[8]도 자본주의 사회 속에서 해체되고 있는 연대를 다시 형성하는 것이 파울루 프레이리의 논의가 의도하는 근본 목적이라 말하고 있다.

프레이리(1997: 88)는 자본주의에 대한 자신의 투쟁이 그 본래적 사악함, 즉 그 자체의 반연대적 본질에 근거를 두고 있음을 분명히 한다. 이를테면 그는 부유함이 넘쳐나는 가운데에도 수백만 명이 굶어 죽어가는 현실의 모순에 분노하며, 그것이 숙명론으로 정당화되는 것을 거부한다. 그의 분노와 거부는 미완의 역사적 존재로서 갖는 인간의 윤리적 토대에 근거하고 있다.

프레이리는 이 시대를 풍미하고 있는 '시장 윤리의 야만성'이 우리 자신

---

8. 그에 따르면, 연대는 인간적 삶에 필수적인 근본적 개념이며, 현실적으로는 연대가 더 이상 마음 혹은 감정의 문제가 아닌 지성 혹은 이성의 문제가 되었다고 본다.

의 정체성을 위협하고 있으며, 이것이 우리의 연대를 필연적이고도 절박하게 하는 것이라 보고 있다. 그는 나아가 사악한 신자유주의 철학의 예언들이 언젠가 연대성에 대한 헌신 등에 의해 반란에 직면하게 될 것이며, 진실한 인간성의 목소리에 둔감한 시장 윤리가 아니라 보편적 인간 열망의 윤리, 즉 인간 연대의 윤리가 그 반란의 근거지가 될 것이라고 본다(Freire, 1998b: 115).

요컨대 프레이리는 신자유주의적 자본주의 사회의 사악함에 대항하여 "인간이 진정 인간일 수 있는, 조금 덜 추하고 덜 편협한 인간 공동체를 건설하기 위해" 연대가 필수적인 것임을 말하고 있다. 이 주체화의 연대에서 미래와 역사는 함께 구성하는 것이며 결정된 것이 아니다(Freire, 1998b: 72).

프레이리에게 연대의 가치는 교육적 실천에서도 중요한 것이다. 연대는 인간화 교육 실천의 방법론이자 교육 실천의 결과를 동시에 의미하는 것이다. 연대는 비인간적 현실을 함께 드러내고 명료히 하는 대화적 과정이며, 비인간화의 조건을 제거하려는 주체적 활동이고, 인간적 삶과 미래 전망을 실현해가는 민주적 절차를 함의하는 것이다. 대조적으로 연대 없는 교육 실천(개인적 배움과 실천)이 갖는 한계는 그 자체로 명백하다. 연대의 교육 실천으로 인간화와 사회 진보를 향한 더 크고 견고한 발걸음을 내디딜 수 있는 것이다.

프레이리는 교육적 실천이 결코 연대를 해치는 것이 되어서는 안 된다는 점을 강조한다. 연대를 위해 학습자들이 다양성 속의 통일성이 갖는 가치와 힘을 경험할 수 있는 교육적 실천을 제도화할 것을 제안하고 있다(Freire, 1997: 90). 다양성과 차이를 인정하면서 공통의 지향성을 공유하는 경험이 연대를 위한 교육 실천에 매우 중요하며, 이것이 지속적으로 실천될 필요가 있음을 말하고 있는 것이다.

또한 프레이리는 연대의 과정에서 민주적 실천이 중요함을 거듭 강조한다. 그는 권위와 자유의 관계를 논의하는 가운데 "명백히 올바른 입장은, 가장 어려운 것이긴 하지만 민주적인 입장이며, 이것은 연대와 평등을 추구하는 유토피아적인 자세와 일치하는 것"(Freire, 1998b: 99)이라고 말한다. 프레이리는 교육적 실천에서 연대의 가치가 기술적 훈련에 밀려나고 있음을 안타까워한다(Freire, 1997: 100). 교육이 꿈과 희망의 전망을 가능하게 하는 것이 아니라 적응과 생존의 실용적 수준에 매몰되어 있다는 것이다. 따라서 권위주의적이고 비민주적인 실용적 기술훈련 교육은 이러한 주체화의 연대 과정에 부합될 수 없는 것임을 분명히 한다(Freire, 1998b: 46). 또한 역으로 교사와 학생 간 연대의 견고함이 민주적 학습의 가능성을 크게 할 것이라고 본다(Freire, 1998b: 89).

한편, 프레이리가 그리는 교육이 국가가 관여하는 것이라면, 그 국가는 기존의 국가와는 다른 모습과 기능을 가진 국가일 것이다. 카노이M. Carnoy에 따르면, 프레이리가 그리는 국가는 인간의 발달, 평등한 소득 분배, 참여 제도의 구비, 시민들의 비판적인 사회정치적 네트워크 등을 가능하게 하며, 모두를 포용하는 민주적이고 진보적이며 연대성을 가진 국가이다(Freire, 1997: 서문, 11-13). 카노이의 말대로 이것은 복지국가도 아니고 신자유주의 국가도 아니며, 새로운 형태의 재통합적 국가인 것이다. 이런 국가에 의해 이루어질 교육은 약자를 아우르는 모두를 위한 지향성을 분명히 하는 교육이며, 그들의 자유 실천과 사회적 성장 발달을 보장하고 견인하는 공교육을 의미하는 것이다.

프레이리에게 연대는 인간적 삶을 가능케 하고 사람들을 역사 창조의 주체로 서게 하는 필수 조건이다. '의식화'가 신자유주의 교육을 넘어 인간화를 실현하는 개인의 비판적 의식 고양을 위한 실천 교육의 방법론이라면, 연대는 그것과 함께 인간화 교육 이념의 사회적 실현을 보다 직접적으로 겨냥하고 실천하려는 것이라 하겠다. 프레이리는 자본주의 사회의 이데올로기적 숙명론에 기대고 있는 신자유주의 교육론에 대해, 인간의 권능을 실현하고 모든 이들의 전면적 성장과 발달을 지향하는 교육론으로 비판하고 또한 넘어서고 있는 것이다.

프레이리의 교육론에 대해 신자유주의자들도 대안으로 주목하고 수용하려는 시도를 해왔다. 신자유주의자들은 필요에 따라 프레이리의 교육론을 왜곡된 형태로 이용하기도 했으나 프레이리의 교육론을 그대로 수용하는 데는 분명한 한계가 있었다(Freire, 1998a: D. Macedo & A. M. A. Freire 의 서문, ix-x; Freire, 1997: M. Carnoy의 서문, 18-19). 그 한계는 인간의 권능에 토대를 둔 유토피아적 미래 전망을 참여민주적 연대를 통해 실현하려는 프레이리의 교육사상과 철학을 수용하지 못한 탓이리라.

5. 현시대의 지배적 교육론에 대한 비판

신자유주의 교육론에 대한 파울루 프레이리의 입장을 분석하고, 이를 통해 그의 교육론을 새롭게 조명하였다. 프레이리의 몇몇 후기 저술들을 집중 검토함으로써, 그가 신자유주의를 어떤 것으로 보는지, 신자유주의 교육론에 대해 어떤 견해를 갖는지, 그리고 그 견해의 근거가 무엇인지를 고찰하고자 했다.

프레이리는 신자유주의를 인간 이해와 세계의 현실을 왜곡하는 이데올로기로 규정한다. 신자유주의는 숙명론을 기반으로 하며, 자본주의의 정치적 협력자로 기능한다. 신자유주의는 엘리트 중심의 사회구성을 정당화하면서 총체적 불평등의 모순적 현실을 숨기고, 그 현실을 불가피한 것으로 본다. 신자유주의는 약자의 삶을 방치하고 배제하는 자본주의 사회의 윤리적 무감각을 정당화해준다.

자본주의 사회의 이데올로기적 숙명론에 근거하고 있는 신자유주의 교육론은 자본을 비롯한 강자에게 유리한 교육론이자, 적응을 강제하는 길들이기 교육론이며, 교육을 실용주의적 기술훈련으로 격하시키는 빈곤한 철학의 탈정치적 교육론이다.

신자유주의 교육에 대한 프레이리의 비판적 논의는 그가 그리는 교육론에 근거를 두고 있는 것이다. 그의 교육론은 비결정적 존재로서 인간의 능력과 권리에 주목하며, 소외되는 자가 없는 교육의 평등과 민주적 규율을 중요시하고, 인간의 전면적 성장과 발달을 지향할 것과 연대를 위한 교육의 실천성을 강조하고 있다.

파울루 프레이리의 신자유주의 교육 비판론은 다음과 같은 몇 가지 사실을 분명하게 시사하고 있다.

첫째, 프레이리의 신자유주의에 대한 비판적 논의는 경제논리와 교육의 공공성 문제에 주목하는 일반 비판론보다 근본적인 것이다. 프레이리는 인간화와 연대의 윤리에 반하는 신자유주의의 결정론적 인간관과 세계관을 거세게 비판하고 있다. 신자유주의의 인간관과 세계관에 빠져들수록, 현실을 필연적이고 불가항력적인 것으로 받아들이게 된다. 이러한 인식과 태도는 결국 인간의 권능을 부정하고 인간의 희망과 꿈을 상실케 하는 것이다.

둘째, 신자유주의 교육론은 결국 현시대의 지배 이데올로기적 교육론이라 할 수 있다. 현시대의 사회가 가시적으로 명확한 지배-피지배의 구조를 갖지는 않는다 할지라도, 신자유주의 교육론은 기득권 구조를 유지하고 강화하는 데 기여하게 될 이데올로기적 기반을 갖고 있다. 그런 점에서 프레이리는 교육적 실천이 약자의 편에 서야 하는 정치적인 것임을 분명히 한다.

셋째, 그의 교육철학과 사상은 세심하게 비판적으로 재검토될 가치가 충분하다. 프레이리의 교육론은 오늘날 지배적인 기술적이고 상품화된 교육관과는 명백하고도 시의적절한 대비를 보여주고 있다. 심지어 프레이리의 교육론은 신자유주의자들에게도 현실 교육의 대안으로 주목을 받아왔다. 프레이리가 일관되게 주장해온 현실에 대한 비판적 성찰과 연대의 실천은 끊임없이 변화하고 글로벌화된 신자유주의적 세계에서도 여전히 중요한 것이다.

2. 침묵문화는 사회역사적 실재이다 / 3. 침묵문화의 생성 메커니즘

김부태(2016). 「파울루 프레이리 교육론의 정치적 성격」. 『교육철학』 제60집(한국교육철학 회). 1-38쪽.

김소정(2005). 『프레이리의 전문성 개념과 교재론』. 경북대학교 교육대학원 교육학 석사학 위논문.

이희승(1986). 『국어대사전』. 서울: 민중서림.

장흥재(1999). 『초등학교 교사의 침묵문화에 관한 문화기술적 연구』. 경북대학교 교육학 박사학위논문.

Aronowitz, S.(2007). 『자유의 교육학』. 사람대사람 옮김. 서울: 아침이슬.

Combs, W.(1994). 『교육신화』. 이성호 옮김. 서울: 서원.

Freire, P.(1985). 『교육과 의식화』. 채광석 옮김. 서울: 중원문화.

Freire, P.(1986). 『페다고지』. 성찬성 옮김. 광주: 도서출판 광주.

Freire, P.(1988). 『해방을 꿈꾸는 교육』. 김시원 옮김. 서울: 이웃.

Freire, P.(2000). 『프레이리의 교사론』. 교육문화연구회 옮김. 서울: 아침이슬.

Freire, P.(2002). 『희망의 교육학』. 교육문화연구회 옮김. 서울: 아침이슬.

Freire, P.(2003a). 『교육과 정치의식: 문화, 권력 그리고 해방』. 한준상 옮김. 파주: 한국학 술정보.

Freire, P.(2003b). 『망고나무 그늘 아래서』. 교육문화연구회 옮김, 서울: 아침이슬.

Freire, P.(2007). 『페다고지』. 남경태 옮김. 서울: 도서출판 그린비.

Gadotti, M.(2012). 『파울루 프레이리 읽기』. 백경숙·박내현 옮김. 서울: 우리교육.

Larry E. Frase and William Streshly(2000). *Top Ten Myths in Education*. Md: Scarecrow Press.

Lisa D. Delpit(1988). "The Silenced Dialogue: Power and Pedagogy in Educating Othe People's Children". *Harvard Educational Review*, vol.58, no.3, pp. 280-298.

McLaren, P.(1999). "A pedagogy of possibility: reflecting upon Paulo Freire's politics of education". *Educational Researcher*, vol. 8, no.2, pp. 49-56.

Nancie Burns-Mccoy(2000). "The Transformation of Silence into Language and Action-The Ideologies of Gender and Peer Response Sessions Perceived by a Teacher-Researcher". *FREIREAN PEDAGOGY, PRAXIS, AND POSSIBILITIES PROJECTS FOR THE NEW MILLENNIUYM*, pp. 203-224.

Peter McLaren(2000). "Paulo Freire's Pedagogy of Possibility". *FREIREAN*

PEDAGOGY, PRAXIS, AND POSSIBILITIES PROJECTS FOR THE NEW MILLENNIUYM, pp. 1-22.

Roberts, P.(2000). *Education, Literacy, and Humanization-Exploring the Work of Paulo Freire-*(Bergin & Garvey: London).

Taylor, P. V.(1993). *The Texts of Paulo Freire*(Buckingham: Open University Press).

Vergez and Huisman(1999). 『프랑스고교철학 Ⅲ-지식과 이성』. 남기영 옮김. 서울: 삼협 종합 출판부.

4. 저항과 희망의 문제제기 교육

이돈희(1993). 『교육적 경험의 이해』. 서울: 교육과학사.

임한영(1987). 『듀이 철학』. 서울: 법문사.

조시화(2014). 『비판적 페다고지는 세상을 변화시킬 수 있는가?』. 서울: 살림터.

Shor, I.(ed)(2016). 『교실을 위한 프레이리』. 사람대사람 옮김. 서울: 살림터.

Dewey, J.(1910). *How We Think*. Boston: D. C. Heath and Co.

Dewey, J.(1939). *The Theory of Inquiry*. New York: Holt and Co.

Dewey, J.(2009). 『민주주의와 교육(*Democracy and Education*)』. 이홍우 옮김. 서울: 교육과학사(원전은 1916년에 출판).

Freire, P.(1988). 『교육과 의식화(*Education for Critical Consciousness*)』. 채광석 옮김. 서울: 중원문화(원전은 1973년에 출판).

Freire, P & Faundez, A.(1989). *Learning to Question*. New York: The Continuum Publishing Company.

Freire, P.(1993). *Pedagogy of the City*. New York: The Continuum Publishing Company.

Freire, P.(1997). 『페다고지(*Pedagogy of the Oppressed*)』. 성찬성 옮김. 서울: 한마당(원전은 1970년에 출판).

Freire, P.(2000). 『프레이리의 교사론(*Teachers as Cultural Workers: Letters to Those Who Dare Teach*)』. 교육문화연구회 옮김. 서울: 아침이슬(원전은 1970년에 출판).

Freire, P.(2002). 『희망의 교육학(*Pedagogy of Hope: Reliving Pedagogy of the Oppressed*)』. 교육문화연구회 옮김. 서울: 아침이슬(원전은 1994년에 출판).

Freire, P.(2003). 『망고나무 그늘 아래서(*Pedagogy of the Heart*)』. 교육문화연구회 옮김. 서울: 아침이슬(원전은 2000년에 출판).

Freire, P.(2007). 『자유의 교육학: 민주주의 윤리 그리고 시민적 용기(*Pedagogy of Freedom: Ethics, Democracy, and Civic Courage*)』. 사람대사람 옮김. 서울: 아침이슬 (원전은 1998년에 출판).

Freire, P. & Macedo, D.(2014). 『문해교육: 파울루 프레이리의 글 읽기와 세계 읽기 (*Literacy: Reading the Word and the World*)』. 허준 옮김. 서울: 학이시습(원전은 1987

년에 출판).

Gadotti, M.(2012). 『파울루 프레이리 읽기(*Reading Paulo Freire: His Life and Work*)』. 백경숙·박내현 옮김. 서울: 우리교육(원전은 1994년에 출판).

Horton, M. & Freire, P.(2006). 『우리가 걸어가면 길이 됩니다: 교육과 사회 변화를 위한 프레이리와 호튼의 대화(*We Make the Road by Walking: Conversation on Education and Social Change*)』. 프락시스 옮김. 서울: 아침이슬(원전은 1990년에 출판).

Laclau. E. & Mouffe, C.(2012). 『헤게모니와 사회주의 전략: 급진민주주의 정치를 향하여(*Hegemony and socialist strategy toward a Radical Democratic Politics*)』. 이승원 옮김. 서울: 후마니타스(원전은 2001년에 출판).

McLaren, P. & Leonard, P.(1993). *PAULO FREIRE A critical encounter*. London and New York: Routledge.

McLaren, P.(2008). 『체 게바라 파울루 프레이리, 혁명의 교육학(*CHE GUEVARA, PAULO FREIRE: AND PEDAGOGY OF REVOLUTION*)』. 강주현 옮김. 서울: 아침이슬(원전은 2000년에 출판).

Shor. I. & Freire, P.(1987). *A Pedagogy for Liberation: Dialogue on Transforming Education*. New York: Bergin and Garvey.

5. 사회적 앎을 구성하는 대화교육

김민남(2004a). 『삶과 교육』. 문예미학사.

정호표(2002a). 『현대교육철학』. 교육과학사.

정호표(2002b). 『신교육학개론』. 교육과학사.

Freire, P.(1998b). *Teachers as Cultural Workers: Letters to Those Who Dare Teach*. Westview Press. 교육문화연구회 옮김(2000). 『프레이리의 교사론』. 서울: 아침이슬.

Freire, P.(1994). *Pedagogy of Hope: Reliving Pedagogy of the Oppressed*. The Continuum Publishing Company: New York. 교육문화연구회 옮김(2002). 『희망의 교육학』. 서울: 아침이슬.

Freire, P.(1997). *Pedagogy of the Heart*. The Continuum Publishing Company: New York. 교육문화연구회 옮김(2003). 『망고나무 그늘 아래서』. 아침이슬.

Freire, P.(1985). *The Politics of Education: Culture Power and Liberation*. Bergin & Carvey: London. 김쾌상 옮김(1986). 『실천교육학』. 일월서각.

Freire, P.(1970). *Pedagogy of Oppressed, 30th Anniversary Edition*. Continuum: New York. 남경태 옮김(2002). 『페다고지』. 그린비.

Freire, P.(1973). *Education for Critical Consciousness*. Continuum: New York. 채광석 옮김(1978). 『교육과 의식화』. 중원문화.

Freire, P.(1978). *Pedagogy in process: the letter to Cuinea-Bissau*. London: Writers and Readers. 파도 편집부 옮김(1984). 『제3세계 교육론』. 도서출판 파도.

Shor, I. & Freire, P.(1987). *A Pedagogy for Liberation*. Greenwood Pub Group. 김시원 옮김(1988). 『해방을 꿈꾸는 교육』. 이웃신서.

Collins, D.(1977). *Paulo Freire His life, works & thought*. Paulist Press: New York/Ramsey/Toronto.

Freire, P.(1970, 1993). *Pedagogy of Oppressed, 30th Anniversary Edition*. Continuum: New York.

Freire, P.(1972b). *Cultural action for freedom*. Harmondsword: Penguin.

Freire, P.(1973). *Education for Critical Consciousness*. Continuum: New York.

Freire, P.(1978). *Pedagogy in process: the letter to Cuinea-Bissau*. London: Writers and Readers.

Freire, P.(1985). *The Politics of Education: Culture, Power, and Liberation*. Bergin & Garvey: London.

Freire, P.(1993). *Pedagogy of the City*. The Continuum Publishing Company: New York.

Freire, P.(1994). *Pedagogy of Hope: Reliving Pedagogy of the Oppressed*. The Continuum Publishing Company: New York.

Freire, P.(1996). *Letters to Cristina: Reflections on My Life and Work*. Routledge New York and London.

Freire, P.(1997a). *Pedagogy of the Heart*. The Continuum Publishing Company: New York.

Freire, P.(1998a). *Pedagogy of Freedom: Ethics, Democracy, and Civic Courage*. Rowman & Littlefield Publishers, Inc: Lanham.

Freire, P.(1998b). *Teachers as Cultural Workers: Letters to Those Who Dare Teach*. Westview Press.

Roberts, P.(2000). *Education, Literacy, and Humanization: Exploring the Work of Paulo Freire*. Bergin & Carvey: London.

Shor, I. & Freire, P.(1987), *A Pedagogy for Liberation: Dialogues on Transforming Education*. Bergin and Garvey Publishers, Inc.

Wren, B.(1977). *Education for Justice*. CSM. Press. 김쾌상 옮김(1978). 『정의를 위한 교육: 민중교육론』. 한길사.

박지영(1985). 『대화교육에 관한 이론적 고찰』. 이화여자대학교 석사학위논문.

Freire, P.(1970). "The adult literacy process as culture action for freedom". *Harvard Education Review*, 40(2), 205-225.

6. 교육은 정치다

김부태(2007). 「파울루 프레이리의 신자유주의 교육 비판론 고찰」. 한국교육개발원. 『한국교육』 제34권 4호, 3-26.

김영재 외(2015). 『정치학: 인간과 사회 그리고 정치』, 한국정치학회 편. 서울: 박영사.

문혜림(2012). 『교육혁명가 파울루 프레이리』. 서울: 학이시습.

서울대학교 정치학과 교수(2009). 『정치학의 이해』. 서울: 박영사.

신현직(1999). 「교육의 자주성, 전문성, 정치적 중립성의 법리」. 대한교육법학회. 『교육법학 연구』 제11권 1호, 153-169.

음선필(2011). 「교육감 선임방식에 관한 헌법원리」. 대한교육법학회. 『교육법학연구』 제23 권 2호, 107-131.

이기우(2011). 「일반지방행정과 지방교육행정의 관계」. 한국지방행정연구원. 『지방행정 연 구』 제25권 3호, 35-58.

이명현(2006). 「교육의 정치적 중립성」. 철학문화연구소. 『철학과 현실』 제69권, 169-173.

이성우(2006). 『프레이리의 변증법적 교육론, 두 가지 측면에서 바라보기』. 경북대학교 박 사학위논문.

조석훈(2015). 「교육의 정치적 중립성의 법적 해석과 적용」. 대한교육법학회. 『교육법학연 구』 제27권 3호, 295-332.

조세형(2005). 『프레이리의 대화교육론 연구』. 경북대학교 박사학위논문.

차갑부(2012). 『평생교육론: 모든 이를 위한 평생학습』. 서울: 교육과학사.

桑原作次(1986). 「교육의 정치적 중립성」. 교육출판기획실 편. 『교육현실과 교사』. 청사, 63-91.

Althusser, L.(1971). *Lenin and philosophy and other essays*. New York: Monthly Review Press. 이진수 옮김(1991). 『레닌과 철학』. 백의.

Apple, M.(1979). *Ideology and curriculum*. New York: Routledge. 박부권·이혜영 옮 김(1985). 『교육과 이데올로기』. 한길사.

Apple, M.(1996). *Cultural politics and education*. New York: Teachers College Press. 김미숙·이윤미·임후남 옮김(2004). 『문화정치학과 교육』. 우리교육.

Aronowitz, S.(1998). Introduction. in Paulo Freire. *Pedagogy of Freedom*. Lanham: Rowman & Littlefield Publishers, Inc. 사람대사람 옮김(2007). 『자유의 교육학』. 아 침이슬, 178-205.

Bourdieu, P.(1979a). *La Distinction: critique sociale du jugement*. Paris: Editions de Minuit. 최종철 옮김(1995). 『구별짓기: 문화와 취향의 사회학(상)』. 새물결.

Bourdieu, P.(1979b). *La Distinction: critique sociale du jugement*. Paris: Editions de Minuit. 최종철 옮김(1996). 『구별짓기: 문화와 취향의 사회학(하)』. 새물결.

Bourdieu, P.(1982). *Ce que parler veut dire*. Paris: Fayard. 정일준 외 옮김(1997). 『상 징폭력과 문화재생산』. 새물결.

Bowles, S. & Gintis, H.(1976). *Schooling in capitalist America: Educational reform and the contradictions of economic life*. New York: Basic Books. 이규환 옮김 (1986). 『자본주의와 학교교육』. 사계절.

Carnoy, M. & Levin, H.(1985). *Schooling & Work in Democratic State*. Stanford,

Calif.: Stanford University Press, 김성열·김인식·김재윤 옮김(1991).『국가와 교육』. 배영사.

_____(2000). Foreword, in Paulo Freire. *Pedagogy of the Heart*. New York: The Continuum Publishing Co. 교육문화연구회 옮김(2003).『망고나무 그늘 아래서』. 아 침이슬, 180-196.

Duverger, M.(1964). *Introduction a la politique*. Gallimard. 배영동 옮김(2010).『정 치 란 무엇인가』. 나남.

Freire, P.(1970). *Pedagogy of the Oppressed*. New York: Seabury Press. 성찬성 옮김 (1986).『페다고지: 민중교육론』. 도서출판 광주.

Freire, P.(1973). *Education for Critical Conscious*. New York: Seabury Press. 채광 석 옮김(2010).『교육과 의식화』. 중원문화.

Freire, P.(1985). *The Politics of Education: Culture, Power and Liberation*. South Hadley, Mass.: Bergin & Garvey. 한준상 옮김(1987).『교육과 정치의식: 문화, 권력 그리고 해방』. 학민사.

Freire, P. & Shor, I.(1987). *A Pedagogy for Liberation*. South Hadley. Mass.: Bergin & Garvey. 김시원 옮김(1988).『해방을 꿈꾸는 교육』. 이웃.

Freire, P.(1994). *Pedagogy of Hope*. New York: The Continuum Publishing Co. 교육 문화연구회 옮김(2002).『희망의 교육학』. 아침이슬.

Freire, P.(1998). *Pedagogy of Freedom: Ethics, Democracy and Civic Courage*. Lanham: Rowman & Littlefield Publishers, Inc. 사람대사람 옮김(2007).『자유의 교 육학』. 아침이슬.

Freire, P.(2000). *Pedagogy of the Heart*. New York: The Continuum Publishing Co. 교육문화연구회 옮김(2003).『망고나무 그늘 아래서』. 아침이슬.

Gadotti, M.(1994). *Reading Paulo Freire: his life and work*. New York: State University of New York Press. 백경숙·박내현 옮김(2012).『파울루 프레이리 읽기』. 우리교육.

Giroux, H.(1988). *Teachers as Intellectuals Toward a Critical Pedagogy of Learning*. South Hadley, Mass.: Bergin & Garvey. 이경숙 옮김(2003).『교사는 지성인이다』. 아 침이슬.

McLaren, P.(1999). A pedagogy of possiblity: reflecting upon Paulo Freire's politics of education. *Educational Researcher*, March, 49-56.

Neumann, J. W.(2016). A limmited, apolitical, and open Paulo Freire. *Educational Philosophy and Theory*, Vol. 48, No. 6, 633-644.

Roberts, P.(2016). Paulo Freire and the Politics of Education: A Response to Neumann. *Educational Philosophy and Theory*, Vol. 48, No. 6, 645-653.

7. 배움과 가르침의 변증법

김대현(2013) 「프레이리의 저서에 드러난 교사 권위의 성격」, 『교육사상연구』 27(3), 29-54.

김성길(2009). 『배움의 의미』. 학지사.

문혜림(2012). 『교육혁명가 파울루 프레이리: 교육사상과 사회 변혁론』. 학이시습.

이성우(2006). 『프레이리의 변증법적 교육론, 두 가지 측면으로 바라보기』. 경북대학교 대학원.

이흔정(2011). 「프레이리의 생성적 교육과정 연구」. 『한국교육학연구』 17(1), 82-97.

임두빈(2006). 「"브라질의 언어정체성」. 『이베로아메리카』 8(1), 47-72.

정동준(2003). 『프랑스 대혁명기의 공교육 계획-18세기의 교육사상』. 국학자료원.

정훈(2015). 「프레네와 프레이리에 기초한 비판적 문해교육 방법론」. 『한국교육학연구』 21(2), 279-301.

조세형(2005). 『프레이리의 대화교육론 연구』. 경북대학교 대학원.

한병철 지음. 김태환 옮김(2012). 『피로사회』. 문학과지성사.

한준상, 최항석, 김성길(2012). 『배움의 사회학적 관점전환론』. 공동체.

Andreola, B. A.(1993). "Action, Knowledge and Reality in the Educational Work of Paulo Freire". *Educational Research*, 1(2), 221-234.

Abraham, G. Y.(2013). "Re-inventing Freire for the 21st century". KAPET Karlstads universitets Pedagogiska Tidskrift, årgång 9, nr 1, 8-17.

Elias, J. L.(1975). "The Paulo Freire Literacy Method: A Critical Evaluation". *McGill Journal of Education* 10(1), 207-217.

Elias, J. L.(1993). *Paulo Freire: Pedagogue of Liberation*. Krieger Pub Co. 한국교육연구네트워크 옮김(2014). 『프레이리와 교육』. 살림터.

Freire, P.(1970). *Cultural Action for Freedom*. 채광석 옮김(1979a). 「문화적 행동으로서의 교육」. 『민중교육론-제3세계의 시각』. 한길사, 9-74.

Freire, P.(1972). *Pedagogy of the Opressed*. 남경태 옮김(2003). 『페다고지』. 그린비.

Freire, P.(1973). *Education for Critical Consciousness*. Cintinuum. 채광석 옮김, (1979b). 『교육과 의식화』. 중원문화.

Freire, P.(1978). *Pedagogy in Process: The Letter to Guinea-Bissau*. The Seabury Press. 편집부 옮김(1984). 『제3세계 교육론』. 파도.

Freire, P.(1992). *Pedagogy of Hope: Reliving Pedagogy of the Oppressed*. 교육문화연구회 옮김(2002). 『희망의 교육학』. 아침이슬.

Freire, P.(1998). *Pedagogy of Freedom: Ethics, Democracy, and Civic Courage*. Lanham, Rowman & Littlefield Publishers. 사람대사람 옮김(2007). 『자유의 교육학』. 아침이슬.

Freire, P.(1998). *Teachers as Cultural Workers: Letters to Those Who Dare Teach*. Westview Press. 교육문화연구회 옮김(2000). 『프레이리의 교사론』. 아침이슬.

Freire, P. & Horton, M.(1990). *We Make the Road by Walking*. 프락시스 옮김(2006). 『우리가 걸어가면 길이 됩니다』. 아침이슬.

Freire, P. & Macedo, D.(1995). "A dialogue: Culture, language and race". *Harvard Educational Review*, 65(3), 377-402,

Freire, P. & Macedo, D.(1987). *Literacy: Reading the Word and the World*. Bergin & Garvey. 허준 옮김(2014). 『문해교육: 파울루 프레이리의 글 읽기와 세계 읽기』. 학이시습.

Garcia, Alberto Antonio S. J.(1974). *Generative Themes: A Critical Examination of Their Nature and Function in Paulo Freire's Educational Model*. Loyola University Chicago.

Gibson R.(1994). *The Promethean Literacy: Paulo Freire's Pedagogy of Reading*. Praxis and Liberation.

Klein, M.(2007). "Peace Education and Paulo Freire's Method: Towards The Democratic of Teaching and Learning". *Convergence* V. 40, No. 1-2, 187-205.

McLaren, P.(2000). *Che Guevara, Paulo Freire, and The Pedagogy of Revolution*. Rowman & Littlefield. 강주헌 옮김(2008). 『체 게바라, 파울루 프레이리, 혁명의 교육학』. 아침이슬.

Millard, E. J.(1986). *The Investigation of Generative Themes in E.S.L Needs Assessment*. The University of British Columbia.

Saul, A. M. & Silva, A. F. G.(2011). "The legacy of Paulo Freire for curriculum policies and teaching in Brazil". *Transnational Curriculum Inquiry* 8(1), 38-68.

Shor, I.(1987). "Monday Morning Fever: Critical Literacy and the Generative Theme of 'Work'". *Freire for the Classroom*. 사람대사람 옮김(2015). 「일요병: 비판적 문해와 생성주제 '노동'」. 『교실을 위한 프레이리』. 살림터.

Taylor, P. V.(1993). *The Texts of Paulo Freire*. Open University Press.

Thelin, W. H. & Taczak, K.(2007). "Generative Themes and At-Risk Students". *Teaching English in the Two Year College* 34(23), 295-305.

Vittoria, P.(2014). "Dialogue in critical pedagogy: generative word as counter-hegemonic action". *International Journal of educational policies*, 8(2), pp. 103-114.

Wingeier, D. E.(1980). "Generative Words in Six Cultures". *Religious Education* 75(5), 563-576.

Yordi, B.(1980). "Learning and Social Change: The formal and the hidden curriculum". *Alternative Higher Education*, 4(4), Summer, 260-273.

8. 문화서클: 새로운 형태의 교육 실천

김대현(2013). 「프레이리의 저서에 드러난 교사 권위의 성격」. 한국교육사상연구회. 『교육사상연구』제27집 3호, 29-54.

김민남(2015). 「교육은 어디에 있는가?」. 대구가톨릭대학교 융합교양연구소. 『융합교육연구』제2집 2호, 81-113.

김민남(2016). 「앎을 관리당하는 문화적 속박에서 앎을 만들어내는 삶의 주체가 되는 꿈」(미간행). 지역문화연구 사람대사람, 1-13.

김민남·조정봉(2000). 「해방 후 문해교육에 대한 비판적 이해」. 경북대학교 사범대학 부속 중등교육연구소. 『중등교육연구』제45집, 17-44.

김부태(2016). 「파울루 프레이리 교육론의 정치적 성격」. 한국교육철학회. 『교육철학』제60집, 1-38.

문동환(1971). 「Paulo Freire의 교육이론과 한국 교회」. 『세계와 선교』제21집, 26-54.

손종현(2016). 「파울루 프레이리의 침묵문화론 연구-그 실재성과 생성 메커니즘을 중심으로」. 한국사고와표현학회. 『사고와 표현』제9집 3호, 231-282.

신미식(1997). 「파울루 프레이리가 이끈 상파울루시 교육개혁에 관한 연구」. 주성전문대학교, 『논문집』제6집, 259-270.

심성보(2006). 「파울루 프레이리: 비판의식 각성을 몸소 실천한 민중교육자」. 『초등우리교육』, 88-93.

양은주(2010). 「교사론 어떤 존재인가: 프레이리의 교사론 읽기를 통한 성찰」. 『중등우리교육』, 89-97.

이경숙(2016). 「프레이리의 배움에 대한 소고」. 한국교육철학회. 『교육철학』제61집, 51-78.

이성우(2016). 「파울루 프레이리: 프레이리 교육사상의 형성 배경」. 『우리교육』, 152- 161.

조세형(2005). 『프레이리의 대화교육론 연구』. 경북대학교 박사학위논문.

조정봉(2000). 『일제하 야학의 교육적 실천』. 경북대학교 박사학위논문.

조정봉(2003). 「미국 야학에 대한 비판적 이해」. 경북대학교 사범대학 부속 중등교육연구소. 『중등교육연구』제51집 2호, 333-354.

조정봉(2007). 「일제 강점기 조선인의 간도 이주와 야학운동」. 韓國敎育開發院. 『韓國敎育』제34집 1호, 159-179.

조정봉(2007). 「일제하 야학교재 『農民讀本』과 『大衆讀本』의 체제와 내용」. 한국학중앙연구원. 『정신문화연구』제30집 4호, 63-87.

진미숙(2006). 「프레이리의 윤리학과 교육 실천-여성주의 조망과 더불어」. 한국교육철학회. 『교육철학』제28집, 49-67.

홍은광(2010). 『파울루 프레이리, 한국 교육을 만나다』. 서울: 학이시습.

Brown, C.(1978). "Literacy in 30 hours: Paulo Freire's Process in Northeast Brazil". Shor, I. ed.(1987). *Freire for the Classroom: A Sourcebook for Liberatory Teaching*. 사람대사람 옮김(2015). 『교실을 위한 프레이리』. 서울: 살림터, 373-398.

Elias, J. L.(1993). *Paulo Freire: pedagogue of liberation*. 한국교육연구네트워크 옮김(2014). 『프레이리와 교육』. 서울: 살림터.

Freire, P. & Macedo, D.(1987). *Literacy: Reading the Word and the World*. 허준 옮김 (2014). 『문해교육: 파울루 프레이리의 글 읽기와 세계 읽기』. 서울: 학이시습.

Freire, P. & Betto, F.(1985). *ESSA ESCOLA CHAMADA VIDA*. 김종민 옮김(1988). 『인생이 학교다: 해방신학의 구체적 실천을 위한 대담』. 칠곡: 분도출판사.

Freire, P. et al., 김쾌상 외 옮김(1978). 『民衆教育論: 제3세계의 視角』. 서울: 한길사.

Freire, P.(1970). *Pedagogy of the Oppressed*. 성찬성 옮김(1979). 『페다고지』. 한국평신도사도직협의회.

Freire, P.(1970). *Pedagogy of the Oppressed*. 남경태 옮김(2009). 『페다고지』. 서울: 그린비.

Freire, P.(1970). *Teachers as Cultural Workers: Letters to Those Who Dare Teach*. 교육문화연구회 옮김(2000). 『프레이리의 교사론』. 서울: 아침이슬.

Freire, P.(1973). *Education for Critical Consciousness*. 채광석·심지연 옮김(1978). 『교육과 의식화』. 서울: 새밭.

Freire, P.(1973). *Education for Critical Consciousness*. 채광석 옮김(2015). 『교육과 의식화』. 서울: 중원문화.

Freire, P.(1985). *The Politics of Education: Culture, Power and Liberation*. 김쾌상 옮김(1986). 『실천교육학』. 서울: 일월서각.

Freire, P.(1985). *The Politics of Education: Culture, Power and Liberation*. 한준상 옮김(2001). 『교육과 정치의식: 문화, 권력 그리고 해방』. 파주: 한국학술정보.

Freire, P.(1996). *Letters to Cristina: Reflections on My Life and Work*. 남경태 옮김 (2011). 『크리스티나에게 보내는 편지: 나의 삶과 일에 관한 성찰』. 서울: 양철북.

Freire, P.(1998). *Pedagogy of Freedom: Ethics, Democracy, and Civic Courage*. 사람대사람 옮김(2007). 『자유의 교육학: 민주주의 윤리 그리고 시민적 용기』. 서울: 아침이슬.

Freire, P.(2000). *Pedagogy of the Heart*. 교육문화연구회 옮김(2003). 『망고나무 그늘 아래서』. 서울: 아침이슬.

Gadotti, M.(1994). *Reading Paulo Freire: His Life and Work*. 백경숙·박내현 옮김 (2012). 『파울루 프레이리 읽기』. 서울: 우리교육.

Geuvara, E. C.(2006). *The Bolivian Diary*. 김홍락 옮김(2011). 『체 게바라의 볼리비아 일기』. 서울: 학고재.

Horton, M. & Freire, P.(1990). *We Make the Road by Walking: Conversation on Education and Social Change*. 프락시스 옮김(2006). 『우리가 걸어가면 길이 됩니다: 교육과 사회 변화를 위한 프레이리와 호튼의 대화』. 서울: 아침이슬.

Shor, I. & Freire, P.(1987). *A Pedagogy for Liberation: Dialogue on Transforming Education*. 김시원 옮김(1988). 『해방을 꿈꾸는 교육』. 서울: 이웃.

Bahruth, R. E. and Steiner, S. F.(2000), "Upstream in the Mainstream: Pedagogy Against the Current". Steiner, S. F. et al.(2000). *FREIREAN PEDAGOGY, PRAXIS,*

AND POSSIBILITIES: PROJECTS FOR THE NEW MILLENNIUM. New York: FALMER PRESS.

9. 문해교육은 자유의 실천이다

오혁진, 허준(2011). 「1950년대 '전국문맹퇴치교육'의 사회교육사적 의미」. 한국평생교육학회. 『평생교육학연구』 17(4), 265-291.

허병섭(2002). 「프레이리와 나의 행보」. 『황해문화』 겨울, 392-397.

홍은광(2010). 『파울루 프레이리, 한국 교육을 만나다』. 서울: 학이시습.

천성호(2009). 『한국야학운동사: 자유를 향한 여정 110년』. 서울: 학이시습.

Freire, P.(2007). *Pedagogy of Freedom.* 사람대사람 옮김(2007). 『자유의 교육학』. 서울: 아침이슬.

Freire, P. & Macedo, D.(1987). *Reading the Word and the World.* Routledge. 허준 옮김(2014). 『문해교육: 파울루 프레이리의 글 읽기와 세계 읽기』. 서울: 학이시습.

Freire, P.(1973). *Education for Critical Consciousness. The Seabury Press.* 채광석 옮김(1978). 『교육과 의식화』. 서울: 중원문화.

Freire, P.(1970). *Pedagogy of The oppressed.* 남경태 옮김(2002). 『페다고지』. 서울: 그린비.

10. 신자유주의 교육 비판

김기수(1998). 「자유주의와 신자유주의에 관하여」. 한국교육연구소, 『한국교육연구소 소식지』 33, 161-170.

김민남·손종현(2006). 『한국교육론』. 대구: 경북대학교 출판부.

마미화(2006). 「세계화 맥락 속의 신자유주의 교육정책의 한계와 시민교육적 대안」. 한국사회과교육학회. 『시민교육연구』 38(1), 49-70.

신인영(2002). 「한국의 신자유주의 교육개혁 비판과 교육공공성 논리의 정당성 탐구」. 한국교육학회. 『교육학연구』 40(6), 73-94.

심성보(1998). 「신자유주의와 전통적 자유의 개념에 대한 토론」. 한국교육연구소. 『신자유주의 정책과 교육』, 73-87.

이건만·박진환(2002). 『Paulo Freire와 대안학교의 교육사상 탐구』. 서울: 문음사.

이성우(2006). 『프레이리의 변증법적 교육론, 두 가지 측면으로 바라보기』. 경북대학교 박사학위논문.

임재홍(2003). 「신자유주의 대학정책과 교육공공성」. 민주주의법학연구회. 『민주법학』 24, 171-206.

정재걸(1998). 「신자유주의와 전통적 자유의 개념」. 한국교육연구소. 『신자유주의 정책과 교육』, 50-66.

조세형(2005). 『Paulo Freire의 대화교육론』. 경북대학교 박사학위논문.

천세영(1998). 「신자유주의와 교육의 공공성 문제」. 한국교육연구소. 『신자유주의 정책과 교육』, 19-42.

Banfield, E.(1958). *The moral basis of backward Society.* New York: The Free Press.

Freire, P.(1993). *Pedagogy of the city.* New York: The Continuum Publishing Company.

Freire, P.(1994). *Pedagogy of hope: reliving pedagogy of the oppressed.* New York: The Continuum Publishing Company. 교육문화연구회 옮김(2002). 『희망의 교육학』. 서울: 아침이슬.

Freire, P.(1996). *Letters to Christina: reflections on my life and work.* Routledge New York and London.

Freire, P.(1997). *Pedagogy of the heart.* New York: The Continuum Publishing Company. 교육문화연구회 옮김(2003). 『망고나무 그늘 아래서』. 서울: 아침이슬.

Freire, P.(1998a). *Teachers as Cultural Workers: Letters to Those Who Dare Teach.* Westview Press. 교육문화연구회 옮김(2000). 『프레이리의 교사론』. 서울: 아침이슬.

Freire, P.(1998b). *Pedagogy of freedom: ethics, democracy, and civic courage.* Lanham: Rowman & Littlefield Publishers, Inc. 사람대사람 옮김(2007). 『자유의 교육학』. 서울: 아침이슬.

McLaren, P.(2000). *Che Guevara, Paulo Freire, and pedagogy of revolution.* Lanham: Rowman & Littlefield Publishers, Inc.

Roberts, P.(2003). Pedagogy, neoliberalism and postmodernity: reflections on Freire's later work. *Educational Philosophy and Theory, 35*(4), 451-465.

연도	생애	비고
1921년 9월 19일	헤시피 엔카나멘투 724번지에서 3남 1녀(테미스토클레스, 지누, 스텔라, 프레이리) 중 막내로 출생. 둘은 일찍 사망. 형 생존	부: 히우그란지두노르치 태생. 유심론자(영성주의자), 상사 제대 후 페르남부쿠주 헌병대 재입대 모: 페르남부쿠 출신. 재봉사, 주부, 가톨릭 신앙, 고교 졸업, 남편보다 10세 연하
1924년	아버지(Joaquim) 동맥경화로 대위 퇴임(42세)	적은 군인연금으로 생활하면서 임시 목공소에서 만든 책걸상 등을 시장에 판매
1927년	초등학교 입학	
1931년	자보아탕으로 이사	교외 지역(헤시피에서 18km)9년 거주
1934년 10월 31일	아버지 동맥경화로 사망(52세, 1883년생)	더욱 적은 연금 생활
1935년	작은아버지 주앙 몬테이루 결핵으로 사망	반정부 언론인, 감옥에 자주, 오랫동안 수감
	할머니 다다(Dada) 결핵으로 사망	
1935년 ~1936년	아르만두(지누) 형 레시페 시청에 취직 스텔라 누나 초급교사로 임용 테미스토클레스 형 레시페 어느 회사에 심부름	형과 누나가 취직이 되어 가정형편이 한결 좋아짐
1937년 ~	지나지우(김나지움) 입학(5번째) 오스발도 크루스(Osvaldo Cruz) 중등학교[교장: 알루이지우 아라우주 박사(Aluizio Araújo)] '기초 단계' 입학(추정)	또래보다 4~5세 연상 아침 7시 기차로 헤시피 통학(45분)
1941년	오스발도 크루스 '보충 단계' 입학 가족이 헤시피로 돌아감	대학 예비 과정
1943년	헤시피대학교 법학과 등록	오스발도 크루스 중등학교 등에서 '포르투갈어', '구문론'을 가르침
1944년	이우자(Elza Maia Costa de Olivia)와 결혼(1916년생) 2남 3녀(마리아 마달레나, 마리아 크리스티나, 마리아지 파치마, 조아킴, 루트가르데스). 세 딸 모두 교육자(큰딸은 초등학교 교사)	초등학교 교사로 프레이리보다 5세 연상, 이때 프레이리는 중등학교 교사
1946년 ~1954년	첫 사건(치과의사) 수임 후 변호사 포기	
	페르남부쿠주의 사회복지부(SESI, Society Service of Industry) 교육문화국 국장	SESI는 고용주들을 돕는 기구. 노동자 정체성 방해
1947년	오스발도 크루스 중등학교에서 '포르투갈어'를 가르침	대학을 졸업하고 수년간 고등학교에서 교사로 포르투갈어를 가르침

1954년	헤시피대학교에서 교육사와 철학을 가르침	
1958년	「성인교육과 한계 계층: 모캄보스의 문제점」 발표	Mocambos는 브라질 북동부 빈곤 지역
1959년	「오늘날 브라질의 교육 현황(Present-Day Education in Brazil)」(헤시피대학교 → 페르남부쿠연방대학교 박사학위논문) 헤시피대학교 교육역사–철학부 정교수	
1960년	"브라질의 초등교육" 강연 대중문화운동(MCP, Movement for Popular Culture) 참여(1960. 5. 13.)	1958년에 선출된 헤시피 시장 미구엘 아라에스(Miguel Arraes) 구상. 틈새 교실에 민중학교 설립 1962년 10월 미구엘 아레아스가 페르남부쿠 주지사에 당선
1962년	헤시피대학교 문화확대지원과정(SEC, Cultural Extention Service) 초대 책임자(2월) 사회 전복 사상(급진적 사상)을 퍼뜨린 죄목으로 고발: 리우데자이네루 우파 신문『글로부』가 공격 선도	히우그란지두노리치주 안지쿠스시에서 새로운 교육방법 첫 실험(문화서클 15곳, 농장일꾼 300명, 45일간) USAID(미국국제개발기구)로부터 재정적 지원–1964년 1월에 중단되었다.
1963년	국가 문해 프로그램(the National Literacy Program) 책임자(6월). 대통령 주앙 골라르트와 교육부 장관 파울루 지 타르수 산투스로부터 성인 문해교육 계획 수립 임무	문맹자 200만 명을 대상으로 문화서클 2만 개 설립 계획. 생성어처럼 브라질 국민의 주된 주제를 조사, 연구하여 문자 습득 이후 교육을 계획
1964년	쿠데타(4월 1일)로 투옥됨(6월 16일). 70일간 수감	
	볼리비아 라파스로 망명(10월)	해발 4,000여 미터 지형에서 실신. 취업될 가능성 부재
1964년 ~1969년	칠레 아리카 → 산티아고로 망명(11월) 유네스코 자문으로 농업개혁연구소(ICIRA)에서 근무(5년간) 농업개혁공사(CORA)에서 문해교육 사업. 교육부 교육계획 자문위원 산티아고 성인교육 특별기획국 근무(2년간). 유네스코 상 수상	『확장인가, 의사소통인가?』 (Extention or Communication, ICIRA, 1969) 스페인어판 출판. 포르투갈어판 (1971) 가족 모두(부인, 세 딸, 두 아들) 칠레 생활(1965년 1월)
1967년	『자유의 실천으로서의 교육(Education as a Practice of Freedom)』 출판	『교육의 의식화(Education for Critical Consciousness)』 (1973) 재출판
	미국을 처음 방문하여 대학 주최 세미나 참석	『자유의 실천으로서의 교육』에 미국 언론이 관심을 보임
1969년	하버드대학교 교육개발연구센터(CSED)와 개발과사회변화연구센터(Center for the Study of Development and Social Change) 공동 초빙교수 (6개월)	2년 제안은 거절 케임브리지 브로드웨이 371번지 라틴아메리카 사람들의 비판 → 자본주의 세계 중심지를 직접 보아야 했다.
	멕시코 쿠에르나바카 방문(프로그램 수행 목적)	이반 일리치, 코졸과 만남

1970년	『페다고지(*Pedagogy of the Oppressed*)』 출판(영어, 스페인어).	포르투갈어판(1968), 브라질어판(1974), 이탈리아어, 프랑스어, 독일어, 네덜란드어, 스웨덴어 번역(~1974)
	『*Harvard Educational Review*』에 게재된 두 논문을 모노그래프 형식의 『자유를 위한 문화적 행동(*Cultural Action for Freedom*)』으로 발간(1970). 영국 펭귄출판사 출판(1972).	아프리카, 아시아, 오세아니아 지역으로 전파. 포르투갈어 번역(1976) 『*The Politics of Education*』 (1985) 재출판
1970년 2월 ~ 1980년 3월	세계교회협의회(World Council of Churches) 초청으로 스위스 제네바 이주(2월), 컨설턴트로서 10년 고용 약속 혁명 정부의 초청으로 페루, 앙골라, 모잠비크, 탄자니아, 니카라과, 그레나다, 기니비사우 등 방문 → 문해교육을 통한 정부와 경제 강화 캐나다, 미국, 이탈리아, 이란, 인도, 호주에서 열린 세미나와 심포지엄 참가 영국 Open University(1973), 벨기에 루뱅대학, 미국 미시건대학, 스위스 제네바대학에서 명예박사학위 수여	
1971년	문화적 행동 협회(IDAC, Institution for Cultural Action) 창립, 집행위원회 의장	브라질 망명객 그룹으로 구성, 프레이리는 제한된 시간만 할애
1973년	미국 12개주 방문. 12회 세미나. 44일간 일정(1월 3일 ~2월 중순)	세계교회협의회가 종교 지도자들을 세미나에 초청
	칠레 방문(6월)	
	아르헨티나 부에노스아이레스 방문(11월), 교육부 장관 초청(1주일)	수락 조건의 하나는 저녁에는 일하지 않는다는 것이었고, 또 하나는 한가한 저녁에는 나가서 탱고 음악을 듣는 것
1975년 9월	아프리카 기니비사우공화국을 아밀카르 카르발(Amilcar Cabral) 초청으로 방문(IDAC) 『*Pedagogy in Process: The letters to Guinea-Bissau*』(1978) 출판	아프리카 첫 방문 교육과 경제성장을 위한 정부 노력을 최초로 연결 포르투갈어 사용에 동의하여 대중의 인기에 영합, 문화적 제국주의나 침략을 부추긴다는 비난
	이란 페르세폴리스 국제 문해교육 심포지엄 참석	페르세폴리스 선언 "교육은 정치적 과정의 중심에 서야 한다."
1976년 ~1979년	서아프리카 섬 상투메프린시페 민주공화국에서 전투적 교육자로서 문해교육 실천	제1회 전국 문해교육 세미나 (1976)
1978년	어머니(Edeltrudes) 사망	86세(1893년생)
1979년 8월 7일	가족(이우자, Joaquim, Lutgardes), IDAC, 세계교회협의회와 함께 상파울루 비라코포스 공항 착륙, 임시 귀국(1달).	그동안 관광비자 브라질 방문 거부
1980년 2월 10일	노동자당(PT) 가입	

1980년 3월	브라질 영구 귀국	망명생활(15년) 종지부
	상파울루가톨릭대학교(Pontificial Catholic University of São Paulo) 교수 캄피나스주립대학교 교수(겸직)	
미확인	딸 마달레나 『*A paixão de conhecer o mundo*』 출판. 어린이 문해교육 프로그램	1978년~1981년 상파울루시 초등학교 교육 경험 바탕
1986년 10월 24일	부인(Elza) 사망	손자 손녀 8명
1987년	페르남부쿠주(카부, 올린다, 파올리스타, 이가라수, 모레누 시) 시립학교에서 "새로운 학교" 프로젝트 진행	성인 문해를 위한 새로운 교육방법론 실험
	페르남부쿠연방대학교 복직 직후 사직(6월)	"젊은 학자의 일자리를 빼앗을 수 없었다."
	미국 오리건대학교 주최 열린 세미나 참석(7월)	60여 명 참석
	Highlander Research and Education Center 방문하여 마일스 호튼과 대담(12월)	『우리가 걸어가면 길이 됩니다(*We Make the Road by Walking*)』 출판
1988년 8월 19일	미망인 Anna Maria A Hasche(54세)와 재혼 아리아주 교장의 딸. 대학원 강좌에서 다시 만나(1987) 책 출판을 도와주면서 사랑	프레이리 67세 Anna, 『브라질의 비문해 역사(*A history of illiteracy in Brazil*)』(상파울루: INEP, 1989) 출판
1989년 1월 1일 ~ 1991년 5월 27일	상파울루 교육비서관(교육감). PT가 상파울루 지방자치선거에서 승리, 시장 루이자 에룬디나(1989)	
1991년	파리 방문(12월 12일)	
1992년	브라질 바이아주 이타부나산타크루스주립대학 강의(4월)	
	엘살바도르 국립대학 명예박사학위 수여(6월)	
1994년	『희망의 교육학(*Pedagogy of Hope*)』 출판	Copyright © 1992 by Paulo Freire
1997년	『망고나무 그늘 아래서(*Pedagogy of the Heart*)』 출판	Copyright © 1997 by Ana Maria Araújo Freire
1997년 5월 2일	심장마비로 사망	
1998년	『자유의 교육학(*Pedagogy of Freedom*)』 출판. 하버드대학교 교육대학원생을 위한 세미나 원고	Copyright © 1998 by Ana Maria Araújo Freire

*국내 번역서를 참고해 작성하였는데, 연도, 명칭, 인원 등은 책마다 약간씩 차이가 있었다.

삶의 행복을 꿈꾸는 교육은 어디에서 오는가?

미래 100년을 향한 새로운 교육 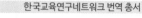 혁신교육을 실천하는 교사들의 **필독서**

▶ 교육혁명을 앞당기는 배움책 이야기
혁신교육의 철학과 잉걸진 미래를 만나다!

한국교육연구네트워크 총서

 01 핀란드 교육혁명
한국교육연구네트워크 엮음 | 320쪽 | 값 15,000원

 02 일제고사를 넘어서
한국교육연구네트워크 엮음 | 284쪽 | 값 13,000원

 03 새로운 사회를 여는 교육혁명
한국교육연구네트워크 엮음 | 380쪽 | 값 17,000원

 04 교장제도 혁명
한국교육연구네트워크 엮음 | 268쪽 | 값 14,000원

 05 새로운 사회를 여는 교육자치 혁명
한국교육연구네트워크 엮음 | 312쪽 | 값 15,000원

 06 혁신학교에 대한 교육학적 성찰
한국교육연구네트워크 엮음 | 308쪽 | 값 15,000원

 07 진보주의 교육의 세계적 동향
한국교육연구네트워크 엮음 | 324쪽 | 값 17,000원
2018 세종도서 학술부문

 08 더 나은 세상을 위한 학교혁명
한국교육연구네트워크 엮음 | 404쪽 | 값 21,000원
2018 세종도서 교양부문

 혁신학교
성열관·이순철 지음 | 224쪽 | 값 12,000원

 행복한 혁신학교 만들기
초등교육과정연구모임 지음 | 264쪽 | 값 13,000원

 서울형 혁신학교 이야기
이부영 지음 | 320쪽 | 값 15,000원

 혁신교육, 철학을 만나다
브렌트 데이비스·데니스 수마라 지음
현인철·서용선 옮김 | 304쪽 | 값 15,000원

 혁신교육 존 듀이에게 묻다
서용선 지음 | 292쪽 | 값 14,000원

 다시 읽는 조선 교육사
이만규 지음 | 750쪽 | 값 33,000원

 대한민국 교육혁명
교육혁명공동행동 연구위원회 지음 | 224쪽 | 값 12,000원

한국교육연구네트워크 번역 총서

 01 프레이리와 교육
존 엘리아스 지음 | 한국교육연구네트워크 옮김
276쪽 | 값 14,000원

 02 교육은 사회를 바꿀 수 있을까?
마이클 애플 지음 | 강희룡·김선우·박원순·이형빈 옮김
356쪽 | 값 16,000원

 **03 비판적 페다고지는
세상을 변화시킬 수 있는가?**
Seewha Cho 지음 | 심성보·조시화 옮김 | 280쪽 | 값 14,000원

 04 마이클 애플의 민주학교
마이클 애플·제임스 빈 엮음 | 강희룡 옮김 | 276쪽 | 값 14,000원

 05 21세기 교육과 민주주의
넬 나딩스 지음 | 심성보 옮김 | 392쪽 | 값 18,000원

 **06 세계교육개혁:
민영화 우선인가 공적 투자 강화인가?**
린다 달링-해먼드 외 지음 | 심성보 외 옮김 | 408쪽 | 값 21,000원

 대한민국 교사, 어떻게 가르칠 것인가?
윤성관 지음 | 320쪽 | 값 15,000원

 아이들을 어떻게 가르칠 것인가
사토 마나부 지음 | 박찬영 옮김 | 232쪽 | 값 13,000원

 모두를 위한 국제이해교육
한국국제이해교육학회 지음 | 364쪽 | 값 16,000원

 경쟁을 넘어 발달 교육으로
현광일 지음 | 288쪽 | 값 14,000원

 독일 교육, 왜 강한가?
박성희 지음 | 324쪽 | 값 15,000원

 핀란드 교육의 기적
한넬레 니에미 외 엮음 | 장수명 외 옮김 | 456쪽 | 값 23,000원

 한국 교육의 현실과 전망
심성보 지음 | 724쪽 | 값 35,000원

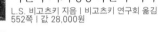

▶ 4·16, 질문이 있는 교실 마주이야기
통합수업으로 혁신교육과정을 재구성하다!

통하는 공부
김태호·김형우·이경석·심우근·허진만 지음
324쪽 | 값 15,000원

내일 수업 어떻게 하지?
아이함께 지음 | 300쪽 | 값 15,000원
2015 세종도서 교양부문

인간 회복의 교육
성래운 지음 | 260쪽 | 값 13,000원

교과서 너머 교육과정 마주하기
이윤미 외 지음 | 368쪽 | 값 17,000원

수업 고수들 수업·교육과정·평가를 말하다
박현숙 외 지음 | 368쪽 | 값 17,000원

도덕 수업, 책으로 묻고 윤리로 답하다
울산도덕교사모임 지음 | 320쪽 | 값 15,000원

체육 교사, 수업을 말하다
전용진 지음 | 304쪽 | 값 15,000원

교실을 위한 프레이리
아이러 쇼어 엮음 | 사람대사람 옮김 | 412쪽 | 값 18,000원

마을교육공동체란 무엇인가?
서용선 외 지음 | 360쪽 | 값 17,000원

교사, 학교를 바꾸다
정진화 지음 | 372쪽 | 값 17,000원

함께 배움
학생 주도 배움 중심 수업 이렇게 한다
니시카와 준 지음 | 백경석 옮김 | 280쪽 | 값 15,000원

공교육은 왜?
홍섭근 지음 | 352쪽 | 값 16,000원

자기혁신과 공동의 성장을 위한
교사들의 필리버스터
윤양수·원종희·장군·조경삼 지음 | 280쪽 | 값 14,000원

함께 배움 이렇게 시작한다
니시카와 준 지음 | 백경석 옮김 | 196쪽 | 값 12,000원

함께 배움 교사의 말하기
니시카와 준 지음 | 백경석 옮김 | 188쪽 | 값 12,000원

교육과정 통합, 어떻게 할 것인가?
성열관 외 지음 | 192쪽 | 값 13,000원

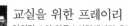
미래교육의 열쇠, 창의적 문화교육
심광현·노명우·강정석 지음 | 368쪽 | 값 16,000원

주제통합수업, 아이들을 수업의 주인공으로!
이윤미 외 지음 | 392쪽 | 값 17,000원

수업과 교육의 지평을 확장하는 수업 비평
윤양수 지음 | 316쪽 | 값 15,000원
2014 문화체육관광부 우수교양도서

교사, 선생이 되다
김태은 외 지음 | 260쪽 | 값 13,000원

교사의 전문성, 어떻게 만들어지나
국제교원노조연맹 보고서 | 김석규 옮김 392쪽 | 값 17,000원

수업의 정치
윤양수·원종희·장군 지음 | 280쪽 | 값 14,000원

학교협동조합,
현장체험학습과 마을교육공동체를 잇다
주수원 외 지음 | 296쪽 | 값 15,000원

거꾸로교실,
잠자는 아이들을 깨우는 수업의 비밀
이민경 지음 | 280쪽 | 값 14,000원

교사는 무엇으로 사는가
정은균 지음 | 292쪽 | 값 15,000원

마음의 힘을 기르는 감성수업
조선미 외 지음 | 300쪽 | 값 15,000원

작은 학교 아이들
지경준 엮음 | 376쪽 | 값 17,000원

아이들의 배움은 어떻게 깊어지는가
이시이 준지 지음 | 방지현·이창희 옮김 | 200쪽 | 값 11,000원

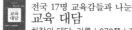
대한민국 입시혁명
참교육연구소 입시연구팀 지음 | 220쪽 | 값 12,000원

교사를 세우는 교육과정
박승열 지음 | 312쪽 | 값 15,000원

전국 17명 교육감들과 나눈
교육 대담
최창의 대담·기록 | 272쪽 | 값 15,000원

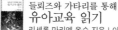
들뢰즈와 가타리를 통해
유아교육 읽기
리세롯 마리엣 올슨 지음 | 이연선 외 옮김 | 328쪽 | 값 17,000원

학교 혁신의 길, 아이들에게 묻다
남궁상운 외 지음 | 272쪽 | 값 15,000원

 학교 민주주의의 불한당들
정은균 지음 | 276쪽 | 값 14,000원

 프레이리의 사상과 실천
사람대사람 지음 | 352쪽 | 값 18,000원
2018 세종도서 학술부문

 교육과정, 수업, 평가의 일체화
리사 카터 지음 | 박승열 외 옮김 | 196쪽 | 값 13,000원

 혁신학교, 한국 교육의 미래를 열다
송순재 외 지음 | 608쪽 | 값 30,000원

 학교를 개선하는 교장
지속가능한 학교 혁신을 위한 실천 전략
마이클 풀란 지음 | 서동연·정효준 옮김 | 216쪽 | 값 13,000원

 페다고지를 위하여
프레네의 『페다고지 불변요소』 읽기
박찬영 지음 | 296쪽 | 값 15,000원

 공자뎐, 논어는 이것이다
유문상 지음 | 392쪽 | 값 18,000원

 노자와 탈현대 문명
홍승표 지음 | 284쪽 | 값 15,000원

 교사와 부모를 위한
발달교육이란 무엇인가?
현광일 지음 | 380쪽 | 값 18,000원

 선생님, 민주시민교육이 뭐예요?
염경미 지음 | 244쪽 | 값 15,000원

 교사, 이오덕에게 길을 묻다
이무완 지음 | 328쪽 | 값 15,000원

 어쩌다 혁신학교
유우석 외 지음 | 380쪽 | 값 17,000원

 낙오자 없는 스웨덴 교육
레이프 스트란드베리 지음 | 변광수 옮김 | 208쪽 | 값 13,000원

 미래, 교육을 묻다
정광필 지음 | 232쪽 | 값 15,000원

 끝나지 않은 마지막 수업
장석웅 지음 | 328쪽 | 값 20,000원

 대학, 협동조합으로 교육하라
박주희 외 지음 | 252쪽 | 값 15,000원

 경기꿈의학교
진흥섭 외 지음 | 360쪽 | 값 17,000원

 입시, 어떻게 바꿀 것인가?
노기원 지음 | 306쪽 | 값 15,000원

 학교를 말한다
이성우 지음 | 292쪽 | 값 15,000원

 촛불시대, 혁신교육을 말하다
이용관 지음 | 240쪽 | 값 15,000원

 행복도시 세종, 혁신교육으로 디자인하다
곽순일 외 지음 | 392쪽 | 값 18,000원

 라운드 스터디
이시이 데루마사 외 엮음 | 224쪽 | 값 15,000원

 나는 거꾸로 교실 거꾸로 교사
류광모·임정훈 지음 | 212쪽 | 값 13,000원

 미래교육을 디자인하는 **학교교육과정**
박승열 외 지음 | 348쪽 | 값 18,000원

 교실 속으로 간 이해중심 교육과정
온정덕 외 지음 | 224쪽 | 값 13,000원

 흥미진진한 아일랜드 전환학년 이야기
제리 제퍼스 지음 | 최상덕·김호원 옮김 | 508쪽 | 값 27,000원

 교실, 평화를 말하다
따돌림사회연구모임 초등우정팀 지음 | 268쪽 | 값 15,000원

 폭력 교실에 맞서는 용기
따돌림사회연구모임 학급운영팀 지음 | 272쪽 | 값 15,000원

▶ 교과서 밖에서 만나는 역사 교실
상식이 통하는 살아 있는 역사를 만나다

전봉준과 동학농민혁명
조광환 지음 | 336쪽 | 값 15,000원

교과서 밖에서 배우는 역사 공부
정은교 지음 | 292쪽 | 값 14,000원

남도의 기억을 걷다
노성태 지음 | 344쪽 | 값 14,000원

팔만대장경도 모르면 빨래판이다
전병철 지음 | 360쪽 | 값 16,000원

응답하라 한국사 1·2
김은석 지음 | 356쪽·368쪽 | 각권 값 15,000원

빨래판도 잘 보면 팔만대장경이다
전병철 지음 | 360쪽 | 값 16,000원

즐거운 국사수업 32강
김남선 지음 | 280쪽 | 값 11,000원

영화는 역사다
강성률 지음 | 288쪽 | 값 13,000원

즐거운 세계사 수업
김은석 지음 | 328쪽 | 값 13,000원

친일 영화의 해부학
강성률 지음 | 264쪽 | 값 15,000원

강화도의 기억을 걷다
최보길 지음 | 276쪽 | 값 14,000원

한국 고대사의 비밀
김은석 지음 | 304쪽 | 값 13,000원

광주의 기억을 걷다
노성태 지음 | 348쪽 | 값 15,000원

조선족 근현대 교육사
정미량 지음 | 320쪽 | 값 15,000원

**선생님도 궁금해하는
한국사의 비밀 20가지**
김은석 지음 | 312쪽 | 값 15,000원

다시 읽는 조선근대교육의 사상과 운동
윤건차 지음 | 이명실·심성보 옮김 | 516쪽 | 값 25,000원

걸림돌
키르스텐 세룹-빌펠트 지음 | 문봉애 옮김
248쪽 | 값 13,000원

음악과 함께 떠나는 세계의 혁명 이야기
조광환 지음 | 292쪽 | 값 15,000원

역사수업을 부탁해
열 사람의 한 걸음 지음 | 388쪽 | 값 18,000원

논쟁으로 보는 일본 근대교육의 역사
이명실 지음 | 324쪽 | 값 17,000원

진실과 거짓, 인물 한국사
하성환 지음 | 400쪽 | 값 18,000원

다시, 독립의 기억을 걷다
노성태 지음 | 320쪽 | 값 16,000원

▶ 평화샘 프로젝트 매뉴얼 시리즈
학교폭력에 대한 근본적인 예방과 대책을 찾는다

학교폭력 어떻게 만들어지는가
문재현 외 지음 | 300쪽 | 값 14,000원

아이들을 살리는 동네
문재현·신동명·김수동 지음 | 204쪽 | 값 10,000원

학교폭력, 멈춰!
문재현 외 지음 | 348쪽 | 값 15,000원

평화! 행복한 학교의 시작
문재현 외 지음 | 252쪽 | 값 12,000원

왕따, 이렇게 해결할 수 있다
문재현 외 지음 | 236쪽 | 값 12,000원

마을에 배움의 길이 있다
문재현 지음 | 208쪽 | 값 10,000원

젊은 부모를 위한 백만 년의 육아 슬기
문재현 지음 | 248쪽 | 값 13,000원

별자리, 인류의 이야기 주머니
문재현·문한뫼 지음 | 444쪽 | 값 20,000원

우리는 마을에 산다
유양우·신동명·김수동·문재현 지음 | 312쪽 | 값 15,000원

▶ 더불어 사는 정의로운 세상을 여는 인문사회과학
사람의 존엄과 평등의 가치를 배운다

 밥상혁명
강양구·강이현 지음 | 298쪽 | 값 13,800원

 좌우지간 인권이다
안경환 지음 | 288쪽 | 값 13,000원

 도덕 교과서 무엇이 문제인가?
김대용 지음 | 272쪽 | 값 14,000원

 민주시민교육
심성보 지음 | 544쪽 | 값 25,000원

 자율주의와 진보교육
조엘 스프링 지음 | 심성보 옮김 | 320쪽 | 값 15,000원

 민주시민을 위한 도덕교육
심성보 지음 | 500쪽 | 값 25,000원
2015 세종도서 학술부문

 민주화 이후의 공동체 교육
심성보 지음 | 392쪽 | 값 15,000원
2009 문화체육관광부 우수학술도서

 교과서 밖에서 배우는 인문학 공부
정은교 지음 | 280쪽 | 값 13,000원

 갈등을 넘어 협력 사회로
이창언·오수길·유문종·신윤관 지음 | 280쪽 | 값 15,000원

 오래된 미래교육
정재걸 지음 | 392쪽 | 값 18,000원

 동양사상과 마음교육
정재걸 외 지음 | 356쪽 | 값 16,000원
2015 세종도서 학술부문

 대한민국 의료혁명
전국보건의료산업노동조합 엮음 | 548쪽 | 값 25,000원

 교과서 밖에서 배우는 철학 공부
정은교 지음 | 280쪽 | 값 14,000원

 교과서 밖에서 배우는 고전 공부
정은교 지음 | 288쪽 | 값 14,000원

 교과서 밖에서 배우는 사회 공부
정은교 지음 | 304쪽 | 값 15,000원

 전체 안의 전체 사고 속의 사고
김우창의 인문학을 읽다
현광일 지음 | 320쪽 | 값 15,000원

 교과서 밖에서 배우는 윤리 공부
정은교 지음 | 292쪽 | 값 15,000원

 카스트로, 종교를 말하다
피델 카스트로·프레이 베토 대담 | 조세종 옮김
420쪽 | 값 21,000원

 한글 혁명
김슬옹 지음 | 388쪽 | 값 18,000원

 일제강점기 한국철학
이태우 지음 | 448쪽 | 값 25,000원

▶ 창의적인 협력 수업을 지향하는 삶이 있는 국어 교실
우리말 글을 배우며 세상을 배운다

 중학교 국어 수업 어떻게 할 것인가?
김미경 지음 | 340쪽 | 값 15,000원

 토론의 숲에서 나를 만나다
명혜정 엮음 | 312쪽 | 값 15,000원

 토닥토닥 토론해요
명혜정·이명선·조선미 엮음 | 288쪽 | 값 15,000원

 인문학의 숲을 거니는 토론 수업
순천국어교사모임 엮음 | 308쪽 | 값 15,000원

 어린이와 시
오인태 지음 | 192쪽 | 값 12,000원

 수업, 슬로리딩과 함께
박경숙 외 지음 | 268쪽 | 값 15,000원

▶ 남북이 하나 되는 두물머리 평화교육
분단 극복을 위한 치열한 배움과 실천을 만나다

 10년 후 통일
정동영·지승호 지음 | 328쪽 | 값 15,000원

 선생님, 통일이 뭐예요?
정경호 지음 | 252쪽 | 값 13,000원

 분단시대의 통일교육
성래운 지음 | 428쪽 | 값 18,000원

 김창환 교수의 DMZ 지리 이야기
김창환 지음 | 264쪽 | 값 15,000원

 한반도 평화교육 어떻게 할 것인가
이기범 외 지음 | 252쪽 | 값 15,000원

▶ 출간 예정

근간 **한국 교육 제4의 길을 찾다**
이길상 지음

근간 **우리 안의 미래 교육**
정재걸 지음

근간 **마을교육공동체 운동의 역사와 미래**
김용련 지음

근간 **선생님, 페미니즘이 뭐예요?**
염경미 지음

근간 **언어던**
정은균 지음

근간 **경남 역사의 기억을 걷다**
류형진 외 지음

근간 **교육이성 비판**
조상식 지음

근간 **인성교육의 철학과 방법**
박제순 지음

근간 **식물의 교육학**
이차영 지음

근간 **교사 전쟁**
Dana Goldstein 지음 | 유성상 외 옮김

근간 **콩도르세, 공교육에 관한 다섯 논문**
혁명 프랑스에 공교육의 기초를 묻다
니콜라 드 콩도르세 지음 | 이주환 옮김

근간 **자유학기제란 무엇인가?**
최상덕 지음

근간 **신채호, 역사란 무엇인가?**
이주영 지음

근간 **한국 교육 어디서 와서 어디로 가는가?**
이주영 지음

근간 **민·관·학 협치 시대를 여는**
마을교육공동체 만들기
김태정 지음

근간 **삶을 위한**
국어교육과정, 어떻게 만들 것인가?
명혜정 지음

근간 **민주주의와 교육**
Pilar Ocadiz, Pia Wong, Carlos Torres 지음 | 유성상 옮김

근간 **마을수업, 마을교육과정!**
서용선·백윤애 지음

근간 **미국의 진보주의 교육 운동사**
윌리엄 헤이스 지음 | 심성보 외 옮김

근간 **즐거운 동아시아 수업**
김은석 지음

근간 **민주시민교육을 위한**
역사수업 어떻게 할 것인가?
황현정 지음

근간 **혁신학교,**
다함께 만들어 가는 강명초 5년 이야기
이부영 지음